高等学校教材

大学物理实验

主编　王燕红　宋　玲

主审　邱淑荣

黄河水利出版社

·郑州·

内 容 提 要

本书是根据教育部制定的《非物理类理工学科大学物理实验课程教学基本要求》，针对水电类工科院校的专业特色和教学特点，结合并吸收近年的实验教学成果和经验编写而成。全书由绪论、误差理论与数据处理方法，基础性实验、综合应用性实验、设计研究性实验和近代物理实验及附录组成。其中收录的基础性、综合应用性、设计研究性和近代物理等四个层次的实验项目共56个。在实验选题上更加注重先进性、应用性和拓展性，以求达到培养具有创新精神和实践能力的应用型人才的教学目标。

本书具有普适性，可作为普通工科院校的大学物理实验教材，适合不同层次的教学需要。也可作为实验教师和技术人员的参考书。

图书在版编目(CIP)数据

大学物理实验/王燕红，宋玲主编．—郑州：黄河水利出版社，2009．3

ISBN 978-7-80621-751-1

Ⅰ．大…　Ⅱ．①王…　②宋…　Ⅲ．物理学-实验-高等学校-教材　Ⅳ．04-33

中国版本图书馆CIP数据核字(2009)第012428号

出 版 社：黄河水利出版社

地址：河南省郑州市顺河路黄委会综合楼14层　　邮政编码：450003

发行单位：黄河水利出版社

发行部电话：0371-66026940、66020550、66028024、66022620(传真)

E-mail：hhslcbs@126.com

承印单位：黄委会设计院印刷厂

开本：787 mm×1 092 mm　1/16

印张：16.25

字数：392千字　　印数：1—7 100

版次：2009年3月第1版　　印次：2009年3月第1次印刷

定价：26.00元

前言

本书根据教育部制定的《非物理类理工学科大学物理实验课程教学基本要求》，结合工科院校大学物理实验教学特点，汇集了物理实验教师和实验技术人员多年来的教学经验和教学改革成果，由华北水利水电学院教材建设基金资助出版。

当今科学技术的发展日新月异，由基础物理理论发展而成的新学科、新知识、新技术和新方法不断地融入科研和生产实践中，悄然改变着我们的观念和生活。作为培养复合型、应用型、创新型人才的工科院校，如何改变传统教学模式，更新传统教材和教学内容，以适应现代社会的技术变革，是当务之急、重中之重。随着科技进步、知识交叉、学科渗透，一些老的基础知识、方法和技能已淡出历史舞台，因此我们必须更新观念，打破近代物理实验与普通物理实验的传统界限，将普通物理实验与近代物理实验相互融合，对基础性实验与创新性实验重新界定，对陈旧的实验内容和教学体系进行全面改革。本教材正是基于这种思路，在重新审视以往教学模式，总结近几年教学改革经验，对原有实验项目和内容进行整合的基础上编写而成的。

全书由绪论、第1章误差理论与数据处理方法、第2章基础性实验、第3章综合应用性实验、第4章设计研究性实验、第5章近代物理实验等章节56个实验及附表Ⅰ、Ⅱ组成。在实验项目的编排上，遵循由浅入深、循序渐进的原则，按不同层次精选编录了14个基础性实验、22个综合应用性实验、15个设计研究性实验和5个近代物理实验前沿技术介绍，并引入了先进的实验技术——计算机模拟实验及应用实例，对开阔学生思路、提高学习兴趣具有重要意义。实验项目的最后增加了各类实验所用仪器的介绍和使用说明，便于读者参照。部分实验还增添了对不确定度的具体分析与估算，有助于学生加深对误差理论和不确定度概念的理解，以及在实际测量中的分析运用。此外，该书在保留的必修基本实验项目中，对内容进行了大量的更新与补充，并增加了目前广泛使用的数字万用表、数字示波器、数码照相机和计算机数据采集系统等先进仪器设备的基本结构、工作原理和使用说明等内容，充分体现了与时俱进的时代精神和教学服务于社会的教育理念。各院校可根据教学计划选择实验项目，学生在完成规定学时后也可以选修部分实验内容。

本书充分反映了近年来大学物理实验课程教学改革的成果及其发展趋势，注重实验内容的新颖性、综合性和应用性。在训练基本技能的基础上，充实了大量具有强烈现代意识和高新技术色彩、给学生留有较大发挥空间的实验项目。在传授知识的同时，注重培养学生的创新意识和创造能力，加大了设计和研究性实验的比例，在保证基础教学的前提下，既培养学生基本实验能力，又注重个性化发展，为学生提供了一个良好的自主学习空间。

本书汇集了许多实验教师和技术人员的劳动成果。全书由王燕红、宋玲主编，邱淑荣主审。参加编写的有：王燕红（实验10～13、17、26～28、41～44、52～53）、宋玲（实验4～9、37～40）、张永杰（第1章第9节，实验19～24、51）、赵爱清（绪论，第1章第1～8节，实验36）、杨大鹏（实验1～3、18、25、47～50）、袁保合（实验29～35、45～46）、杜晓晗（实验14～

16、54～56，附表Ⅰ、Ⅱ）。

在本书编写过程中，我们参考了许多国内外院校的优秀教材和讲义，同时得到了华北水利水电学院教务处及有关院系的关心和支持，在此表示衷心感谢。

由于编者水平有限，难免有疏漏及不妥之处，恳请读者批评指正。

编　者

2008 年 12 月

目　录

绪 论

第1节 物理实验课的任务与地位

物理学是实验科学，凡物理学的概念、规律及公式等都是以客观实验为基础的。因此，物理学绝不能脱离物理实验结果的验证，实验是物理学的基础。实验是有目的地去尝试，是对自然的积极探索。科学家提出某些假设和预见，为对其进行证明，需要选择适当的方法反复进行实验，并根据由此产生的现象来判断假设和预见的真伪。因此，科学实验的重要性是不言而喻的，其中物理实验自然也雄居要位。当代最为人们瞩目的诺贝尔奖的宗旨是奖给有最重要发现或发明的人。因此，诺贝尔物理学奖标志着物理学中划时代的里程碑级的重大发现和发明。从1901年第一次授奖至今已有百年的历史，80%以上的诺贝尔物理学奖授予了实验物理学家，剩下20%的奖中很多是实验和理论物理学家分享的。例如：1901年首届诺贝尔物理学奖得主是德国人伦琴，奖励他于1895年发现X射线；1902年的得主是荷兰人塞曼，奖励他在1894年发现光谱线在磁场中会分裂的现象；1903年的得主是德国人贝可勒尔和居里夫妇等三人，奖励他们发现了天然放射性，他们由此成为核物理学的奠基人。

物理学中每个概念的确立、原理和定律的发现，无不有坚实的实验基础。例如，电磁感应现象就是法拉第于1831年最早在实验室里发现的，而电磁感应定律和其他几个实验定律，又为麦克斯韦电磁场理论奠定了实验基础；英国的托马斯·杨和法国的菲涅尔的干涉实验及衍射实验，为光的波动学说奠定了基础；由于对黑体辐射实验事实的研究，法国物理学家普朗克给出了黑体辐射定律并提出了能量量子化的概念，从而诞生了量子力学；又如1919年，英国的爱丁顿拍出日全蚀照片，用于分析光线在太阳附近的弯曲情况，从而为爱因斯坦在1915年提出的广义相对论提供了有力的证据。

无论是物理学还是整个自然科学的发展，实验和理论的相互作用都是一种内在的根本动力。这种作用引起量的渐进积累和质的突变飞跃的交替前进，推动着科学进程一浪一浪地不断高涨。正如著名物理学家密立根所说：“我仅仅在理论和实验这两个领域里做了微小的贡献，就得到1923年的诺贝尔物理学奖，我感到非常荣幸，这件事很好地说明了，科学是在用理论和实验这两只脚前进的。有时是这只脚先迈出一步，有时是另一只脚先迈出一步，但是前进要靠两只脚，先建立理论然后做实验，或者是先在实验中得出了新的关系，然后再迈出理论这只脚，并推动实验前进，如此不断交替进行。”

科学高峰正如一座金字塔，有着广阔的宽厚基础和高耸的塔尖。基础愈宽厚，塔尖可以愈高。学生的任务主要是积累知识、提高能力、培养素质。从某种意义上说，不管学生自己是否意识到，实际都是在建造自己通向高峰的阶梯。每个人建造阶梯的过程和结果取决于诸多主、客观因素，会有所不同。无论如何首先要明确目标。学习阶段要学习多门功课，目标都是积累知识、提高能力、培养素质。物理实验课是一门基础实验课，是知识的底层，这底层的重要性更是不言而喻的。

大学物理实验是以一些基本物理量、基本仪器的基本测量方法与基本操作技能为主要内容进行教学训练的课程，是理工科各专业第一门必修的基础课程。它是学生进入大学后学习科学实验方法和接受系统实验技能训练的开端，在培养学生用实验手段去发现和观测问题、分析研究问题、最终解决问题等能力方面，起着重要的作用。大学物理实验课程设置的目的与中学物理实验相比有根本的变化：首先，它是工程教育中一系列实践教育的开端和基础；其次，它肩负着培养学生“进行系统实验方法和实验技能训练”的重任，要求学生通过本课程的学习，了解“从事科学实验的主要过程和基本方法”，并得到“从事科学实验的基本训练”。大学物理实验的具体任务如下。

1 学习和掌握物理实验的基本知识

通过对物理实验现象的观察、分析和物理量的测量，学习和掌握物理实验的基本知识、基本方法和基本技能；掌握如何运用实验原理和方法去研究某个物理问题；熟悉常用仪器的基本原理、结构性能及使用方法。

2 培养和提高学生的科学实验能力

(1)自学能力：通过提前阅读实验教材或说明书、参考资料等，做好实验前的准备，培养学生的自学能力。

(2)动手能力：熟悉一些常用仪器的使用；掌握一些基本的实验技能，如水平、垂直的调节，光路的共轴、视差消除的调节，电路中分压、限流方法的使用以及如何排除实验故障等。

(3)分析能力：能够用物理理论对实验现象进行初步的分析、判断和解释。

(4)表达能力：能够正确合理列出实验数据表格，记录和处理实验数据，绘制实验曲线，分析实验结果，撰写一定水平的实验报告。

(5)设计能力：对于简单问题，能够从研究对象或课题要求出发，自己查阅资料，依据某个原理，设计实验方案，确定实验数据，选配仪器，拟定实验程序。

3 培养和提高学生的科学实验素质

通过实验培养学生实事求饲、理论联系实际的科学作风，严肃认真、不怕困难、艰苦努力的科学态度，勇于探索、创新的钻研精神，以及遵守纪律、团结协作、爱护公共财物的优良品德。

第2节 物理实验课的基本环节

1 预 习

由于实验课时间有限，为保证顺利和高质量地完成实验，实验前必须认真阅读实验教材，查阅相关资料，掌握该实验的物理思想，明确实验目的、原理、方法和条件，了解实验步骤，根据实验要求画出数据记录表格，完成实验预习思考题及写出实验预习报告。

预习报告应包括：

(1)实验名称。

(2)实验目的。

(3)实验原理：扼要简述，切忌长篇抄书。写出主要公式，绘出原理图、接线图及必要的示意图。

(4)实验仪器。

(5)实验步骤：写出关键步骤及避免仪器损坏的注意事项。

(6)绘制数据记录表格及推导合成不确定度估算公式。

(7)回答预习思考题。

2 操 作

操作是实验课的中心环节,教师用一定的时间讲解有关的实验内容和要求、仪器的使用方法和注意事项,对实验中的难点加以提示。要求学生严格按照仪器设备的操作规程进行实验,掌握正确的仪器调整和操作方法。对于陌生的仪器切忌盲目动手,应先阅读仪器使用说明,注意仪器工作电压、量程选择及人身与仪器的安全。实验中要多观察、多分析,反对盲目蛮干。若发现异常现象或仪器故障,应立即向老师报告。

把实验测量的数据和实验现象及时记录下来,如实验的条件,仪器的规格、型号、参数等,注意按有效数字规则记录实验数据并注意标明物理量的单位。如要更改数据,须注明原因,以便实验结束后分析核对。实验完毕后,数据要经老师审阅并签字后,方可整理仪器,离开实验室。

注意遵守实验室的规章制度。非正常操作造成的仪器损坏必须赔偿,有意损坏者按规定给予处罚。

3 实验报告

实验报告是对工作的总结,是实验课学习的足迹,是日后可供参考的资料,而不仅仅是供教师评定成绩的资料。因此,实验报告要对实验过程和结果有分析和评价,要有自己的思考。

实验报告的基本要求是:字迹清楚、文理通顺、图表正确、数据完备、结论明确。

在预习报告的基础上,将实验获得的测量数据整理后工整地填入数据表,然后列出计算公式、代入数据、得出测量结果并估算其合成不确定度,最后对实验进行评价,可分析误差,亦可讨论实验方法,提出改进意见,写出收获体会。

完整实验报告的内容包括:

(1)实验名称。

(2)实验目的。

(3)实验原理:在理解实验原理的基础上做到简明扼要、图文并茂(原理图和装置示意图等),并列出测量和计算所依据的主要公式,注明公式中各量的物理意义及公式的适用条件等。

(4)实验仪器:列出实验中使用的仪器名称、型号、规格等。

(5)实验步骤:扼要写出实验的关键步骤和主要注意事项。

(6)绘制数据记录表格及推导合成不确定度估算公式。

(7)回答预习思考题。

(以上各项均写在预习报告中)

(8)实验数据、表格、作图及计算:表格要简单明了,分类清楚而有条理。数据处理包括结果计算、不确定度评定和曲线图等内容。凡属计算,均应有计算公式、代入数据和计算结果等主要运算步骤。不要漏写单位。

(9)分析误差:分析误差产生的原因及减小误差可采取的措施。

(10)实验结果:测量值 N、合成不确定度 $u_C(N)$ 和相对不确定度 E。若有观察某现象或验证某物理规律的内容时,要写出实验结论。

(11)问题讨论:对实验中现象的解释,对实验方法的改进及建议,作业题,实验后的体会等。

第3节 学生实验守则

为保证实验正常进行,培养严肃认真的工作作风和良好的实验习惯,特制定下列规则,望同学们遵守执行。

(1)学生应在课表规定的时间按时进行实验,不得无故缺席或迟到。

(2)学生在每次实验前要认真做好实验预习,并在此基础上写出预习报告。

(3)学生应在上课前10分钟进入实验室,签到并交预习报告,然后仔细阅读黑板上的内容,勿动仪器。

(4)实验时应携带必要的文具,如绘图工具、计算器、草稿纸等。

(5)教师讲解后,学生应核对自己使用的仪器有无缺少或损坏,若发现问题,应及时向指导教师或实验室管理人员报告。

(6)要细心观察仪器构造,谨慎操作,严格遵守操作规程及注意事项。

(7)实验时必须严肃认真,以实事求是的科学态度完成实验。要多动手、勤思考,认真观察实验中的有关现象和规律,仔细测定有关数据,用钢笔或圆珠笔如实记录实验数据和现象。不得抄袭他人的结果或主观修改原始数据,确实需要修改的数据应由教师认可,抄袭和被抄袭者此次实验成绩均按零分处理。实验数据应交教师审阅并签字。

(8)不得无故缺席。病假、事假以盖有该学生所在系公章的请假条为准。事先请假的,补做实验的分数照常;事后补假的,补做的实验要酌情减分。请假但未补做的,该实验零分。无故缺席,以旷课论处,该实验零分。

(9)要保持实验室整洁、安静。实验完毕应将仪器、桌椅恢复原状,放置整齐,并由值日同学做好实验室卫生清洁工作。

(10)如有实验仪器损坏,应及时报告教师或实验室工作人员,说明损坏原因。违反操作规程或故意损坏仪器的,视情节轻重,依照学校有关规定进行赔偿处理。

第1章　误差理论与数据处理方法

任何测量和实验都受到误差的影响，估算并分析误差是科学实验过程中极为重要的组成部分。有关误差理论及其应用已发展成为一门专门的学科。

任何测量结果，如果没有标明误差，在科学上是没有意义的，因为人们对它的可靠性会提出质疑，所以误差是评价测量结果必不可少的依据。物理实验课应赋予学生正确的、最基本的误差理论知识，包括误差的成因及分类，减少测量误差的基本方法，以及如何评价、表达和估算误差等。本章虽为物理实验而写，亦适用于其他实验过程，是一切实验的基本知识。

第1节　测量及其分类

1　测量

在科学实验中，一切物理量都是通过测量得到的，测量的目的是要获得被测量的定量信息。测量是为了确定被测量的量值，使用专用仪器和量具，通过实验和计算而进行的一组操作过程。

2　测量的分类

根据测量方法的不同，测量可以分为直接测量和间接测量。

2.1　直接测量(又称简单测量)

用待测量与同量纲的标准量直接进行比较，或者从已用标准量校准的仪器、仪表上直接读出测量值，其特点是待测量的值和量纲可直接得到。例如用米尺、游标卡尺、千分尺测长度，用秒表测时间，用天平称质量，用电流表测量电流等均为直接测量，而相应的被测量——长度、时间、质量、电流等称为直接测量量。直接测量简单、直观，是最基本的测量方式，也是间接测量的基础。

2.2　间接测量(又称复合测量)

多数物理量不便或不能直接测量，而是依据待测量与直接测量量的函数关系，先测出直接测量量，代入函数关系计算出待测量，这种测量称为间接测量，相应的被测量称为间接测量量。例如在用单摆测量重力加速度中，用秒表、米尺分别对周期 T 和摆长 L 进行直接测量，则重力加速度 g 可通过 $g=4\pi^2L/T^2$ 计算出来，T、L 是直接测量量，g 是间接测量量。

当然，一个物理量是直接测量量还是间接测量量并不是绝对的，要由具体测量的方法和仪器来确定。例如用伏安法测电阻时，电流、电压是直接测量量，电阻是间接测量量；用欧姆表测量时，电阻又成了直接测量量。

3　等精度测量和非等精度测量

根据测量条件的不同，测量又分为等精度测量和非等精度测量。

3.1　等精度测量

等精度测量是指在相同测量条件下对同一物理量所做的重复测量。例如，在相同的环境下，由同一个测量人员，用同样的仪器和方法，对同一个待测量，作重复测量。由于各次测量的条件相同，测量结果的可靠性是相同的，没有理由认为哪次测量更精确或不精确，所以每次测量的值是等精度的。

应该指出,要使测量条件完全相同是难以做到的,一般测量实践中(包括物理实验),一些条件变化很小,或某些次要条件变化后对测量结果影响甚微,一般可按等精度测量处理。

3.2　非等精度测量

在科学研究和其他高精度测量中,为了得到更精确更可靠的结果,特意要在不同的条件下,用不同的仪器、不同的测量方法,由不同的测量人员对同一个待测量进行测量和研究。此时,由于测量条件全部或部分发生了明显变化,每种测量的可靠性、精确度显然不同,这种测量即为非等精度测量。而最后的测量结果,是通过待测量的各种非等精度测量结果的加权处理来获得的。

第2节　误差的定义及分类

反映物质特性的物理量,在一定的条件下,相应有一个确定的客观真实值,这个值在测量上称为物理量的真值。测量者的主观愿望总是希望十分准确地得出物理量的真值。然而,任何实际测量量总是在一定环境下、以一定的方法、用一定的仪器、由一定的人员去完成的。由于测量环境不理想,测量方法不完善,仪器设备不精密,而且受测量人员技术、经验和能力等因素的限制,使得任何测量都不会绝对精确。测量值与真值之间总有一些差别,这种差别称为测量值的误差。任何测量都有误差,误差贯穿于测量的全过程。

1　误差的定义

1.1　绝对误差

测量值 x 与被测量的真值 x_0 之间的差值称为绝对误差,用 Δx 表示。

$$\Delta x = x - x_0$$

Δx 可正可负,反映了测量值偏离真值的程度。绝对误差越小两者越接近。所以,绝对误差的大小标志着测量结果的可靠程度或可信程度的大小。

但是仅以绝对误差来评价测量结果是不全面的。例如,用米尺测量两个物体的长度,得出一个是5.00cm,一个是25.00cm,测量的绝对误差为0.05cm,二者的绝对误差相同,但前者绝对误差占测量值的$\frac{0.05}{5}=1\%$,后者占$\frac{0.05}{25}=0.2\%$,显然测量误差的严重程度不同。

为了全面评价测量的优劣,引入测量误差的第二种形式,即相对误差。

1.2　相对误差

绝对误差与被测量真值的比值称为相对误差,用 E 表示。

$$E = \frac{\text{绝对误差 } \Delta x}{\text{真值 } x_0} \times 100\%$$

所谓真值,是指在研究某量时,在其所处的条件十分完善时而测定的量值(或称物理量客观存在的量值)。物理量的真值是一个理想概念,一般不可能准确知道。有关真值可以从以下几种情况得出:

(1)理论值:如三角形三个内角和为180°等。

(2)公认值:世界公认的一些常数值,如普朗克常数 h 等。

(3)相对真值:用准确度高一个数量级的仪器校准的测量值。

规定:校准仪器的误差应比测量仪器误差小一个数量级,即二者误差的比值应为1:3～1:20。

(4)n 次测量的算术平均值:对一个不变的量进行 n 次测量后,其算术平均值 $\bar{x}$ 可视为真值的最佳近似值(这样的计算方法以等精度测量为前提),在后面第 4 节中有详细的推导。

$$\bar{x} = \frac{1}{n}\sum_{i=1}^{n} x_i$$

当用算术平均值代替真值时,所求的误差称为偏差。

2 误差分类

根据误差产生的原因和性质不同,将误差分为两大类,即系统误差和随机误差。

2.1 系统误差

在相同的条件下,对同一物理量进行多次测量,测量值总是向一个方向偏离真值,即误差的大小和正负保持恒定,或者误差按一定规律变化,这种误差称为系统误差,前者叫恒定系统误差,后者叫可变系统误差。可变系统误差按其变化规律,又可分为线性系统误差和周期性系统误差等。

系统误差又可分为可修正系统误差(已定系统误差)和不可修正系统误差(未定系统误差)。凡是大小和符号确定的系统误差称为可修正系统误差,如千分尺、电表的零位误差,伏安法测电阻时的接表误差。实验者根据它产生的原因、大小和符号对测量结果进行修正即可消除它的影响。只能估计出大小而不能确定其符号的系统误差称为不可修正系统误差,如某些仪器的仪器误差。

实验中的系统误差主要来源于以下几个方面:

(1)仪器误差。仪器误差是由仪器本身固有的缺陷、校正不完善或使用不当引起的。如天平的不等臂、刻度不均匀、砝码实际质量与标称值不等、电表刻度盘与指针转轴安装偏心等引起的误差属前者,而仪器和量具不在规定的使用状态,如不垂直、不水平、零点不准、电表要求水平放置但却垂直放置测量等引起的误差均属后者。前者是由仪器、量具自身带来的系统误差,使用时应尽量消除或修正,而后者则应当避免。

(2)方法误差。方法误差是由计算公式的近似、没有完全满足理论公式所规定的实验条件,或因测量方法的不完善所带来的误差。例如用单摆测重力加速度时,公式 $g=4\pi^2L/T^2$ 仅适用于 $\theta=\sin\theta$ 的近似条件,当摆角较大时会产生较大的误差;用伏安法测电阻时,忽略了电表内阻的影响等。

(3)环境误差。由于仪器所处的外界环境如温度、湿度、光照、气压、电磁场等与仪器要求的环境条件不一致引起的误差。

(4)人员误差。这是由于观测者心理、生理条件以及其他个人因素造成的误差,它跟个人的反应速度、分辨能力、固有习惯以及实验技能有关。例如按停秒表时总是超前或滞后,读数时总是偏大或偏小。

从理论上讲,系统误差可以通过分析研究其产生的原因,采取一定的方法减小或消除,或按其规律对测量结果进行修正。但事实上,发现和消除系统误差是一个极其复杂的问题,常常成为实验结果是否可靠的主要因素。因此,这是实验者应努力去解决的问题。

2.2 随机误差

随机误差是指同一被测量在相同条件下的多次测量过程中,以不可预知方式变化的测量误差的分量。随机误差不可修正。随机误差的产生是由于实验中各种因素的微小变化引起的。例如,实验条件和环境因素无规则的起伏变化,引起测量值围绕真值发生无规律的涨落变化,这个变化量就是各次测量的随机误差。随机误差的出现,就某一测量值而言是没有规律的,其大小和方向是不可预知的,但对其进行足够多次测量时,则会发现它们的随机误差服从一定的统计规律。常见的一种情况是,正方向误差和负方向误差出现的概率大体相等,数值小的误差出现的概率较大,数值很大的误差在没有错误的情况下通常不会出现。这一规律在测量次数越多时表现得越明显,这就是随机误差最典型的分布规律——正态分布规律。因此,可以用统计的方法估算其对测量值的影响。

在整个测量过程中,除上述两种性质的误差外,还可能发生读数、记录上的错误,仪器损坏、操作不当等造成的测量上的错误。错误不是误差,它是不允许存在的,这些错误数据在处理时应当剔除。

应该指出,从原则上讲,系统误差可以消除,而随机误差不能消除。一个具体的测量中出现的误差往往既含有随机误差,又含有系统误差。在实验中,当实验条件稳定且系统误差可以掌握时,就应尽量保持在相同条件下做实验,以便修正系统误差。当系统误差不能掌握时,常常想一些办法使系统误差随机化,以便在多次测量取平均时抵消一部分。例如,一只米尺刻度不均匀,可以利用米尺不同刻度部位来测量,然后取平均值。另外,有时只是为了说明误差的限度,两种误差不再加以区别。如许多不太精密的仪表所标的仪器最大允许误差(电表的准确度级别),就是包括两种误差在内的。

2.3 测量结果的质量评价(准确度、精密度、精确度)

(1)准确度:表示测量结果中系统误差大小的程度。它反映了在规定条件下,多次测量数据的平均值或实验所得结果与真值符合的程度。准确度高即测量结果接近真值的程度好,系统误差小,但数据离散程度,即随机误差的大小不明确。

(2)精密度:表示测量结果中随机误差大小的程度,即指在规定条件下对被测量进行多次测量时,各次测量结果之间离散的程度(相互接近程度)。精密度高说明重复性好,随机误差小,但系统误差的大小不明确。

(3)精确度:表示测量结果中系统误差与随机误差综合大小的程度,也就是对测量的准确度和精密度的综合评定。对于实验测量来说,精密度高准确度不一定高;而准确度高精密度也不一定高;只有精密度和准确度都高时,也就是说,只有随机误差和系统误差都小时,精确度才高。

为了更好地理解这些概念,现以打靶(见图 1-1)为例来形象地说明。图 1-1(a)表示弹着点相互之间比较分散,但总体来看没有明显的固定偏向,因而随机误差大,系统误差小,即精密度较低,而准确度较高;图 1-1(b)表示弹着点比较密集,但总体来看偏离靶心较远,因而随机误差小,系统误差大,即精密度较高,而准确度较低;图 1-1(c)表示弹着点比较密集,且总体来看离靶心近,因而随机误差小,系统误差也小,即精密度和准确度都高,这才是精确度高。

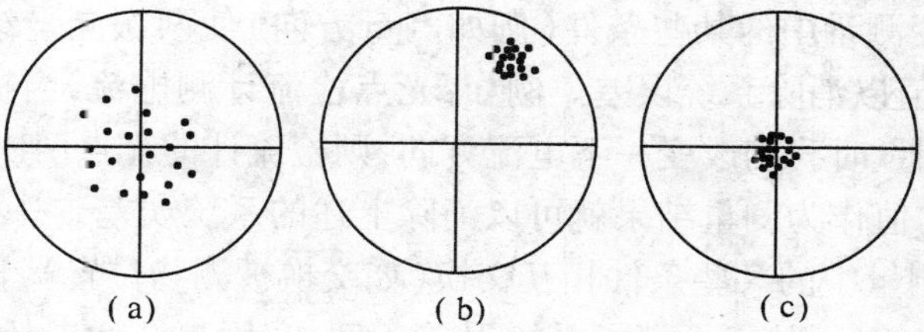

图 1-1　准确度、精密度、精确度示意图

第 3 节　系统误差的修正和限制

系统误差的处理较为复杂，它要求实验者既要有较好的理论基础，又要有丰富的实验经验。在物理实验中，系统误差的处理主要考虑的是由于仪器的准确度所限和实验方法、原理不完善而导致的系统误差。对于未定系统误差，若不能消除，可作为随机误差来处理。

1　发现系统误差的一些简单方法

现将发现系统误差的一些常用方法介绍如下：

(1)实验对比法：①用不同方法测同一个量，看结果是否一致，若结果不一致，且它们之间的误差又超出了随机误差的范围，则肯定存在系统误差；②仪器的对比，如把两个电流表接入同一个电路，把较高级别的表作为校准表，找出另一表的误差修正值；③改变实验条件，将结果进行对比，如在磁场测量中将带有磁性的物质移近，看对测量结果的影响；④改变实验中某些参量的数值，并进行对比。

(2)理论分析法：分析实验所依据的理论公式要求的条件与实际情况有无差异；分析仪器所要求的使用条件是否能得到满足等。如用三线摆测量物体的转动惯量所依据的公式 $J=\frac{M_0 g D_0 d}{16\pi^2 l}T_0$ 成立的条件是摆角 $\theta<5°$、三条摆线等长、大小圆盘水平、转动轴线在两盘中心连线上，若不满足其中任何一个条件，就会引入系统误差。

(3)分析数据法：在相同的条件下对某一物理量进行多次测量，测量结果的误差不服从统计规律（因为随机误差是遵从统计规律的），则说明存在系统误差。

以上只是从普通意义上介绍了几种发现系统误差的方法，在实际中常常会有许多更具体的方法，需要实验者在不断提高实验技能的基础上去发现、总结。

2　系统误差的修正和限制

应当指出，任何“标准”的仪器也有它的不足之处，要绝对消除系统误差是不可能的。系统误差的修正和限制没有一个普遍通用的方法，只能针对每一个具体情况采用不同的具体措施。下面简单介绍几种典型的限制和消除系统误差的方法。

(1)替换法：在测量时保持其他条件不变，用已知量代替被测量，即可消除系统误差。例如用伏安法测电阻时，当电流表外接时，可用伏特表读数和电流表读数之比作为测量结果，但由于伏特表的内阻不是无限大，因此它必将引起分流。这样实测值必小于真值，从而引入系统误差。要想消除这种系统误差我们可以采用替代法测量，即用一个标准电阻箱替代被测电阻，调节电阻箱阻值使得电压表和电流表读数分别与测量待测电阻时的值相同，则标准电阻箱的阻值就是待测电阻的阻值，这样就可以消除系统误差。

(2)异号法:改变测量中的某些条件(例如测量方向)使两次测量结果中的系统误差的符号相反,取其平均值以消除系统误差。例如:光点检流计测电流,当检流计零点不正确时必然带来误差。在测量时我们改变一下电流方向,则检流计的光点两次偏转方向不一致,取两次偏转的算术平均值作为测量结果就可以消除上述的系统误差。

(3)交换法:将测量中的某些条件相互交换(如交换被测物位置),使交换前后产生的系统误差大小相等方向相反,从而抵消了系统误差。例如:用惠斯通电桥测电阻时,把待测电阻与标准电阻交换位置再次测量,交换前后电桥平衡时比较臂的值分别为R_{01}和R_{02},则被测电阻$R_x = \sqrt{R_{01}R_{02}}$,消除了电阻箱$R_1$、$R_2$本身所带来的系统误差。

(4)对称观测法:若有随时间线性变化的系统误差,可将观测程序对某时刻对称地再做一次。例如,一只灵敏电流计零点随时间有线性漂移,在测量读数前记一次零点值,测量读数后再记一次零点值,取两次零点值的平均值来修正测量值。又如,在测电阻温度系数的实验中,测电阻前记录一次温度,测电阻后再记录一次温度,取两次温度的平均值作为该点温度值等。

由于很多随时间变化的误差在短时间内均可认为是线性变化的,因此对称观测法是一种能够消除随时间变化的系统误差的好方法。

(5)半周期偶数观测法:对周期性误差,可以每经过半个周期进行偶数次观测。例如,分光计刻度盘偏心带来的角度测量误差是以360°为周期的,它采取相距180°的一对游标,每次测量读两个数,则两个位置之间的夹角是两个游标上分别算出的夹角的平均值。

以上仅仅是列举了几种减小或消除某些简单的系统误差的方法,实际上,许多系统误差的出现,常常是由于实验所依据的理论不完善,或理论背后还隐藏着未被发现的某些规律,历史上不乏先例。系统误差的出现,促使人们去深入研究它,发现新的更精细的规律性。

第4节　随机误差及其估算

随机误差与系统误差性质不同,处理的方法也不同。假设我们在实验中已经将系统误差消减到可以忽略的程度,通过等精度测量,由于各种因素的微小变动所引起测量值间微小的不可预测的差异,得到一系列的测量值,分别为($x_1, x_2, \cdots, x_n$),那么,我们所关心的最接近真值的值(称真值的最佳估计值,在计量学上称为测量列的测量结果期望估计值)是多少?又如何对测量列中的测量数据的质量作一个恰当的评价?在本节中将对此作详细的论述。

1　真值的最佳估计值(近真值)——算术平均值

随机误差有一个极其重要的特性:抵偿性,即在一列等精度测量值中,由于每次测量值的误差时大时小、时正时负,所以误差的算术平均值随着测量次数n的无限增加而趋于0。根据这一特性,我们可以求得真值的最佳估计值。设一列等精度测量值

$$x_1, x_2, \cdots, x_n$$

则该列测量值的算术平均值为:

$$\bar{x} = \frac{1}{n}\sum_{i=1}^{n} x_i \quad (i = 1, 2, \cdots, n) \tag{1-1}$$

而各次测量值的(绝对)误差为:

$$\Delta x_i = x_i - x_0$$

式中 x_0 为被测量的真值，x_i 为第 i 次测量值，对 n 次测量的(绝对)误差求和得：

$$\sum_{i=1}^{n} \Delta x_i = \sum_{i=1}^{n} (x_i - x_0) = \sum_{i=1}^{n} x_i - nx_0$$

等式两边各除以 n 得：

$$\frac{1}{n}\sum_{i=1}^{n} \Delta x_i = \frac{1}{n}\sum_{i=1}^{n} x_i - x_0 = \bar{x} - x_0$$

当测量次数 $n \to \infty$ 时，由于随机误差具有抵偿性，所以有 $\lim\limits_{n\to\infty}\sum\limits_{i=1}^{n} \Delta x_i \to 0$，由上式得：

$$\bar{x} \to x_0$$

因此，在已经消除系统误差的前提下，测量次数越多，算术平均值越接近真值。所以，我们可以认为多次测量的算术平均值是真值的最佳估计值。

2　随机误差的分布特性

每次测量的误差虽然是随机的、无规律的，但在大量的测量之后，其误差的集合，却具有统计规律性，大多数实验的随机误差都服从统计规律。运用概率论的数学方法，得出误差 Δx 的概率密度分布可由下列正态分布(又称高斯分布)函数来表达。误差的分布如图 1-2 所示。横坐标表示误差 $\Delta x = x_i - x_0$，式中 x_0 为被测量的真值，纵坐标为一个与误差出现的概率相关的密度函数 $f(\Delta x)$。应用概率论的数学方法可以导出：

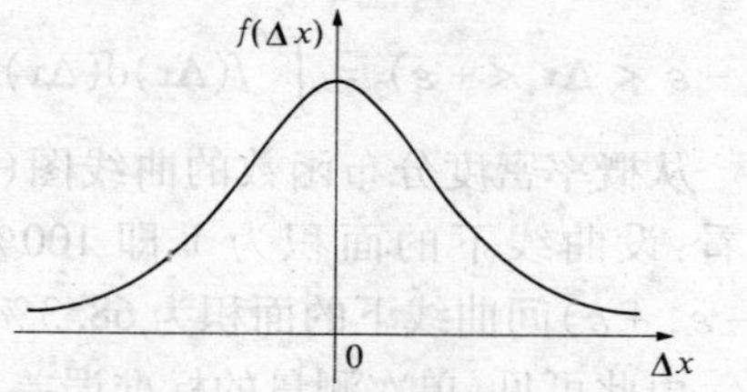

图 1-2　误差分布

$$f(\Delta x) = \frac{1}{\varepsilon\sqrt{2\pi}}\exp\left(-\frac{\Delta x^2}{2\varepsilon^2}\right)$$

式中 ε 为正态分布的标准误差，与实验条件有关，其值为

$$\varepsilon = \lim_{n\to+\infty}\sqrt{\frac{\sum\limits_{i=1}^{n}(x_i - x_0)^2}{n}} \tag{1-2}$$

服从正态分布的随机误差具有以下一些特征：

(1)单峰性：绝对值小的误差出现的概率，比绝对值大的误差出现的概率大。

(2)对称性：绝对值相等的正负误差出现的概率相同，故从其对称性推论出随机误差的抵偿性，即存在 $\lim\limits_{n\to\infty}\sum\limits_{i=1}^{n}\Delta x_i \to 0$。

(3)有界性：在一定测量条件下，误差的绝对值不会超过一定的限度。

3　从概率分布来看标准误差

3.1　测量次数 $n \to \infty$ 时

如图 1-3 概率密度分布曲线所示，ε 等于曲线拐点处横坐标 Δx 的值，从图中很容易看出，它是表征测量值分散性的一个重要参数，ε 值小则测量值分散程度小，ε 值大则测量值分散程度大。ε 称为“单次测量的标准误差”，又称“正态分布的标准误差”。大多数测量的随机误差多服从此分布，它表示测量值的随机误差介于 $(\Delta x, \Delta x + d(\Delta x))$ 小区间内的概率为$f(\Delta x)\mathrm{d}(\Delta x)$，所以，测量值的随机误差介于$(a,b)$区间内的概率为：

$$p(a < \Delta x < b) = \int_a^b f(\Delta x)\mathrm{d}(\Delta x)$$

若用曲线来图解概率密度分布函数，我们可知：

在$f(\Delta x) \sim \Delta x$曲线中，曲线的形状与$\varepsilon$值有关，图中易见$\varepsilon$值小的曲线比较尖锐，而$\varepsilon$值大的曲线相对就比较平坦；曲线峰尖锐则说明在该组测量值的误差集合中，小误差占优势，测量值的离散性较小，重复性好，测量的精密度较高；反之，ε值大的则曲线较平坦，该组测量值的离散性大，测量的精密度就低。所以，作为随机测量中概率密度分布函数特征值的标准误差ε，其统计意义是比较明确的。目前，国内外已经普遍采用标准误差ε来评定测量的质量。

标准误差ε的概率含义为测量值误差介于$(-\varepsilon, +\varepsilon)$范围内的测量次数占总次数的68.3%，即

$$p(-\varepsilon < \Delta x < +\varepsilon) = \int_{-\varepsilon}^{+\varepsilon} f(\Delta x)\mathrm{d}(\Delta x) = 68.3\%$$

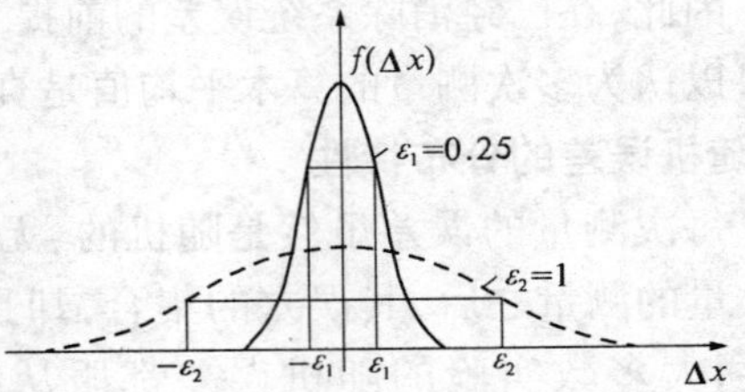

图 1-3　概率密度分布

从概率密度分布函数的曲线图（见图 1-3）来看：设曲线下的面积为 1 即 100%，则介于$(-\varepsilon, +\varepsilon)$间曲线下的面积为 68.3%。

由此可见，单次测量的标准误差ε所表示的意义为：测量列中任一次测量值的误差落在$(-\varepsilon, +\varepsilon)$区间内的概率为 68.3%，或者说测量列中的任一次测量值落在$(x_0-\varepsilon, x_0+\varepsilon)$区间内的概率为 68.3%。区间$(-\varepsilon, +\varepsilon)$称为“置信区间”，其相应的概率$p(\varepsilon)=68.3\%$称为“置信概率”。显然，置信区间扩大，则置信概率提高。置信区间取$(-2\varepsilon, +2\varepsilon)$、$(-3\varepsilon, +3\varepsilon)$，相应的置信概率$p(2\varepsilon)=95.5\%$、$p(3\varepsilon)=99.7\%$。由此可见，测量误差的绝对值大于$3\varepsilon$的概率仅为 0.3%。因此，$3\varepsilon$又有“极限误差”之称，如图 1-4 所示。

应该指出，大多数实验测量中概率密度分布为正态分布，但正态分布并不是实验测量中的唯一分布。在这里我们讨论的仅为随机误差服从正态分布的情况。由于真值x_0是无法得到的，所以$\Delta x_i = x_i - x_0$也是无法计算的。那么，我们如何来估算随机误差的大小呢？

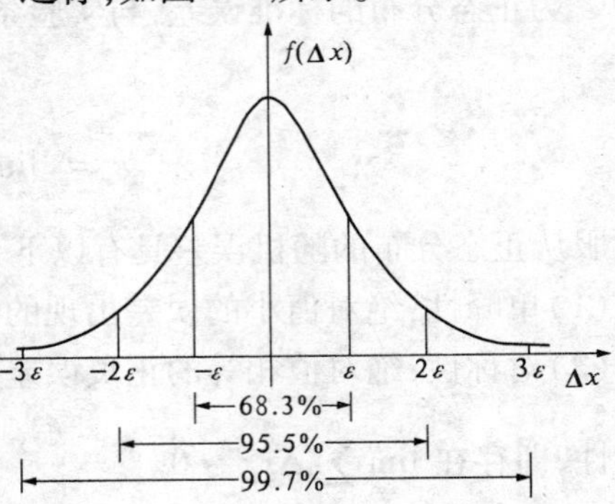

图 1-4　单次测量的标准误差ε的意义

3.2　测量次数 n 为有限时

由于实验中的测量次数总是有限的，在有限次测量的情况下（在大学物理实验中，通常为$5 < n \leqslant 10$），真值是未知的，误差$\Delta x_i = x_i - x_0$也无法计算。按数理统计理论，我们以相应的测量列的算术平均值$\bar{x}$代替真值x_0，引入测量列中各次测量值与算术平均值之差——偏差$v_i = x_i - \bar{x}$，来估计有限次测量列的标准偏差，则表征测量分散性的参数S_x用下面的贝塞尔（Bessel）公式计算，即：

$$S_x = \sqrt{\frac{\sum_{i=1}^{n}(x_i - \bar{x})^2}{n-1}} = \sqrt{\frac{\sum_{i=1}^{n} v_i^2}{n-1}} \tag{1-3}$$

S_x 称为“实验标准偏差”，简称“标准差”，用以表征对同一被测量作 n 次测量时结果的分散程度。显然当 $n\to\infty$ 时，$S_x\to\varepsilon$。所以，S_x 值是对 ε 值的一种评定。但应该注意的是，S_x 只是 $n\to\infty$ 时 ε 的一个估计值。

可以证明，测量列算术平均值的标准偏差 $S_{\bar{x}}$ 是测量列中单次测量的标准偏差 S_x 的 $\frac{1}{\sqrt{n}}$，即：

$$S_{\bar{x}} = \frac{S_x}{\sqrt{n}} = \sqrt{\frac{\sum_{i=1}^{n}(x_i - \bar{x})^2}{n(n-1)}} \tag{1-4}$$

第 5 节　测量结果的表示和合成不确定度的评定

1　直接测量结果的一般表示

实验测量结果的最终表达式必须具有：①被测量的量值；②测量单位；③测量结果的合成不确定度。上述三项称为正确表示测量结果的“三要素”。

假设对被测量 x 进行 n 次等精度测量得到如下测量列：

$$x_1, x_2, x_3, \cdots, x_n$$

则完整的测量结果表达形式为：

$$x = \bar{x} \pm u_C(x) \quad \text{单位} \tag{1-5}$$

式(1-5)表示被测量的真值落在区间$(x - u_C(x), x + u_C(x))$之外的概率很小。为了更全面地评价测量结果的准确度，测量结果还应引入相对不确定度 E，即合成不确定度 $u_C(x)$ 的相对值，其表达式为：

$$E = \frac{u_C(x)}{\bar{x}} \times 100\% \tag{1-6}$$

2　关于不确定度的概念和不确定度的简化处理

“不确定度”(Uncertainty)一词是指可疑、不能肯定或测不准的意思。不确定度 $u_C(x)$ 是指由于测量误差的存在而对被测量值不能肯定的程度，是对被测量的真值所处的测量值范围的评定。可以简单理解为与一定置信概率相对应的误差范围。

例如，当测量次数 $n\to\infty$，测量数据中不含有系统误差而只有随机误差，且测量值服从正态分布时，如采用置信概率 $p=0.683$(即 68.3%)，则式中 $u_C(x)=\varepsilon$，即被测量的真值或测量值在$(x-\varepsilon, x+\varepsilon)$区间内存在的概率为 68.3%；如采用置信概率 $p=0.955$(即 95.5%)，则式中 $u_C(x)=2\varepsilon$；如采用置信概率 $p=0.997$(即 99.7%)，则式中 $u_C(x)=3\varepsilon$。

不确定度只能在数量级上对测量结果的可靠程度作出一个恰当的评价，因此它的数值没有必要计算得过于精确。通常约定不确定度及相对不确定度取一至两位，当不确定度的第一位数字比较小时可取两位。

按照国家计量规范的规定，在测量结果的最终表达式中，若所用的置信概率 $p=0.955$，

即采用 $u_C(x)=2\varepsilon$，不必注明 p 值。反之，若结果表达式中没有注明置信概率，一律认为其置信概率 $p=0.955$。显然，当测量结果的表达形式采用了不同于 0.955 的其他置信概率时，在结果中均应注明 p 值。

直接测量时，被测量的量值 x 一般取测量量的算术平均值；有些实验中被测量只进行了单次测量，或者由于实验条件的限制（如物体在冷却过程中，测定某一时刻的温度），只能进行单次测量，则测量结果就取单次测量的测量值 x_i。最后表示直接测量结果中被测量的量值 x 时，通常还必须将已定系统误差分量（即绝对值和符号都确定的已可估算出的误差分量）从测量列的算术平均值 $\bar{x}$ 或单次测量值 x_i 中减去，以求得 x。如螺旋测微器的零点修正、伏安法测电阻中电表内阻的修正等。

由于测量误差的存在，难以确定被测量的真值。表征被测量真值在某一个量值范围内不能肯定程度的一个估计值，称为“测量量的不确定度”。也就是说，不确定度是测量结果中无法修正的部分，反映了被测量的真值不能肯定的误差范围的一种评定。

由上述不确定度概念的叙述可见，要科学、完整地给出不确定度，不是件很简单的事。它的要求已经大大超出了本课程的范围。参考国际标准化组织（ISO）、国际测量局（BIPM）等七个国际组织 1993 年联合公布的《测量不确定度表示指南》（Guide to the expression of Uncertainty in measurement）的修订版，结合大学物理实验教学的实际情况，我们在大学物理实验教学中采用一种简化的具有一定近似性的不确定度估计方法。

在物理实验的测量结果表示中，合成不确定度按其数值的评定方法可归并成两类：即在同一条件下多次重复测量用统计方法算出的 A 类分量 u_A 和用其他方法估计出的 B 类分量 u_B。它们用方和根的方法得到合成不确定度 $u_C(x)$：

$$u_C(x)=\sqrt{u_A^2+u_B^2} \tag{1-7}$$

2.1 合成不确定度的 A 类分量 u_A

在物理实验的实际测量中，一般只能进行有限次测量（通常 $n\leqslant 10$），且多属于 Student 分布，简称 t 分布。在相同条件下对同一被测量做 n 次测量，若只计算合成不确定度 $u_C(x)$ 的 A 类分量 u_A，那么它等于测量值平均值的标准偏差 $S_{\bar{x}}$ 乘以因子 t_p，即

$$u_A=S_{\bar{x}}\cdot t_p=\frac{t_p}{\sqrt{n}}S_x \tag{1-8}$$

p 为置信概率，它与分布因子 t_p 的取值和测量次数 n 有关。现取 $t_p=\sqrt{n}$，则置信概率和测量次数 n 的关系如表 1-1 所示。

表 1-1　置信概率和测量次数 n 的关系（$t_p=\sqrt{n}$）

n	2	3	4	5	6	7	8	9	10	11
p	0.608	0.775	0.861	0.911	0.942	0.962	0.975	0.983	0.989	0.992

由表 1-1 可知：当 $5<n\leqslant 10$ 时，取 A 类分量 $u_A=S_x$，可使被测量的真值落在 $(\bar{x}-S_x,\bar{x}+S_x)$ 范围内的概率接近或大于 0.95。所以在大学物理实验中，当测量次数满足 $5<n\leqslant 10$ 时（这是实验中常用的测量次数），可以直接把 S_x 值近似地当作测量结果的合成不确定度的 A 类分量 u_A，其置信概率 p 接近或大于 0.95。

$$u_A\cong S_x=\sqrt{\frac{\sum_{i=1}^{n}(x_i-\bar{x})^2}{n-1}} \tag{1-9}$$

2.2 合成不确定度的 B 类分量 u_B

在大学物理实验中常见仪器的标注误差或误差限值，是参照国家标准规定的计量仪表、器具的准确度等级或允许误差范围，由生产厂家给出或由实验室结合具体测量方法和条件简化的约定，用 $\Delta_{仪}$ 表示。仪器的误差（$\Delta_{仪}$）在大学物理实验教学中是一种简化表示，通常取 $\Delta_{仪}$ 等于仪表、器具的示值误差限或基本误差限。许多计量仪表、器具的误差产生的原因及具体误差分量的计算分析，大多超出了本课程的要求范围。用物理实验室中的多数仪表、器具对同一被测量在相同条件下作多次直接测量时，测量的随机误差分量一般比其基本误差限小很多；另一些仪表、器具在实际使用中很难保证在相同条件下或规定的正常条件下进行测量，其测量误差除基本误差或示值误差外还包括变差等其他分量。因此，我们约定，在大学物理实验中的大多数情况下把 $\Delta_{仪}$ 简化地直接当作合成不确定度中用非统计方法估计的 B 类分量 u_B，即 $u_B = \Delta_{仪}$。

有关仪器的几个概念：

（1）仪器的准确度。仪器的准确度与测量准确度有联系但又有区别，它是指测量仪器给出接近于被测量真值示值的能力。在尽可能减小系统误差的情况下，对被测量进行多次重复测量以减小其随机误差，这时就能保证测量准确度高于用准确度级别标出的仪器准确度。因此，在实际测量时，在单次测量中或合成不确定度中 A 类分量远小于 B 类分量时，我们常用由仪器准确度推算得到的仪器误差来估算测量的误差限。

仪器准确度用仪器的准确度级别来表示。根据仪器和仪表的准确度的级别，就可确定相应仪器和仪表的仪器误差。

（2）仪器误差。仪器误差是在实验误差分析和计算时，经常使用的一个名词。仪器误差可以是一个定值，如对确定规格的测量量具、级别一定的电表，当量程相同时仪器误差为一定值；但也可以不是定值，如电磁测量中的电阻箱、电位差计等，它们的仪器误差与测量值有关。而仪器准确度对一定的仪器和仪表则是完全确定的，但仪器误差是以仪器准确度为依据进行推算的。如电气仪表的仪器误差为：Δx = 量程 × 级别/100。

（3）仪器的分度值。仪器的分度值决不是任意的，它是与仪器准确度或仪器误差相对应的，不是任意选取的。一般仪表分度值为准确度数值的 2 ~ 0.5 倍，高精度仪表分度值要求还要高些，如 0.5 电表的分度值常为准确度数值（或仪器误差）的 2 ~ 1.3 倍。又如一些测量用具：秒表、温度计等，分度值一般为准确度数值的 0.5 倍（水银温度计的准确度为 ±0.2℃，其分度值为 0.1℃）。因此，在实际应用时经常以其分度值乘以系数来粗略估算仪器误差。

（4）鉴别力阈。鉴别力阈是指使测量仪器响应，产生可感知的变化的最小激励变化，又称灵敏阈或灵敏限。它不同于分辨力，分辨力是指指示装置对紧密相邻量值有效辨别的能力。一般认为，模拟式指示装置的分辨力为标尺分度值的一半，数字式指示装置的分辨力为末位数的一个字码。它们又不同于灵敏度，仪器灵敏度是指计量仪器的响应变化除以相应的激励变化。显然，当激励和响应为同种量时，灵敏度也可称为放大比或放大倍数。如光杠杆的灵敏度就是光杠杆的放大倍数。

总之，仪器准确度、仪器误差、分度值和鉴别力阈概念不同，在数值上一般不相等，鉴别力阈总是小于它们。也有的仪器这些值完全相等，如 0.02mm 游标分度的游标卡尺，它的仪器准确度、仪器误差和鉴别力阈皆为 0.02mm。鉴别力阈也就决定了测量误差可能达到的最小值。

在引用有关仪器的误差时,我们还有必要对描述仪器误差的仪器允许误差进行介绍。仪器和仪表所允许的误差极限值,称允许误差。这时仪器的示值为:

$$(约定)真值 - \Delta \leqslant 示值 \leqslant (约定)真值 + \Delta$$

几种常用仪器的仪器误差见表 1-2。

表 1-2　常用仪器的仪器误差

仪器名称	量程	分度值	仪器误差
钢直尺	0 ~ 300mm	1mm	±0.1mm
钢卷尺	0 ~ 1000mm	1mm	±0.5mm
游标卡尺	0 ~ 150mm	0.02mm/0.05mm/0.1mm	0.02mm/0.05mm/0.1mm
螺旋测微器	0 ~ 25mm	0.01mm	0.004mm
物理天平	1000g	100mg	±50mg
水银温度计	-30 ~ 300℃	1℃/0.1℃/0.2℃	分度值
读数显微镜		0.01mm	±0.004mm
电气仪表			$x_m \times a\%$

2.3　合成不确定度

由式(1-7) ~ 式(1-9)可得:

$$u_C(x) = \sqrt{u_A^2 + u_B^2} = \sqrt{S_x^2 + \Delta_{仪}^2} \quad (5 < n \leqslant 10) \tag{1-10}$$

如果因 $S_x < \frac{1}{3}\Delta_{仪}$,或因估计出的 u_A 对最后实验结果的影响很小,或因受条件限制只进行了一次测量时,则 $u_C(x)$ 可简单地用仪器误差 $\Delta_{仪}$ 来表示。多次测量时有时会出现几次数据完全相同的情况,这并不说明不存在随机误差,只说明所用仪器的精确度较低而不足以反映微小差异,这时取 $u_C(x) = \Delta_{仪}$ 是合理的。

【例 1-1】　已知某千分尺($\Delta_{仪} = 0.004$mm)的初读数为 -0.010mm,用其测量金属丝的直径共 7 次,数据如下表所示。试求其测量结果,并写出完整的测量结果表达式。

i	1	2	3	4	5	6	7
d(mm)	0.507	0.510	0.502	0.511	0.509	0.500	0.512

解:计算出　$\bar{d} = 0.507$mm

$$S_d = \sqrt{\frac{\sum_{i=1}^{n}(x_i - \bar{x})^2}{n-1}} = 0.0046(\text{mm})$$

修正已定系统误差　$d = \bar{d} - (-0.010) = 0.517(\text{mm})$

则合成不确定度为

$$u_C(d) = \sqrt{S_d^2 + \Delta_{仪}^2} = \sqrt{0.0046^2 + 0.004^2} = 0.007(\text{mm})$$

完整地表示测量结果,应注意合成不确定度 $u_C(x)$ 及相对不确定度 E 的有效数字一般取一位至两位;表达测量结果的有效数字,其尾数应与不确定度的尾数对齐:

$$d = (0.517 \pm 0.007)\text{mm}$$

$$E(d)=\frac{u_C(d)}{\bar{d}}=0.014=2\%$$

3 间接测量的结果表达和不确定度的估算

我们已经知道,间接测量是指通过直接测量量与被测量的函数关系,再经运算得到被测量值的一种测量。显然,直接测量结果的不确定度就必然影响到间接测量的结果。

设间接测量量 N 是$(x,y,z,\cdots)$等直接测量量的函数,其函数形式

$$N=f(x,y,z,\cdots)$$

其结果表达为

$$N=\bar{N}\pm u_C(N) \tag{1-11}$$

式中的 N 是间接测量结果,$x,y,z,\cdots$是直接测量结果,他们都是相互独立的量。设 x, $y,z,\cdots$的合成不确定度分别为 $u_C(x),u_C(y),u_C(z)\cdots$,它们必然影响间接测量结果,使 N 值也有相应的不确定度 $u_C(N)$。由于不确定度都是微小的量,相当于数学中的“增量”,因此间接测量的不确定度的计算公式与数学中的全微分公式基本相同。不同之处是:①要用不确定度 $u_C(x)$等替代微分 dx 等;②要考虑到不确定度合成的统计性质。利用全微分公式,我们在大学物理实验中用以下方和根的方法来简化计算间接测量量的合成不确定度$u_C(N)$。

$$u_C(N)=\sqrt{\left(\frac{\partial f}{\partial x}\right)^2(u_C(x))^2+\left(\frac{\partial f}{\partial y}\right)^2(u_C(y))^2+\left(\frac{\partial f}{\partial z}\right)^2(u_C(z))^2+\cdots} \tag{1-12}$$

如果我们先取对数,再求全微分可得:

$$\frac{u_C(N)}{\bar{N}}=\sqrt{\left(\frac{\partial \ln f}{\partial x}\right)^2(u_C(x))^2+\left(\frac{\partial \ln f}{\partial y}\right)^2(u_C(y))^2+\left(\frac{\partial \ln f}{\partial z}\right)^2(u_C(z))^2+\cdots} \tag{1-13}$$

如果间接测量量 N 是各直接测量量 $x,y,z,\cdots$的和或差函数,则利用式(1-12)来计算 $u_C(N)$比较方便;如果间接测量量 N 是各直接测量量 $x,y,z,\cdots$的积或商的函数,则利用式(1-13)计算 N 的相对不确定度$\frac{u_C(N)}{\bar{N}}$,然后再通过相对不确定度换算 $u_C(N)$比较方便。

几种常用函数的方和根合成公式见表1-3。

表1-3 常用函数的方和根合成公式

函数表达式	方和根合成公式
$N=x\pm y$	$u_C(N)=\sqrt{u_C{}^2(x)+u_C{}^2(y)}$
$N=x\cdot y,N=x/y$	$\frac{u_C(N)}{\bar{N}}=\sqrt{\left(\frac{u_C(x)}{x}\right)^2+\left(\frac{u_C(y)}{y}\right)^2}$
$N=kx$(k 为常数)	$u_C(N)=ku_C(x)$
$N=x^n\quad n=1,2,3,\cdots$	$u_C(N)=nx^{n-1}u_C(x)$
$N=\frac{x^py^n}{z^m}$	$\frac{u_C(N)}{\bar{N}}=\sqrt{p^2\left(\frac{u_C(x)}{x}\right)^2+n^2\left(\frac{u_C(y)}{y}\right)^2+m^2\left(\frac{u_C(z)}{z}\right)^2}$
$N=\sin x$	$u_C(N)=\lvert\cos x\rvert u_C(x)$
$N=\ln x$	$u_C(N)=\frac{u_C(x)}{x}$

【例 1-2】 已知金属环的内径 $D_1=(2.880\pm0.004)$ mm,外径 $D_2=(3.600\pm0.004)$ mm,高度 $h=(2.575\pm0.004)$ mm。求金属环的体积 V、合成不确定度 $u_C(V)$ 及相对不确定度 E。

解:金属环的体积 V 为:

$$V=\frac{\pi}{4}(D_2^2-D_1^2)h=\frac{\pi}{4}(3.600^2-2.880^2)\times2.575=9.436(\text{mm}^3)$$

对圆环体积公式取对数得:$\ln V=\ln\frac{\pi}{4}+\ln(D_2^2-D_1^2)+\ln h$

其偏微分公式为:$\frac{\partial\ln V}{\partial D_2}=\frac{2D_2}{D_2^2-D_1^2},\frac{\partial\ln V}{\partial D_1}=\frac{-2D_1}{D_2^2-D_1^2},\frac{\partial\ln V}{\partial h}=\frac{1}{h}$

代入方和根合成公式(1-13),则有:

$$\frac{u_C(V)}{V}=\sqrt{\left(\frac{2D_2u_C(D_2)}{D_2^2-D_1^2}\right)^2+\left(\frac{-2D_1u_C(D_1)}{D_2^2-D_1^2}\right)^2+\left(\frac{u_C(h)}{h}\right)^2}$$

$$=\left[\left(\frac{2\times3.600\times0.004}{3.600^2-2.880^2}\right)^2+\left(\frac{-2\times2.880\times0.004}{3.600^2-2.880^2}\right)^2+\left(\frac{0.004}{2.575}\right)^2\right]^{1/2}$$

$$=[(38.1+24.4+2.4)\times10^{-6}]^{1/2}$$

$$=0.0081$$

则合成不确定度为:$u_C(V)=V\times\frac{u_C(V)}{V}=9.436\times0.0081\approx0.08(\text{mm}^3)$

相对不确定度为:$E=\frac{u_C(V)}{V}\times100\%=0.9\%$

金属环的体积表达式为:$\begin{cases}V=(9.44\pm0.08)\text{mm}^3\\E=0.9\%\end{cases}$

第 6 节　有效数字及其运算规则

虽然在实验中我们所得到的测量结果都是含有误差的,但对这些数值不能任意地取舍,而应反映出测量值的准确度,所以在记录数据、计算以及书写测量结果时,究竟应该写出几位数字,都有严格的要求,要根据所使用的器具、测量误差或实验结果的不确定度来定。

例如,用钢直尺($\Delta_{仪}=0.1$mm)测量某物体的长度,正确的读数方法是除确切地读出钢直尺上有刻线的毫米位数之外,还应该估读一位,即读到 0.1mm。例如,读出某物体的长度是 16.2mm,这表示 16 是准确的数字,而最后的“2”是估计数字。尤其值得注意的是,在读取整刻度值时有些同学往往只读出整数值,而忘记了应该估读的那位“0”。如果用钢直尺测得某物体长度是 16mm,应该记录为 16.0mm,不应该写成 16mm。又如,根据长度、直径及质量的测量值用计算器算出某物体密度为 $\rho=7.801234\text{g/mm}^3$,$u_C(\rho)=\pm0.04\text{g/mm}^3$。由不确定度可以看出,$\rho$ 的第三位数字 0 已经不准确了,它后面的四位 1234 没有意义。因此,该物体密度的间接测量值应该写作 $\rho=(7.80\pm0.04)\text{g/mm}^3$。其中 7.80 这三个数字的前面两位是准确数字,最后一位是可疑数字。准确数字和所保留的一位可疑数字的全体称为“有效数字”。16.2mm 和 7.80g/mm³ 均为三位有效数字。

我们定义：有效数字是由若干位准确数和一位可疑数构成的，这些数字的总位数称为“有效数字”。

1　有效数字的有效位数和书写时应该注意的问题

(1)在一组数字中往往会遇到“0”，有些“0”属于有效数字，而有些“0”不属于有效数字，有必要加以区分：第一位非“0”数字前的“0”都不属于有效数字(因它只表示了小数点位置)；第一位非“0”数字后的“0”都属于有效数字。

(2)有效数字与单位的换算无关。在单位换算时，有效数字位数既不能增加也不能减少。如某地的重力加速度为 $980cm/s^2$，也等于 $9.80m/s^2$，它们都是三位有效数字；但与 $9.8m/s^2$ 相比，则它们的有效数字位数不同，后者有效数字位数只有两位，它们所反映的测量准确度也就不同。若将前者写成 $0.00980km/s^2$，则数值前面小数点定位的“0”不是有效数字，应从非“0”的第一个数算起，仍为三位有效数字。

(3)科学记数法。在以较大或较小数值记数时常用 $\times 10^{\pm n}$(n 为正整数)形式表示，称为“科学记数法”；也可以用 $E \pm n$ 的形式。如氦氖激光波长为 632.8nm，可以写为 $0.6328\mu m$，也可以写为 $6.328 \times 10^{-7}m$(即 6.328E－7m)，它们都是四位有效数字。

(4)测量结果有效数字的确定。表达测量结果的有效数字，其尾数与不确定度的尾数对齐。不确定度有效位数采取只进不舍的原则，一般取一至两位(其首位数 >3，一般取一位；首位数≤3，保留两位)。相对不确定度 E 在十位数以上时可取两位。

(5)有效数字与测量准确度的关系。有效数字位数的多少，直接反映测量的准确度。对于同一物理量的测量，有效数字的位数越多，测量的准确度就越高。

例如，用不同精度的量具测量同一物体的厚度时：

用钢尺测量：$d = 6.4mm, \Delta_{仪} = 0.1mm, E = \frac{0.1}{6.4} = 2\%$

用游标卡尺测量：$d = 6.36mm, \Delta_{仪} = 0.02mm, E = \frac{0.02}{6.36} = 0.4\%$

用千分尺测量：$d = 6.347mm, \Delta_{仪} = 0.004mm, E = \frac{0.004}{6.347} = 0.07\%$

由此可见，有效数字多一位，相对误差 E 值几乎小一个数量级，测量的准确度就更高。因此，保留几位有效数字是一件严肃的事，不能任意取舍。

2　有效数字的运算规则

间接测量值由直接测量量的测量值运算而得，各直接测量量都有一定的有效位数，则间接测量值的有效位数应由不确定度来确定。但在做不确定度的估算前，间接测量值的运算过程中，可由有效数字的运算规则暂定，否则会无所适从。以下叙述几条常用的运算规则，其总的原则为运算结果只保留一位可疑数字。

有效数字运算取舍的总原则是：①计算的最终结果一般只保留一位可疑数字。②有效数字的末位确定以后，对其尾数用偶数舍入法则进行取舍。即尾数小于 5 的舍去，大于 5 则末位进 1，等于 5 则把末位凑成偶数。这种舍入法简称“四舍六入五凑偶”，即尾数舍去与进入的概率相等。

2.1　加减法的运算规则

计算结果的小数点后位数与原来参与运算的各有效数字中小数点后位数最少的那个

相同。

【例1-3】 $41.\underline{8}+15.4\underline{1}-8.37\underline{2}=41.\underline{8}+15.4\underline{1}-8.37=48.\underline{8}$

2.2 乘除运算规则

计算结果的有效数字位数应与参与运算的各有效数字中位数最少的一个相同。

注意:与加减运算规则不同,这里的“位数”指的是“有效数字的位数”,而加减运算中的“位数”指的是“小数点后的有效数字位数”。

【例1-4】 $3.1265\underline{7}\times0.015\underline{7}\times12.56\underline{7}\div186.24\underline{5}$

$=3.127\times0.015\underline{7}\times12.57\div186.2=0.0033\underline{1}=3.3\underline{1}\times10^{-3}$

2.3 幂的运算

计算结果的有效数字的位数与底数的有效数字的位数相同。

【例1-5】 $123^2=1.51\times10^4$

2.4 三角函数和对数运算

先进行不确定度估算,运算结果取至不确定度所在那一位。

2.5 常数

常数(指数学中的常数,如 π, e, 实验次数 n 等)不影响原有效数字位数。如 π 参与运算,其位数取至比结果多保留1位参与运算。

第7节 数据处理的基本方法

物理实验的目的是为了找出物理量之间的内在规律,或验证某种理论的正确性等。因此,对实验得到的大量数据必须进行正确的处理和分析。数据处理方法是实验方法不可分割的一部分,它是以一定的物理模型为基础,以一定的物理条件为依据的。数据处理问题贯穿于整个物理实验的过程中,包括记录、整理、计算、分析等。本节主要介绍几种常用的数据处理方法。

1 列表法

在记录和处理数据时,常常将数据列成表格,这样可以简单而明确地表示出测量结果和有关物理量之间的对应关系,便于发现和检查测量结果是否合理,及时发现问题和分析问题,有助于找出有关量之间的依赖关系,确定经验公式等。

数据列表时,常常根据需要将某些中间计算项目列出,这样可以从对比中发现运算是否有错,便于随时检查,以提高运算效率。

列表的要求如下:

(1)简单明了,便于看出有关量之间的关系,便于处理数据。

(2)标明表中各符号代表的物理量的意义,写明单位。单位写在标题栏中,不要重复地记在各个数字后。

(3)表中的数据要正确反映测量结果的有效数字。

(4)写明标题,必要时加以说明。

【例1-6】 测得物体在斜面上下滑的加速度 a 与斜面高度 h 的关系如表1-4所示:

表 1-4　物体在斜面上下滑的加速度 a 与斜面高度 h 的关系

n	1	2	3	4	5	6
h(cm)	1.500	2.000	2.500	3.000	3.500	4.000
a(cm/s^2)	10.36	13.70	16.73	19.82	22.85	26.00

2　作图法

作图法是研究物理量之间变化规律、找出对应的函数关系、求出经验公式的最常用的方法之一。可把一系列数据之间的关系或其变化情况用图线直观地表示出来。特别是在有些科学实验的物理量变化规律和结果还没有完全掌握或还没有找出适当的函数表达式时，用作实验曲线的方法来表示出物理量之间的函数关系，常常是一种很重要的方法，并能简便地从曲线上求出实验的某些结果。作图法有多次测量取平均的效果，并易于发现测量中的错误，还可把某些复杂的函数关系简化。

作图法包含图示法和图解法两个方面的内容。

2.1　图示法

(1)作图前应根据图形要表示的内容和函数形式，选用合适的坐标纸，根据数据的多少和有效数字位数，决定坐标纸的大小。

(2)画出坐标轴方向，标明每个轴所代表的物理量(符号)，注明单位。自变量为横坐标，因变量为纵坐标。坐标轴上每隔一定间距标明代表的物理量的值，称作标度。坐标的分度以不用计算便能确定点的坐标为原则。根据数据实际情况，坐标原点不一定从0开始，两坐标轴标度比例应选择适当，使曲线尽量充满全幅坐标纸。若为直线，要求绘制出的直线其倾角尽可能接近45°。

(3)确定了坐标与分度，按实验数据，用铅笔在图纸上以“·”、“+”、“×”、“⊗”等符号将各实验点标出，一条图线要用同一种符号，在同一图纸上作不同的实验图线时，要用不同的符号以示区别。

(4)用铅笔沿直尺或曲线板通过多数实验点作直线或光滑曲线。不落在线上的实验点应均匀分布在线的两侧，且尽量靠近曲线。做光滑曲线时，要特别注意曲线的走向，奇异点处的处理要慎重。校准曲线应以折线相连。如图1-5所示，为某电压表的校准曲线。

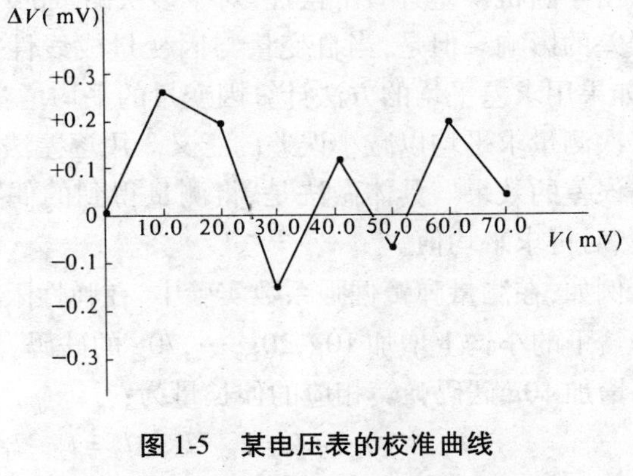

图 1-5　某电压表的校准曲线

(5)在图线上方或下方一定要写出图线的名称，同时要有必要的注解说明。说明的内容包括：图形意义、作图方法、制作时间、地点、实验条件和数据来源等。

2.2　图解法

利用图示法得到物理量之间的关系曲线，进一步求出所需的其他未知量的过程称为图解法。尤其是当图线为直线时，采用此法更为方便。直线图解法一般是求出斜率和截距，进而得出完整的线性方程。线性方程 $y=kx+b$，其斜率为 $k=\frac{y_2-y_1}{x_2-x_1}$，在图线上取两点 $P_1(x_1, y_1)$ 和 $P_2(x_2, y_2)$，一般不取实验点，两点不能相隔太近，也不能超出实验点范围以外。所取的两点要用特殊记号标出，并注明坐标以便计算。为了便于计算，x_1，x_2 可取为整数。截距 b 为 $x=0$ 时的 y 值。由于作图有一定任意性(人为因素)，故不能求不确定度。

【例 1-7】 根据表 1-4 的数据，作 $a \sim h$ 图，如图 1-6 所示，并求斜率和截距。

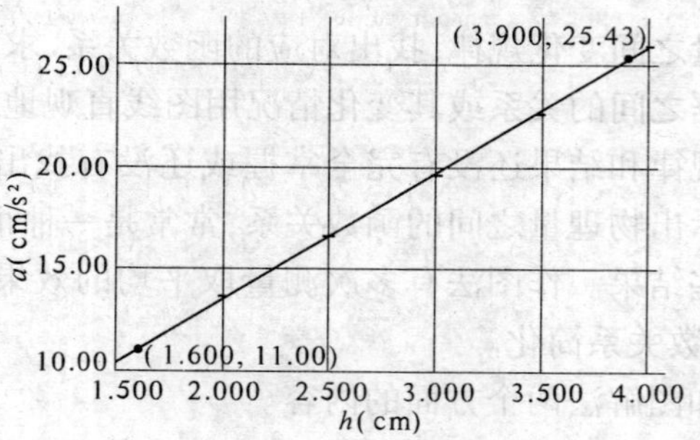

图名：$a \sim h$ 关系图，姓名：张三，时间：2007.11.21

图 1-6 $a \sim h$ 关系图

解：由 $a \sim h$ 图可知，a，h 满足线性关系 $a=kh+b$，k 为直线斜率，b 为直线在 h 轴上的截距，在图上取两点(1.600，11.00)，(3.900，25.43)，则：

$$k=\frac{a_2-a_1}{h_2-h_1}=\frac{25.43-11.00}{3.900-1.600}=6.274(\mathrm{s}^{-2})$$

$$b=a_1-kh_1=11.00-6.274\times1.600=0.96(\mathrm{cm\cdot s^{-2}})$$

则 a，h 关系为 $a=6.274h+0.96$

注：为了良好的印刷效果，上图中坐标纸的精细网格未显示。

3 逐差法

由于随机误差具有抵偿性，对于多次测量的结果，常用平均值来估计最佳值，以消除随机误差的影响。但是，当自变量与因变量成线性关系时，对于自变量等间距变化的多次测量，如果用求差平均的方法计算因变量的平均增量，就会使中间测量数据两两抵消，失去利用多次测量求平均以减小误差的意义。用逐差法处理数据，既能充分利用实验数据，又具有减小误差的效果。具体做法是，将测量得到的偶数组数据分成前后两组，将对应项分别相减，然后再求平均值。

例如，在测量弹簧倔强系数实验中，在弹性限度内，先测出弹簧的自然长度 l_0，然后依次在弹簧下的小钩上增加 10g，20g，…，70g 的砝码，测得弹簧的长度依次为 l_1，l_2，…，l_7。对应于每增加 10g 砝码弹簧相应的伸长量为：

$$\Delta l_1=l_1-l_0, \Delta l_2=l_2-l_1, \cdots, \Delta l_7=l_7-l_6$$

其平均伸长为：

$$\overline{\Delta l}=\frac{\Delta l_1+\Delta l_2+\cdots+\Delta l_7}{7}$$

$$=\frac{(l_1-l_0)+(l_2-l_1)+\cdots+(l_7-l_6)}{7}=\frac{l_7-l_0}{7}$$

从上述结果可知，中间测量值全部抵消了，只有始末两次测量值起作用。

为了保持多次测量的优点，只要在处理数据的方法上稍作变化，仍能达到利用多次测量来减少随机误差的目的。把这些测量量分成两组，一组为：(l_0, l_1, l_2, l_3)，另一组为：(l_4, l_5, l_6, l_7)。取对应项的差值：$l_4 - l_0, l_5 - l_1, l_6 - l_2, l_7 - l_3$，再取平均值：

$$\overline{\Delta l} = \frac{1}{4 \times 4}[(l_4 - l_0) + (l_5 - l_1) + (l_6 - l_2) + (l_7 - l_3)]$$

这样全部测量数据都用上，计算结果比前面的要准确些。逐差法计算简便，特别是在检查具有线性关系的数据时，可随时"逐差验证"，及时发现数据规律或错误数据。

4 最小二乘法

在物理实验中把测量的结果作成图，可以表示物理规律，若能用数学语言来总结物理模型，那更有实际意义。从实验数据求得经验方程称为方程的回归法，又称为曲线拟合。但拟合前必须根据理论推断或从测量数据变化趋势推测出函数形式。如果是线性关系则可以表示为：

$$y = a + bx \quad (a, b \text{ 为常数})$$

若是指数关系，则可以表示为：

$$y = Ae^{Bx} + C \quad (A, B, C \text{ 为常数})$$

通常在函数关系不够清楚时，常用多项式的形式表示：

$$y = b_0 + b_1 x + b_2 x^2 + \cdots + b_n x^n \quad (b_0, b_1, b_2, \cdots, b_n \text{ 为常数})$$

由一组实验数据找出一条最佳的拟合直线（或曲线），常用的方法是最小二乘法。本书只讨论用最小二乘法进行一元线性回归问题。

4.1 用最小二乘法作直线拟合

最小二乘法是一种常用的数学方法，用此法拟合同一组实验数据时，不论谁来处理，只要处理过程正确无误，结果都会相同，这是一种更为客观、结果更为准确的方法。

最小二乘法的适用条件是：

(1)各测量数据误差服从正态分布；

(2)测量数据误差分布近似服从正态分布；或虽为其他分布，但数据点的测量误差都很小。

最小二乘法的基本原理如下：

在满足上述条件的情况下，在最佳拟合直线上，各相应点的值与测量值之差的平方和为最小。

假设所研究的有两个变量 x 和 y，且它们之间存在着线性相关关系，其一元线性方程

$$y = a + bx \quad (a, b \text{ 为常数}) \tag{1-14}$$

实验测得的一组数据是：

$$x: x_1, x_2, x_3, \cdots, x_n$$

$$y: y_1, y_2, y_3, \cdots, y_n$$

需要解决的问题是，根据所测得的数据，如何确定上式中的常数 a 和 b。实际上，相当于用作图法求直线的截距和斜率。

首先，在 X, Y 平面上任意做一直线 L，它的方程为 $Y = a + bx$，如图 1-7 所示。实验任意数据点 (x_i, y_i) 到直线 L 上同一横坐标 x_i 所对应点 (x_i, Y_i) 间的距离 R_i 为：

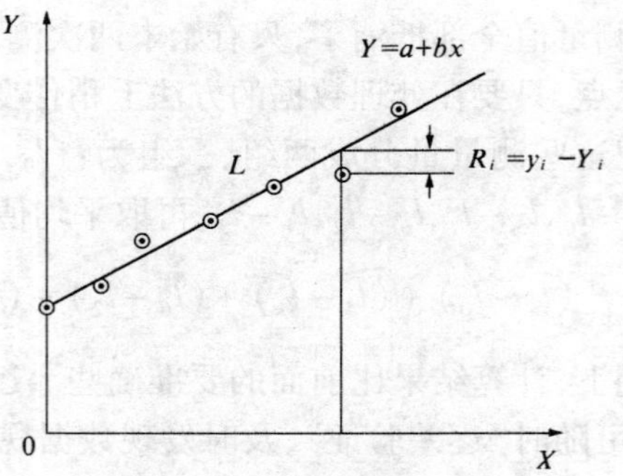

图 1-7　Y_i 与 y_i 的关系图

$$R_i^2=[y_i-(a+bx_i)]^2 \tag{1-15}$$

为了定量描述直线 L 和 n 个测量值的远近程度，引入函数 $S(a,b)$：

$$S(a,b)=\sum_{i=1}^{n}[y_i-(a+bx_i)]^2 \tag{1-16}$$

即函数 $S(a,b)$ 是 n 个测量点沿 Y 轴方向到 L 距离的平方和。而我们要求的直线应该和 n 个测量点距离最近，即希望函数 $S(a,b)$ 最小。

由于 $S(a,b)$ 是 n 个 R_i^2 之和，又要使 $S(a,b)$ 最小，所以人们习惯上称之为最小二乘原理，即最小二乘法。

依照上述原理，找出合适的 a,b 的问题可以利用极值定理来完成，即：

$$\begin{cases}\dfrac{\partial S}{\partial a}=-2\sum(y_i-bx_i-a)=0\\[2mm]\dfrac{\partial S}{\partial b}=-2\sum(y_i-bx_i-a)x_i=0\end{cases}$$

将上式展开，得：

$$\begin{cases}\sum y_i-b\sum x_i-na=0\\\sum(y_ix_i)-b\sum x_i^2-a\sum x_i=0\end{cases} \tag{1-17}$$

令：$\bar{x}$ 为 x 平均值，$\bar{x}=\dfrac{1}{n}\sum\limits_{i=1}^{n}x_i$；$\bar{y}$ 为 y 的平均值，$\bar{y}=\dfrac{1}{n}\sum\limits_{i=1}^{n}y_i$；$\overline{x^2}$ 为 x^2 的平均值，$\overline{x^2}=\dfrac{1}{n}\sum\limits_{i=1}^{n}x_i^2$；$\overline{xy}$ 为 xy 的平均值，$\overline{xy}=\dfrac{1}{n}\sum\limits_{i=1}^{n}x_iy_i$

代入式(1-17)，得：

$$\begin{cases}\bar{y}-a-b\bar{x}=0\\\overline{xy}-a\bar{x}-b\,\overline{x^2}=0\end{cases} \tag{1-18}$$

解此方程组，得：

$$\begin{cases}b=\dfrac{\bar{x}\cdot\bar{y}-\overline{xy}}{\bar{x}^2-\overline{x^2}}\\[2mm]a=\bar{y}-b\bar{x}\end{cases} \tag{1-19}$$

4.2　相关系数

如果实验是在已知线性函数关系下进行的，那么用上述最小二乘法线性拟合，可以得出

最佳直线及其截距 a、斜率 b，从而得到回归方程。因此，在函数形式确定后，用回归法处理数据，其结果是唯一的，不会像作图法那样因人而异。为了判断所得结果是否合理，在待定常数确定后，还需要计算一下相关系数 γ 来判别：

$$\gamma = \frac{\overline{xy} - \bar{x} \cdot \bar{y}}{\sqrt{(\overline{x^2} - \bar{x}^2)(\overline{y^2} - \bar{y}^2)}} \tag{1-20}$$

相关系数 γ 的数值大小反映了相关程度的好坏。可以证明，$|\gamma|$ 的值介于 0 和 1 之间。$|\gamma|$ 越接近 1，说明实验数据能密集在求得的直线附近，x、y 之间存在线性关系，用线性函数进行回归比较合理。相反，如果 $|\gamma|$ 值远小于 1 而接近 0，说明实验数据对求得的直线很分散，x、y 之间不存在线性关系，即用线性回归不妥。在物理实验中，一般当 $|\gamma| \geq 0.9$ 时，就认为两个物理量之间存在较密切的线性关系。

4.3　*a* 和 *b* 的标准差

衡量数据点在拟合直线两侧的离散程度用标准偏差表示：

$$S_y = \sqrt{\frac{\sum_{i=1}^{n} [y_i - (a + bx_i)]^2}{n - 2}}$$

S_y 表示以拟合直线 $y = a + bx$ 求得的 y 值的合成不确定度的 A 类分量值。$n-2$ 是自由度。自由度的意义是：在两个变量的情况下，有两个方程即可解出结果，现在有 n 个方程，所以自由度为 $n-2$。根据不确定度传递关系，可求得斜率 b 和截距 a 的合成不确定度 A 类分量 S_b 和 S_a，但推导过程复杂，本教材只写出推导结果，详细推导过程参考概率统计相关书籍。

$$\begin{cases} S_b = b \cdot \sqrt{\dfrac{1/\gamma^2 - 1}{n-2}} \\ S_a = \sigma_b \cdot \sqrt{\overline{x^2}} \end{cases}$$

【例 1-8】　根据表格 1-4 的数据，用最小二乘法作一元线性拟合，若回归方程为 $a = k'h + b'$，求斜率 k' 和截距 b'。

解：将数据代入式(1-19)、式(1-20)，计算得：

$$k' = 6.212\text{s}^{-2}$$

$$b' = 1.16\text{cm} \cdot \text{s}^{-2}$$

$$\gamma = 0.9996$$

$$S_{k'} = 0.09\text{s}^{-2}$$

$$S_{b'} = 0.3\text{cm} \cdot \text{s}^{-2}$$

则 a，h 关系为 $a = 6.212h + 1.16$。

由于 $\gamma \approx 1$，则表示 $a \sim h$ 图线线性很好，物体下滑的加速度和斜面高度为严格的线性关系。

对于一些复杂的数据处理工作，我们可以借助函数计算器或专业的计算机软件完成。目前用来进行数据处理的计算机软件有 MicroSoft Excel、Origin 等。

第 8 节　设计性实验的有关要求

在经过一定数量的基础实验训练后,对学生进行一些具有科学实验全过程训练性质的设计性实验教学是非常必要的,它有利于开发学生智能,培养与提高学生科学实验的能力和素质。这类实验课题和科研项目,一般由实验室提供或另外自选题目,自己推证有关理论公式,选择配套仪器,自拟实验操作程序,在规定时间内完成实验,最后写出比较完整的实验报告或小论文。

设计性实验的核心是设计、选择实验方案。设计性实验的过程一般是:

设计(根据研究的要求与实验精度要求,确定应用的原理;选择实验的方法和测量方法;选择实验条件与配套的仪器;考虑测量数据合适的处理方法等)→实验实践(注意实验过程中各种系统误差出现的可能性,从众多的测量数据里发现和检验系统误差的存在,估算其大小,分析误差产生的原因)→实验报告。

本书选用了几个设计性实验,例如:"用电位差计校准微安表"、"热敏电阻的温度特性测量及改装温度表"等,每一个实验项目对实验目的与要求都有明确的说明,并作了简单的提示。这些项目有的是对已做过的实验中的有关问题进行专门的研究;有的是利用已做过的实验的原理与方法加以引申和扩充,通过新的设计,测量新的物理量或验证物理规律;有的是对已使用过的仪器应用范围进行扩展;还有的是根据需要设计新的实验,学习新的实验技术等。

1　实验方案的选择

根据课题所要研究的对象,收集各种可能的实验方法,然后比较各种方法能达到的精确度、适用条件及实施的现实可能性,以确定"最佳"实验方法;或选择几种方法分别实验后,再确定最佳方法。最佳方法是根据原定精度要求,选择符合要求而又合适的实验方法。

例如,设计性实验"重力加速度的测量",该课题的研究任务是测定重力加速度,要求测定值与本地区标准值相比,百分误差不超过 0.05%。收集资料后发现,可提供的实验方法有好多种,如单摆法、复摆法、自由落体法和气垫导轨法等。各种方法都有各自的优缺点,要进行综合分析并加以比较,分析各种方法可能引入的系统误差以及将采取消除系统误差的办法,同时考虑测量的精确度,并确定数据处理的方法等,必要时还可以进行初步实验,然后选择"最佳实验方法"。

2　测量方法的选择

实验方法选定后,为使各物理量测量结果的误差最小,需要进行误差来源及误差传递的分析,并依据可能提供的仪器,确定合适的具体测量方法。因为测量同一个物理量,往往有好几个测量方法可供选用。

例如测重力加速度,若选定自由落体法,则在时间测量上就有光电计时法、火花打点法、频闪照相法等多种测量方法,这就需要根据要求选择合适的测量方法。

3　测量仪器的选择

选择测量仪器时,一般须考虑以下四个因素:分辨率、精确度、有效(实用)性和经济性。

(1)选用能符合实验精度要求的合适仪器。例如,测量长度时,用钢卷尺就能达到测量精度要求,就不要用卡尺;测时间用秒表能满足精度,就不要使用数字毫秒计。因为高精度仪器价格比较昂贵，精度越高的仪器，操作规程越复杂，且容易损坏，所以能用低精度仪器达到要求就不再选用高精度仪器。

(2)在间接测量中，各直接量不确定度对间接量不确定度有直接的影响，先对与间接量有关的各直接量进行测量，然后依据公式把间接量计算出来。对各直接量的测量需用到不同仪器，这些仪器之间有一个合理配套问题，我们使用“不确定度等作用原则”来进行合理配套。由于受所提供仪器的限制，往往需要对所选仪器按实际情况调整。对难以达到要求的仪器，可适当放宽要求。

4　测量条件的选择

确定测量的最有利的条件，也就是确定在什么条件下进行测量引起的误差最小。这个条件可以由误差函数对各自变量求导数并令其为零而得到。对单元函数，只求一阶和二阶导数，令一阶导数等于零，解出相应的变量表达式，代入二阶导数式，若二阶导数大于零，则该表达式即为测量的最有利条件。

例如，滑线式电桥测电阻时，滑线端在什么位置时，才能使待测电阻的相对误差最小？设：R_s 为已知标准电阻，L_1 和 $L_2 = L - L_1$ 为滑线电阻丝的两臂长（如图 1-8 所示），当电桥平衡时：

$$R_x = R_s \frac{L_1}{L_2} = R_s\left(\frac{L - L_2}{L_2}\right)$$

经求偏导得到其相对误差：

$$E_{R_x} = \frac{\mathrm{d}R_x}{R_x} = \frac{L}{(L - L_2)L_2}\mathrm{d}L_2$$

因相对误差是 L_2 的函数，所以相对误差最小的条件是：

$$\frac{\partial E_{R_x}}{\partial L_2} = \frac{L(L - 2L_2)}{(L - L_2)^2 L_2^2} = 0$$

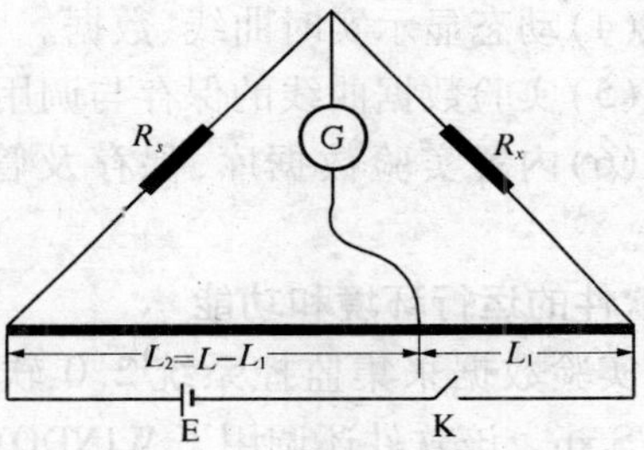

图 1-8　滑线式电桥测电阻

求解得：$L_2 = L/2$。

这就是滑线电桥最有利的测量条件。

5　数据处理方法的选择

在考虑实验方案时往往可以利用数据处理的一些技巧，解决某些不能或不易被直接测定的物理量的测量。

(1)测出不能直接测量的物理量：有些物理量往往是不能直接测量的，但是通过采取适当的数据处理方法，可以把问题解决。

(2)测量不易测准的物理量：用最小二乘法拟合直线，由截距即可测量不易测准的物理量。

(3)绕过不易测定的物理量：用图解法等数据处理方法可绕过某些不易测出的量而求出所需要的物理量。

物理实验的内容十分广泛，实验的方法和手段非常丰富，一旦受到客观条件的制约和各种因素的影响，很难总结出一套完整的、普遍适用的方法，在此只做原则性介绍。希望通过具体的设计性实验的实践，能够起到逐步培养科学实验能力和提高科学实验素质的作用。

第9节　计算机数据采集系统的应用

1　系统简介

随着高校招生规模的扩大,大学物理实验课程所面向的教学班级越来越多,任课教师的教学和实验评价工作量也急剧增大,为便于任课教师及时、准确、有效、客观地掌握学生的实验过程、实验数据记录等相关情况,华北水利水电学院物理实验教研室开发出了这套计算机数据采集系统。该系统通过实时的数据采集可以对学生实验的过程进行有效监控,并可对实验结果进行保存。教师通过查询计算机所保留的实验数据,可有效验证学生提交实验报告的可信性,从而提高教学效果及实验评价的客观性。

针对实验室的实际情况,目前该系统主要应用于传感器系列实验,以及热敏电阻相关实验。系统所用的测控软件有如下几个主要特点:

(1)基于 WINDOWS 平台开发。

(2)多种实验项目可选。

(3)通信端口可选。

(4)动态显示实时曲线、数据。

(5)实验数据曲线的保存与调用。

(6)内置实验数据库,保存及管理学生实验历史记录,便于教师进行教学与实验室管理。

2　软件的运行环境和功能

实验数据采集监控系统 2.0 软件运行环境为 WINDOWS 9X、WINDOWS2000 及 WINDOWS xp。该软件还调用了 WINDOWS 提供的一些系统功能,与此相关的 ActiveX 部件和动态链接库(.ocx 文件及.dll 文件) 安装时自动设置。

软件具有如下主要功能:

(1)实验管理功能:软件为用户提供了友好、灵活的操作界面。实验内容可以根据需要由用户进行选择。对于用户而言,登录后,每做完一次成功的实验,先将数据保存,然后可以打印输出,并且能在实验数据库中生成一条实验记录。教师可以对记录结果进行添加、删除、查询等操作。

(2)实验数据存取功能:在文件菜单中可实现数据文件的打开、保存、另存为等操作。数据文件的格式是特定的,可以用系统软件打开。

(3)图形功能:软件提供了较为丰富的图形功能。实验过程中能显示过程量和控制量动态曲线。

3　实验软件安装

(1)提示:先检查桌面或硬盘,确认没有安装过实验应用软件,才进入安装,否则直接跳过本部分内容。

(2)安装方法:将带有安装软件的光盘或闪存盘插入电脑相应位置,打开后直接双击运行 SETUP. EXE 程序,接下来按照提示选择默认安装路径(也可以自行选择路径),完成软件安装。

(3)运行:在对应的安装目录下,找到 labm. exe 程序图标,用鼠标左键双击该图标即可运行程序。

4　实验软件使用说明

4.1　登录

运行 labm. exe 文件,出现实验数据监控系统界面,单击“进入系统”转入程序界面。进入系统后的主窗口如图 1-9 所示,左边为操作区,共有四块组成,根据教师的操作分别完成相应的功能。右边为数据曲线显示区,刚进入系统时,教师可以同时看到 16 个实验组的宏观数据。本版本提供 64 个实验组的实验数据监控小窗口,分 4 页显示,其他组可通过屏幕下方的分页选择标签选取。

4.2　界面操作

本控制软件主要用鼠标操作,方便简捷,便于掌握。

第一步:实验项目选择。运行程序并进入系统后,窗口并没有数据监控图表,提示教师必须先从“实验项目”(如图 1-10 所示)菜单中选择一种实验,以确定监控的数据类型。只有在实验项目选择后,系统才会显示相应的数据监控图表。用户在菜单中选择某项实验时,一方面监控窗口图表会根据监控数据的类型自动调整显示,另一方面在主界面“实验标识”区域会显示相应的实验种类图标,便于教师辨别。当教师在实验后查看保存的实验数据时,系统能自动根据保存的实验数据类型设置图表,并在此处显示实验类型。实验项目选择正确后,从“文件”菜单中选取“开始监控”,或者在左边控制板“串口状态”中左键点击“开始监控”按钮,数据采集监控系统开始工作,此时便可以在 64 个小窗口上看到实验数据的显示。

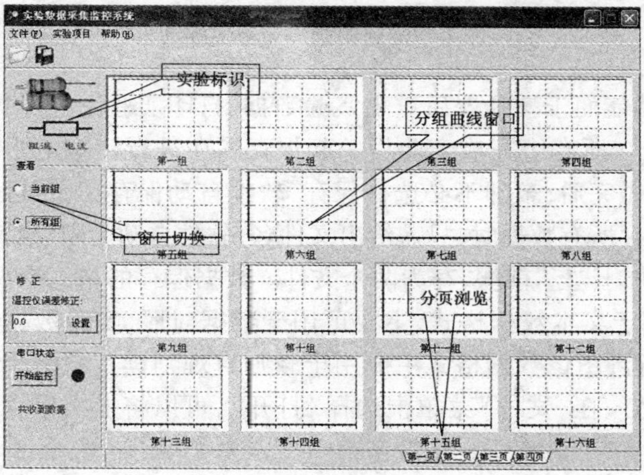

图 1-9　监控界面图

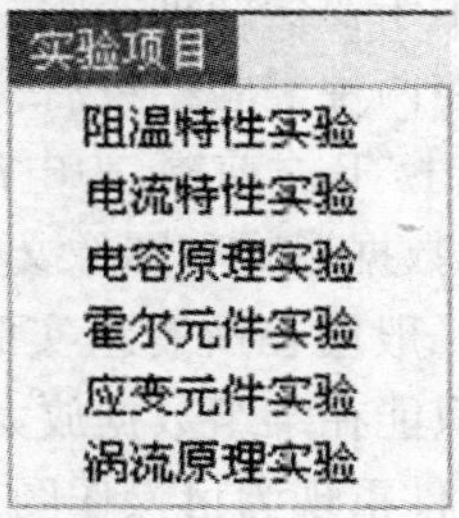

图 1-10　“实验项目”菜单

第二步:数据查看。由于小窗口只是为了宏观观察所有组实验情况,因此并不能从中获取详细的数据。为了使教师能够准确监控每一组的实验数据,通过窗口左边的“查看”面板选择便可以完成监控对象的切换。如图 1-11 所示,系统进入时默认选择为“所有组”,当教师希望监控某一组的详细数据时,先用鼠标点击该组对应的曲线窗口,然后在如图 1-11 所示的面板上点击“当前组”,则可以将该组曲线放大(如图 1-12 所示)。在该放大图中,有详细的坐标信息和强大的交互操作功能供教师参考、使用。在图 1-12 所示界面中,所显示的曲线数据可以方便地进行缩放操作。按下鼠标左键不放,从左上向右下框住需要放大的区域后,放开鼠标左键,即可实现曲线放大;按下鼠标左键不放,从右下向左上随意选取区域后,放开鼠标左键,即可实现曲线恢复为初始坐标显示;在图上按下鼠标右键不放并拖动鼠标,可实现曲线平移。点击工具栏上的放大镜图标,可以使数据自动放大至充满图表,一般在此时进行打印效果较佳。进入当前组的放大状态,当鼠标在图上移动时,一方面通过蓝色十字线可以粗略看到选取点和坐标轴的交点,另一方面,在窗口底部状态栏,实时地显示出十字线交叉处数据点的准确数据值。

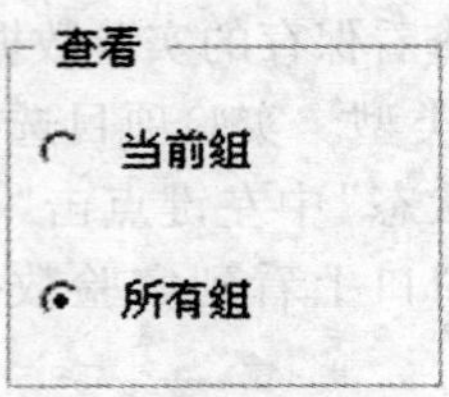

图 1-11　“查看”面板

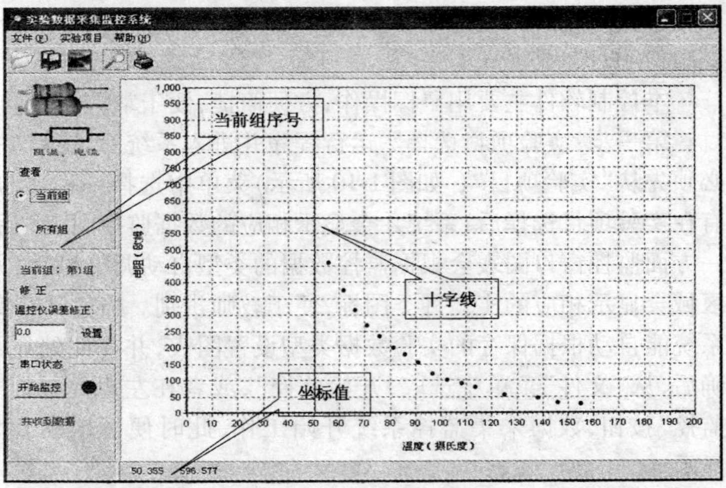

图 1-12　当前组测量点监控图

第三步:数据保存。数据保存功能便于教师课后重现实验数据、打印实验图表、对比评判学生实验效果。数据保存操作应在所有组完成实验后一起保存。在进行热敏电阻实验时,由于要做两种实验,第一组实验做完后,教师不必选择保存,软件自动保存,为了区分数据,在两种实验结束后,教师选择保存所有数据时,只需给出文件名,软件自动为阻温特性数据加上“R_”前缀,为电流特性数据加上“I_”前缀,存为两个文件。数据保存的格式有两种:文本数据形式和图像文件形式。对于文本数据格式,主要可用于数据对照、实验数据重现等,一般应在所有组实验完成后进行;图像数据格式主要用于教师直观判读实验结果的趋势,只能在某组数据放大显示时进行。在“文件”菜单中选择“打开”,可以将上次保存的数据文件重现为可操作图表。

第四步:数据打印。本程序可将当前放大的实验组数据打印,点击工具栏上的打印图标,在弹出的对话框中选用 A4 纸横向打印,效果最好。

练习题

1. 说明下述情况中产生的误差是系统误差还是随机误差:

(1)米尺刻度疏密不均匀;　(2)米尺长度因温度变化而伸缩;

(3)千分尺零点不准;　(4)水银温度计毛细管不均匀;

(5)电表机械零点未经调零;　(6)电源电压不稳定引起的测量值起伏。

2. 指出下列各量的有效位数：

(1) $e = 2.7182818$　(2) $\pi = 3.14159$　(3) $c = 2.998003$

(4) $v = 3.00 \times 10^8$ m/s　(5) $l = 0.010$ mm　(6) $g = 9.801$ m/s^2

3. 利用有效数字运算法则计算下列各式：

(1) $2.5624 + 0.07$　(2) $98.724 + 1$　(3) $162.00 - 1.8$

(4) 111×0.001　(5) $3.1 \times 10^{-5} + 1321$　(6) $237.5 \div 0.100$

(7) $\dfrac{76.000}{41.01 - 3.0}$　(8) $\dfrac{100.0 \times (5.3 + 4.713)}{(95.00 - 74.0) \times 10.00}$

4. 按照误差理论和有效数字运算规则，改正下列错误：

(1) $d = (15.600 \pm 0.03)$ mm　(2) $L = (28000 \pm 800)$ mm

(3) $30\text{cm} = 300\text{mm} = 0.3\text{m} = 3 \times 10^{-4}$ km　(4) (275 ± 0.73) m

(5) $0.011 \times 0.011 = 0.000121$　(6) $\dfrac{400 \times 10.00}{16.60 - 15.6} = 40000.00$

5. 推导下列各间接测量量的误差传递公式：

(1) $f = \dfrac{L^2 - e^2}{4L}$　(2) $R = \dfrac{R_1 R_2}{R_1 + R_2}$　(3) $n = \dfrac{\sin(i)}{\sin(\gamma)}$

(4) $Y = \dfrac{8mgLD}{\pi d^2 b \Delta l}$ （式中的 m, g 为常数）　(5) $z = \dfrac{x - y}{x + y}$

6. 计算下列函数有效数字的结果：

(1) $x = 9.80$, $x^3 =$ __________　(2) $x = 5.84$, $\sqrt{x} =$ __________

(3) $x = 3.31415$, $e^x =$ __________　(4) $x = 0.5275$, $4\pi x =$ __________

7. 一个铅质圆柱体，测得其直径 $d = (2.04 \pm 0.01)$ cm，高度 $h = (4.12 \pm 0.01)$ cm，质量 $m = (149.18 \pm 0.05)$ g，求

(1) 铅的密度 ρ；(2) ρ 的合成不确定度 $u_C(\rho)$；(3) 正确表示测量结果。

第 2 章　基础性实验

实验 1　速度和加速度的测量

【实验简介】

速度和加速度是力学中两个重要的物理量。通过对它们的测定，可以了解物体的运动状态和运动规律。利用气垫导轨和双测频率计相互配合，可以比较精确地测出作直线运动的物体的速度和加速度。因此，凡与速度和加速度有关的力学问题，一般都可以利用气垫导轨装置进行研究。

【实验目的】

(1) 学习气垫导轨的使用方法和维护知识。

(2) 加深对平均速度、瞬时速度及加速度概念的理解。

(3) 学习用光电计时法测速度和加速度。

【实验仪器】

气垫导轨，气源，双测频率计，直尺。

【预习思考题】

(1) 如何判断气垫导轨是否水平？怎样调节气垫导轨水平？

(2) 测量瞬时速度的方法是什么？其依据是什么？

(3) 由于瞬时速度测量方法的近似性，对于测量加速度会带来怎样的影响？

【实验原理】

如图 1 所示，将已调水平的气垫导轨一端垫高 h，滑块 M 上装有左、右两根挡光杆 A、B，二者的右边沿相距为 Δx。每次都使滑块从同一位置在重力作用下由静止开始沿导轨下滑。

由于本实验是在一维导轨上做的，所以设实验中所有涉及到的矢量的方向均为沿导轨由左向右，而实验中所提到的各矢量均指其大小值。

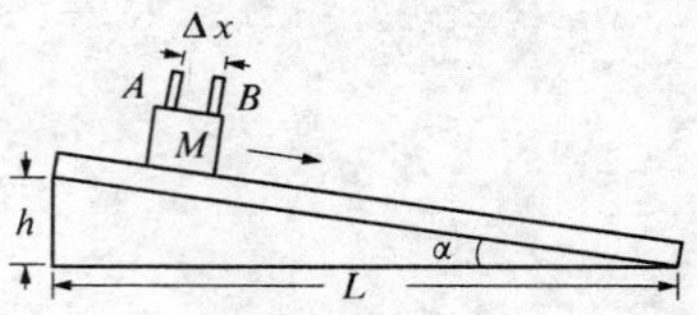

图 1　滑块在气垫导轨上的运动示意图

1. 平均速度

滑块在导轨上由静止下滑，挡光杆 B 的右边沿经过光电门时第一次挡光，计时器开始计时，挡光杆 A 的右边沿经过光电门时第二次挡光，计时器停止计时。计时器上显示的时间为 Δt，滑块在这段时间内运行的距离为 Δx，则滑块在 Δt 时间内的平均速度为

$$\bar{v} = \frac{\Delta x}{\Delta t} \tag{1}$$

2. 瞬时速度

平均速度的极限值即为某点的瞬时速度，即

$$v = \lim_{\Delta t \to 0} \frac{\Delta x}{\Delta t} \tag{2}$$

从理论上讲，Δt 越小，平均速度就越接近于瞬时速度 v。但在实际的测量中，Δx 不能取

得太小，因为它要受到光敏二极管反应时间的限制。一般取 $\Delta x=1.00\text{cm}$，可以用平均速度"代替"瞬时速度。但是，由于滑块作匀加速运动，它通过左、右两个光电门的平均速度 $\bar{v}_1=\frac{\Delta x}{\Delta t_1}$ 和 $\bar{v}_2=\frac{\Delta x}{\Delta t_2}$ 不可能是描写 Δx 中同一点的两个瞬时速度，而会有一定的差异 δ_x。可以证明：当 $\Delta x=1.00\text{cm}$ 时，$\delta_x<10^{-2}\text{cm}$。由于实验时两光电门之间的距离一般取几十厘米，所以 δ_x 对求加速度来说，所引起的系统误差是完全可以忽略不计的。

3. 加速度

滑块作匀加速直线运动时，由运动学知识可知 $v_2^2-v_1^2=2as$，其中 v_1、v_2 分别为滑块经过左、右两个光电门时的瞬时速度，s 为两个光电门之间的距离，a 为滑块作匀加速直线运动的加速度。若测出 v_1、v_2 及 s，便可由上式求出加速度 a 为

$$a=\frac{v_2^2-v_1^2}{2s} \tag{3}$$

若测出 v_1、v_2 及滑块通过距离 s 所用的时间 t，可由下式求加速度

$$a=\frac{v_2-v_1}{t} \tag{4}$$

【实验内容及要求】

(1) 气垫导轨的水平调节（参见【仪器介绍】之"气垫导轨"）。

气垫导轨调平后，在气垫导轨单脚端地脚螺丝下垫一高为 h 的垫块，使气垫导轨左右倾斜，设与水平面夹角为 α。

(2) 在滑块上安装相距 $\Delta x=1.00\text{cm}$ 的两根挡光杆，测出垫块的厚度 h 及两端地脚螺丝间距 L，填入表1中。

表1　加速度测量　$h=$　mm　$\Delta x=1.00\text{cm}$　$L=$　cm

s (cm)	t (s)	$\bar{t}$ (s)	Δt_1 (s)	$\overline{\Delta t_1}$ (s)	$\Delta t_1+\Delta t_2$ (s)	Δt_2 (s)	$\overline{\Delta t_2}$ (s)	$\overline{v_1}$ (cm/s)	$\overline{v_2}$ (cm/s)	a (cm/s^2)
80.00										
50.00										
30.00										
10.00										

(3)测量加速度。

双测频率计选用测时 1,左光电门置于 40.00cm 处,移动右光电门,使两光电门之间的距离 s 分别为 80.00cm、50.00cm、30.00cm 和 10.00cm。将滑块置于气垫导轨上单脚端同一位置,由静止释放,记下 Δt_1、Δt_2 及 t。对应于每一个 s 值,测量三次,将所测数据填入表 1 中。

注意:记 Δt_1 时速度要快,右计时显示器最后显示的数值是($\Delta t_1+\Delta t_2$),由此减去 Δt_1,即得 Δt_2。

【数据处理与误差分析】

(1)计算加速度的理论值。

由公式 $a=g\sin\alpha\approx gh/L$ 求出加速度 a 的理论值 a_0,其中 g 为重力加速度,取 $g=979.7\ \mathrm{cm/s^2}$。

(2)由式(4)求出表 1 中的加速度 $a_j(j=1,2,3,4)$,计算出平均加速度 $\bar{a}$ 及不确定度 $u_C(a)$,以如下形式表示并与理论值 a_0 比较。

$$\begin{cases} a=\bar{a}\pm u_C(a) \\ E(a)=\dfrac{u_C(a)}{\bar{a}}\times 100\% \end{cases}$$

【思考题】

(1)调节气垫导轨水平时,若出现滑块向左运动时,$\Delta t_1=\Delta t_2$,而向右运动时,$\Delta t_1>\Delta t_2$,是何原因?如何处理?

(2)在调节滑块作匀速直线运动的过程中,为什么滑块通过两个光电门的时间总不能完全相等?

(3)本实验中产生系统误差的主要原因有哪些?如何消除?

(4)本实验测量速度和加速度的实质是什么?是怎样实现的?

【仪器介绍】

1. 气垫导轨

气垫导轨是利用气垫技术研制出的一种较理想的力学实验设备。在导轨的直角工作面上加工有按一定规律分布的许多小孔,导轨的一端用盖板密封,另一端装有进气嘴。在导轨工作面上可放两个滑块,滑块的内角与导轨工作面的外角经刮研配合严密。使用压缩气源向轨身内腔送气,压缩空气经轨身小孔喷出,在轨身工作面与滑块内角面之间形成一层 10~100μm 的气垫,从而将滑块托起,这样在滑块沿导轨运动时,就把通常的接触滑动摩擦变成了空气的内摩擦,使能量损失大大减小,解决了长期以来力学实验中存在的由摩擦力引起的误差问题,从而为对许多力学物理量进行定量测量和对力学规律进行验证提供了条件。气垫导轨的结构如图 2 所示,现将其各部件简单介绍如下。

(1)导轨:一般导轨全长 1.5m,由中空角铝制成,整个导轨被固定在“工”字形梁上,以防止其弯曲变形。轨身刻有钢卷尺刻度线。

(2)滑块:滑块的两滑行面互成 90°,与气垫导轨表面严密配合;滑块顶部设有凹形槽,可放置挡光物(用以遮光)和砝码(用以改变滑块质量);滑块的一端可装缓冲弹簧(碰撞时有较好弹性),另一端可装尼龙搭扣或挂钩(视具体实验要求而定)。

(3)光电门:每台气垫导轨上配有一对光电门,它由光敏二极管和发光管(发出红外光或可见光)组成,如图 3 所示。

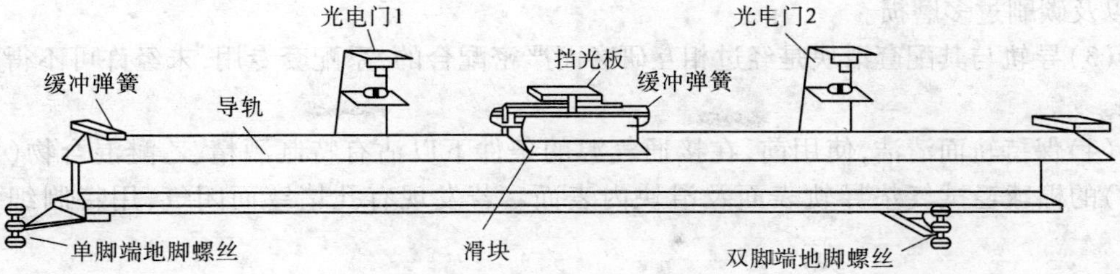

图2　气垫导轨示意图

光敏二极管具有光照时反向电阻急剧减小的特性,它与机内触发器相联。遮光时光敏二极管截止(电阻增大),光照时光敏二极管导通。此信号通过触发器产生合适的脉冲信号,触发电路中电流随时间(或遮光情况)的变化关系如图4所示。触发器就是根据电流负脉冲前沿打开或关闭主控门的。规定第一负脉冲前沿打开主控门开始计时,第二负脉冲前沿关闭主控门停止计时。于是,主控门置 Δt 挡时,计时方式为:任一光电门被遮光即开始计时,解除遮光时主控门并不关闭,仍继续计时;复遮光时主控门才关闭,停止计时。所以,数码管显示的数字为任一光电门被遮光两次之间持续的时间。

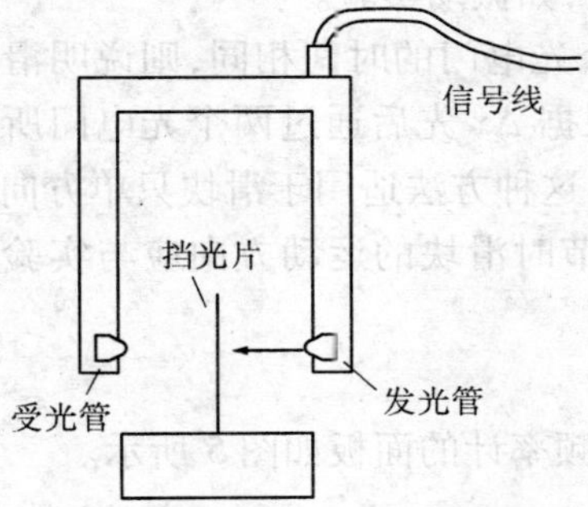

图3　光电门示意图

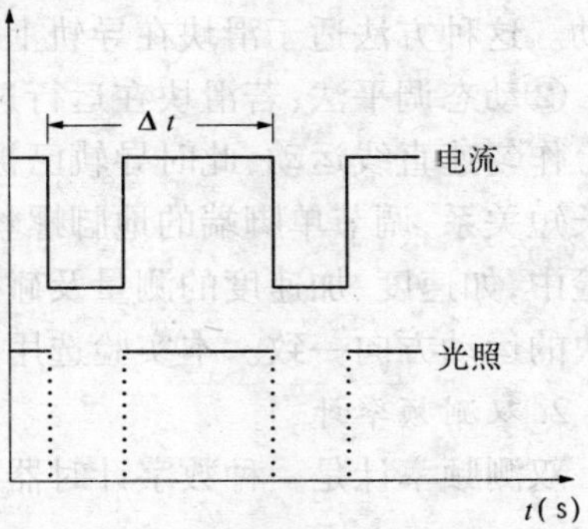

图4　光电门计时示意图

(4)地脚螺丝:气垫导轨下部有三个地脚螺丝,用以调节导轨的水平度和倾斜度。三个地脚螺丝成等腰三角形分布。左端有一个地脚螺丝(即单脚端)用以调节气垫导轨的横向水平度,以使两个轨面与纵向铅垂面成45°角(一般来说,实验室已调好,未经允许不得擅自调节)。右端有两个地脚螺丝(即双脚端)用以调节气垫导轨的纵向水平度。地脚螺丝螺距较大(1.5mm),调节时应仔细。水平度调好之后,若实验需要微调倾斜度,可根据螺距旋转地脚螺丝转过合适的角度来实现。在一般情况下,当需倾斜度较大时,往往采取在单脚端地脚螺丝垫脚下面加垫块的方法。只需测出垫块的厚度 h,即可由两端地脚螺丝间距 L 求出倾斜角为

$$\alpha \approx \sin\alpha = h/L。$$

操作规则及注意事项:

(1)导轨表面和滑块内表面经过精密加工、配合严密,使用时要轻拿轻放,切勿使滑块跌落,切勿敲击、刻划导轨表面,导轨未通气时不能将滑块放在导轨上移动,防止损伤导轨表面及滑块内表面。

(2)在不需要供气时应关闭气源,尽量减少气源开启时间,这样可避免电机过热而烧

毁，以及碳刷过多磨损。

(3)导轨与其配套滑块是经过相互研磨而严密配合的，系配套专用，未经许可不得擅自交换。

(4)保持轨面清洁，使用前，在接通气源的条件下以沾有特制酒精、乙醚混合物（各占50%）的棉球轻拭气垫导轨表面及滑块内表面。若发现有孔堵塞而闭气，用特制细钢丝捅开。

(5)滑块滑行时所受阻力与滑行速度成正比，速度大则阻力亦大。速度太大时，滑块与导轨端面磕碰加剧，若不小心，则可导致滑块跌落而变形，故滑行速度不能太大。此外，滑行速度过小时，由于气流不稳、压力不均或外界空气对流等因素，又会使测量误差加大。所以，其滑行速度也不宜选得太小，一般以 30 ~ 60cm/s 为宜。

(6)在气垫导轨上做任何实验，均需先将导轨纵向调节水平。调节导轨水平的方法是调节地脚螺丝。具体有静态调平和动态调平两种方法。

①静态调平法：打开气源，将一滑块放在导轨上任意位置，先使其静止不动，再放开让其水平方向无初速"自由"运动。观察滑块的运动情况，若滑块始终滑向导轨的一端，则调节导轨单脚端的地脚螺丝，直到滑块无论放在什么位置都基本不动或稍有左右晃动，但无定向滑动。这种方法适于滑块在导轨上作双向运动的实验，如振动实验。

②动态调平法：若滑块在运行过程中 Δx 通过两个光电门的时间相同，则说明滑块在导轨上作匀速直线运动，此时导轨已被调平。因此，可根据 Δx 先后通过两个光电门所用时间的长短关系，调节单脚端的地脚螺丝，直到两者相等。这种方法适用于滑块只单方向运动的实验中，如速度、加速度的测量及碰撞实验等，并且调节时滑块的运动方向应与实验时所选滑块的运动方向一致。本实验选用这种调平方法。

2. 双测频率计

双测频率计是一种数字计时器。QDY－3 型双测频率计的面板如图 5 所示。

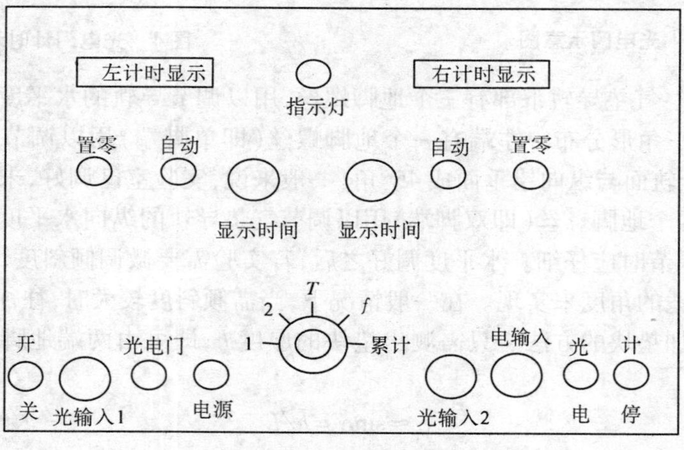

图 5　QDY－3 型双测频率计的面板示意图

1)工作原理

双测频率计是由一个 10kHz 的晶体振荡产生 $T = 10^{-4}$s 的方波脉冲，在计数门打开的时间间隔内，以这样的标准讯号去推动计数器，计数为一个数，直到计数门关闭时停止，则计数

门从开到关的时间间隔为 t = 脉冲个数 × 脉冲周期。例如计数器显示读数为6251，则实际经过的时间为

$$t = 6251 \times 10^{-4}\,\text{s} = 0.6251\,\text{s}$$

双测频率计由两组计数器组合而成。“置零”按钮用于在每次测量完后将显示器复零，以便于下次测量。若采用“自动”复零，可用“显示时间”按钮控制显示时间的长短。

2) 测时功能

(1) 测时1、2：如图6所示，设 Δx 为两挡光杆之间的距离，Δt_1、Δt_2 分别为滑块在左、右光电门处通过距离 Δx 所用的时间，s 为两光电门之间的距离，滑块通过 s 所用的时间为 t，则左右显示器记录的时间如表2所示。

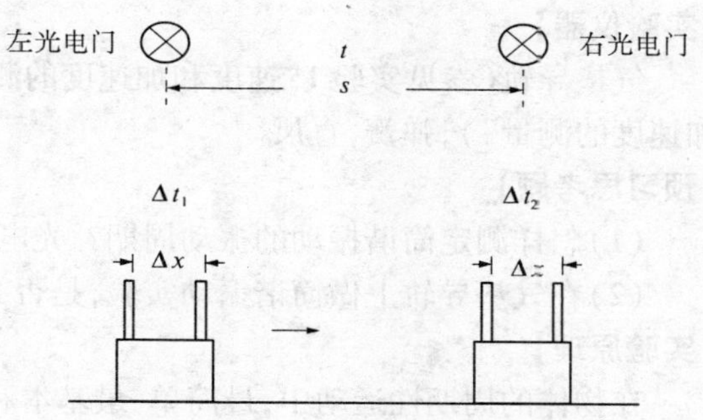

图6　双测频率计测时示意图

(2) 测周期 T_0：在做振动实验时，滑块上放置一根挡光杆，左计时显示器记录振动的时间，右计时显示器记录振动的次数，当振动10次时，左右计时显示器均停止记录，左计时显示器记录的时间为10倍的 T_0。

(3) 测半衰期：做阻尼振动实验时，用测时功能的“累计”挡测量半衰期，并用“计”、“停”开关控制计时的开始与停止。

表2　计时显示器计时示意

功能挡	左计时显示器	右计时显示器	
测时1	t	滑块通过右光电门之前	Δt_1
		滑块通过右光电门之后	$\Delta t_1 + \Delta t_2$
测时2	Δt_1	Δt_2	

实验2　物体振动的研究

【实验简介】

振动是物质的一种很普遍的运动形式。所谓机械振动，是指物体在一定位置附近所作的周期性往复运动，例如心脏的跳动、钟摆的摆动等。振动常是有害的，如降低机床加工精度、缩短机械设备的寿命，甚至引起重大破坏事故等。但是，振动也有其有利的一面，如选矿筛、混凝土捣固机等都是利用振动原理设计的。为了利用振动的有利因素，避免其有害因素，我们就要研究振动的基本规律。

除机械振动外，自然界中还存在各式各样的振动。例如，交流电路中电流的周期变化；电磁波传播时，空间某点的电场强度和磁场强度的周期变化等。虽然从本质上讲，后者并不是机械振动，但实验和理论研究都表明它们所遵循的基本规律和机械振动的规律在形式上有许多共同点，或者采用一定的机械振子模型来处理这类问题能得到较好的结果。因此，掌

握机械振动的基本规律也是进一步学习交流电、无线电技术及物理学各有关部分知识的重要基础。

本实验着重研究简谐振动和阻尼振动的基本规律。

【实验目的】

(1)观察简谐振动的现象,测定简谐振动的周期。

(2)观察阻尼振动的现象,测定阻尼系数。

【实验仪器】

气垫导轨(参见实验1“速度和加速度的测量”),气源,双测频率计(参见实验1“速度和加速度的测量”),弹簧,直尺。

【预习思考题】

(1)怎样测定简谐振动的振动周期?光电门应放在什么位置?

(2)在气垫导轨上做简谐振动实验,是否必须把气垫导轨调成水平?为什么?

【实验原理】

在物体的周期性运动中,最简单、最基本和最具有代表性的振动形式是简谐振动。一切复杂的振动形式都可由各种简谐振动合成。因此,研究简谐振动具有特殊的意义,它可以作为表示其他周期运动的一些重要特性的理想模型。

如图1所示,气垫导轨上质量为 m 的滑块两端分别连接倔强系数为 k_a、k_b 的弹簧,弹簧的另一端固定在气垫导轨两端。滑块可在气垫导轨上作往返运动,由于空气阻尼及其他能量损耗都很小,滑块的运动可以看作是简谐振动。

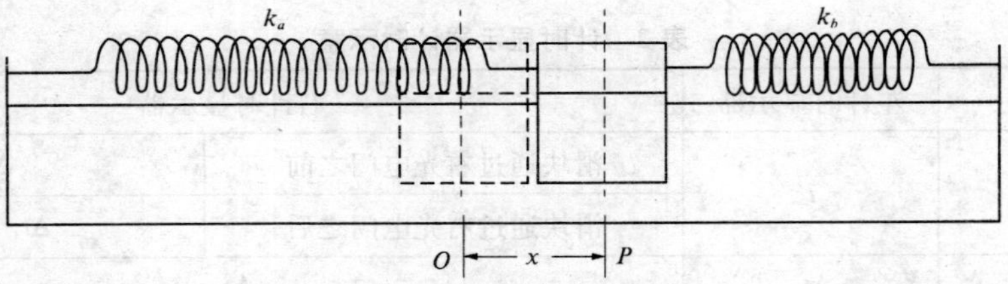

图1　滑块在气垫导轨上振动示意图

设滑块静止时所处的位置为 O 点,当产生位移 x 时,滑块受到来自两个弹簧的弹性恢复力为

$$F = -(k_a + k_b)x \tag{1}$$

则其运动方程为

$$m\frac{\mathrm{d}^2x}{\mathrm{d}t^2} = -(k_a + k_b)x \tag{2}$$

方程(2)的解是

$$x = A\cos(\omega_0 t + \varphi_0)$$

上式表明滑块作简谐振动,其中 A 为振幅,ω_0 为角频率,φ_0 为初相位。振动的周期为

$$T = \frac{2\pi}{\omega_0} = 2\pi\sqrt{\frac{m}{k_a + k_b}} \tag{3}$$

由方程(3)可知,简谐振动的振动周期只与 m、k_a、k_b 有关,而与振幅无关。

上面的结论是在完全忽略了阻尼的理想情况下得出的,然而实际上纯粹的简谐振动并不存在，因为由于阻尼作用的存在，任何振动系统的能量都会不断减少，振动的振幅会不断地衰减，这就是阻尼振动。图2给出了阻尼振动中振幅随时间的变化趋势。由图2可见，随着振动时间的延长，振幅在逐渐衰减。现在我们在只考虑空气黏滞力这个阻尼力的情况下，研究振动的规律。

实验指出，当物体以不太大的速率在空气中运动时，物体受到的阻力与其运动速率成正比，即

$$f = -b\frac{dx}{dt} \tag{4}$$

式中比例系数 b 称为阻尼系数，它与空气的黏滞系数、气层的厚度及滑块内表面的面积有关，负号表示阻力方向与物体运动方向相反。振动系统在弹性恢复力和阻尼力的共同作用下，其运动方程为

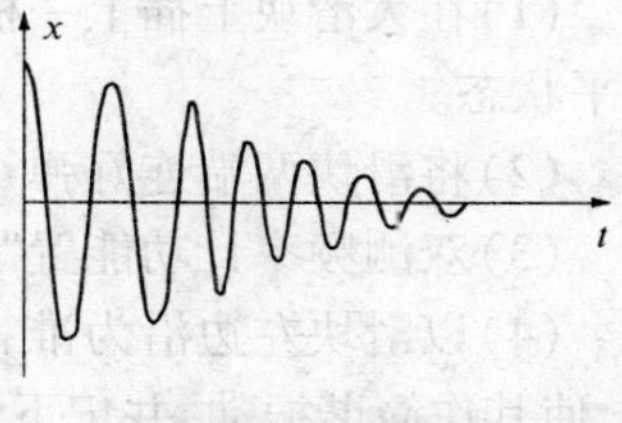

图2　阻尼振动能量变化示意图

$$m\frac{d^2x}{dt^2} + b\frac{dx}{dt} + (k_a + k_b)x = 0$$

上述方程可变形为

$$\frac{d^2x}{dt^2} + 2\beta\frac{dx}{dt} + \omega_0^2 x = 0 \tag{5}$$

式中，$\beta = \frac{b}{2m}$，称为阻尼因子，$\omega_0 = \sqrt{(k_a + k_b)/m}$。

方程(5)的解为

$$x = A_0 e^{-\beta t}(\cos\omega t + \varphi_0) \tag{6}$$

其中，$\omega = \sqrt{\omega_0^2 - \beta^2}$，阻尼振动的振幅为

$$A = A_0 e^{-\beta t} \tag{7}$$

阻尼因子 β 的倒数为时间常数 τ，即

$$\tau = \frac{1}{\beta} = \frac{2m}{b} \tag{8}$$

它表示振幅衰减为 A_0 的 1/e 所用的时间。

实验中要求测量阻尼系数 b，由(8)式可知，这就需要测量时间常数 τ。但是，要直接测量 τ 不是一件容易的事。然而测量振幅衰减为 A_0 的一半所用的时间却是可行的，这个时间称为半衰期，用 $\tau_{1/2}$ 表示。将 $A = A_0/2$，$t = \tau_{1/2}$ 代入方程(7)，得

$$\frac{A_0}{2} = A_0 e^{-\beta\tau_{1/2}}$$

两边取自然对数得

$$\ln 2 = \beta\tau_{1/2}$$

从而

$$\tau_{1/2} = \frac{1}{\beta}\ln 2 = \frac{2m}{b}\ln 2 = 1.386m/b$$

则

$$b = \frac{1.386m}{\tau_{1/2}} \tag{9}$$

因此,只要测出半衰期 $\tau_{1/2}$,就可得到阻尼系数 b。

【实验内容与要求】

1. 直接测量物体的振动周期

观察简谐振动,直接测量滑块的振动周期,观察周期与振幅、滑块质量的关系。

(1)在大滑块上插上一根挡光杆,轻轻放在气垫导轨上,用静态调平法调节气垫导轨至水平状态。

(2)将滑块两端连好弹簧,使滑块平衡静止在气垫导轨上。

(3)双测频率计功能置“周期”挡,将右光电门移至挡光杆右边约 1cm 处。

(4)以滑块左边沿为准,将滑块分别左移 2.00cm、4.00cm、6.00cm、8.00cm,由静止释放,使其作简谐振动,并记下 10 次振动所需的时间(**注意**:计时显示器上的数字满 10s 必须进位),每一个振动重复测量 3 次,将所测数据填入表 1。

表 1　振动周期直接测量之一:周期与振幅、滑块质量的关系

m(g)	大滑块质量 m_1				小滑块质量 m_2			
x(cm)	2.00	4.00	6.00	8.00	2.00	4.00	6.00	8.00
T_1(s)								
T_2(s)								
T_3(s)								
$\overline{T}$(s)								

(5)换上小滑块,重复步骤(1)~(4)。

(6)将气垫导轨左端垫高 10.0mm,振幅取 4.00cm 和 8.00cm,记下 10 次振动所需的时间,每一个振动重复测量 3 次,将所测数据填入表 2。

(7)取下气垫导轨左端的垫块,将气垫导轨右端垫高 10.0mm,振幅取 4.00cm 和 8.00cm,记下 10 次振动所需的时间,每一个振动重复测量 3 次,将所测数据填入表 2。

表 2　振动周期直接测量之二:周期与平衡位置的关系

垫块位置及高度(mm)	左端 10.0		右端 10.0	
振幅(cm)	4.00	8.00	4.00	8.00
T_1(s)				
T_2(s)				
T_3(s)				
$\overline{T}$(s)				

2. 测量阻尼系数

(1)将双测频率计功能开关置于“累计”挡,并用“计”、“停”开关控制计时的开始与停止。

(2)使滑块离开平衡位置 4.00cm 释放并开始计时,当振幅衰减至 2.00cm 时停止计时,这段时间就是半衰期 $\tau_{1/2}$。

(3)重复上述步骤 3 次，将所测得的数据填入表 3 中，计算其平均值 $\bar{\tau}_{1/2}=\frac{1}{3}(\tau'_{1/2}+\tau''_{1/2}+\tau'''_{1/2})$，并求阻尼系数 b。

表 3　阻尼系数的测量

m(g)	$\tau'_{1/2}$(s)	$\tau''_{1/2}$(s)	$\tau'''_{1/2}$(s)	$\bar{\tau}_{1/2}$(s)	$b=\frac{1.386m}{\bar{\tau}_{1/2}}$(g/s)	$\beta=\frac{1}{\tau}$(s^{-1})

3. 间接测量物体的振动周期

(1)将弹簧固定在桌边或墙上，挂上砝码盘，如图 3 所示。用直尺测量此时弹簧的长度，记为 x_0。

(2)每次增加质量为 m 的砝码，分别记下相应的弹簧长度 x_1、x_2、x_3、x_4、x_5 共 5 组数据，填入表 4 中。

(3)计算弹簧的倔强系数 $\bar{k}_a$。

(4)同样步骤求出另一只弹簧的倔强系数 $\bar{k}_b$。

(5)将上面求出的 $\bar{k}_a$、$\bar{k}_b$ 和大、小滑块质量 m_1、m_2 分别代入式(3)，求出周期并与直接测量结果(见表 1)相比较。

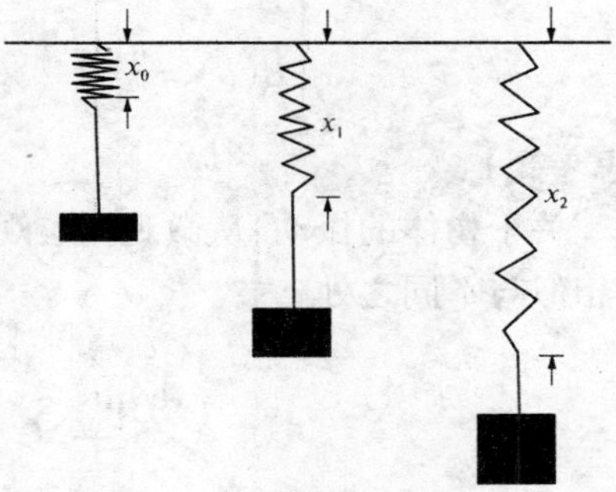

图 3　测量弹簧的倔强系数

表 4　弹簧倔强系数的测量　x_0 =　　cm

m(g)	弹簧长度(cm)		长度增量(cm)		倔强系数(N/cm)	
	x_1		x_1-x_0		k_1	
	x_2		x_2-x_1		k_2	
	x_3		x_3-x_2		k_3	
	x_4		x_4-x_3		k_4	
	x_5		x_5-x_4		k_5	

【数据处理与误差分析】

(1)计算出相应于大、小两个滑块在振幅分别为 2.00cm、4.00cm、6.00cm 及 8.00cm 的情形下的振动周期及其不确定度，观察周期与振幅、滑块质量之间的关系。

(2)算出两种情形下对应振幅分别为 4.00cm 和 8.00cm 的振动周期及其不确定度，观察物体振动的平衡位置改变后周期有无变化。

(3)由公式

$$k_n=\frac{mg}{x_n-x_{n-1}}\ (n=1、2、3、4、5) \tag{10}$$

计算 k_n，将计算结果填入表 4 中，并由下式求其算术平均值。

$$\bar{k} = \frac{\sum_{n=1}^{5} k_n}{5} \tag{11}$$

根据式(10)和式(11)推出 $\bar{k}$ 的不确定度 $u_C(k)$ 的表达式,并将最后结果以 $k = \bar{k} \pm u_C(k)$ 的形式给出。

(4)将测得的 $\bar{k}_a$、$\bar{k}_b$ 和大小两个滑块的质量 m_1、m_2 分别代入式(3)中,求出对应于大、小滑块的两个振动系统的振动周期及其不确定度,并与直接测量结果相比较。

(5)计算出测量半衰期时三次测量的算术平均值 $\bar{\tau}_{1/2}$ 及不确定度 $u_C(\tau_{1/2})$,求出阻尼系数 $\bar{b}$、阻尼因子 $\bar{\beta}$ 及它们的不确定度 $u_C(b)$、$u_C(\beta)$,并以如下的形式给出最后结果。

$$\begin{cases} b = \bar{b} \pm u_C(b) \\ E(b) = \dfrac{u_C(b)}{\bar{b}} \times 100\% \end{cases} \qquad \begin{cases} \beta = \bar{\beta} \pm u_C(\beta) \\ E(\beta) = \dfrac{u_C(\beta)}{\bar{\beta}} \times 100\% \end{cases}$$

【思考题】

关于物体的振动,从微观到宏观再到宇观,你能举出哪些具体的例子,试分析它们之间的相似与不同之处。

实验3　拉伸法测量杨氏模量

【实验简介】

杨氏模量是描述固体材料抵抗形变的能力的重要物理量,是选定机械构件材料的重要依据之一,是工程设计中常用的参数。

在外力作用下,物体所发生的形状变化称为形变。根据形变的特性,可将形变分为弹性形变和范性形变两类。外力撤去后,物体能完全恢复原状的形变称为弹性形变。如果作用于物体上的外力过大,以至于外力撤去后物体不能完全恢复原状,而留下部分形变,这种形变称为范性形变。本实验只研究弹性形变。发生弹性形变时,物体内部产生内应力,杨氏模量就是反映材料形变与内应力关系的物理量。

测量杨氏模量的方法有很多种,如拉伸法、振动法及弯曲法等。本实验介绍用拉伸法测量金属丝的杨氏模量,以光杠杆装置测定金属丝在受力过程中微小的长度变化。光杠杆法被广泛应用在测量技术中,其装置被许多高灵敏度的测量仪器(如冲击电流计、光点检流计等)所应用,用来测量微小的长度变化。

本实验在实验方法、仪器调整、数据处理、误差分析等方面内容都很丰富,是一个很好的教学实验。

【实验目的】

(1)了解杨氏模量的物理意义,学习其一种测量方法——拉伸法。

(2)掌握用光杠杆测量微小长度变化量的原理和方法。

(3)学习用对称测量法消除系统误差的思想方法。

(4)学会用逐差法处理数据。

【实验仪器】

杨氏模量测定仪,螺旋测微器,钢卷尺,直尺。

【预习思考题】

(1)光杠杆测量微小长度变化量的原理是什么?

(2)实验中各个长度量的测量分别选择哪些测量仪器?为什么?

【实验原理】

1. 杨氏模量

设一段金属丝长为 L,截面积为 S,它受轴向外力 F 作用后发生弹性形变,长度改变量为 ΔL。忽略金属丝的重量,平衡状态时,任一截面上的内应力均与外力 F 相等,故其单位截面积上的垂直作用力为 F/S,称为应力,金属丝长度相对改变量 $\Delta L/L$ 称为应变。在弹性限度内,胡克定律指出:应力与应变成正比,即

$$\frac{F}{S}=Y\frac{\Delta L}{L} \tag{1}$$

式中比例系数 Y 称为该金属材料的杨氏模量,它和应力具有相同的单位。杨氏模量是描写材料本身弹性的物理量,它反映了材料对于拉伸或压缩变形的抵抗能力,由材料的性质决定,与材料的具体形状无关。

上式变形后得到杨氏模量的表达式如下

$$Y=\frac{F/S}{\Delta L/L} \tag{2}$$

由式(2)可知,只要测出等号右边的各量,便可计算出材料的杨氏模量。其中,F、L 和 S 均可用一般的方法进行测量,唯有伸长量 ΔL 之值甚小,用一般测量工具不易准确测得,本实验采用光杠杆法来测定伸长量 ΔL。

2. 光杠杆法测微小长度变化量的原理

图 1 为光杠杆法测量微小长度变化量的原理图。光杠杆是一个带有可旋转平面镜的支架,假定平面镜 M 的法线和望远镜 T 光轴在同一直线上,且望远镜光轴和刻度尺垂直,刻度尺上 A 点发出的光线经平面镜反射后进入望远镜,可在望远镜中"十"字叉丝处读得 A 点的刻度 a_0。当被测金属丝伸长 ΔL 时,光杠杆的后足尖随之下落 ΔL,带动平面镜转过一个角度 θ,平面镜法线也将转过角度 θ,根据光的反射定律,反射光线转过 2θ,此时在望远镜"十"字叉丝处可见刻度 B 处的像 a_1,设 A、B 两点相距 Δa。

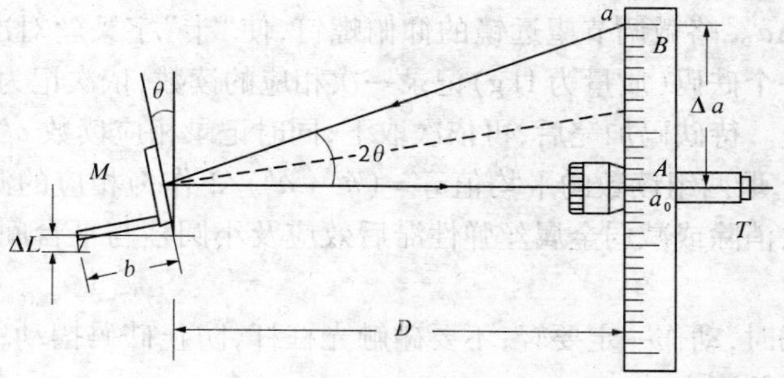

图 1　光杠杆法测量微小长度变化量示意图

因 θ 很小,则有

$$\theta\approx\tan\theta=\frac{\Delta L}{b}$$

$$2\theta \approx \tan 2\theta = \frac{\Delta a}{D}$$

联立以上两式，可得

$$\Delta a = \frac{2D}{b}\Delta L \tag{3}$$

即微小长度变化量 ΔL 被放大了 $2D/b$ 倍后得到 Δa，与力学中的杠杆定律表达式相似，故称光杠杆。其中 $2D/b$ 是光杠杆的放大倍数，这就是光杠杆测量微小长度变化量的原理。

式(3)变形后得到 ΔL 的表达式如下

$$\Delta L = \frac{b}{2D}\Delta a$$

将上式代入式(2)，便得到杨氏模量的计算表达式

$$Y = \frac{8FLD}{\pi d^2 b\Delta a} \tag{4}$$

式中 D、d 及 b 的具体物理含义见【仪器介绍】。

【实验内容与要求】

1. 测量准备

参见图 2，调节伸长仪的三个地脚螺丝 C 使水平仪 I 中的气泡位于中心位置；在金属丝下端砝码托盘上预加 2kg 的砝码，使金属丝拉直；把光杠杆放在平台 G 上，使两个前足尖位于凹槽内，后足尖置于圆柱形钢丝卡头上（不能掉进缝隙），目测调节光杠杆平面镜处于铅垂面内。

2. 调节光杠杆及望远镜尺组

(1)沿平面镜法线方向，将望远镜尺组置于和光杠杆相距约 1.5m 处，目测望远镜筒与光杠杆平面镜等高；

(2)调节光杠杆平面镜，使沿望远镜上方准星望去，能在平面镜中看到自己的像；

(3)调节望远镜目镜，使视场中“十”字叉丝最清晰；

(4)调节望远镜调焦手轮，使在视场中能看到清晰的标尺像；

(5)调节标尺高度，使望远镜中标尺读数小于 5cm。

3. 测量各直接测量量

(1)多次测量 Δa。略微调节望远镜的仰俯螺钉，使“十”字叉丝对准某一刻度线，然后逐渐加砝码，每加一个砝码（质量为 1kg）记录一次相应的读数，依次记为 a_1、a_2、…、a_{10}，直到加完 10 个砝码为止。待砝码加完后，再依次取下，同时记录相应读数 a'_{10}、a'_9、…、a'_1。将所记录的数据填入表 1。取两组读数的平均值 $\overline{a_i} = (a_i + a'_i)/2$ 作为相应的测量值，这样做的目的是：以对称测量法消除或减弱金属丝弹性滞后效应及小圆柱与平台间可能的机械摩擦带来的影响。

注意：加减砝码时，动作一定要轻，不要碰触光杠杆，防止砝码摆动；砝码的缺口一定要错开，否则砝码容易倒下来。

(2)用钢卷尺一次测量钢丝原长 L（即预加 2kg 砝码后，钢丝螺栓卡头和圆柱形钢丝卡头之间的长度）。由于测量受到实验装置结构的限制，钢卷尺与钢丝无法紧靠，测量达不到钢卷尺的精度，可根据具体情况估计其误差限。

(3)用钢卷尺一次测量光杠杆小平面镜至标尺的距离 D。

(4)用螺旋测微器在钢丝不同部位、不同方向多次测量钢丝的直径 d(6 次),填入表 2。

表 1　金属丝受力后望远镜中读数值 a_i

次数	拉力(kg)	望远镜中读数值 $a_i(\times 10^{-3})$(m)		
		增加砝码	减少砝码	平均值
1				
…				
10				

表 2　金属丝直径 d 的测量值　　(单位:mm)

次数	1	2	3	4	5	6	平均值
d_i							
Δd_i							

由于钢丝直径很小,为减小误差,必须注意螺旋测微器的正确使用方法(见【仪器介绍】),螺旋测微器的测量端面必须与钢丝平行且要注意零点误差的修正。

(5)测量光杠杆常数 b。将光杠杆放在平纸上,轻轻印下三个足尖的痕迹,用直尺测出后足尖至两个前足尖连线的垂直距离,此距离即为光杠杆常数。

【数据处理与误差分析】

金属丝原长:$L, u_B(L)=\Delta_{仪}(L)$;光杠杆小平面镜至标尺距离:$D, u_B(D)=\Delta_{仪}(D)$;光杠杆常数:$b, u_B(b)=\Delta_{仪}(b)$;实验用砝码质量:$m, u_B(m)=\Delta_{仪}(m)$;重力加速度:g。

(1)用逐差法处理表 1 中数据。

每增加 5 个砝码,望远镜中标尺读数之差为:

$$\Delta a_1 = |\overline{a_6}-\overline{a_1}|$$
$$\Delta a_2 = |\overline{a_7}-\overline{a_2}|$$
$$\Delta a_3 = |\overline{a_8}-\overline{a_3}|$$
$$\Delta a_4 = |\overline{a_9}-\overline{a_4}|$$
$$\Delta a_5 = |\overline{a_{10}}-\overline{a_5}|$$

它们的算术平均值为:

$$\overline{\Delta a} = (\Delta a_1+\Delta a_2+\Delta a_3+\Delta a_4+\Delta a_5)/5$$

求出结果的合成不确定度 $u_C(\Delta a)$。

(2)求出表 2 中数据的算术平均值 $\overline{d}$ 及合成不确定度 $u_C(d)$。

(3)求杨氏模量。将上面所测数据及所求结果代入杨氏模量的计算表达式(4),得到

$$\overline{Y} = \frac{8LFD}{\pi(\overline{d})^2 b\,\overline{\Delta a}}$$

式中力 F 为 5kg 砝码的重力。由式(4)推出杨氏模量的不确定度 $u_C(Y)$ 的表达式,求出相对不确定度 $E(Y)$,并以如下的形式给出最终结果。

$$\begin{cases} Y = \overline{Y} \pm u_C(Y) \\ E(Y) = \dfrac{u_C(Y)}{\overline{Y}} \times 100\% \end{cases}$$

【注意事项】

(1)保持望远镜镜头及平面镜镜面的清洁,不得用手触摸,镜面有灰尘时,应用专用镜头纸擦拭,用毕盖好物镜盖和平面镜盖。

(2)望远镜尺组距光杠杆距离≥0.65m。

(3)调节仪器时,不要急于从望远镜中找像,而应先在望远镜外找到钢卷尺的反射像。

(4)仪器调好后,在实验过程中不得移动位置,否则实验要重做。

【仪器介绍】

1. 杨氏模量测定仪

如图2所示,杨氏模量测定仪主要由三部分组成,即伸长仪、光杠杆和望远镜尺组。

1)伸长仪

如图2所示,三脚底座B上装有两根平行立柱和三个地脚螺丝C。立柱上端装有横梁,中间是可上下移动的中心开有圆孔的平台G。横梁中部为钢丝螺栓卡头A,用以固定钢丝的上端,钢丝的另一端固定在圆柱形钢丝卡头D上,后者可在平台G中央的圆孔中上下自由滑动,钢丝的下端与砝码托钩相连。三脚底座上的三个地脚螺丝用以调节立柱铅直,铅直度可由水平仪I判断。

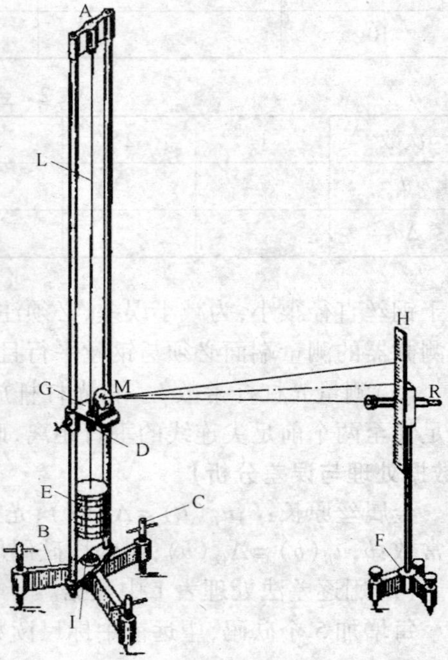

A—钢丝螺栓卡头;B—三脚底座;C—地脚螺丝;D—圆柱形钢丝卡头;E—砝码及砝码托盘;F—三脚支架;G—平台;H—标尺;I—水平仪;L—金属丝;M—光杠杆;R—望远镜

图2　杨氏模量测定仪示意图

2)光杠杆

如图3所示,平面反射镜通过两个紧固螺丝安装在三脚支架的前端,两个前足尖(或刀刃)被置于伸长仪平台G上的凹槽中,后足尖置于圆柱形钢丝卡头上,可随卡头上下移动。三足尖构成一个等腰三角形的三个顶点,后足尖至两个前足尖连线的垂直距离b(等腰三角形的高,可自由调节)称为光杠杆常数。松开紧固螺丝可以调节平面镜的铅直度。

3)望远镜尺组

如图2所示,望远镜尺组由内调焦望远镜和标尺组成。通过望远镜及标尺固定旋钮可分别改变它们在三脚支架上的高度;通过标尺调整螺丝还可以改变标尺与其支架的相对位置;用地脚螺丝目测调节立柱的铅直度。使用时,先取下物镜盖,调节目镜视度圈,使分划板上的刻度线清晰可见;移动镜尺组三脚支架或松开望远镜固定旋钮以调节其高度或角度。使镜筒对准待测目标(如标尺在反射镜中的像);调节望远镜的仰俯,从目镜上方以准星仔细瞄准目标;最后调节内调焦手轮,调整视距,直至被观测目标(标尺的反射像)在视场中心且清晰为止。

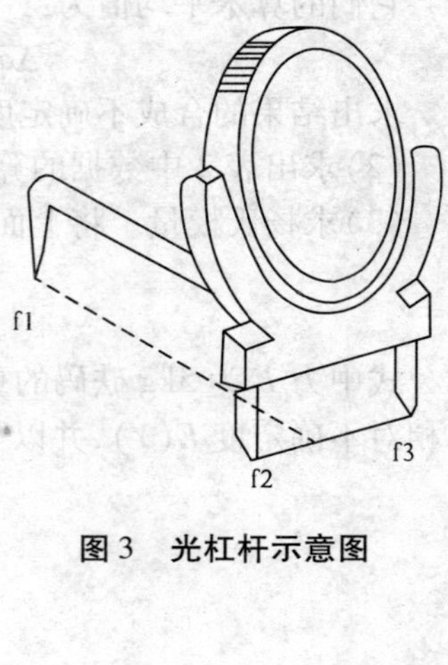

图3　光杠杆示意图

2. 螺旋测微器

螺旋测微器是一种常见的长度精密测量器具，因其在测量时可估读到千分之一毫米，故又称千分尺。其外形结构如图4所示。主要部件是测微螺旋，它由一根精密的测微螺杆F和螺母套管B组成。测微螺杆的后端与一个有50分格的微分筒E相连，螺距为0.5mm，即当微分筒相对于螺母套管转过一周时，测微螺杆在螺母套管内沿轴线方向前移或后移0.5mm。显然，当微分筒转过一个分格时，测微螺杆就相应移动了0.01mm。由此可见，由微分筒转过的刻度就可以准确地读出测微螺杆沿轴线方向移过的微小长度。螺母套管上刻有"毫米"、"半毫米"和"准线"等刻线用以读数。

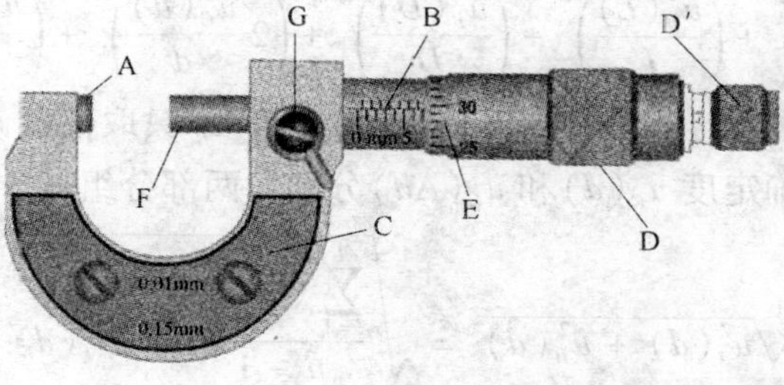

图4　螺旋测微器

用螺旋测微器进行测量时，将待测物体置于测微螺杆F和测砧A之间，顺时针轻轻转动螺旋手柄D，当测砧端面和测微螺杆端面快要接触到待测物体时，改为顺时针轻轻转动测力装置D′，当听到"咔、咔"声响时，表示测量端面已与待测物体接触，停止转动，锁紧止动旋钮G，即可从螺母套管和微分筒圆锥面上读出测量结果。

螺旋测微器的读数方法是先读螺母套管上的毫米和半毫米刻度线，露出多少就读多少。刻度线有上下之分，上下相邻的两条刻度线之间的距离为0.5mm，如图4所示。从图中可以看出螺母套管上的示数为7mm；然后再读微分筒上的示数，微分筒上的示数是以螺母套管上的横向准线为基准，准线对准微分筒上的数是多少就读多少。如前所述，微分筒每格为0.01mm，读数时须估读一位。再看图4，该图示的微分筒读数为0.297mm，最后一位数字"7"为估读所得。所以，图4中的正确读数为7+0.297=7.297(mm)。

注意事项：

(1)使用螺旋测微器之前，要校准零点。顺时针转动螺旋手柄D，使测砧端面与测微螺杆端面贴近，再转动测力装置D′，直到听到"咔、咔"声响。检查此时微分筒上的"0"刻线是否与螺母套管上的准线对齐。若未对齐，记下此时的读数，设之为X_0，称为零点读数。注意判断X_0的正负(微分筒上的"0"刻线在螺母套管的"准线"下方时，X_0为正，反之为负)，多次测量时在平均值中减去X_0。若两者能对齐，则$X_0=0.000\text{mm}$。

(2)使用螺旋测微器时，应左手捏持弓形手柄上的绝热塑料垫块(以免弓形手柄受热膨胀)，右手旋转螺母手柄及测力装置。

(3)螺旋测微器使用完毕，应在测微螺杆测量面与测砧面之间留下间隙，以防外界温度变化时因热膨胀而使两者过分挤压，导致损坏螺纹。

【相关知识】

测量结果不确定度分析

杨氏模量的计算公式为

$$\overline{Y}=\frac{8LFD}{\pi(\overline{d})^2 b\,\overline{\Delta a}}$$

式中，F 为 5 个砝码的重力(见【数据处理与误差分析】中的(1))，即 $F=5mg$，则上式可变形为

$$\overline{Y}=\frac{40mgLD}{\pi(\overline{d})^2 b\,\overline{\Delta a}}$$

式中等号右边的量除常数外全部为直接测量量。

由上式可求出最终结果的相对不确定度的传递公式为

$$\frac{u_C(Y)}{\overline{Y}}=\sqrt{\left(\frac{u_B(m)}{m}\right)^2+\left(\frac{u_B(L)}{L}\right)^2+\left(\frac{u_B(D)}{D}\right)^2+\left(2\,\frac{u_C(d)}{\overline{d}}\right)^2+\left(\frac{u_B(b)}{b}\right)^2+\left(\frac{u_C(\Delta a)}{\overline{\Delta a}}\right)^2}$$

式中 m、L、D、b 均为单次直接测量量，其 B 类不确定度 u_B 只取仪器误差 $\Delta_{仪}$；d 和 Δa 为多次直接测量量，其合成不确定度 $u_C(d)$ 和 $u_C(\Delta a)$ 分别由两部分组成，即

$$u_C(d)=\sqrt{u_A^2(d)+u_B^2(d)}=\sqrt{\frac{\sum_{i=1}^{n}(\Delta d_i)^2}{n-1}+\Delta_{仪}^2(d)}\quad(n=6)$$

$$u_C(\Delta a)=\sqrt{u_A^2(\Delta a)+u_B^2(\Delta a)}=\sqrt{\frac{\sum_{i=1}^{j}(\Delta a_i-\overline{\Delta a})^2}{j-1}+\Delta_{仪}^2(\Delta a)}\quad(j=5)$$

【思考题】

在做完本实验后，关于物体的杨氏模量，你还有哪些见解？试与“实验 25”相比较，分析两种测量方法的优缺点。

实验 4　指针式万用表的原理与使用

【实验简介】

“万用表”是万用电表的简称，又称多用表，是一种最常用的多量程和测量多种电量的便携式电子测量仪表。它集电压表、电流表和欧姆表于一体，可测量交直流电压、电流和电阻，有的还可测量电容、电感及晶体管参数，也常用于检查线路故障。由于万用表结构简单，便于携带，使用方便，用途多样，量程范围广，因而它是维修仪表和调试电路的重要工具。但其准确度较低，不能用于精确测量。因为电表总有一定的内阻，接入电路后会使电路的电压和电流分布发生变化，由此引起的系统误差称为接入误差。用电压表测量电压是并联在电路中，所以只有当电压表的内阻远大于待测电压的内阻时才可忽略接入误差；用电流表测量电流是串联在电路中，只有当电流表内阻远小于所测回路的电阻时才能忽略其接入误差。

万用表的种类很多，按其读数方式可分为指针式万用表和数字式万用表两类。指针式万用表通过指针在表盘上摆动的大小来指示被测量的数值，因此也称其为机械指针式万用表。

【实验目的】

(1)了解指针式万用表的结构及原理。

(2)学会万用表的使用方法。

【实验仪器】

MF50 型万用表，电源，电阻，电阻箱，二极管，三极管，电解电容等。

【预习思考题】

(1)欧姆表中的中值电阻是如何定义的？为什么欧姆挡的有效量程只是中值电阻附近的一段？

(2)欧姆表的红、黑表笔中哪个电势较高？为什么？

(3)用万用表电流挡测电流时要注意什么？

【实验原理】

指针式万用表实际上是由灵敏度较高的磁电式电流表(俗称表头)配上一个专门为扩展电表用途而设计的电路所组成。表头是万用表的关键部件，万用表的很多重要性能，如灵敏度、准确度等级、阻尼及指针回零等，很大程度上取决于表头的性能。但表头不能通过大电流，所以必须在表头上并联与串联一些电阻进行分流或降压，从而测出电路中的电流、电压和电阻。万用表在结构上主要由表头(指示部分)、测量电路、转换装置三部分组成。万用表的面板上有多条标度尺的刻度盘、转换开关旋钮、调零旋钮和接线插孔等。

1. 万用表的工作原理

1)直流电流的测量电路

在表头上并联一个适当的电阻(叫分流电阻)进行分流，就可以扩展电流量程。改变分流电阻的阻值，就能改变电流测量范围，如图 1(a)所示。

2)测直流电压原理

电压表是利用串联电阻的分压作用构成直流电压表的。分压电阻不同，相应的量程也不同。如图 1(b)所示，在表头上串联适当的分压电阻，就可以扩展电压量程。改变分压电阻的阻值，就能改变电压的测量范围。

3)测交流电压原理

如图 1(c)所示，因为表头是磁电式微安表，不能直接用来测量交流电，必须配以整流电路，把交流变为直流，才能加以测量。测量交流电压的电路是一种整流电路。整流电路有半波整流电路和全波整流电路两种。扩展交流电压量程的方法与直流电压相似。

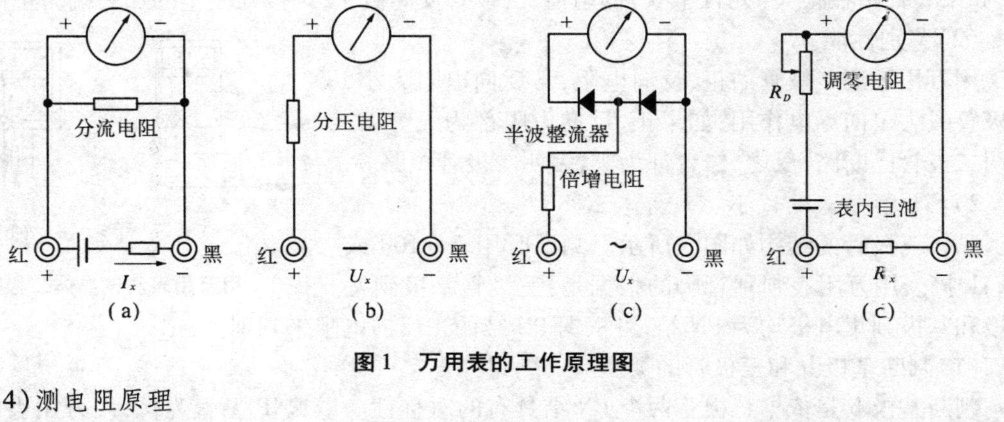

图 1　万用表的工作原理图

4)测电阻原理

如图 1(d)所示，在表头上串联适当的电阻，同时串接一节电池，使电流通过被测电阻，根据电流的大小，就可测量出电阻值。若再并联不同的分流电阻，就能改变电阻的量程。

当被测电阻 $R_x=0$ 时，调节调零电阻 R_D 使表头满偏，则回路中的电流最大，为

$$I_{\max}=\frac{E}{R_D+R_g}$$

式中 R_g 为表头内阻，电池内阻忽略不计。

接入被测电阻 R_x 后，电路中的电流为

$$I_x=\frac{E}{R_g+R_D+R_x}$$

由上式可知，当 R_g、R_D、E 不变时，R_x 与 I_x 有一一对应关系，故可在表盘上直接刻度 R_x 值。

当 $R_x=R_g+R_D$ 时，$I_x=\frac{I_{\max}}{2}$，此时欧姆表指针在刻度盘中央位置，用 $R_{中}$ 表示，$R_{中}=R_g+R_D$ = 欧姆表内阻，称为欧姆表的中值电阻。

显然，欧姆表的刻度是不均匀的，当 $R_x \ll R_{中}$ 时，指针接近满偏刻度 $I_{\max}$，且随 R_x 的变化不明显，因而测量误差很大；当 $R_x \gg R_{中}$ 时，$I_x \approx 0$，测量误差也很大。所以，用欧姆表测电阻应尽量利用刻度盘中央中值电阻附近的区域，测量时一般取 $(\frac{1}{5}\sim 5)R_{中}$ 这段刻度。

由于万用表中电池的电动势及内阻在使用过程中是在不断变化的，为了消除由此带来的误差，用欧姆表测电阻时，每次换挡测量都要将表笔短接调零。无法实现调零时应更换电池。

2. 电子元件性能测试原理

晶体管性能的优劣，可以从它的特性曲线或一些参数上加以判别。本次实验主要介绍采用简易的仪器设备鉴别晶体管性能的方法，即用万用表粗测晶体管的性能。

1）利用万用表测试晶体二极管

根据 PN 结的单向导电的特性进行测试。

（1）鉴别正、负极性。

万用表欧姆挡的内部电路可以用图 2(b) 所示电路等效，由图可见，黑表笔为内部电路正极性，红表笔为负极性。将万用表选在 $R\times100$ 挡，两表笔接到二极管两端如图 2(a) 所示，若表针指在几千欧以下的阻值，二极管正向导通，则接黑表笔一端为二极管的正极；反之，如果表针指在很大（几百千欧）的阻值，二极管反向截止，则接红表笔的那一端为正极。

（2）鉴别性能。

用万用表测二极管的正、反向电阻，若反向电阻太小，二极管失去单向导电作用；如果正、反向电阻都为无穷大，表明二极管已断路；反之，二者都为零，表明二极管短路。

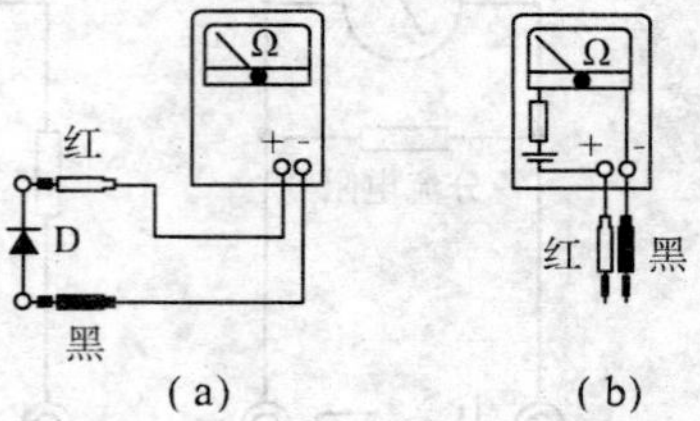

图 2　用万用表测试晶体二极管

2）利用万用表测试小功率晶体三极管

晶体三极管的结构如图 3 所示。测试时用 $R\times100$ 或 $R\times1\text{k}$ 挡。用万用表判别管脚的根据是：三极管基极到发射极和基极到集电极均为 PN 结，可根据 PN 结的正反向电阻来判别。

（1）判断基极 b 和三极管的类型。

判断基极 b 是依据三极管两个 PN 结具有的对称性。以 PNP 型管为例，用万用表的红表笔接晶体管的某一极，黑表笔依次接其他两个极，若两次测得电阻都很小（在几千欧以

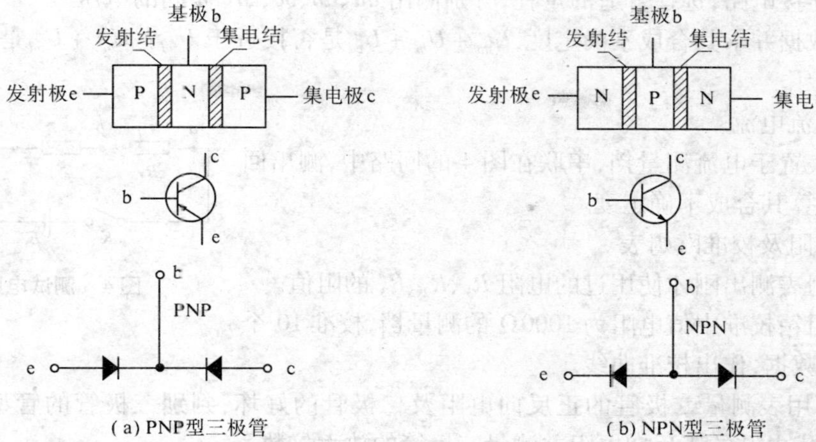

(a) PNP型三极管　　(b) NPN型三极管

图3　晶体三极管的结构示意图

下)，对调表笔再测电阻都很大，则红表笔接的为基极 b 且为 N 区，即 PNP 型管；若两次量得的阻值为一大一小，应换一个极再继续。同理，可判别 NPN 型管。

(2)确定发射极 e 和集电极 c。

以 PNP 型管为例，基极确定以后，用万用表两根表笔分别接另两个未知电极，假设红表笔所接电极为 c，黑表笔所接电极为 e，用一个 100kΩ 的电阻一端接 b，一端接红表笔，观察接上电阻时表针摆动的幅度大小。再把两表笔对调，重测一次。根据晶体管放大原理可知，表针摆动大的一次，红表笔所接的为三极管的集电极 c，另一个极为发射极 e。也可用手捏住基极 b 与红表笔(不要使 b 极与表笔相碰)，以人体电阻代替 100kΩ 电阻，同样可以判别三极管的电极。对于 NPN 型管，判别的方法相类似。

(3)hFE(即放大倍数 β)的测量。

一般的万用表具备测 β 的功能，将三极管管脚插入万用表面板上 e、b、c 三个测试孔中，即可从表头刻度盘上直读 β 值。若依此法来判定发射极和集电极也很容易，只要将 e、c 管脚对调一下，表针偏转较大的那一次插脚正确，从万用表插孔旁标记即可判别出发射极和集电极。

3)电解电容的检查

因为电解电容的容量较一般固定电容大得多，所以，测量时，应针对不同容量选用合适的量程。根据经验，一般情况下，1 ~ 47μF 间的电容，可用 $R\times1$k 挡测量，大于 47μF 的电容可用 $R\times100$ 挡测量。

将万用表红表笔接负极，黑表笔接正极，在刚接触的瞬间，万用表指针即向右偏转较大偏度(对于同一电阻挡，容量越大，摆幅越大)，接着逐渐向左回转，直到停在某一位置。此时的阻值便是电解电容的正向漏电阻，此值略大于反向漏电阻。实际使用经验表明，电解电容的漏电阻一般应在几百千欧以上，否则，将不能正常工作。在测试中，若正向、反向均无充电的现象，即表针不动，则说明容量消失或内部断路；如果所测阻值很小或为零，说明电容漏电过大或已击穿损坏，不能再使用。

【实验内容与要求】

(1)测直流电压。

按图 4 连接电路，选择合适的量程，分别测出 ad、ab、bc、cd、bd 间的电压。

记录各数据并求其合成不确定度，$U_{ab}+U_{bc}+U_{cd}$是否接近于 U_{ad}？ $U_{ab}+U_{bd}$是否接近于 U_{ad}？解释原因。

(2)测直流电流。

将万用表置于电流测量挡，串联在图 4 的回路中，测出回路电流 I。计算其合成不确定度。

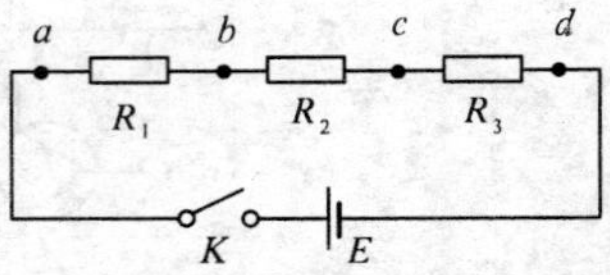

图 4　测试电路

(3)测电阻及校准欧姆表。

①用欧姆表测出刚才使用过的电阻 R_1、R_2、R_3 的阻值。

②用电阻箱校准中值电阻为 1000Ω 的测量挡，校准 10 个点，列表记下数据，作出校准曲线。

(4)用万用表测量二极管的正反向电阻及二极管的好坏；判别三极管的管型、管脚极性、发射结和集电结的正反向电阻并测量三极管的放大倍数。

(5)判别电解电容的好坏、极性，测出漏电电阻。

【注意事项】

(1)测量电流与电压不能旋错挡位。如果误将电阻挡或电流挡去测电压，就极易烧坏电表。

(2)测量直流电压和直流电流时，注意正负极性，不要接错。如发现指针反偏，应立即调换表笔，以免损坏指针及表头。

(3)如果不知道被测电压或电流的大小，应先用最高挡，而后再选用合适的挡位来测试，以免表针偏转过度而损坏表头。所选用的挡位愈靠近被测值，测量的数值就愈准确。

(4)测量电阻时，不要用手触及元件的裸露端(或两支表表笔的金属部分)，以免人体电阻与被测电阻并联，使测量结果不准确。

(5)测量电阻时，如将两支表表笔短接，调“零欧姆”旋钮至最大，指针仍然达不到零点，这种现象通常是由于表内电池电压不足造成的，更换新电池后方能准确测量。

(6)万用表不用时，不要旋在电阻挡，因为内有电池，如不小心易使两表笔相碰短路，不仅耗费电池，严重时甚至会损坏表头。万用表用完后，最好将挡位旋至交流电压最高挡，避免因使用不当而损坏。

【仪器介绍】

MF50 型万用表

1. 概述

MF50 型万用表(如图 5 所示)为磁电式整流系仪表，通过转换开关可用来测量交直流电压、交直流电流、电阻、音频电平、晶体管静态直流放大倍数 hFE、电容及电感等。MF50 型万用表的测量范围及精度等级见表 1 说明。

2. 使用方法

1)测量前的准备

使用前，应注意指针是否指在零位，如不指零位，可调整机械调零旋钮，使指针指在零位。

2)测量

(1)使用电压表或电流表时，应注意：

图 5　MF50 型万用表的面板

表 1　测量范围及精度等级

功 能	量 程	准 确 度	标 度 尺
直流电流	100μA、2.5mA、25mA、250mA、2.5A	±2.5%	第二条刻度线
直流电压	2.5V、10V、50V、250V、1000V	±2.5%	第二条刻度线
交流电压	10V	±5%	第三条刻度线
	50V、250V、1000V		第二条刻度线
电 阻	Ω×1、×10、×100、×1000、×10k	±2.5%弧长	第一条刻度线
hFE	0～200		PNP 第四条刻度线 NPN 第五条刻度线

①万用表电流挡必须串联在电路中。电压挡应该与待测对象并联。

②测量时应采用跃接法,即在用表笔接触测量点的同时,注视电表指针偏转情况,并随时准备在出现不正常现象时,使表笔离开测量点。

(2)使用欧姆挡时,应注意:

①每次换挡后都要调节欧姆零点。

②不得测带电的电阻,不得测额定电流极小的电阻(例如灵敏电流计的内阻)。

(3)晶体管 hFE 测定:

测量 hFE 时,应把开关转到 $R\times1k$,调好欧姆零位,再把开关转到 hFE 处,把晶体管 c、b、e 三极插入万用表上的 c、b、e 插座内,这时在 hFE 刻度上即可读出 hFE 的大小。

【思考题】

(1)用完万用表为什么要把旋钮置于交流高电压挡?

(2)怎样用欧姆表判别二极管、三极管的管脚极性?如何判别电解电容器的极性和质量?

(3)为什么不宜用欧姆表测量表头内阻?能否用欧姆表测电源内阻?

实验 5　数字式万用表的原理与使用

【实验简介】

磁电式电表是一种经典仪表,它出现于 19 世纪 30 年代,到 20 世纪 30 年代前后,其设计理论已经相当成熟，工艺结构也基本定型。因受材料与工艺等因素的制约，磁电式电表基本停滞在 0.1 级的水平上，难有新的突破。

20 世纪 50 年代开始，半导体工业的崛起和电子技术的发展为数字电表的出现奠定了基础。尤其是 80 年代后，由于大规模、超大规模集成电路的发展，以及微处理器和微型计算机的广泛应用，数字式测量仪表已成为主流，有取代模拟式仪表的趋势。与模拟式仪表相比，数字式仪表具有灵敏度高、准确度高、显示清晰、取值方便、便于携带、功能齐全等优点，因此深受无线电爱好者的欢迎。有些数字万用表则增加了电容量测量、频率测量、温度测量、数据记忆及语音报数等功能，给实际检测工作带来很大的方便。

【实验目的】

(1)掌握数字式万用表的基本使用方法。

(2)初步学会用万用表查找及分析电路故障。

【实验仪器】

VC97 型数字式万用表，测试盒，直流稳压电源，滑线变阻器，开关，电阻箱，电压表，电流表等。

【预习思考题】

(1)使用数字式万用表测量时，黑表笔应插在什么位置？

(2)用万用表电流挡测电流时要注意什么？

【实验原理】

1. 数字式万用表的测量原理

数字式万用表是用模拟量与数字量之间的转换来完成测量任务的，并将测量结果在显示器上显示出来。它的功能与指针式万用表类似，但其工作原理有很大的差别。

数字式万用表主要由直流电压转换器、液晶显示器（LCD，是 Liquid Crystal Display 的缩写）或发光二极管数码显示器（LED，是 Light Emitting Diode 的缩写）、模数（A/D）转换集成电路、计数器等组成。直流电压转换器把待测量转换成电压信号，模数转换集成电路将电压信号转换成数字量，由计数器对数字量进行运算，最后将结果经译码器送至显示器显示待测量的数值。

数字式万用表的使用方法和操作规程与指针式万用表类似，具体的测量详见【仪器介绍】。

2. 指针式与数字式万用表的比较

指针式万用表是一种平均值式仪表，它具有直观形象的读数指示。一般读数值与指针摆动角度密切相关，所以很直观。而数字万用表是瞬时取样式仪表，它采用 0.3s 取一次样来显示测量结果，有时每次取样结果只是十分相近，并不完全相同，这对于读取结果就不如指针式方便。

指针式万用表一般内部没有放大器，所以内阻较小。而数字式万用表由于内部采用了运放电路，内阻可以做得很大，往往在 1MΩ 或更大（即可以得到更高的灵敏度）。这使得对被测电路的影响可以更小，测量精度较高。

指针式万用表由于内阻较小，且多采用分立元件构成分流分压电路，所以频率特性是不均匀的（相对数字式来说），而数字式万用表的频率特性相对较好。

指针式万用表内部结构简单，所以成本较低，功能较少，维护简单，过流过压能力较强。

而数字式万用表内部采用了多种振荡、放大、分频、保护等电路，所以功能较多，比如可以测量温度、频率（在一个较低的范围）、电容、电感，或用做信号发生器等；数字式万用表由于内部结构多用集成电路，所以过载能力相对较差，损坏后一般也不易修复。

指针式万用表输出电压较高，电流也大，可以方便地测试可控硅、发光二极管等。数字式万用表输出电压较低（通常不超过 1V），不便测试一些电压特性特殊的元件（如可控硅、发光二极管等）。

3. 万用表检查电路

电路发生故障的原因很多，在接线正确、工作条件正常时也会发生故障，如导线、开关或接线柱接触不良而断路，仪表或元件损坏等。这些故障有的不能直接判断故障原因，需用万用表检查。

例如图 1 所示，线路经检查，连接没有错误，但合上开关后不能正常工作，就需要查找故障。一般故障大致有三种：导线内部断线；开关或接线柱接触不良；电表或元件内部损坏。这些故障有的可以根据发生的现象，如仪表指针的偏转、指示灯不亮等分析判断，有的则不能，这就需要用万用表来检查。

1）电压表法

要点：正确理解电路原理，了解其电压的分布。然后在接通电源的情况下，先在电路中确定一个公共点，将一支表笔固定在此，从电源开始，用另一支表笔沿电流方向逐个检查各接点电压分布。如图 1 所示，假如确定 k 点是公共点接黑表笔（负极），红表笔依次测 a、b、c、d 各点电压，都应为 E 才算正常。出现电压反常之处，就是故障之所在。

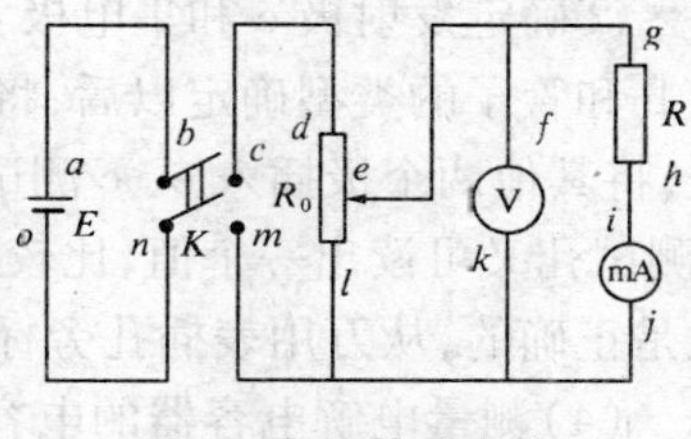

图 1　自组故障电路

用电压法检查线路，不必拆线，可带电测量，能检查动态下的电路。而测量电流需拆开线路把电流表串联接入，很麻烦，一般不用电流法检查电路。

2）欧姆表法

将电路逐段拆开，特别要注意将电源和电表断开，而且应使待测部分无其他支路，再用欧姆表检查无电源部分的电阻分布，特别要检查导线和接触点通不通。

迅速查清并排除电路故障是电磁学实验的基本训练内容之一，使用万用表检查电路，能培养同学们分析问题和解决问题的能力。用万用表检查电路故障的方法在以后的实验中会经常用到。

【实验内容与要求】

1. 测量

数字式万用表测量方法详见【仪器介绍】中的使用方法。

（1）测量图 2 电路的交流电压 U_1、直流电压 U_2 和电流 I，并计算其不确定度。

这是一个桥式整流电路。从变压器次级输出的仍是交流电压（U_1），经过整流电路之后，把交流电变成为直流电。再经滤波、稳压之后，输出稳定的直流电压 U_2。

测量流过 R 的电流 I 时，应把电流表串联在待测电路中，形成回路。

（2）测量二极管正向电压及反向电压，判别其好坏。

（3）测量三极管正、反向电压，管型及各管脚的极性。

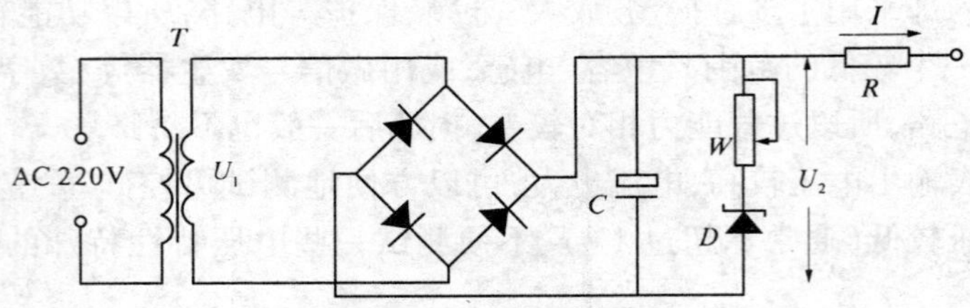

图 2　全波桥式整流滤波稳压电路

晶体三极管的结构详见实验 4“指针式万用表的原理与使用”中的图 3 所示。用数字式万用表判别管脚是根据发射结和集电结（PN 结）的正反向电压来判别的。

①先判断基极 b 和三极管的类型：测试时将功能开关转到“二极管”测量挡，如果用万用表的红表笔接晶体管的某一极，黑表笔依次接其他两个极，若两次测得电压都较小，对调表笔再测都显示“OL”，则红表笔接的为基极 b，而且是 PN 结的 P 区，则待测管为 NPN 型管；若两次测量的电压一次显示“OL”，而另一次电压较小，应换一个极再继续判断。同理，可判别 PNP 型管。

②确定发射极 e 和集电极 c：一般的万用表都具备 hFE（即放大倍数 β）的测量功能，基极 b 和管子的类型确定以后，将三极管的管脚分别插入万用表面板上 hFE 测量的对应位置上，将其他两个极插入 e、c 测试孔中即可以从显示器上读出一个值，对调两个极再插入 e、c 测试孔又可读出一个值，比较两次读数，较大的读数就是放大倍数 β，且此时插入的管脚极性是正确的，从万用表插孔旁标记即可判别出发射极和集电极。

(4) 测量电解电容器的电容量。

测量完毕后，将所记录的数据填入表 1、表 2。

表 1　晶体三极管的测量参数

型号	管型	PN 结	正向电压(V)	反向电压(V)	管脚序号		
					e	b	c
9012		发射结					
		集电结					
9013		发射结					
		集电结					

表 2　元件参数测试

测量内容	二极管		电阻值(Ω)	电容(μF)	负载直流电压(V)	交流电压(V)	通过 R 的电流强度(mA)
	正向电压(V)	反向电压(V)					
测量值							

2. 检查电路故障

按图 1 连接电路，同学之间互相设置故障，先用电压表法查找电路故障，再用欧姆表法核查,记录查找故障的经过并排除故障。**注意不要设置短路故障**。

【注意事项】

(1)测量前,要检查表笔是否可靠接触,是否正确连接、是否绝缘良好等,以避免电击。

(2)测量时,请勿输入超过规定的极限值,以防电击和损坏仪表。例如:VC97 型万用表所测量的交流电压峰值不得超过 700V,直流电压不得超过 1000V 。

(3)在测量高于 60V 直流、40V 交流电压时,应小心谨慎,防止触电。

(4)测量时,红表笔为正极,黑表笔为负极。

(5)换功能时,表笔要离开测试点。特别是高电压和大电流时,严禁带电转换量程。

(6)**不允许表笔插在电流测量端去测量电压!** 电流表应串联在待测回路中。

(7)切勿在电路带电情况下测量电阻。

(8)每次测量电容前,都应将电容短接放电,并按一次“REL”键清零,才能保证测量准确度。

(9)当屏幕出现电池符号时,说明电量不足,应更换电池。在更换电池或保险丝前,请将测试表笔从测试点移开并将开关置于“OFF”。

(10)测量结束后,应将开关置于“OFF”。

【仪器介绍】

VC97 型数字万用表

1. 概述

VC97 型数字万用表是一种性能稳定、可靠性高的 $3\frac{3}{4}$ 位万用表,仪表采用 23mm 字高 LCD 显示器,读数清晰。可用来测量直流电压、交流电压、直流电流、交流电流、电阻、电容、频率、温度、占空比、三极管、二极管及通断测试;同时还设计有单位符号显示、数据保持、相对值测量,自动/手动量程转换、自动断电及报警功能。整机采用了一个能直接驱动 LCD 的 4 位微处理器和双积分 A/D 转换集成电路,一个提供高分辨力、高精度的数字显示驱动,功能齐全,测量准确度高,使用方便。

(a)接地;(b)双绝缘;(c)存在危险电压;(d)操作者必须参阅说明书;(e)低电压符号

图 3　安全符号说明

2. 技术特性

(1)测量方式:双积分式 A/D 转换。过量程显示:显示“OL”。

(2)准确度:$\pm(a\%D+Z)$ 其中:D 为读数,Z 为末位字数。各测量量的准确度见表 3,保证准确度的环境温度 23 ±5℃,相对湿度 <75%。

(3)安全符号说明。

VC97 型数字万用表上安全符号说明如图 3 所示。

3. 使用方法

1)操作面板说明

操作面板如图 4 所示,各控制件及其作用见表 4。

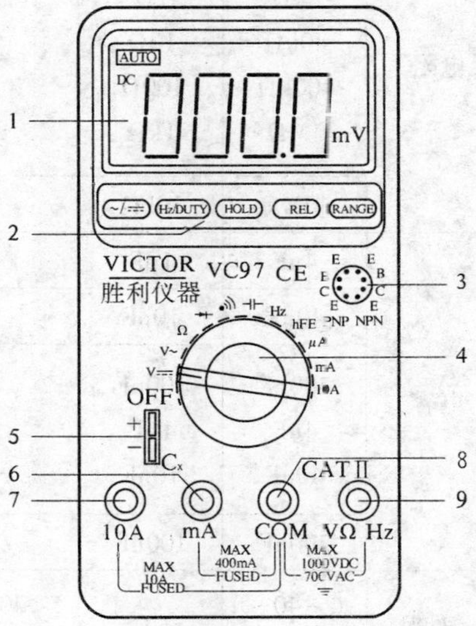

图 4　VC97 型数字万用表面板图

表3　各测量量的准确度

功能	量程	分辨力	基本准确度	有关参数
直流电压DC	400mV	0.1mV	±(0.5%D+4)	输入阻抗:400mV 量程 >40MΩ,其余为10MΩ。过载保护:1000V 直流或 750V 交流峰值
	4V	1mV		
	40V	10mV		
	400V	100mV		
	1000V	1V	±(1.0%D+4)	
交流电压AC	400mV	100μV	±(1.5%D+6)	输入阻抗:400mV 量程 >40MΩ,其余为10MΩ。过载保护:1000V 直流或 750V 交流峰值。频率响应:750V 量程为 40 ~ 100Hz,其余量程为 40 ~ 400Hz
	4V	1mV	±(0.8%D+6)	
	40V	10mV		
	400V	100mV		
	750V	1V	±(1.0%D+6)	
直流电流DC	400μA	0.1μA	±(1.0%D+6)	最大测量压降:满量程 mA 为 1.2V,A 为 100mV。最大输入电流:10A(不超过15s)。过载保护:0.5/250V。保险丝:10A/250V
	4000μA	1μA		
	40mA	10μA		
	400mA	100μA		
	10A	10mA	±(2.0%D+6)	
交流电流AC	400μA	0.1μA	±(1.5%D+10)	最大测量压降:满量程 mA 为 1.2V,A 为 100mV。最大输入电流:10A(不超过15s)。过载保护:与直流电流相同。频率响应:10A 量程为 40 ~ 100Hz,其余量程为 40 ~ 400Hz
	4000μA	1μA		
	40mA	10μA		
	400mA	100μA		
	10A	10mA	±(2.0%D+15)	
电阻	400Ω	0.1Ω	±(0.8%D+5)	开路电压:400mV 过载保护:250V 直流或交流峰值 注意:在使用 400Ω 量程时,应先将表笔短路,测得引线电阻,然后在实测中减去
	4kΩ	1Ω	±(0.8%D+4)	
	40kΩ	10Ω		
	400kΩ	100Ω		
	4MΩ	1kΩ		
	40MΩ	10kΩ	±(1.2%D+5)	
电容	4nF	1pF	±(5.0%D+90)	过载保护:250V 直流或交流峰值
	40nF	10pF	±(2.5%D+6)	
	400nF	100pF	±(3.5%D+8)	
	4uF	1nF		
	40uF	10nF		
	200uF	100nF	±(5.0%D+8)	
温度	(-40 ~ 1000)℃	1℃	<400℃ ±(0.8%D+4) ≥400℃ ±(1.5%D+15)	传感器:K 型(镍铬 - 镍硅) 警告:此量程禁止输入电压值

表4　VC97数字万用表面板各控制件及其作用

序号	控制件名称	控制件作用
1	液晶显示器	显示仪表测量结果和测试单位
2	功能键	HOLD键:按此功能键,仪表当前所测数值保持在液晶显示器上,在液晶显示器上方显示"HOLD"符号,再按一次,退出保持状态
		REL键:按下此键,读数清零,进入相对值测量,显示器上方显示"REL"符号,再按一次,退出相对值测量
		Hz/DUTY键:测量交直流电压(电流)时,按此功能键,可切换频率/占空比/电压(电流),测量频率时切换频率/占空比(1%~99%)
		~/⎓键:交直流工作方式转换键
		RANGE键:选择自动量程或手动量程工作方式。仪表起始为自动量程状态,并在位置1左上方显示"AUTO"符号。按此功能键转为手动量程,按一次增加一挡,由低到高依次循环。如在手动量程方式显示器显示"OL",表明已超出量程范围。如持续按下此键长2s,回到自动量程状态
3	hFE测试插座	用于晶体三极管放大倍数的测试
4	功能转换盘	用于改变测量功能及量程
5	温度测试插座	用于热电偶的温度测量
6	400mA电流测试插座	用于<400mA的电流测量
7	10A电流测试插座	用于<10A的电流测量
8	公共地	黑表笔接入端
9	电压、电阻、频率的测试插座	用于电压、电阻、频率的测试

2)直流电压测量

将黑表笔插入"COM"插孔,红表笔插入"VΩHz"插孔;将功能开关转至"V ⎓"挡;仪表起始为自动量程状态,显示"AUTO"符号;将测试表笔接触测试点,红表笔所接的该点电压与极性显示在屏幕上。

3)交流电压测量

将黑表笔插入"COM"插孔,红表笔插入"VΩHz"插孔;将功能开关转至"V ~"挡;将测试表笔接触测试点,表笔所接的两点电压显示在屏幕上。

4)直流电流测量

将黑表笔插入"COM"插孔,红表笔插入"mA"(最大为400mA)或"10A"(最大为10A)

插孔中。将功能开关转至电流挡,按动“~/⎓”键选择 DC 测量方式,然后将仪表测试表笔串入在被测电路上,被测电流值及红色表笔点的电流极性将同时显示在屏幕上。

5)交流电流测量

将黑表笔插入“COM”插孔,红表笔插入“mA” 或“10A”插孔中。将功能开关转至电流挡,按动“~/⎓”键选择 AC 测量方式,然后将仪表测试表笔串在被测电路上,被测电流显示在屏幕上。

6)电阻测量

将黑表笔插入“COM”插孔,红表笔插入“VΩHz”插孔;将功能开关转至“Ω”挡,将两表笔跨接在被测电阻上;如果测量阻值小的电阻,应先将表笔短路,按“REL”键一次,然后再测未知电阻,这样才能显示电阻的实际阻值。

注意:

(1)当测量电阻超过 1MΩ 以上时,读数需几秒时间才能稳定,这在测量电阻时是正常的。

(2)当输入端开路时,则显示过载情形“OL”。

(3)请勿在电阻挡输入电压,这是绝对禁止的。

7)电容测量

将功能开关转至“⊣⊢”挡;按一次“REL”键清零;用测试表笔(注意红表笔极性为“+”)将被测电容接入“COM”、“VΩHz”输入端,屏幕上将显示电容容量。测量时须待数值稳定后再读数。

注意:

(1)严禁在测量电容时或电容未移开时,同时在“VΩHz”端输入电压或电流信号;

(2)电容挡仅有自动量程方式。

(3)对被测电容要完全放电,以防止损坏仪表。

8)三极管 hFE 测量

将功能开关转至 hFE 挡;决定所测晶体管为 NPN 型或 PNP 型,将发射极、基极、集电极分别插入相应插孔,显示器显示三极管放大倍数近似值。

9)二极管通断测试

将黑表笔插入“COM”插孔,红表笔插入“VΩHz”插孔(注意红表笔极性为“+”);将功能开关转到“→⊢”挡;按动“~/⎓”键选择“→⊢”测量方式。

正向测量:将红表笔接到被测二极管正极,黑表笔接到二极管负极,显示器显示为二极管正向压降的近似值;反向测量:将红表笔接到被测二极管负极,黑表笔接到二极管正极,显示器显示“OL”;完整的二极管测试包括正反向测量,如果测试结果与上述不符,说明二极管是坏的。

注意:请勿在“→⊢/·)))”挡输入电压。

10)通断测试

按动“→⊢/·)))”键选择通断测量方式,将表笔连接到待测线路的两点,如果电阻值低于 50Ω,则内置蜂鸣器发声。

11）数据保持

按一下保持开关，当前数据就会保持在显示器上，再按一下数据保持取消，重新计数。

12）自动断电

当仪表停止使用15min后，仪表便自动断电，然后进入睡眠状态，断电前1min内置蜂鸣器会发出5声提示；若要重新启动电源，按任意键，就可重新接通电源。先按住“～/⎓”键再开机，可取消自动断电功能。

13）温度测量

将功能开关转至“℃”挡，将热电偶传感器的冷端（自由端）插入“KTYPE”插孔，热电偶传感器的工作端（测温端）置于被测温场中，显示屏即显示被测温场的温度值，读数为摄氏度。

注意：

（1）当输入端开路时，则显示常温。

（2）严禁在温度挡输入电压。

【思考题】

数字式万用表与指针式万用表在测量时各有何优缺点？

实验6　惠斯通电桥

【实验简介】

我们在中学里学习过用伏安法测量电阻，但是电流表（或电压表）的内阻以及它们的连接方式（内接或外接）对测量结果的影响较大，因而带来较大的测量误差。所以，为了精确测量电阻，必须对测量线路加以改进。测量电阻常用的方法之一是电桥测量法。电桥是一种用比较法进行测量的仪器，它在平衡条件下将被测量量与已知量进行比较得到测量结果，可以测量电阻、电容、电感以及温度、压力等许多物理量。电桥测量法具有准确度高、稳定性好和使用方便等特点，已被广泛地应用于电磁测量、自动调节、自动控制和非电量电测法中。

电桥分为直流电桥和交流电桥两大类。直流电桥又分为单臂电桥和双臂电桥，测量中等阻值（$10 \sim 10^6 \Omega$）的电阻要用惠斯通（Wheatstone）单臂电桥进行测量；若要测量更大阻值的电阻，一般采用高电阻电桥或兆欧表；而要测量阻值较小的电阻，则采用双臂电桥（开尔文电桥）。

惠斯通电桥是最基本的直流单臂电桥，因此掌握惠斯通电桥的原理也可为分析其他电桥的原理和使用方法奠定基础。很多人认为这种电桥是惠斯通发明的，其实这是一个误会，这种电桥是英国发明家克里斯蒂在1833年发明的，但是由于惠斯通第一个用它来测量电阻，所以人们习惯上称为惠斯通电桥。

【实验目的】

（1）掌握惠斯通电桥的原理，并通过它初步了解一般桥式电路的特点。

（2）学会自己组装惠斯通电桥并使用惠斯通电桥测量电阻。

（3）掌握用交换法减小系统误差的方法。

（4）掌握QJ23型箱式惠斯通电桥的使用方法。

【实验仪器】

直流稳压电源，电阻箱，检流计，箱式惠斯通电桥（直流单臂电桥），待测电阻，连接导线等。

【预习思考题】

(1)电桥法测电阻的原理是什么?

(2)电桥平衡的条件是什么?操作时如何实现电桥平衡?

(3)自组电桥测电阻时,如何消除电桥的系统误差?

(4)试证明利用交换法测量电阻 R_x 时 $R_x=\sqrt{R_{01}R_{02}}$。

【实验原理】

1. 平衡电桥的原理

惠斯通电桥是直流单臂电桥,它由四臂(R_1、R_2、R_0、R_x)、检流计和电源三部分组成,如图1所示。B、D 两点连接检流计,称为"桥"。当 B、D 两点电位相等时,通过检流计的电流 $I_g=0$,此时电桥平衡。根据基尔霍夫节点电流方程,即有

节点 B: $I_1=I_4+I_g$

节点 D: $I_3=I_g+I_2$

当 $I_g=0$ 时,则有

① $I_1=I_4$;$I_3=I_2$。

② B、D 两点电位相等:$V_B=V_D$

$$U_{AD}=U_{AB}\rightarrow I_2R_2=I_1R_1$$

$$U_{DC}=U_{BC}\rightarrow I_3R_0=I_4R_x$$

由上两式可得

$$R_x=\frac{R_1}{R_2}R_0 \tag{1}$$

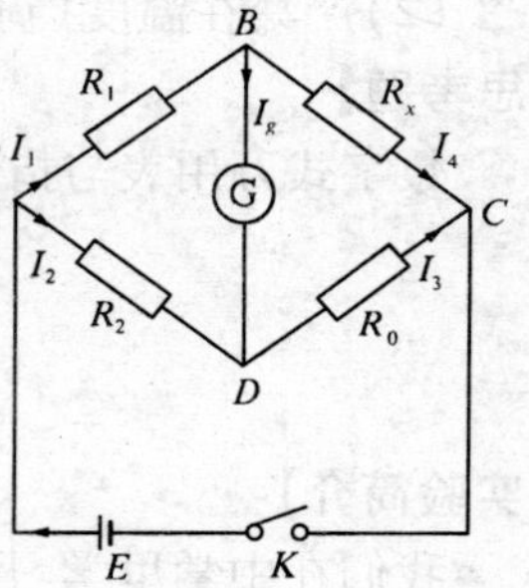

图1 惠斯通电桥

式(1)为电桥平衡的必要条件。

若我们选择合适的电阻 R_1、R_2,令 $K=\frac{R_1}{R_2}$(K 称为比率臂倍率),只调节 R_0 就可使电桥平衡,则

$$R_x=KR_0 \tag{2}$$

这里:R_1、R_2 是已知的标准电阻——比率臂;R_0 是精密可调电阻——比较臂;R_x 是待测电阻——测量臂。

可以看出,调节电桥平衡有两种方法:①取比率臂倍率 K 不变,调节比较臂 R_0;②取比较臂 R_0 不变,调节比率臂倍率 K。实验证明:方法①有效可行,准确度高。

由于 R_1、R_2、R_0 可以选用很精密的电阻而且可利用高灵敏度的检流计来测零,故用电桥测电阻比用欧姆表精确得多。因为:①电桥的实质是把未知电阻和标准电阻相比较,而制造精度较高的标准电阻并不困难。②电桥电路中的检流计只用来判断有无电流通过,并不需要读出电流的数值,所以只要选用高灵敏度的检流计即可。

如果保持 R_1、R_2 不变,交换 R_0 和 R_x 的位置,再一次调节 R_0 使电桥平衡,记录交换前后电桥平衡时对应的比较臂电阻值 R_{01} 和 R_{02},则可以推导出

$$R_x=\sqrt{R_{01}R_{02}} \tag{3}$$

这样就消除了由 R_1、R_2 本身的误差所带来的系统误差。在测量中将某些条件相互交换,使产生的系统误差方向相反,从而抵消测量中的部分误差,称为交换法。它是减小系统误差的基本方法之一。

2. 电桥的灵敏度

式(3)是在电桥平衡条件下推导出来的。那么电桥是否平衡是以检流计是否偏转来判断的。但检流计的灵敏度总是有限的,这就限制了对电桥是否达到平衡状态的判断。为此我们引入电桥灵敏度的概念,设各电阻为 R_1、R_2、R_0、R_x 时电桥平衡,而当改变电阻 R_0 使它有微小变化 $\Delta R_0'$时,检流计偏转的格数为 Δn,则可定义电桥的灵敏度为:

$$S=\frac{\Delta n}{\Delta R_0'/R_0} \tag{4}$$

$\Delta R_0'$是电桥平衡后电阻 R_0 的微小改变量,Δn 是由于 R_0 变化 $\Delta R_0'$后电桥偏离平衡而引起的检流计偏转的格数。显然,S 越大,说明电桥越灵敏,误差就越小。所以 S 表示电桥对电阻 R_0 相对变化量的反应能力。S 的大小与检流计的灵敏度、电源电压及桥臂电阻等有关。适当提高工作电源电压和选用低内阻的检流计将有利于提高电桥灵敏度。

3. 合成不确定度的分析

由于电桥法测电阻一般为单次测量,因此只考虑合成不确定度的 B 类分量。

1)桥臂电阻带来的不确定度

在实际电桥结构中,除了三个桥臂电阻对 R_x 的影响外,还存在由接触电阻、导线电阻、漏电阻及接触电势等因素的影响,但这些因素的影响很小,主要还是 R_1、R_2、R_0 本身的不确定度对 R_x 的影响。可以推算出

$$u_B(R_x)=R_x\sqrt{\left(\frac{u_B(R_1)}{R_1}\right)^2+\left(\frac{u_B(R_2)}{R_2}\right)^2+\left(\frac{u_B(R_0)}{R_0}\right)^2} \tag{5}$$

式中 $u_B(R_1)$、$u_B(R_2)$、$u_B(R_0)$分别为 R_1、R_2、R_0 的不确定度,可由电阻箱的仪器误差求得。

如果用交换法测量,则

$$u_B(R_x)=\frac{1}{2}R_x\sqrt{\left(\frac{u_B(R_{01})}{R_{01}}\right)^2+\left(\frac{u_B(R_{02})}{R_{02}}\right)^2} \tag{6}$$

实验中采用的 ZX21 型电阻箱的仪器误差为:

$$\Delta R=\pm(0.1\%R+0.002m)$$

式中 m 为所用两接线柱间的十进盘个数。

则
$$u_B(R)=\Delta R$$

2)电桥灵敏度带来的不确定度

通常假定仪表标尺的 0.2 分度为难以分辨的界限,则白检流计灵敏度不够带来的测量误差为:

$$\Delta R_S=\frac{0.2}{S}R_0$$

$$u_B(R_S)=\Delta R_S$$

测量结果的合成不确定度为

$$u_C(R_x)=\sqrt{[u_B(R_x)]^2+[u_B(R_S)]^2} \tag{7}$$

【实验内容及要求】

1. 自组电桥测电阻

(1)用万用表粗测待测电阻 R_x 的值。

(2)按照图 2 用电阻箱连接电路,图中增加了保护电阻 R_b,开关 K_g 和 K_b。开始操作时,

电桥一般处在很不平衡的状态，为了防止过大的电流通过检流计，应将 R_b 拨至最大。随着电桥逐步接近平衡，R_b 也逐渐减小直至零。

(3)开关 K_g 和 K_b 闭合前应先将检流计电源开启并调零，外接直流稳压电源的电压取 4.5V，根据粗测的结果选择合适的倍率 K，保证 R_0 在交换前后都有足够的有效数字。

(4)合上开关 K_g 和 K_b（为了保护检流计，闭合开关的顺序应注意先合 K_b、后合 K_g，先断开 K_g、后断开 K_b，即电源 K_b 要先合后断）。调节 R_0 使检流计指零，此时电桥平衡，记下此时的比较臂阻值为 R_{01}，然后交换 R_0 和 R_x 的位置，再次调节电桥平衡，记此时比较臂阻值 R_{02}，代入式(3)求出 R_x。

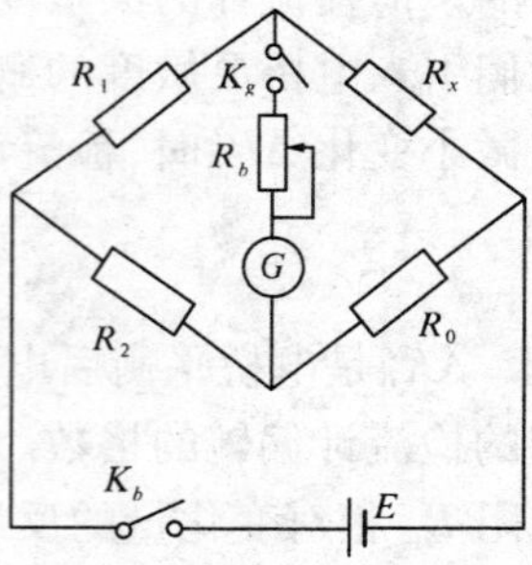

图 2　自组电桥电路

(5)测电桥的灵敏度：在电桥平衡后，调节 R_0 的值，使检流计偏转 5 小格（$\Delta n = 5$），记下此时的电阻值 R_0'，代入式(4)，求出 S。

2. 用 QJ23 型箱式电桥测电阻（使用方法见【仪器介绍】）

实验室给出 3 个待测电阻（几十、几百、几千欧姆的电阻各一个），每个电阻测一次。

要求：用内接检流计，电源电压取 3V。

(1)打开电桥电源开关，将检流计指针调到零。

(2)估计被测电阻近似值，接上被测电阻 R_x，然后将比率臂旋钮转动到适当倍率。保证测量值有四位有效数字。

(3)先后按下"B"、"G"（用跃接法短时接通），同时观察检流计指针的偏转方向，调节比较臂 R_0，直至检流计无偏转为止。这时

$$R_x = K(\text{比率臂读数}) \times R_0(\text{比较臂读数})$$

(4)重复上述步骤测量另外两个电阻。

【数据处理与误差分析】

1. 自组电桥测电阻

记录所选的 R_1、R_2，交换前后电桥平衡时的比较臂电阻 R_{01} 和 R_{02}，使检流计偏转 5 小格（$\Delta n = 5$）时电桥比较臂阻值 R_0'，求出 $R_x \pm u_C(R_x)$ 和 S。

2. 用 QJ23 型箱式电桥测电阻

记录箱式电桥分别测量 R_{x1}、R_{x2}、R_{x3} 时所选用的倍率 K 以及比较臂电阻 R_0，求出待测电阻 R_{x1}、R_{x2}、R_{x3} 以及测量的合成不确定度。

【仪器介绍】

1. QJ23 型箱式电桥

1)概述

QJ23 型箱式电桥，采用惠斯通电桥线路，具有内附检流计和内附稳压电源，接通交流 220V 电源就可工作。总有效量程为 1Ω ~ 11.11MΩ；量程倍率从 ×0.001 到 ×1000，共分七挡。

2)电桥准确度（见表 1）

倍率 K 的选取原则：①应使电桥比较臂电阻旋钮尽量多地使用，获得最多有效数字，提高测量精度。②一般情况下倍率 K 的选取要使 R_0 能读取四位有效数字。

表 1　电桥准确度

倍 率	有效量程	分辨力	准确度(%)	电源电压
×0.001	(1~11.11)Ω	0.001Ω	0.5	3V
×0.01	(10~111.1)Ω	0.01Ω	0.1	
×0.1	(100~1111)Ω	0.1Ω		
×1	(1~11.11)kΩ	1Ω		
×10	(10~111.1)kΩ	10Ω	0.1	9V
×100	(100~1111)kΩ	100Ω	0.2	15V
×1000	(1~11.11)MΩ	1kΩ	1.0	

3)QJ23 型电桥的结构

QJ23 型电桥主要由测量盘(R_0)、量程变换器(K)、内附检流计(G)及电源(E)等组合而成,如图 3 所示。

测量盘由四组十进式开关盘组成;量程变换器采用并值式,因此量程变换器开关上电刷接触电阻归纳到电源回路,对电桥精度没有影响。内部电阻全部采用低温度系数锰铜线以无感式绕制于瓷管上,并经过人工老化和浸漆处理,故阻值稳定、准确。按钮“B”和按钮“G”测量时分别接通电源和检流计。

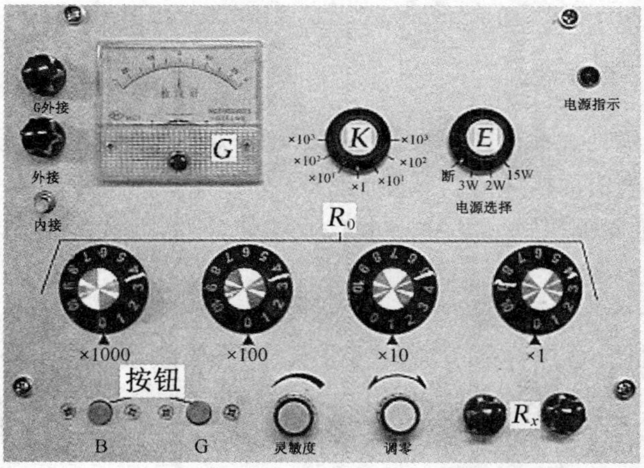

图 3　QJ23 型直流电阻电桥面板图

4)使用说明

(1)在仪器后面,用专用导线接通 220V 市电,并开启电源开关,指示灯亮。将“G”选择开关打向“内接”。

(2)用万用表粗测被测电阻的阻值后,将被测电阻接至“R_x”接线柱,根据表 1 选择好量程倍率及电源电压。调节“调零”旋钮使检流计表头指针指零。

(3)先按下“B”按钮,然后轻按“G”按钮(断开时,应先放开“G”,再放开“B”按钮),调节测量盘使电桥平衡(检流计指零)。如果测量盘打至最大,检流计指针仍向“+”方向偏转,说明 R_x 值大于该量程的上限值,应将量程倍率打大一挡,再次调节四个测量盘,使电桥平衡。反之,当第 1 测量盘打至“0”位,检流计指针仍偏向“ - ”方向,应将量程倍率减小一挡,再调节测量盘使电桥平衡。则

$$R_x = 量程倍率(K) \times 测量盘示值之和(R_0)$$

当测量中内附检流计灵敏度不够时,需外接高灵敏的检流计,此时应将“G”选择开关打向“外接”,外接检流计接在“$G_{外接}$”接线柱上。

在电桥使用中,必须用上第 1 测量盘(×1000),即第 1 测量盘不能置于“0”,以保证测量的准确度。

电桥使用完毕后,应切断电源。

2. WS - 2 型直流稳压电源

WS - 2 型直流稳压电源采用三端稳压可调组件 LM317 配 15V 变压器,输出电压可在 0 ~ 15V 之间连续可调,数字显示输出电压,精确度可达 0. 01V,绿色发光二极管显示输出 CV(恒压),当输出短路时蜂鸣器报警,同时报警指示灯(红色)闪烁,输出电压为零。该仪器结构简洁,性能稳定,使用十分方便。仪器面板见图 4。

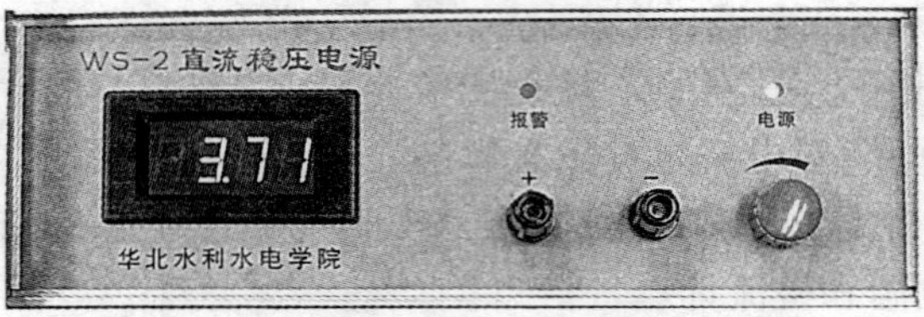

图 4　WS - 2 型直流稳压电源面板图

3. AC5 - 1 型检流计

1)概述

AC5 - 1 型直流指针式检流计(见图 5)是采用了高增益、低漂移、低噪声的集成运算放大器,配以大表面的表头而构成的新型检流计,采用了集成运算放大器的电路,检流灵敏度高;抗震能力较好;不需配接阻尼电阻,不仅简化操作,检流灵敏度也因无外接阻尼电阻而保持不变。

2)使用方法

(1)使用准备:打开检流计前后面板的电源开关,预热数分钟后,旋转调零电位器精细调零后,即可使用。

(2)用作直流电桥或电位差计指零:将电桥或电位差计检流端(如 G 接线端)和本检流计输入端相连,经调零后即可使用。

图 5　AC5 - 1 型直流检流计

4. ZX21 型电阻箱

ZX21 型电阻箱是一种精度较高的、数值可以调节的精密电阻量具,在实验中常常作标准电阻使用。其电阻值可在已知范围内按一定的阶梯改变。电阻箱由 6 个密封转换开关和相应的精密电阻组成。电阻元件均采用高稳定性的锰铜漆包线绕制,电阻值准确、稳定。

1)原理与结构

ZX21 型电阻箱的面板如图 6(a)所示,图 6(b)为 ZX21 型电阻箱的内部线路图,读数时将每个十进盘上对准标点的数字乘以对应的倍率后再相加,即为电阻箱的总电阻值。四个

接线柱中标有"0"字样的为公共接线柱，其他三个接线柱（0.9Ω、9.9Ω、99999.9Ω）标的数值表示各挡位的量程。例如总电阻为 35461.9Ω，若以 0 与 99999.9Ω 两个接线柱输出，电阻值为 35461.9Ω；若以 0 与 9.9Ω 两个接线柱输出，电阻值为 1.9Ω；若以 0 与 0.9Ω 两个接线柱输出，电阻值为 0.9Ω。0.9Ω、9.9Ω 两个接线柱是为了取低值电阻时避免电阻箱其余部分的接触电阻和导线电阻的影响而设置的。

(a) ZX21 型电阻箱面板图

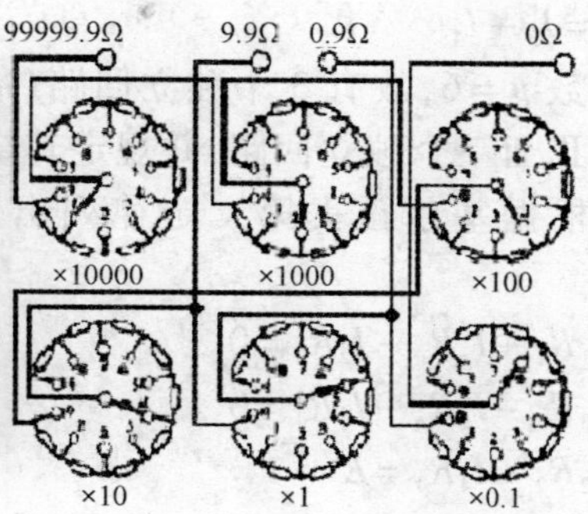

(b) 内部线路图

图 6　ZX21 型电阻箱

2）主要技术指标

（1）阻值调节范围：0 ~ 99999.9Ω。

（2）基本误差在环境温度为 20 ±5℃、相对湿度小于 80% 时，应符合以下公式：

$$\Delta R = \pm(0.1\%R + 0.002m)\Omega$$

式中 ΔR 为电阻箱基本误差，R 为测量盘所示示值，m 为所用两接线柱间的十进盘个数。

3）使用注意事项

若长时间未使用，使用前应先适当旋转各组旋钮，使其内部接触稳定、可靠。

【思考题】

（1）QJ23 型箱式电桥比率臂的倍率 K 选取的原则是什么？

（2）电桥测量的准确度与哪些因素有关？

（3）在用电桥测量时，如果电源电压过高或过低，对测量有何影响？

【附录】

非平衡电桥的原理

由于检流计的电流 I_g 与 R_1、R_2、R_3、R_4 有关，所以利用这一关系也可根据 I_g 及三个臂的电阻值求得第四个臂的阻值，因此非平衡电桥原则上也可测量电阻。在非平衡电桥中，应把"检流计"改为"电流表"，其作用不是检查有无电流而是测量电流的大小。可见，非平衡电桥和平衡电桥的测量原理有原则上的区别。

在非电量的测量中，非平衡电桥有着非常广泛的应用。利用各种传感器可以将位移、压力、温度等非电学量转换成电阻值，利用非平衡电桥的"桥"支路电流 I_g 或电压 U_{BD} 来反映这些非电学量，从而达到观察、测量和控制的目的。还可以加上放大电路对桥支路电流（或电压）进行放大测量，也可以与计算机联接进行数据采集、处理、自动控制和远距离联动控制。

下面用基尔霍夫定律，求惠斯通电桥中电流计的电流 I_g 与电源电动势及各臂电阻的关系(忽略电源的内阻)。如图7所示,先规定各支路电流 I_1、I_2、I_3、I_4、I_g 及 I 的正方向,因为节点 $n=4$,根据基尔霍夫第二定律,可列出三个节点电流方程,即

节点 A:$I=I_1+I_2$

节点 B:$I_1=I_g+I_3$

节点 C:$I=I_3+I_4$

又因支路数 $p=6$,故有3个独立回路($m=p-n+1=3$)。选图中Ⅰ、Ⅱ、Ⅲ三个独立回路,并规定其绕行方向如图7中箭头所示,根据基尔霍夫第二定律列出三个回路电压方程。

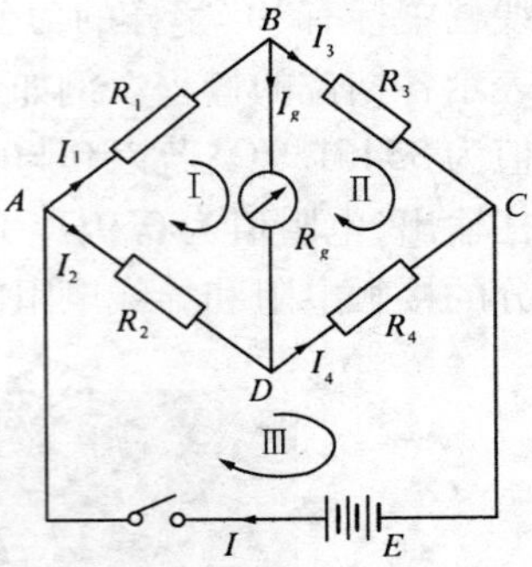

图7 非平衡电桥

回路Ⅰ:$I_1R_1+I_gR_g-I_2R_2=0$

回路Ⅱ:$I_3R_3-I_gR_g-I_4R_4=0$

回路Ⅲ:$I_2R_2+I_4R_4=E$

这样得到的6个方程联立求解,可计算出"桥"支路的电流 I_g,即:

$$I_g=E\frac{R_2R_3-R_1R_4}{R_1R_3(R_2+R_4)+R_2R_4(R_1+R_3)+R_g(R_1+R_3)(R_2+R_4)} \tag{8}$$

由此式可以看出,当 $\frac{R_1}{R_2}=\frac{R_3}{R_4}$ 时,$I_g=0$。

若 $I_g\neq0$ 时,由式(8)可知,当 R_1、R_2、R_3 和电动势 E 均一定时,R_4 与 I_g 一一对应,所以可由 I_g 的大小来求出 R_4。

实验7 直流双臂电桥(开尔文电桥)

【实验简介】

我们知道,单臂电桥桥臂上的导线电阻和接点处的接触电阻约为 $10^{-3}\,\Omega$ 数量级。由于这些附加电阻与桥臂电阻相比小得多,故可忽略其影响。若测阻值较小的电阻,由于有接触电阻和接线电阻的存在,这些附加电阻对测量结果的影响就突出了,会给测量带来很大的误差,尤其是当这些附加电阻和待测电阻可以比拟时,测量误差就更大了。为了消除这些附加电阻的影响,英国物理学家开尔文(Kelvin)所设计的双臂电桥基本消除了附加电阻的影响,双臂电桥亦称开尔文电桥,是用来测低电阻的直流电桥。它的测量方法和单臂电桥同属比较测量法。本实验将对双臂电桥进行深入的研究。

【实验目的】

(1)了解低电阻四端接法的结构特点。

(2)掌握双臂电桥测量低值电阻的原理和方法。

(3)学会自己组装开尔文电桥并使用开尔文电桥测量电阻。

(4)掌握对测量结果的不确定度进行评定的方法。

【实验仪器】

直流稳压电源,电阻箱,检流计,标准低电阻,限流电阻,QJ44型直流双臂电桥,待测导体,游标卡尺,螺旋测微器,开关,连线等。

【预习思考题】

(1)双臂电桥与惠斯通电桥(单臂电桥)的平衡条件有什么区别?

(2)双臂电桥测电阻的基本原理是什么?它是怎样消除附加电阻影响的?

(3)双臂电桥在惠斯通电桥的基础上有哪些改进?能否用双臂电桥测中值电阻?

【实验原理】

1. 双臂电桥的工作原理

1)双电桥线路结构

惠斯通电桥测量电阻用的是两端钮接法,电路中存在着接线端的接触电阻和导线电阻,而这些附加电阻是与待测电阻串联的,测量结果是附加电阻与待测电阻值之和,若待测电阻值小于1Ω,附加电阻就不可忽略了。

为了消除附加电阻的影响,可使A、C两点分别与R_x、R_N直接相连,将惠斯通电桥的单臂R_1和R_2变成了双臂R_1和R_2、R_3和R_4,把R_x、R_N相连的2个接点分成4个接点,双臂电桥线路结构如图1(a)所示,其等效电路如图1(b)所示,图中$r_1 \sim r_4$为各桥臂的附加电阻。双臂电桥在线路结构上与单电桥有两点显著不同:①待测电阻R_x和桥臂电阻R_N(标准电阻)均为四端接法;②增加两个高阻值电阻R_3、R_4,构成双电桥的"内臂"。

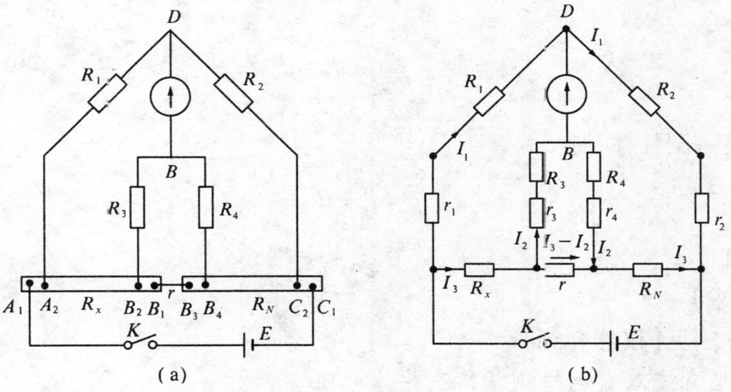

图1 双臂电桥及其等效电路

四端电阻外侧的两个接点称为电流端,通常接电源回路,从而将电流端的附加电阻折合到电源回路的电阻中。图1中,A_1、C_1两接点的附加电阻折入了电源内阻。B_1和B_3两接点用短粗导线相连,设B_1、B_3间附加电阻为r。后面将证明,若R_1、R_2、R_3、R_4及R_N满足一定条件,即可消减r对测量结果的影响。

四端电阻内侧的两个接点称为电压端,通常接高电阻回路或电流为零的补偿回路。图1中,A_2、C_2端接触电阻分别并入R_1、R_2;B_2和B_4端接触电阻分别并入R_3、R_4。由于R_1、R_2、R_3、R_4本身电阻很高,所以这些附加电阻对它们的影响甚微。此外,电压端之间的部分即为低电阻本身,无另外的连接导线,故有效地消除了导线电阻的影响。

2)双臂电桥的平衡条件

调节平衡,就是调节电阻R_1、R_2、R_3、R_4及R_N,使B、D两处等电位,检流计电流$I_g = 0$。由图1(b)中所示电流方向,考虑到$R_1 \gg r_1$,$R_2 \gg r_2$,$R_3 \gg r_3$,$R_4 \gg r_4$,可列出方程

$$I_1 R_1 = I_3 R_x + I_2 R_3 \tag{1}$$

$$I_1 R_2 = I_3 R_N + I_2 R_4 \tag{2}$$

$$I_2(R_3+R_4)=(I_3-I_2)r \tag{3}$$

方程(1)、方程(2)、方程(3)联立求解得

$$R_x=\frac{R_1}{R_2}R_N+\frac{rR_4}{R_3+R_4+r}\left(\frac{R_1}{R_2}-\frac{R_3}{R_4}\right) \tag{4}$$

如果双臂电桥在结构上能做到使上式第二项满足$\frac{R_1}{R_2}=\frac{R_3}{R_4}$,则该项为零,双臂电桥的平衡条件为

$$R_x=\frac{R_1}{R_2}R_N \tag{5}$$

上式就是双臂电桥的平衡条件,与惠斯通电桥平衡条件的表达式一样。为保证式(5)成立就必须始终使$\frac{R_1}{R_2}=\frac{R_3}{R_4}$成立,在双臂电桥中常将两对比率臂采用双十进电阻箱,它的基本原理是两个十进电阻的转臂连接在同一转轴上,因此转臂在任意位置都将保持 R_1 与 R_3、R_2 与 R_4 分别相等。

2. 导体的电阻率

电阻定律指出导体电阻 R 与其长度 L 成正比,与横截面积 S 成反比,比例系数 ρ 称为导体的电阻率,即

$$R=\rho\frac{L}{S} \tag{6}$$

如果导体是一圆柱体,则

$$\rho=\frac{\pi d^2}{4L}R \tag{7}$$

式中 d 为导体直径。

【实验内容与要求】

仪器使用方法见【仪器介绍】。

1. 用 QJ44 型直流双臂电桥测量待测导体电阻

(1)将待测导体接入 QJ44 型直流双臂电桥。

待测导体的四端接法如图 2 所示, 图中 C_1、C_2 为电流端,P_1、P_2 为电压端。

(2)调节电桥平衡,则 P_1、P_2 间的电阻值为

$$R_x=KR_N$$

式中 K 为倍率,R_N 为读数盘示数。

(3)用游标卡尺测量待测导体长度,测 1 次。

(4)用螺旋测微仪(千分尺)测出导体直径 d,测 1 次。

(5)求出待测导体的电阻率 ρ,并估算其合成不确定度$u_C(\rho)$。

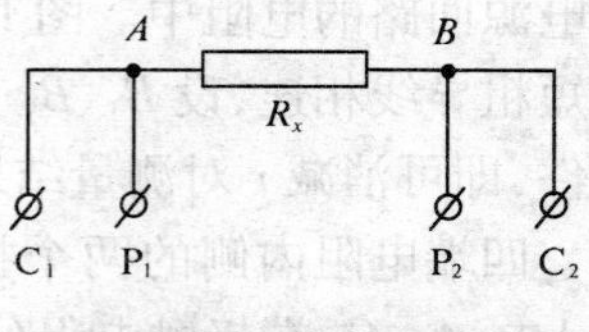

图 2　被测导体的四端接法

2. 自组双臂电桥测量待测金属导体电阻

(1)参照图 1(a)组装一双臂电桥:用四只电阻箱分别充作 R_1、R_2、R_3、R_4,用一个数值合适的低值标准电阻作为 R_N,它们与待测金属导体电阻 R_x(铜棒、铝棒或粗铜导线)一起构成双臂电桥。

R_N 和 R_x 都采用四端钮接法:标准电阻上的电流端钮为较粗的两接线柱,电压端钮为较

细的两接线柱。待测电阻上的外侧接线柱为电流端钮,内侧接线柱为电压端钮。待测电阻 R_x 是指两电压端钮之间的一段金属棒所具有的电阻。

(2)接通电源和开关,根据电流计的偏转,改变$\frac{R_1}{R_2}$之值并同步调节$\frac{R_3}{R_4}$,保持$\frac{R_1}{R_2}=\frac{R_3}{R_4}$,使电桥达到平衡。每次调节时,要先断开电源开关 K,同步调节后并确认无误时,再闭合 K。

(3)由式(5)计算出 R_x。

【注意事项】

(1)双臂电桥使用前应该预热,且灵敏度旋钮应调至最低处,测量时,必须先按"B",后按"G",断开时应先断开"G",后断"B",实验完毕,应先断开仪器开关。各接头应避免接触不良,连接用的导线应短而粗。由于通过待测电阻的电流较大,测量时,通电时间应尽量短,以免电阻发热影响测量结果。实验完毕应松开"B""G"按键并将倍率挡置于"短路"位置。

(2)游标卡尺与螺旋测微仪在测量前应对其零点进行检查,以便对测量结果进行修正。游标卡尺使用完毕后,应合拢刀口,并用紧固螺钉固定,以避免刀口滑动。螺旋测微仪使用完毕后,应将测量轴后退数毫米,使其与测砧面间留出一定间隙,以免因热膨胀挤坏螺纹。

【仪器介绍】

QJ44 型直流双臂电桥

1. 概述

QJ44 型直流双臂电桥全量程由五个量限和步进读数盘及滑线读数盘组成;内附集成运放检流计和工作电源,故不需任何其他附件即可投入测量工作。体积小、测量迅速,使用方便。表头读数清晰,并有灵敏度调节,抗震强度高。用来测量 0.0001 ~ 11Ω 的电阻、金属导体的电阻率、导线电阻、直流分流器电阻、开关及电器的接触电阻,各类型电机、变压器的绕线电阻等。

2. 电桥主要技术性能

(1)总有效量程:0.0001 ~ 11Ω,分五个量程。

(2)电桥的工作电源:220V ±10%,50Hz;功耗≤5W。

(3)在参考的温度和相对湿度的条件下(参考温度为 20 ±1.5℃,参考相对湿度为 40% ~60%),电桥各量限的允许误差极限为

$$E_{\lim} = \pm C\%\left(\frac{R_N}{10} + X\right)$$

式中:$E_{\lim}$为允许误差极限,Ω; X 为读数盘示值,Ω;C 为等级指数; R_N 为基准值,Ω。

电桥的主要技术参数见表 1。

表 1　电桥各量程、有效量程、等级指数和基准值

倍率	有效量程(Ω)	等级指数 C	基准值 R_N(Ω)
×100	1 ~ 11	0.2	10
×10	0.1 ~ 1.1	0.2	1
×1	0.01 ~ 0.11	0.2	0.1
×0.1	0.001 ~ 0.011	0.5	0.01
×0.01	0.0001 ~ 0.0011	1	0.001

(4)内附检流计的灵敏度可以调节。灵敏度不要过高,否则不易平衡。

3. QJ44 型双臂电桥的结构和线路

QJ44 型双臂电桥各工作部件的位置见图 3。

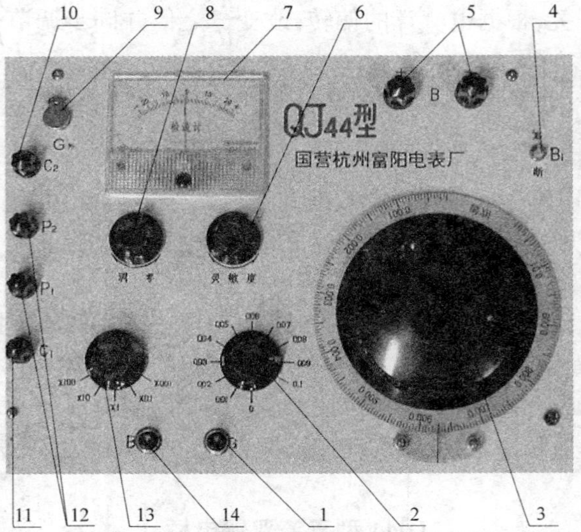

1—检流计按钮开关;2—步进读数盘;3—滑线读数盘;4—电源指示灯;5—外接电源接线柱;6—检流计灵敏度调节旋钮;7—检流计;8—检流计调零旋钮;9—外接检流计插孔;10、11—被测电阻电流端接线柱;12—被测电阻电压端接线柱;13—倍率开关;14—电桥工作电源按钮开关

图 3　QJ44 型双臂电桥各工作部件位置图

(1)电桥比率臂倍率由 ×100、×10、×1、×0.1 和 ×0.01 所组成。读数盘由一个十进盘和一个滑线盘组成。

(2)集成运放检流计包括放大器、调零电位器和调节灵敏度电位器以及中心零位的指示表头。指示表头上备有机械调零装置,在测量前,可预先调整零位。当放大器接通电源后,若表针不在中间零位,可用调零电位器,调整表针至中央零位。

(3)仪器上有四只接线柱,供接被测电阻。

(4)“G 外”插座,供外接检流计使用,当外接检流计插入插座时,内附检流计即被断开。

4. 使用方法

(1)打开开关接通仪器电源,面板上电源指示灯亮,使用前应该预热 5 分钟。

(2)将被测电阻按四端连接法接在电桥相应的 C_1、P_1、P_2、C_2 的接线柱上。

(3)通电后,调节检流计指针指零位上。

(4)估计被测电阻值大小,选择适当量程位置,先按下“B”按钮,再按下“G”按钮,调节步进盘和滑线读数盘,使检流计指针指在零位上,电桥平衡,被测电阻按下式计算:

被测电阻值(R_x) = 倍率 ×(步进盘读数 + 滑线盘读数)

(5)在测量未知电阻时,为保护检流计指针不被打坏,检流计的灵敏度调节旋钮应放在最低位置,使电桥初步平衡后再增加检流计灵敏度。在改变检流计灵敏度或环境等因素时,有时会引起检流计指针偏离零位,在测量之前,随时都应调节检流计指零。

5. 注意事项

(1)测量 0.1Ω 以下阻值时,“B”按钮应间歇使用。

(2)在测量 0.1Ω 以下阻值时，C_1、P_1、P_2、C_2 接线柱与被测量电阻之间的连接导线电阻为 0.005 ~ 0.01Ω，测量其他阻值时，连接导线电阻应小于 0.05Ω。

(3)电桥使用完毕后，"B"与"G"按钮应松开。关闭后板面上电源开关。

【思考题】

(1)如果四端电阻的电流端和电压端接反了，对测量结果有什么影响？

(2)为什么 R_x 与 R_N 电流端连线应选用短粗的导线？

(3)双臂电桥为什么要采用四端电阻？四端电阻有什么特点？

(4)实验中所用标准电阻为什么电流端接线柱比电压端接线柱大？

实验 8　示波器的原理与使用

【实验简介】

示波器(全称阴极射线示波器)是一种用途广泛的电子测量仪器，它能将人眼无法直接观测的交变电信号转换成图像，显示在荧光屏上。用它既能直接观察电信号的波形，也能测定电信号的幅度、周期和频率等参数，还可以测量两个信号之间的时间差或相位差，是观察数字电路实验现象、分析实验中的问题、测量实验结果必不可少的重要仪器。由于阴极射线的惯性小，又能在示波器上显示出可见的图像，所以示波器特别适用于观测瞬时变化过程(动态的波形变化)。例如，从交流信号的波形图上，可以很容易观察到交流信号随时间变化的规律，并且很容易从波形图上测出它的电压峰——峰值(U_{p-p})、周期(T)、相位差(φ)等参数。加上传感器，凡能转化为电压信号的电学量和非电学量都能用示波器来观测，如声波、心率、体温、血压等随时间变化的过程。

【实验目的】

(1)了解示波器的主要结构及显示波形的基本原理。

(2)学会使用信号发生器。

(3)学会用示波器观察波形以及测量电压、周期和频率。

(4)通过对李萨如图形的观察，进一步加深对互相垂直的谐振运动合成理论的理解。

【实验仪器】

双踪示波器，信号发生器，探极等。

【预习思考题】

(1)如何用示波器观察信号的波形？如何调节波形的幅度？如何控制荧光屏上显示合适的波形数？

(2)荧光屏上所显示的波形实际上是哪两个信号的合成？

(3)如果波形不稳定应如何调节？

(4)示波器开启电源后，荧光屏上既无光点也无扫描线，可能是什么原因？应如何调节？

【实验原理】

1. 示波器的基本结构

一般示波器主要由四部分组成：电子示波管、扫描整步装置、衰减系统和电压放大系统、电源等，其结构方框图如图 1 所示。为了适应各种测量的要求，示波器的电路组成是多样而复杂的,这里仅就主要部分加以介绍。

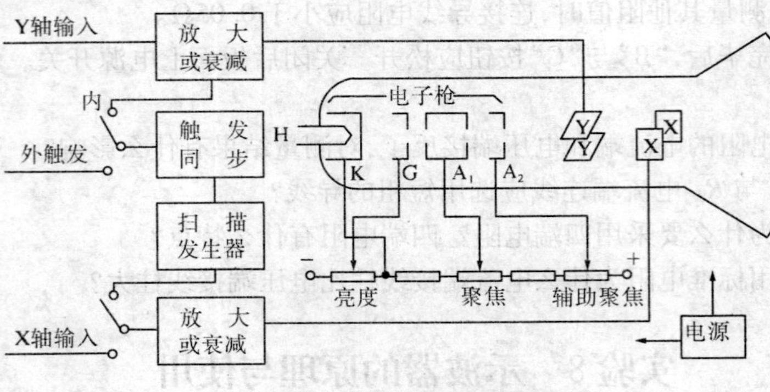

图1　示波器的结构框图

1)示波管

如图1所示,示波管又称阴极射线管,英文缩写为CRT(Cathode Ray Tube),它是示波器的核心部件,它将电信号转换为光信号,主要包括荧光屏、电子枪、偏转系统三部分,全都密封在真空玻璃壳内,构成了一个完整的示波管。

(1)荧光屏。

示波管光屏通常是矩形平面,内表面沉积一层磷光材料构成荧光膜。在荧光膜上常又增加一层蒸发铝膜。加速聚焦后的高速电子束穿过铝膜,撞击荧光粉而发光形成亮点,从而显示出电子束的位置。铝膜具有内反射作用,有利于提高亮点的亮度。当电子停止作用后,荧光剂的发光需经一定时间才会停止,称为余辉效应。一般示波器多采用发绿光的示波管,以保护人的眼睛。

荧光屏外表面印有网格,横向有10格,选择合适的水平扫描速度(TIME/DIV)的挡位,即可表示每格所占时间;纵向有8格,选择合适的垂直衰减(VOLTS/DIV)的挡位,即可表示每格所占电压大小。

(2)电子枪。

电子枪用以产生定向运动的高速电子,由灯丝H、阴极K、控制栅极G、第一阳极A_1、第二阳极A_2五部分组成。

①阴极K:电子射线的发源地。

阴极K是一个表面涂有脱出功较低的钡和锶氧化物的金属筒,受到灯丝H加热后发射电子。

②控制栅极G:亮度控制。

控制栅极G是一个顶端有小孔的圆筒,套在阴极外面。其电位低于阴极,对阴极发出的电子起阻碍作用,只有初速度较大的电子才能穿过栅极顶端的小孔,然后在阳极加速下奔向荧光屏。调节栅极电压可控制通过栅极的电子数目从而实现亮度调节。示波器面板上的“亮度”调整就是通过调节电位以控制射向荧光屏的电子流密度,从而改变了屏上的光斑亮度。

③第一阳极A_1:聚焦。

第一阳极A_1电位比阴极电位高很多,加有几百伏的电压,而且形状特殊,产生的电场形成电子透镜,电子被它们之间的电场加速形成射线,调整它对射线有聚焦作用,所以第一阳极也称聚焦阳极。面板上的“聚焦”调节，就是调第一阳极电位，使荧光屏上的光斑成为明亮、清晰的小圆点。

④第二阳极 A_2：电子加速。

第二阳极 A_2 的电位更高，又称加速阳极。加有1000V以上的电压，聚焦后的电子束经过这个高压电场的加速获得足够的动能而成为一束高速的电子束。有的示波器有辅助聚焦，实际是调节第二阳极电位。

(3)偏转系统。

偏转系统控制电子射线方向，使荧光屏上的光点随外加信号的变化描绘出被测信号的波形。它由两对相互垂直的偏转板组成，一对垂直偏转板Y，一对水平偏转板X。Y轴偏转板在前，X轴偏转板在后。两对偏转板分别加上电压，使两对偏转板间各自形成电场，分别控制电子束在垂直方向和水平方向偏转，从而使电子束在荧光屏上的光斑位置也发生改变，形成一个反应信号电压的波形。

2)电压放大系统和衰减系统

示波器本身相当于一个多量程电压表，这一作用是靠信号放大器和衰减器实现的。由于示波管本身的X轴及Y轴偏转板的灵敏度不高(约0.1~1mm/V)，当加在偏转板的信号过小时，要预先将小的信号电压加以放大后再加到偏转板上，为此设置X轴及Y轴电压放大器。衰减系统的作用是使过大的输入信号电压变小以适应放大器的要求，否则放大器不能正常工作，使输入信号发生畸变，甚至使仪器受损。对一般示波器来说，X轴和Y轴都设置有衰减器，以满足各种测量的需要。

3)电源电路

包括低压电源电路和高压电源电路，低压电源供给示波器各工作电路电压，高压电源电路供给示波管各极电压。

2. 示波器显示波形的原理

由示波管的原理可知，如果偏转板上不加电压，则电子束将聚焦于荧光屏而形成一个光点。如果偏转板上加有电压，则电子束的运动方向将会发生偏转，从而使电子束在荧光屏上的光点位置也随之变化。容易证明，在一定范围内，光点的位移与偏转板上所加电压成正比，因而可将电压的测量转化为屏上光点偏移距离的测量。

1)示波器的扫描系统

如果只在竖直偏转板上加一交变的正弦电压 $U_y = U_{ym}\sin\omega t$，则电子束将随电压的变化在竖直方向来回运动，如果电压频率较高，则在屏上看到的是一条竖直亮线，如图2所示。

如果在水平偏转板上加一个随时间周期性变化的电压，即“锯齿波电压” $U_x = U_{xm}t$，当频率足够高时，则荧光屏上只显示一条水平亮线，如图3所示。

如果在竖直偏转板上(简称Y轴)加正弦电压，同时在水平偏转板上(简称X轴)加锯齿波电压，电子受竖直、水平两个方向的力的作用，电子的运动就是两相互垂直的运动的合成。当锯齿波电压与正弦电压的周期完全一致时，在荧光屏上将能显示出完整周期的正弦电压的波形图，如图4所示。

综上所述，这种把Y偏转板上的电压 U_y 的变化规律沿X偏转板上“展开”的过程称为“扫描”。扫描系统(又称时基电路)用来产生一个随时间作线性变化的扫描电压，使屏上的水平坐标变成时间坐标，Y轴输入的被测信号波形就可以在时间轴上展开。扫描系统是示波器显示被测电压波形必需的重要组成部分。

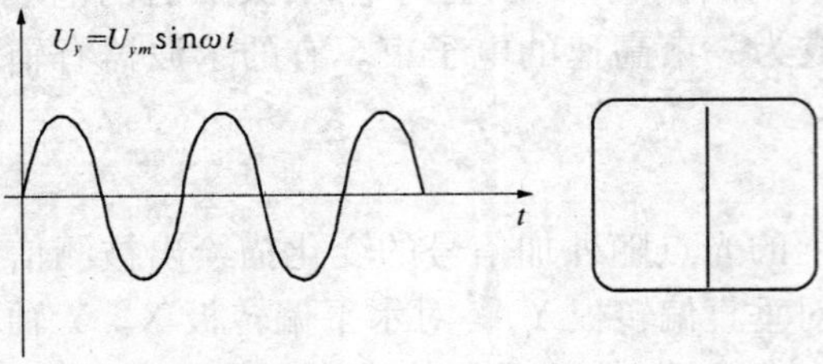

图 2　输入电压信号波形

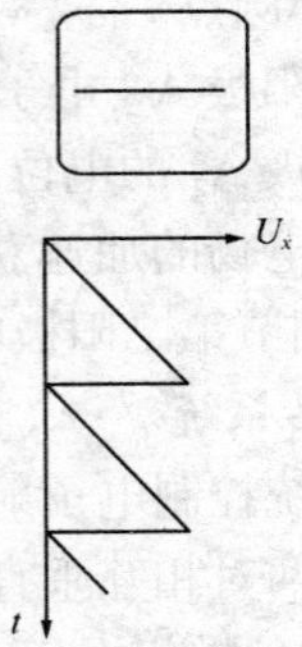

图 3　扫描电压信号波形

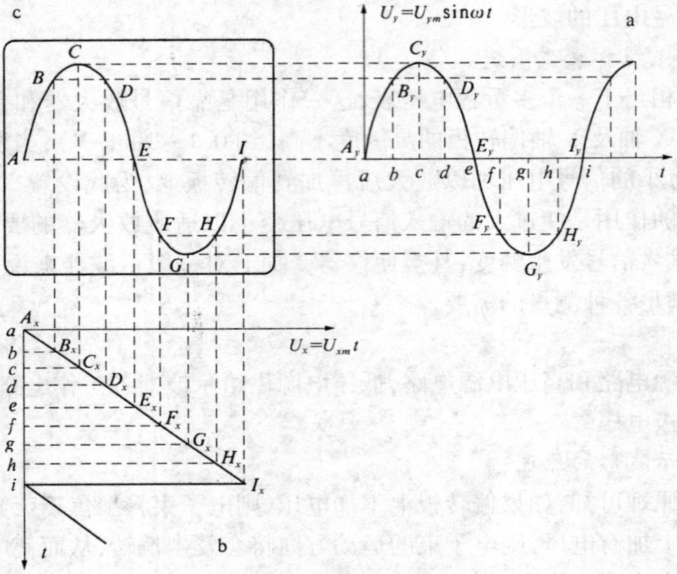

图 4　示波器显示波形的原理

2）示波器的整步（同步）

由图 4 可看出，U_x 与 U_y 的周期相同时，光点扫完整个正弦曲线后锯齿波电压随即复原，同时又扫出一条与先前完全重合的正弦曲线。如果正弦波和锯齿波电压的周期稍微不同，那么每次扫出的曲线与先前的曲线不重合，屏上出现的图形是一移动着的不稳定的曲线，这种情况在示波器使用过程中经常会出现，其原因是扫描电压的周期与被测信号的周期不相等或不成整数倍，以致每次扫描开始时波形曲线上的起点均不一样。

为了使屏上的图形稳定，必须使 U_x 的频率与 U_y 的频率严格相同或为整数倍关系，图形才会完整、清晰且稳定。即

$$f_y = nf_x \qquad (n=1,2,3\cdots) \tag{1}$$

式中 n 为屏上所显示的完整波形的个数，这种使两者频率成整数倍且相位差恒定的调节过程称为“整步”或“同步”。

实际上，由于 U_x 与 U_y 来自不同的振荡源，其频率比不易满足上述关系，而且环境或其

他因素的影响，也使得它们的周期（或频率）可能发生微小的改变。这时，虽然可通过调节扫描旋钮将周期调到整数倍的关系，但过一会儿又变了，波形又移动起来。在观察高频信号时这种问题尤为突出。为此，示波器内装有扫描同步装置（电平调节旋钮），让锯齿波电压的扫描起点自动跟着被测信号改变，称为“整步”装置。根据 U_y 的频率 f_y 调节 U_x 的频率 f_x，使 f_x 准确地等于 f_y 的 $\frac{1}{n}$ 倍，进而获得稳定的信号波形。

3）李萨如图形

示波器能真实地显示 Y 轴输入信号随时间变化规律的波形，是因为仪器内有锯齿波发生器，即扫描电压作用于 X 轴偏转板，在一个扫描周期内，扫描电压随时间成正比地增加，因此锯齿波扫描过程又称线性扫描。如果在 X 偏转板上加上非线性扫描电压，其扫描过程称为非线性扫描。

将电压 $U_y = U_{ym}\sin(\omega t + \varphi)$ 和 $U_x = U_{xm}\sin\omega t$ 分别送到示波器的 Y 轴和 X 轴，在屏上观察到是两个互相垂直的谐振运动的合成图像，光点轨迹为一稳定的封闭曲线，称为李萨如图形。根据这个图形可以确定两电压的频率比，从而确定待测频率的大小。

李萨如图形与振动频率之间有如下的关系：

$$\frac{f_y}{f_x} = \frac{N_x}{N_y} \tag{2}$$

式中：f_x 和 f_y 分别是加在 X、Y 轴上电压的频率；N_x 和 N_y 分别是图形与水平直线、垂直直线的切点数。

如果 f_x 为已知，则

$$f_y = \frac{N_x}{N_y} f_x \tag{3}$$

【实验内容与要求】

1. 示波器的校准

（详见后面仪器介绍中的示波器的基本操作方法）

示波器可用来测量周期信号的峰—峰值和周期，在测量前应进行校准。校准信号可采用示波器自身提供的方波信号，用 ×1 探极将方波校准信号输入 Y 信号输入端口，如：YB4320 型示波器校准信号方波 $U_{p-p} = 0.5\text{V}$，$f = 1000\text{Hz}$，若选择合适的垂直衰减（VOLTS/DIV）和水平扫描速度（TIME/DIV）的挡位，V/div = 0.1V，t/div = 0.1ms，将微调旋钮旋至校准（CAL）状态，如图 5 所示，信号峰—峰值 $U_{p-p} = D_y \times \text{V/div} = 5 \times 0.1 = 0.5\text{V}$，信号周期 $T = D_x \times \text{t/div} = 10 \times 0.1 = 1(\text{ms})$，则 $f = 1000\text{Hz}$。示波器读数已被校准，可以进行测量。

注意：探极用 ×1 挡。校准后 X、Y 微调旋钮不得再动。

2. 观察并测量正弦波信号

由信号发生器输出一个 750Hz、20V 的正弦波信号，输入到示波器 Y 轴输入端，示波器垂直系统输入耦合开关置于“AC”，调整触发电平（LEVEL）使波形稳定。调整 Y 轴垂直衰减开关和 X 轴水平扫描速度开关，使显示波形在屏幕有效工作面内达到最大限度，以便提高测量精度，如图 6 所示。记下此时波形在竖直方向上所占据的高度 D_y（即波峰到波谷的格数），信号一个周期所占的格数 D_x，Y 轴选择开关和 X 轴时基选择开关的挡置 t/div、V/div，计算出该正弦信号的周期 $T = D_x \times \text{t/div}$、频率 $f = 1/T$，峰—峰值 $U_{p-p} = D_y \times \text{V/div}$

及有效值 U，并与输入信号比较，说明用示波器测量的优缺点。

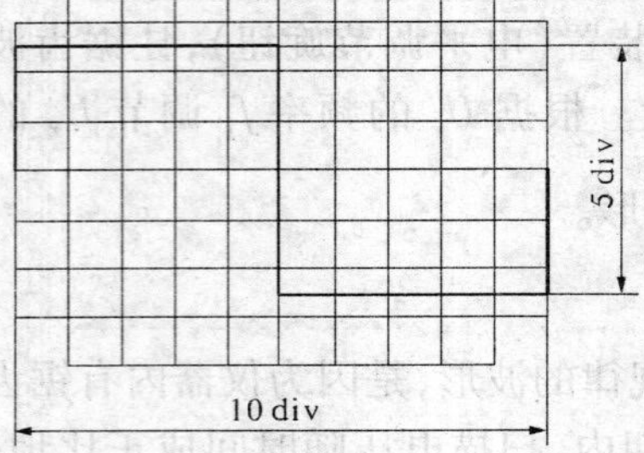

图 5　示波器校正信号方波

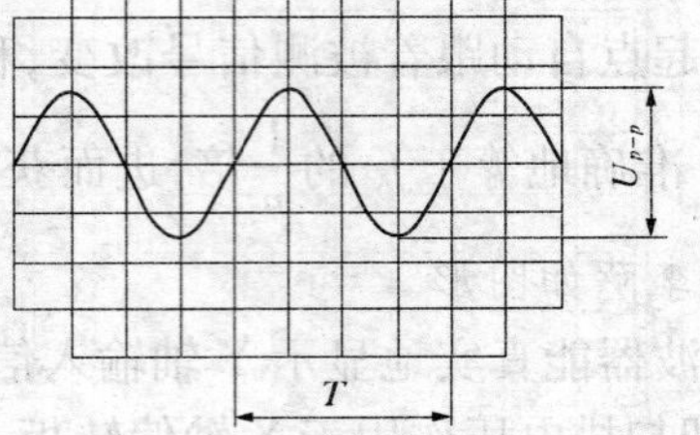

图 6　示波器测量正弦波信号

峰—峰值 U_{p-p} 与最大值 U_m 和有效值 U 之间有如下的关系：

$$U_{p-p}=2U_m=2\sqrt{2}U \tag{4}$$

3. 观察并绘出李萨如图形

由信号发生器输出一个正弦波信号，输入到示波器 X 轴输入端，由信号发生器后面输出一个 50Hz 的正弦波信号，输入至示波器的 Y 信号输入端口，将 X 轴水平扫描速度开关旋至 X－Y 挡，调节信号发生器的输出信号频率，使 f_y:f_x 分别为 1:1、1:2、1:3、2:3 时，得到相应的李萨如图形并填入表 1。

表 1　李萨如图形和信号频率的关系

f_y:f_x	1:1	1:2	1:3	2:3
图 形				
f_x(Hz)				
f_y(Hz)				

【注意事项】

(1)操作前，必须根据仪器说明，熟悉所使用的示波器、信号发生器面板上各旋钮的作用。

(2)为了避免永久性地损坏 CRT 荧光屏内的磁光质涂层，使用示波器时，请不要将光点亮度设在极亮的位置或把光点长时间停滞于一点。如果短时间不使用，可把“亮度”旋钮调小。不要频繁通断示波器的电源，以免缩短示波器的寿命。

(3)一般情况下，将垂直微调和水平微调旋钮设定在“校准(CAL)”位置。

【仪器介绍】

示波器

1. MOS－620B 型示波器

MOS－620B 是一种便携式双踪示波器。带宽 20MHz，最大灵敏度为 1mV/div，最大扫描速度为 0.2μs/div，并可扩展 10 倍使扫描速度达到 20ns/div。

MOS－620B 双踪示波器前面板控制件位置如图 7 所示，各主要控制件功能说明见表2～表 5。

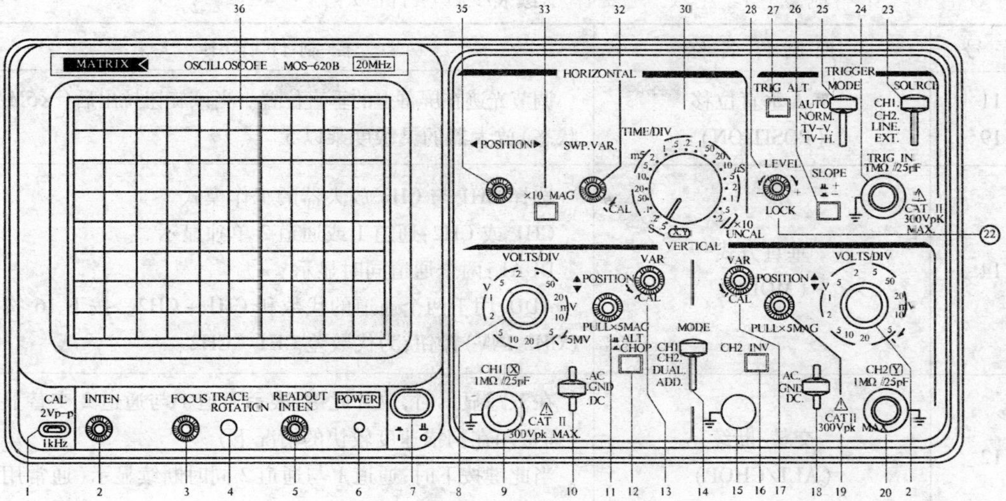

图7 MOS－620B 型示波器前面板控制件位置图

表2 示波管(CRT)控制件功能说明

序 号	控 制 件 名 称	控 制 件 作 用
2	亮度(INTEN)	调节轨迹或亮点的亮度
3	聚焦(FOCUS)	调节轨迹或亮点的聚焦
4	轨迹旋转 (TRACE ROTATION)	半固定的电位器用来调整水平轨迹与刻度线的平行
6 7	电源指示灯及电源开关 (POWER)	当此开关开时发光二极管发亮,仪器电源接通
36	滤色片	使波形看起来更加清晰

表3 垂直方向部分控制件功能说明

序 号	控 制 件 名 称	控 制 件 作 用
9 20	CH1(X)输入端 CH2(Y)输入端	在常规使用时,此端口作为垂直通道1(或2)的输入口;在X－Y方式时,作为X(或Y)轴信号输入口
10 18	垂直输入的耦合方式 (AC GND DC)	AC:交流耦合。 GND:垂直放大器的输入接地,输入端断开。 DC:直流耦合
8 21	垂直衰减开关 (VOLTS/DIV)	调节垂直偏转系数从5mV/div～20V/div分12挡
13 17	垂直微调 (VAR)	微调灵敏度大于或等于1/2.5标示值,该旋钮旋至校准(CAL)位置时,灵敏度校正为标示值

续表 3

序号	控制件名称	控制件作用
11 19	▼▲垂直位移 (POSITION)	调节光迹在屏幕上的垂直位置。当该旋钮拉出后(×5MAG 状态)放大器的灵敏度乘以 5
14	垂直方式 (MODE)	选择 CH1 与 CH2 放大器的工作模式。 CH1 或 CH2:通道 1 或通道 2 单独显示。 DUAL:两个通道同时显示。 ADD:用于两个通道的代数和 CH1 + CH2。按下 16 按钮(CH2 INV)按钮,为代数差 CH1 - CH2
12	交替/断续 (ALT/CHOP)	在双踪显示时,放开此键,表示通道 1 与通道 2 交替显示(通常用在扫描速度较快的情况下)。 当此键按下时,通道 1 与通道 2 同时断续显示(通常用于扫描速度较慢的情况下)
16	通道 2 的信号反向 (CH2 INV)	当此键按下时,通道 2 的信号以及通道 2 的触发信号也同时反向

表 4　触发(TRIG)控制件功能说明

序号	控制件名称	控制件作用
23	触发源选择 (SOURCE)	选择内(INT)或外(EXT)触发。 CH1(或 CH2):当垂直方式选择开关 14 设定在 DUAL 或 ADD 状态时,选择通道 1(或通道 2)作为内部触发信号源。 LINE:选择交流电源作为触发信号。 EXT:外部触发信号接于 24 作为触发信号源
24	外触发输入插座 (EXT INPUT)	用于外部触发信号,当使用该插座时,开关 23 设置在 EXT 的位置上
25	触发方式 (TRIG MODE)	AUTO:自动,当没有触发信号输入时扫描在自由模式下。 NORM:常态,当没有触发信号时,踪迹处在待命状态并不显示。 TV - V:用于观察电视场信号时。 TV - H:用于观察电视行信号时(仅当同步信号为负脉冲时,方可同步电视场和电视行)
26	极性(SLOPE)	用以选择被测信号在上升沿或下降沿触发扫描
27	触发交替选择 (TRIG ALT)	当开关 14 设定在 DUAL 或 ADD 状态,而且开关 23 选在通道 1 或通道 2 上,按下此按钮,就会交替选择通道 1 和通道 2 作为内触发信号源

续表 4

序号	控制件名称	控制件作用
28	触发电平 (LEVEL)	显示一个同步稳定的波形，设定一个波形的起始点。向“+”旋转触发电平向上移，向“-”旋转触发电平向下移
1	校正信号 (CAL)	提供幅度 U_{p-p} 为 2V 频率 1kHz 的方波信号，用于校正 10:1探头的补偿电容器和检测示波器垂直与水平的偏转因数
15	接地端(GND)	示波器机箱的接地

表 5　水平方向部分控制件功能说明

序号	控制件名称	控制件作用
30	水平扫描速度开关 (TIME/DIV)	根据被测信号频率选择合适的挡级。扫描速度可以分 20 挡，从 0.2μs/div 到 0.5s/div 。当设置到 X-Y 位置时用作 X-Y 示波器
32	水平微调 (SWP. VAR)	微调水平扫描时间，扫描时间被校正到与面板上 TIME / DIV 指示的一致。TIME/DIV 扫描速度可连续变化，反时针旋转到底为校正位置(CAL)。调节范围可达 2.5 倍以上
35	◀▶水平位移 (POSITION)	调节光迹在屏幕上的水平位置
33	扫描扩展开关 (×10 MAG)	按下时扫描速度扩展 10 倍

2. YB4320B 型示波器

YB4320B 型示波器前面板如图 8 所示，各控制件的作用见表 6。

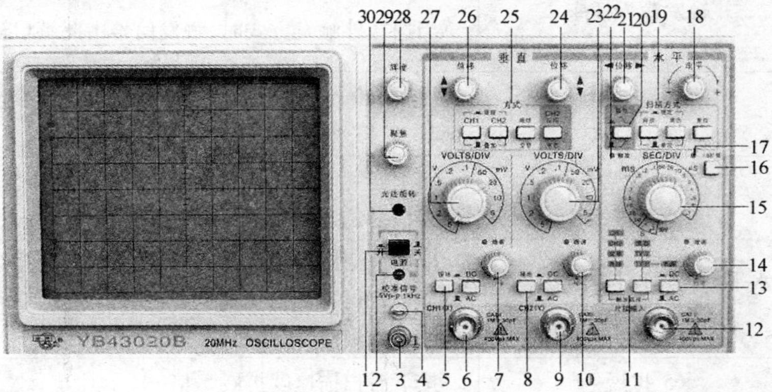

图 8　YB4320B 型示波器前面板控制件位置图

表6　YB4320B 型示波器各控制件的作用

序号	控制件名称	控制件作用
1 2	电源开关(POWER)	按下此开关,电源接通,指示灯亮
3	⊥	机壳接地端
4	探极校准信号 (PROBE ADJUST)	此端口输出幅度为0.5V,频率为1kHz的方波信号,用以校准Y轴偏转系数和扫描时间系数
5 8	耦合方式 (AC GND DC)	AC:交流耦合。 GND:垂直放大器的输入接地,输入端断开。 DC:直流耦合
6 9	通道1(或2)输入插座 CH1(X)(或CH1(Y))	在常规使用时,此端口作为垂直通道1(或2)的输入口;当仪器工作在X-Y方式时,此端口作为X(或Y)轴信号输入口
7 10	垂直微调(VAR)	用以连续调节垂直轴的CH1(或CH2)偏转系数,调节范围≥2.5倍,该旋钮逆时针旋足时为校准位置
11	触发源 (TRIGGER SOURCE)	第一组: CH1:在双踪显示时,触发信号来自CH1通道,单踪显示时,触发信号则来自被显示的通道。 CH2:在双踪显示时,触发信号来自CH2通道,单踪显示时,触发信号则来自被显示的通道。 交替:在双踪交替显示时,触发信号交替来自于两个Y通道,此方式用于同时观察两路不相关的信号。 外接:触发信号来自于外接输入端口。 第二组: 常态:用于一般常规信号的测量。 TV-V:用于观察电视场信号。 TV-H:用于观察电视行信号。 电源:用于与市电信号同步
12	外触发输入插座 (EXT INPUT)	当选择外触发方式时,触发信号由此端口输入
13	AC/DC	外触发信号的耦合方式,当选择外触发源,且信号频率很低时,应将开关置DC位置
14	水平微调 (VAR)	用于连续调节扫描速度,调节范围≥2.5倍。逆时针旋足为校准位置
15	水平扫描速度选择开关 (TIME/DIV)	根据被测信号的频率高低,选择合适的挡级。当扫描“微调”置校准位置时,可根据度盘的位置和波形在水平轴的距离读出被测信号的时间参数
16	×5扩展	按下后扫描速度扩展5倍
17	扫描扩展指示	在按下“×5扩展”或“交替扩展”后指示灯亮

续表 6

序号	控制件名称	控制件作用
18	电平(LEVEL)	用以调节被测信号在变化至某一电平时触发扫描
19	扫描方式 (SWEEP MODE)	自动(AUTO):当无触发信号输入时,屏幕上显示扫描光迹,一旦有触发信号输入,电路自动转换为触发扫描状态,调节电平可使波形稳定地显示在屏幕上,此方式适合观察频率在 50Hz 以上的信号。 常态(NORM):无信号输入时,屏幕上无光迹显示,有信号输入时,且触发电平旋钮在合适位置上,电路被触发扫描,当被测信号频率低于 50Hz 时,必须选择该方式。 锁定:仪器工作在锁定状态后,无需调节电平即可使波形稳定地显示在屏幕上。 单次:用于产生单次扫描,进入单次状态后,按动复位键,电路工作在单次扫描方式,扫描电路处于等待状态,当触发信号输入时,扫描只产生一次,下次扫描需再次按动复位按键
20	极性(SLOPE)	用以选择被测信号在上升沿或下降沿触发扫描
21	水平位移(POSITION)	用以调节光迹在水平方向的位置
22	触发指示 (TRIGD READY)	该指示灯具有两种功能指示,当仪器工作在非单次扫描方式时,该灯亮表示扫描电路工作在被触发状态,当仪器工作在单次扫描方式时,该灯亮表示扫描电路在准备状态,此时若有信号输入将产生一次扫描,指示灯随之熄灭
23 27	垂直衰减开关 (VOLTS/DIV)	选择垂直轴的偏转系数,从 5mV/div ~ 5V/div 分 10 个挡级调整
24 26	垂直位移(POSITION)	用以调节光迹在 CH1 (或 CH2)垂直方向的位置
25	垂直方式(MODE)	选择垂直系统的工作方式。 CH1:只显示 CH1 通道的信号。 CH2:只显示 CH2 通道的信号。 交替:用于同时观察两路信号,此时两路信号交替显示,该方式适合于在扫描速率较快时使用。 断续:两路信号断续工作,适合于在扫描速率较慢时同时观察两路信号。 叠加:用于显示两路信号相加的结果,当 CH2 极性开关被按下时,则两信号相减。 CH2 反相:此按键未按下时,CH2 的信号为常态显示,按入此键时,CH2 的信号被反相
28	亮度(INTENSITY)	光迹亮度调节
29	聚焦(FOCUS)	调节轨迹或亮点的聚焦
30	光迹旋转 (TRACE TATION)	调节光迹与水平线平行

3. 基本操作方法

1)校准

接通电源前将有关控制元件按表7设置。将开关和控制部分按以上设置后,接上电源线,继续:

(1)电源接通,电源指示灯亮约20s后,屏幕出现光迹。如果60s后还没有出现光迹,反回头再查开关和控制的设置。

(2)分别调节亮度,聚焦,使光迹亮度适中并清晰。

(3)调节通道1位置与迹线旋转,使光迹与水平刻度平行(用螺丝刀调节迹线旋转)。

(4)用探极将校准信号输入至CH1 输入端。

表7　示波器前面板控制件的设置

功能	序号		设置
	MOS-620B 型	YB4320B 型	
电源(POWER)	7	1	关
亮度(INTEN)	2	28	中间位置
聚焦(FOCUS)	3	29	设定
垂直位移(▲▼ POSITION)	11、19	24、26	居中
垂直衰减(VOLTS/DIV)	8、21	23、27	0.5V/DIV
垂直微调(VAR)	13、17	7、10	校准位置
输入耦合方式(AC GND DC)	10、18	5、8	GND
垂直方式(VERT MODE) 触发源选择(SOURCE)	14 23	11	CH1
交替/断续(ALT/CHOP)	12		释放(ALT)
通道2反向(CH2 INV)	16		释放
极性(SLOPE)	26	20	+
触发交替选择(TRIG ALT)	27		释放
触发方式(TRIGGER MODE)	25	19	自动
水平扫描速度(TIME/DIV)	30	15	0.5ms/DIV
水平微调(SWP. VAR)	32	14	校准位置
水平位移(◀▶POSITION)	35	21	居中
扫描扩展(×10MAG)	33	16(×5MAG)	释放

(5)将AC-GND-DC开关设置在AC状态。一个方波将会出现在屏幕上。

(6)调整聚焦使图形清晰,调节电平旋钮使波形稳定,分别调节Y轴和X轴的位移,并将垂直微调和水平微调旋钮设定在“校准(CAL)”位置,使波形与图5相吻合。如波形有过冲或下塌现象,可用高频旋具调节探极补偿调整元件(见图9),使波形最佳。

做完以上工作，证明本机工作状态基本正常，可以进行测试。

2）测量

调节"电平"旋钮使波形稳定，分别调节 Y 轴和 X 轴位移，从而得到清晰的图形且使波形显示值方便读取，将垂直衰减开关、水平扫描速度调到所需的位置，这样可以按垂直衰减（VOLTS/DIV）和水平扫描速度（TIME/DIV）的指示值直接计算被测信号的电压幅值（U_{p-p}）和周期（T）。

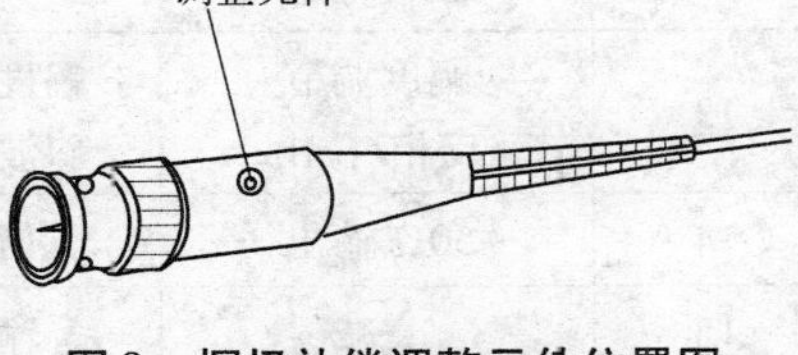

图 9　探极补偿调整元件位置图

以上为示波器的最基本的操作，通道 2 的操作与通道 1 的操作相同。

SG1651 函数信号发生器

1. 概述

SG1651 函数信号发生器是一台具有高度稳定性、多功能等特点的函数信号发生器。能直接产生正弦波、三角波、方波、斜波、脉冲波，波形对称可调并具有反向输出，直流电平可连续调节。TTL 可与主信号作同步输出。频率计可作内部频率显示，也可外测 1Hz ~ 10.0 MHz 的信号频率，电压用 LED 显示。

2. 仪器面板控制件功能说明

面板标志说明及功能见表 8 和图 10、图 11。

表 8　SG1651 函数信号发生器面板控制件的作用

序号	面板标志	名 称	作 用
1	电源	电源开关	按下开关，电源接通，电源指示灯发亮
2	波形	波形选择	输出波形选择。 与 13、20 配合可得到正、负向锯齿波和脉冲波
3	频率	频率选择开关	频率选择开关与"9"配合选择工作频率。 外测频率时选择闸门时间
4	Hz	频率单位	指示频率单位，灯亮有效
5	kHz	频率单位	指示频率单位，灯亮有效
6	闸门	闸门显示	此灯闪烁，说明频率计正在工作
7	溢出	频率溢出显示	当频率超过 5 个 LED 所显示范围时灯亮
8	频率显示	频率 LED	所有内部产生频率或外测时的频率均由此 5 个 LED 显示
9	频率调节	频率调节	与"3"配合选择工作频率
10	直流/拉出	直流偏置调节旋钮	拉出此旋钮可设定任何波形的直流工作点，顺时针方向为正，逆时针方向为负，将此旋钮推进则直流电位为零
11	压控输入	压控信号输入	外接电压控制频率输入端
12	TTL 输出	TTL 电平输出	输出波形为 TTL 脉冲，可作同步信号

续表 8

序号	面板标志	名 称	作 用
13	幅度调节 反相/拉出	幅度调节旋钮 斜波倒置开关	调节输出幅度大小。 与“20”配合使用,拉出时波形反向
14	50Ω 输出	信号输出	主信号波形由此输出,阻抗为 50Ω
15	衰减	输出衰减	按下按键可产生 -20dB/ -40dB 衰减
16	U_{p-p}	电压 LED	输出电压峰—峰值为显示值
17	脉宽/拉出	脉宽调节旋钮	拉出此旋钮,整机频率衰减 10 倍左右,拉出并调节此旋钮,可连续调节波形半周期的宽度
18	外测 -20dB	外接输入 衰减 20dB	频率计内测和外测频率(按下)信号选择。 外测频率信号衰减选择,按下时信号衰减 20dB
19	外测输入	计数器外信号输入端	外测频率时,信号由此输入
20	50Hz 输出	50Hz 固定信号输出	50Hz 固定频率正弦波由此输出
21	AC 220V	电源插座	50Hz 、220V 交流电源由此输入
22	FUSE:0.5A	电源保险丝盒	安装电源保险丝
23	标频输出 10MHz	标频输出	10MHz 标频信号由此输出

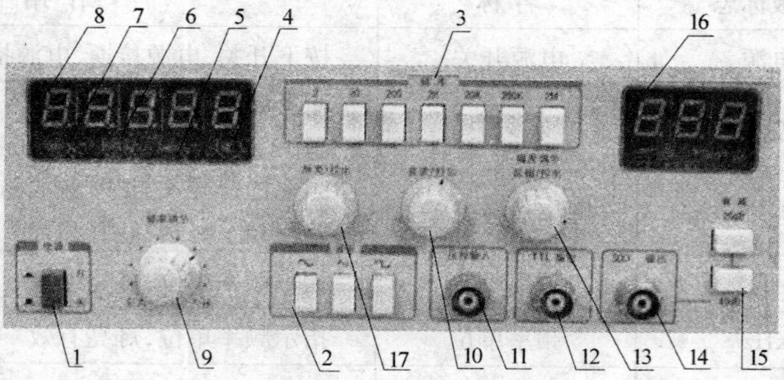

图 10　SG1651 函数信号发生器前面板控制件位置图

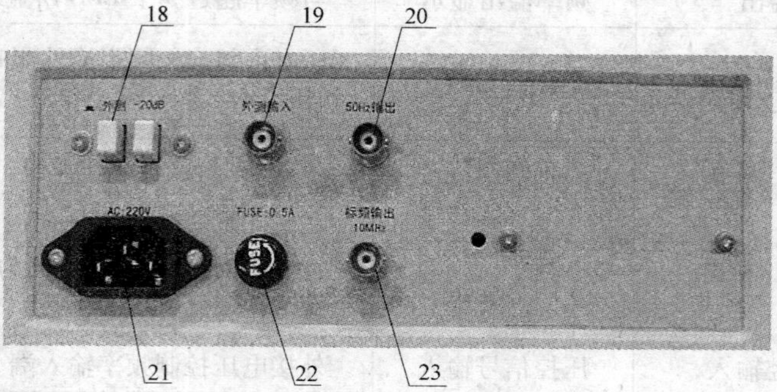

图 11　SG1651 函数信号发生器后面板控制件位置图

【附录】

数字示波器

示波器是利用被测信号产生的电场对示波管中的电子运动的影响来反映被测信号电压的瞬变过程。用示波器观察各种电信号的波形,测量交流信号的电压、周期、频率和位相等参数。模拟示波器的频率特性由垂直放大器和阴极示波管(CRT)来决定。20世纪80年代示波器引入数字处理和微处理器,出现数字示波器,现在把模拟示波器称为模拟实时示波器(Analog Real Time,简称ART),数字示波器称为数字存储示波器(Digital Storage Oscilloscopes,简称DSO)。数字存储示波器的输入电路与普通模拟示波器的输入电路相似。所谓数字存储就是在示波器中以数字编码的形式来贮存信号。当信号进入数字存储示波器(DSO)以后,在信号到达示波管的偏转电路之前,示波器将按一定的时间间隔对信号电压进行采样,然后用一个模/数变换器(A/D或ADC)对这些瞬时值或采样值进行变换,从而生成代表每一个采样电压的二进制数字,这个过程称为数字化。获得的二进制数值贮存在存储器中。

对输入信号进行采样的速度称为采样速率。采样速率由采样时钟控制。对于一般使用情况来说,采样速率的范围从20MS/s到200MS/s。存储器中贮存的数据用来在示波器的屏幕上重建信号波形。所以,在数字存储示波器(DSO)中的输入信号接头和示波器阴极射线管(CRT)之间的电路不只是仅有模拟电路。输入信号的波形在CRT上获得显示之前先要存储到存储器中,我们在示波器屏幕上看到的波形总是由所采集到的数据重建的波形,而不是输入连接端上所加信号的即时连续的波形显示。数字存储示波器工作原理如图12所示。

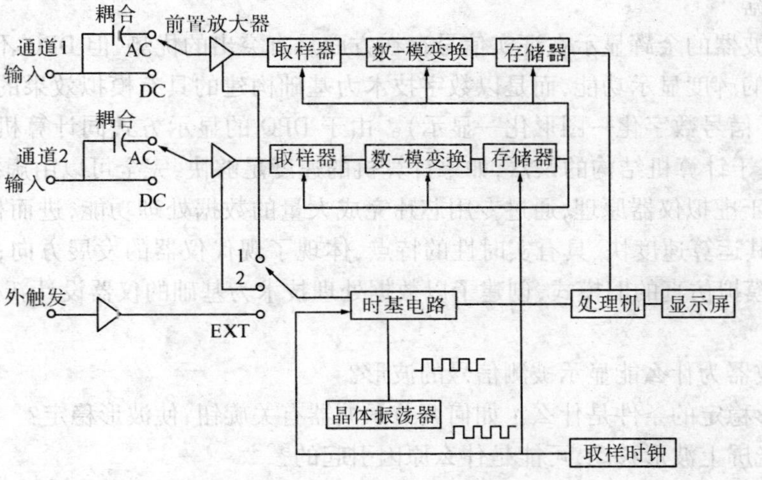

图12　数字存储示波器工作原理

数字示波器和模拟示波器比较有如下特点:

(1)ART需要与带宽相适应的放大器和阴极射线示波管。随着频率的提高,对阴极射线示波管的工艺要求严格,成本增加。DSO只要与带宽相适应的高速A/D转换器,其他存储器和显示器都是较低成本的部件,显示器可用LCD平面阵列和彩色屏幕。

(2)DSO采用微处理器作控制和数据处理,使DSO具有超前触发、组合触发、毛刺捕捉、波形处理、拷贝输出、软盘记录、长时间波形存储等ART所不具备的功能,目前DSO的带宽也超过1GHz,在许多方面都超过ART的性能。

(3) DSO 也有不足之处，带宽取决于取样率，比较通用的取样率等于带宽的 4 倍。复现的波形靠内插算法补齐，波形会有失真；A/D 转换速度快，但 D/A 转换速度慢，故波形更新率低，偶发信号会被遗漏；垂直分辨率一般用 8 位，显然较低；面板旋钮多，菜单复杂，使用不方便；没有亮度调制，观察不到三维图形；波形存储容量不够，无法对波形进行处理等。

现在又出现了一种新型示波器——数字荧光示波器（Digital Phosphor Oscilloscopes，简称 DPO），它具有数字存储示波器（DSO）的各种传统优点，从数据存储到先进的触发功能，样样俱全。同时，它也具有模拟实时示波器 ART 的明暗显示和实时特性，以数字形式产生的显示效果优于模拟示波器 CRT 的亮度渐次变化的化学荧光效果。DPO 在示波器技术上有了新的突破，能够实时显示、存储和分析复杂信号，利用三维信息（振幅、时间及多层次辉度，用不同的辉度显示幅度分量出现的频率）充分展现信号的特征，尤其采用的数字荧光技术，通过多层次辉度或色彩能够显示长时间内信号的变化情况。

DPO 不仅具有 ART 示波器的实时明暗度无混叠显示能力，而且有 DSO 的自动测量及波形存储功能，在避免二者不足方面，还有很大的改进。主要表现在：

(1) 快速波形捕获速率和超强显示能力：数字荧光显示技术的应用使 DPO 能以不同的辉度或色彩同时显示信号的多幅图像。这种快速波形捕获速率结合高超的显示能力，使 DPO 具有分析信号任何细节的性能。

(2) 连续高速采样能力：通常 DSO 因处理显示数据在显示两幅波形之间有 8ms 的停滞时间，ART 示波器在回扫时间内也不能捕捉波形信息，而 DPO 能始终以最高采样率对几十万幅波形连续采样，克服了其他示波器存在的停滞时间问题。DPO 的高采样率允许示波器有更大的带宽。

ART 示波器的余辉显示在证实信号存在方面具有突出的优势，但 DPO 不是简单地仿真 ART 示波器的辉度显示功能，而是以数字技术为基础构建的具有模拟效果的一种新型示波器显示方式（信号数字化—图形化—显示）。由于 DPO 的显示方式同计算机的显示方式完全相同，是基于计算机结构的仪器，如果计算机的速度足够快，完全可以由虚拟仪器来实现。DPO 正是基于虚拟仪器原理，通过专用芯片完成大量的数据处理功能，进而构成仪器系统。这类仪器因其运算速度快、具有实时性的特点，体现了现代仪器的发展方向；而全数字化设计突破传统模拟仿真的旧模式，创建了以数据处理技术为基础的仪器设计新概念。

【思考题】

(1) 示波器为什么能显示被测信号的波形？

(2) 波形稳定的条件是什么？如何调节示波器有关旋钮，使波形稳定？

(3) 荧光屏上波形移动，可能是什么原因引起的？

(4) 总结示波器的正确操作方法。

实验 9　电位差计的原理与应用

【实验介绍】

直流电位差计是依据补偿原理和比较法制成的测量电动势或电位差的一种精密仪器。用电位差计测量电压，是将未知电压与电位差计上的已知电压相比较，它不像电压表那样需要从待测电路中分流，因而不干扰待测电路，测量结果仅仅依赖于准确度极高的标准电池、标准电阻和高灵敏度的检流计。它的准确度可以达到0.01%以上，是精密测量中应用最广泛的一种仪器。它不但可以精确测定电压、电动势、电流和电阻等，还可以用来校准电表和直流电桥等直读式仪表，在非电参量（如温度、压力、位移和速度等）的电测法中也占有重要地位。

【实验目的】

（1）了解补偿法测量原理。

（2）了解电位差计的结构、特点及原理；掌握电位差计的测量方法。

（3）用电位差计测量干电池的电动势和内阻的阻值。

【实验仪器】

直流稳压电源，标准电池，电阻箱，检流计，毫安表，各种导线，待测电池，单掷开关，双掷开关。

【预习思考题】

（1）电位差计测量电动势应用什么原理？

（2）使用电位差计为什么要校准？怎样校准？校准完毕又如何测量电源电动势 E_x（或待测电压 U_x）？

（3）在使用标准电池时，要注意什么问题？

【实验原理】

1. 补偿原理

电压表和万用表无法准确测量电源的电动势，一旦将电压表并联到电源两端，就有电流通过电源内部，电源内阻上就会产生内压降 U_r，因而测量出来的是电源的端电压 $U=E_x-U_r$，只有回路中的电流为零时，测量出来的才是电源的电动势。为实现回路中电流为零这一目的，只要将一电动势可调并可以读数的标准电源（电动势为 E_0）与待测电源（电动势为 E_x）同极性相连，并在回路中串入检流计，如图1所示，如果调节 E_0，使检流计 G 指针为零，就表明已知电源的电压与待测电源的电压达到补偿，即 $E_0=E_x$。电路的这种状态，称为平衡补偿，这种方法称为补偿法，它是电磁学实验中较为重要的一种实验方法，灵活运用补偿法对今后的实验是很有益处的。

2. 直流电位差计的工作原理

补偿原理只是一个基本原理，如何才能获得连续可调的标准电动势，又如何比较呢？电位差计就是为使测量能方便地实施而设计的。

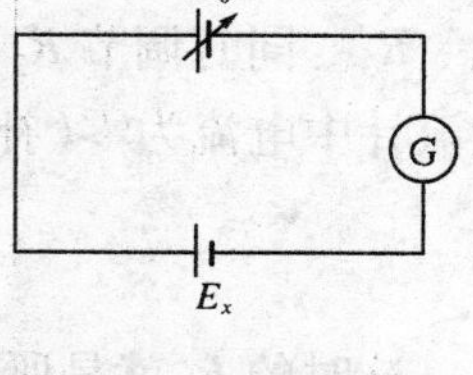

图1　补偿原理

1）线路组成

直流电位差计的工作原理线路如图2所示。可分为三个回路：

（1）工作电流调节回路（辅助回路）：主要由工作电源 E、电流调节电阻 R_1、标准电阻 R_0、开关 K_0 等组成。

（2）校准工作电流回路（校准回路）：主要由标准电池 E_s、标准电阻 R_3、检流计的保护电阻 R_4、检流计 G、开关 K_1、K_2 等组成。

（3）测量回路（补偿回路）：主要由待测电源 E_x（或待测电压 U_x）、标准电阻 R_3、检流计的保护电阻 R_4、检流计 G、开关 K_1、K_2 等组成。

测量时，利用辅助回路中的电流在 R_3 上的压降 U_{R3} 与待测电动势 E_x（或 U_x）进行比较，

改变 R_3 的大小时 U_{R3} 也随之改变，检流计指示为零时，达到平衡补偿，此时 $U_{R3}=E_x$。为便于测量，要求辅助回路中的电流等于一恒定值 I_0，则对应于不同的 R_3 可直接求出对应的 U_{R3} 值，达到补偿时可直接读出待测电动势的值。所以，在使用电位差计时，必须先调节工作电流到仪器所要求的数值，此过程称为工作电流的校准（或定标）。

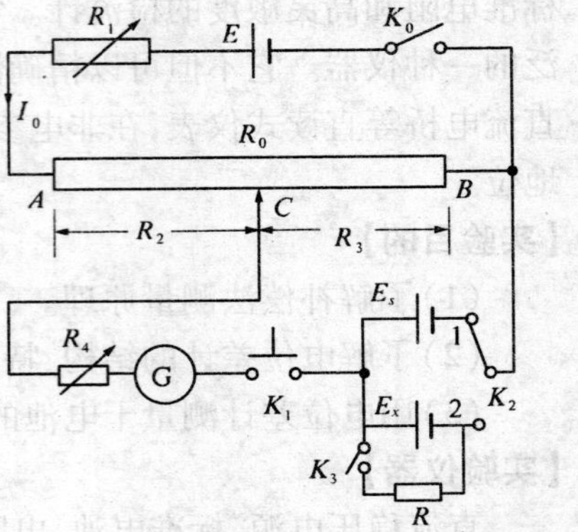

图 2　直流电位差的原理图

2）测量过程

（1）工作电流的校准。

利用标准电池校准工作电流：开关 K_2 掷于 1，合上 K_0、K_1，根据选定的工作电流 I_0，预估并选定阻值范围 $R_0=R_2+R_3$。R_0 的取值应满足不等式（设 $E_x>E_s$）

$$\frac{E}{I_0}>R_0>\frac{E_x}{I_0}$$

式中：E_x 为待测电动势的粗估值。取 R_0 为上下限之间一个易记忆的值，并考虑给 R_1 一定的调节范围。

校准时 R_2、R_3 初值的选择：

根据校准回路在补偿状态时检流计指零，有 $I_0R_3=E_s$，先选定 $R_3=\frac{E_s}{I_0}$，则

$$R_2=R_0-R_3$$

调定 R_2、R_3 后，调节工作电流，调节回路电阻 R_1（即调节辅助回路中的电流），使检流计指零（校准回路电流为零），I_0 即被“校准”，校准回路达到补偿状态，即

$$I_0=\frac{E_s}{R_3} \tag{1}$$

此时工作电流校准完毕。

（2）比较测量。

保持工作电流不变，把开关 K_2 掷于 2，根据 E_x 的粗估值选定 R_3（$I_0R_3=E_x$），则 $R_2=R_0-R_3$。同时调节 R_2、R_3（注意：始终保持 R_2 与 R_3 之和不变，R_1 不变，即 I_0 保持不变），使检流计中电流为零（补偿回路电流为零），达到补偿状态，此时 R_3 的示数记为 R'_3，有

$$E_x=I_0R'_3=\frac{R'_3}{R_3}E_s \tag{2}$$

这时的 R'_3 就是所需的补偿电阻。

测量电池的内阻 r 时，再把开关 K_3 闭合，重新调节 R_2、R_3（要求同上），使检流计再度指零，这时令 R_3 的示数为 R''_3，R''_3 就是所需的补偿电阻。由电位差计测出 U_x，则由欧姆定律可导出

$$r_x=\frac{E_x-U_x}{U_x}R=\frac{R'_3-R''_3}{R''_3}R \tag{3}$$

【实验内容与要求】

（1）按图 3 接线，图中 R_1、R_2、R_3、R 均为电阻箱，R_4 是一电位器，用作检流计的保护电

阻。补偿电压由 I_0R_3 提供。

(2)校准:选定合适的工作电流 I_0 及电源电压 E,并选定 $R_0=R_2+R_3$(先选定 $R_3=\frac{E_s}{I_0}$,则 $R_2=R_0-R_3$),调定 R_2、R_3 后,调节工作电流调节回路电阻 R_1,使检流计指零,I_0 即被"校准"。

(3)测量:根据 E_x 的粗估值选定 $R_3(I_0R_3=E_x)$,则 $R_2=R_0-R_3$。同时调节 R_2、R_3(始终保持 R_2 与 R_3 之和不变,R_1 不变,即 I_0 保持不变),使检流计中电流为零。记录此时 R_3(即 R'_3)的值,求出干电池的电动势 E_x。

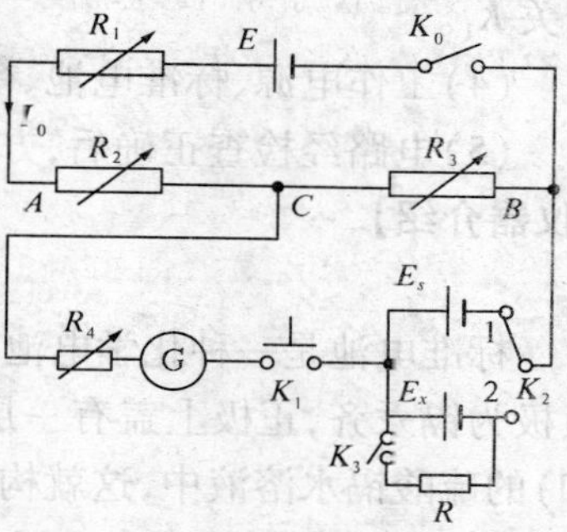

图3　自组直流电位差计的接线图

(4)测量电池的内阻 r_x:把开关 K_3 闭合,重新调节 R_2、R_3(要求同上),使检流计再度指零。记录此时 R_3(即 R''_3)的值,求出 U_x,并由欧姆定律求出 r_x。

特别注意:校准和测量时,保护电阻 R_4 一开始要置于电阻最大位置,随着检流计偏转的减小,逐渐减小 R_4,直至 $R_4=0$,再细调 R_2、R_3,使检流计指零。

【数据处理与误差分析】

(1)记录自组电位差计测量时,各仪器及组件的规格型号、精确度等级及取值;记录校准的工作电流 I_0。

(2)计算待测干电池电动势 E_x 和内阻 r。

(3)误差分析。

由于本实验为单次测量,因此只考虑合成不确定度的 B 类分量。

①干电池电动势 E_x 的合成不确定度分析。

自组电位差计测量误差有两个来源:一是电学仪器准确度等级所决定的仪器误差;另一个是电位差计灵敏度的影响。实验中选用高精度检流计,可忽略灵敏度的不确定度。

由式(2)可导出干电池电动势 E_x 的合成不确定度为

$$u_B(E_x)=E_x\sqrt{\left(\frac{u_B(R'_3)}{R'_3}\right)^2+\left(\frac{u_B(R_3)}{R_3}\right)^2+\left(\frac{u_B(E_s)}{E_s}\right)^2}$$

式中 $u_B(R_3)$、$u_B(R'_3)$ 的估算方法同惠斯通电桥中一样;当饱和式标准电池在工作温度范围内合理使用时,可以不考虑它的仪器误差,即 $u_B(E_s)=0$。

②干电池内阻的合成不确定度分析。

由式(3)可导出

$$\frac{u_B(r_x)}{r_x}=\sqrt{\left(\frac{u_B(R'_3)}{R'_3-R''_3}\right)^2+\left(\frac{R'_3u_B(R''_3)}{(R'_3-R''_3)R''_3}\right)^2+\left(\frac{u_B(R)}{R}\right)^2}$$

【注意事项】

(1)标准电池不能作为电源使用,严格禁止用一般电表直接测量标准电池,更不允许两极短路。使用时正、负级不能接错。要小心平稳平放,避免倾斜和振动,更不能倒置,因它内有电解液硫酸镉。

(2)每过一段时间后,检查一下工作电流,若检流计指针不指零时,应重新校准工作电流。

(3)检流计不能长时间接通,检流计开关 K_1 应采用“跃接法”。在调节电阻值时应断开开关 K_1。

(4)工作电源、标准电池、待测电池的正负极不能接反。

(5)电路经检查正确后,方可打开电源,以免烧毁仪器。

【仪器介绍】

标准电池

标准电池是一种化学电池,它是用来提供电动势的准确数值的标准量具。其正极为汞,负极为镉汞齐,正极上盖有一层硫酸亚汞(Hg_2SO_4)糊状物,然后把两极浸在饱和(或不饱和)的硫酸镉水溶液中,这就构成了饱和(或不饱和)式标准电池,如图 4 所示。物理实验室中常用电动势较稳定的饱和式标准电池,其结构如图 5 所示。

电池的化学物质经严密提纯封装在一玻璃管内,保证内部电极材料的高度纯净,以达到电动势的高度稳定。采用盒型安装提高了电池的耐震性能,且使电池正、负极形成了一等温条件。减少了两极温度梯度而产生的温度附加误差。

饱和式标准电池的特性和技术要求:

饱和式标准电池的电动势随温度而变化。在制造厂规定的参考温度范围内,温度为 t℃时标准电池的电动势为

$$E_t = E_{20} - 4.06 \times 10^{-5}(t-20) - 9.29 \times 10^{-7}(t-20)^2 \tag{4}$$

式中 E_t 为温度 t℃时电池电动势的值;E_{20} 为温度 20℃时电池电动势的值。$t=20$℃,E_{20} 的实际值在 1.01855 ~ 1.01868V 之间。

图 4　BC9a 系列饱和式标准电池

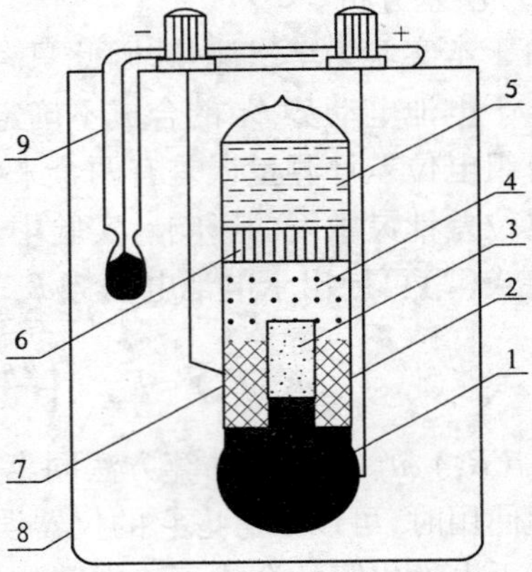

1—汞(Hg);2—镉汞齐(Cd/Hg 齐);3—硫酸亚汞(Hg_2SO_4);4—硫酸镉晶体($CdSO_4 8/3H_2O$);5—硫酸镉饱和溶液($CdSO_4$);6—微孔塞片;7—玻璃容器;8—外壳;9—水银温度针

图 5　BC9a 型饱和式标准电池结构图

为了保证标准电池的准确度等级及各项要求,规定饱和式标准电池的工作环境为温度:10 ~ 40℃,相对湿度:<80%。

注意:使用标准电池时,环境温度波动要小,防止短路、正负极接反等错误操作。通入或取自标准电池的电流不能超过额定电流(1μA 左右)。不允许用电压表测量标准电池的电

动势。使用时避免摇晃、倒置和倾斜。电池面板应保持清洁，保证两极间的绝缘电阻，防止正负极间泄漏。

注：本实验所用其他仪器的使用方法详见实验6的【仪器介绍】。

【附录】

1. 电位差计的优缺点

(1)检流计 G 只作指零仪器，消除了利用偏转指示所产生的系统误差。

(2)准确度高。电位差计是一个电阻分压装置，可用来产生准确、已知、又有一定调节范围的电压，用它与被测电压比较，可以得到被测电压值，使得被测电压的测量值仅取决于电阻和标准电动势，因而可以达到较高的测量准确度。

(3)在"校准"和"测量"中检流计两次都指示为零，表明测量时既不从校准回路内的标准电动势中分出电流，也不从测量回路中分出电流。因此，不改变测量回路的原有状态，同时避免测量回路导线电阻、标准电池内阻以及测量回路等效内阻等对测量准确度的影响，这是补偿法测量准确度较高的另一原因。

(4)因测量过程比较繁琐，工作电流容易改变，应选用稳定性高的稳压电源，而且为了保证工作电流的标准，每次测量都要经过校准和测量，操作麻烦。

2. 电位差计的应用

电位差计具有的优点使得它在高精度测量方面得到广泛的应用。

(1)测量各种电动势，特别是微小电动势。例如温差电偶的温差电动势，各种电解液、电极组成的化学电池电动势，霍尔元件的霍尔电动势等。

(2)精确测量电阻。如图6所示，未知电阻 R_x 与标准电阻 R_s 串联，用电位差计分别测得 R_x 与 R_s 上的电压 U_x 与 U_s，则 $R_x = \frac{U_x}{U_s}R_s$。

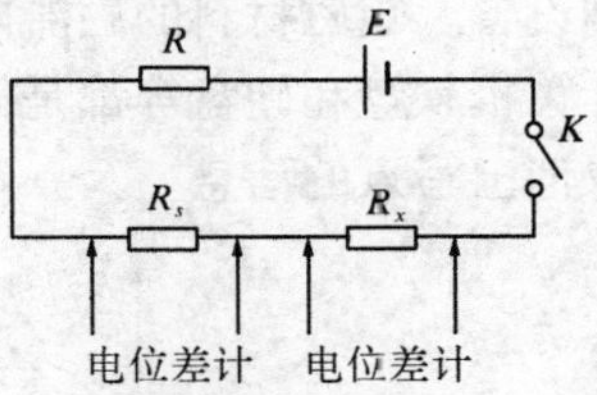

图6　精确测量电阻的线路

(3)校准电流表。图7中，将待校准的电流表与一标准电阻串连，当电流表读数为 I 时，用电位差计测出 R_s 上电压 U_s，则流经 R_s 上的电流为 $I_s = \frac{U_s}{R_s}$。由于电位差计对电路无分流作用，所以 I_s 为流过电流表的电流，$\Delta I = I - I_s$ 即为电流表的校准误差。

(4)校准电压表。如图8所示，V为待校准的电压表，调节分压输出，同时记录电压表与电位差计的读数 U 和 U_s，则 $\Delta U = U - U_s$，$\Delta U \sim U$ 的关系曲线即为电压表的校正曲线。

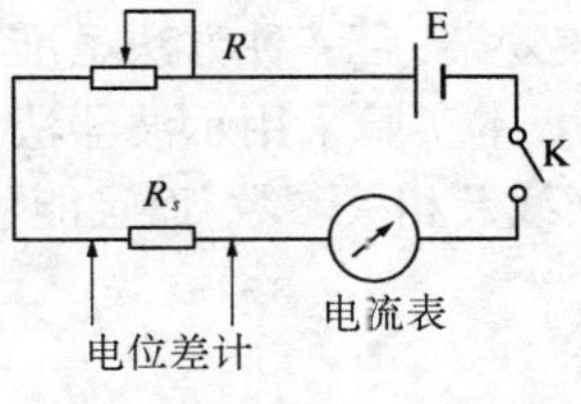

图7　标准电流表的线路

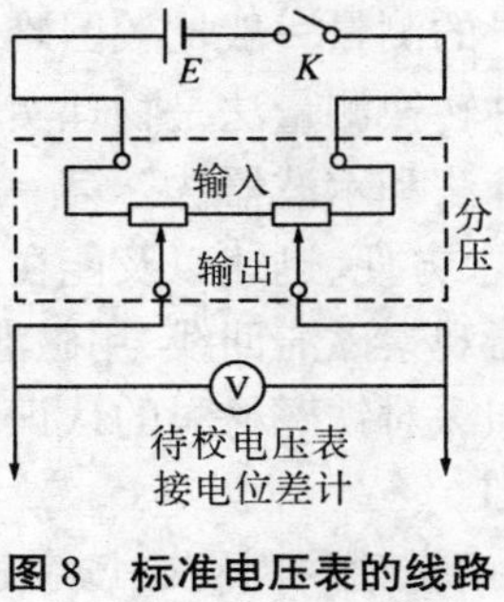

图8　标准电压表的线路

【思考题】

(1)电位差计的量限能否高于工作电源的电动势?

(2)电位差计的测量精度与哪些因素有关?

(3)为保护标准电池和检流计,应注意哪些问题?

实验10　铁磁材料磁滞回线的测量

【实验简介】

在磁场中,由于受到磁场作用而呈现一定磁性的现象称为磁化现象。凡能被磁化的物质统称为磁质(或磁性材料)。

磁性材料应用广泛,从常用的永久磁铁、变压器铁芯到录音、录像、计算机存储的磁盘等都采用的是磁性材料。磁滞回线和基本磁化曲线反映了磁性材料的主要特征,是设计电磁元件和仪表的重要依据之一。磁性材料又可分为软磁材料、硬磁材料、矩磁材料等。软磁材料的磁滞回线窄(图1(a)),由于磁滞回线面积小,所以磁滞损耗小,矫顽力小且初始磁导率高,外加很小的磁场就达到了饱和,容易磁化和退磁。故软磁材料适于用作交变磁场的器件,如变压器的铁芯、天线棒磁芯、录音磁头、电视偏转磁轭、磁放大器等。硬磁材料的磁滞回线宽(图1(b)),具有较高的剩磁、矫顽力和饱和磁感应强度,磁化后可长久保持很强的磁性,难退磁,适于制成永久磁铁。硬磁材料主要用在磁路系统中产生稳恒磁场,如扬声器、微音器、拾音器、助听器、电视聚焦器、各种磁电式仪表、磁通计、磁强计、示波器以及各种控制设备。矩磁材料的磁滞回线呈矩形(图1(c)),因此成为信息的安全存储器。例如磁带,计算机软盘和硬盘等都是靠矩磁材料来记录信息的,只有磁场中的磁化强度发生陡变才能取消已写入的信息。

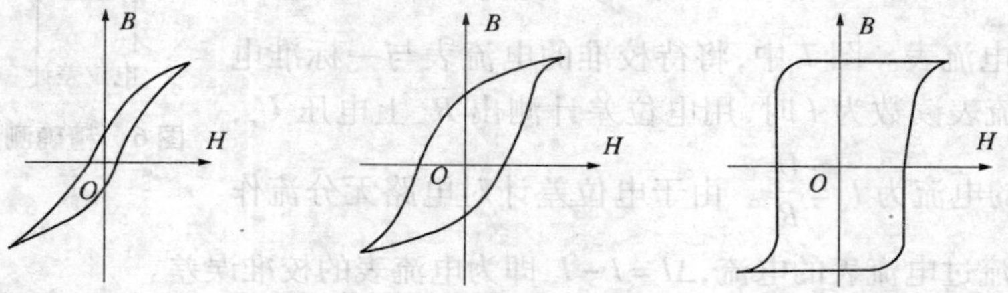

(a)软磁材料　　(b)硬磁材料　　(c)矩磁材料

图1　不同磁性材料的磁滞回线

磁学量的测量一般比较困难,通常利用相应的物理规律,将磁学量转换为易于测量的电学量。这种转换测量法是物理实验中常用的基本测量方法。测绘磁化曲线和磁滞回线常用冲击电流计法和示波器法。第一种方法准确度较高,但较复杂;后一种方法虽准确度低,但却具有直观、方便、迅速以及能在脉冲磁化下测量的优点。本实验采用示波器法,不仅能掌握用示波器观察磁滞回线,用磁滞回线测试仪测绘磁滞回线及相关参数,而且能从理论和实际应用上加深对铁磁材料的认识。

【实验目的】

(1)了解铁磁材料在磁场中磁化的原理及其磁化规律。

(2)用示波器法演示铁磁材料的动态磁滞回线。

(3)用智能磁滞回线测试仪测绘磁滞回线，以及相关的 H_c，B_r，B_m 和 H_m 等参数。

【实验仪器】

示波器，磁滞回线实验仪，智能磁滞回线测试仪，连线等。

【预习思考题】

(1)铁磁材料的基本磁化曲线和磁滞回线各有什么意义？

(2)举例说明剩磁现象，怎样进行退磁？为什么？

【实验原理】

1. 磁化曲线

如果在由电流产生的磁场中放入铁磁物质，则磁场将明显增强。铁磁材料中的磁感应强度 B 与激励磁场强度 H 有如下的关系：$B=\mu H$。

对于铁磁物质而言，磁导率 μ 并非常数，而是随 H 的变化而变化的物理量，即 $\mu=f(H)$，为非线性函数。所以 B 与 H 也是非线性关系，如图 2 所示。

若在未被磁化的铁磁材料上加一由小到大变化的磁场，则材料中的磁感应强度 B 也随之增强。但当 H 增加到一定值(H_m)后，B 几乎不再随着 H 的增加而增加，说明磁化达到饱和，如图 2 中的 oa 段曲线所示。可以看出，铁磁材料的 B 和 H 不是直线，即铁磁材料的磁导率 $\mu=B/H$ 不是常数。

2. 磁滞回线

当铁磁材料的磁化达到饱和之后，如果 H 逐渐减小，B 也随之减小，但其减小的过程并不沿 oa 段返回。显然，当磁场撤销，$H=0$ 时，磁感应强度仍然保持一定数值 $B=B_r$，称为剩磁(剩余磁感应强度)。

若要使被磁化的铁磁材料的磁感应强度 B 减小到 0，必须加上一个反向磁场并逐步增大。当反向磁场强度增加到 $H=H_c$ 时(图 3 上的 c 点)，磁感应强度 B 才为 0，达到退磁。图 3 中的 bc 段曲线为退磁曲线，H_c 为矫顽力。如图 3 所示，H 按 $o\to H_m\to o\to -H_c\to -H_m\to o\to H_c\to H_m$ 的顺序变化时，B 相应沿 $o\to B_m\to B_r\to o\to -B_m\to -B_r\to o\to B_m$ 的顺序变化。图 3 中的 oa 段曲线称为起始磁化曲线，所形成的封闭曲线 $abcdefa$ 称为磁滞回线。由图 3 可知：

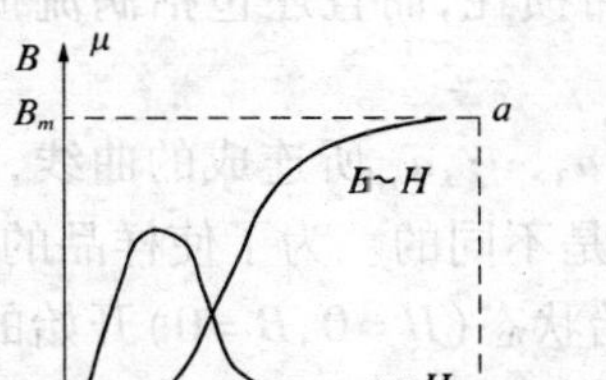

图 2　磁性曲线和 $\mu\sim H$ 曲线

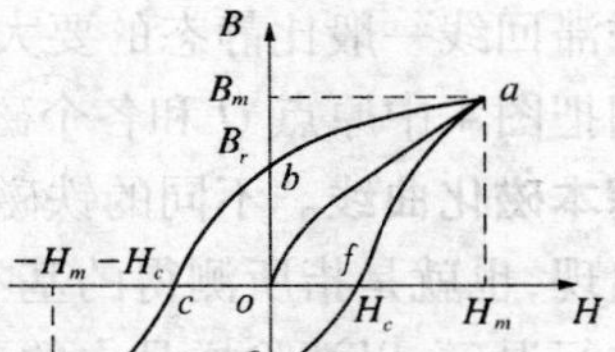

图 3　起始磁化曲线和磁滞回线

(1)当 $H=0$ 时，$B\neq 0$，这说明铁磁材料还残留一定值的磁感应强度 B_r，通常称 B_r 为铁磁物质的剩余感应强度(**剩磁**)。

(2)若要使铁磁物质完全退磁，即 $B=0$，必须加一个反向磁场 H_c。这个反向磁场强度 H_c 称为该铁磁材料的**矫顽力**。

(3)图 3 中 bc 曲线段称为退磁曲线。

(4)B 的变化始终落后于 H 的变化，这种现象称为**磁滞现象**。

(5)H 的上升与下降到同一数值时，铁磁材料内部的 B 值并不相同，即磁化过程与铁磁材料过去的磁化经历有关。

(6)当从初始状态 $H=0$，$B=0$ 开始周期性地改变磁场强度的幅值时，在磁场由弱到强单调增加过程中，可以得到面积由小到大的一簇**磁滞回线**，如图 4 所示。其中最大面积的磁滞回线称为**极限磁滞回线**。

(7)由于铁磁材料磁化过程的不可逆性及具有剩磁的特点，在测定磁化曲线和磁滞回线时，须将铁磁材料预先退磁，以保证外加磁场 $H=0$ 时，$B=0$。在理论上，要消除剩磁 B_r，只需改变磁化电流方向，使外加磁场正好等于铁磁材料的矫顽力即可，实际上矫顽力的大小通常并不知道，因而无法确定退磁电流的大小。我们从磁滞回线得到启示，如果使铁磁材料磁化达到磁饱和，然后不断改变磁化电流的方向，与此同时逐渐减小磁化电流，直至为零，则该材料的磁化过程就是一连串逐渐缩小而最终趋于原点的环状曲线，如图 5 所示。

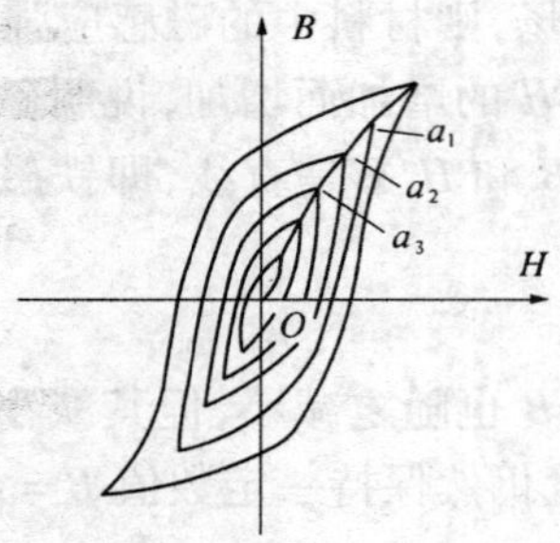

图 4　基本磁化曲线

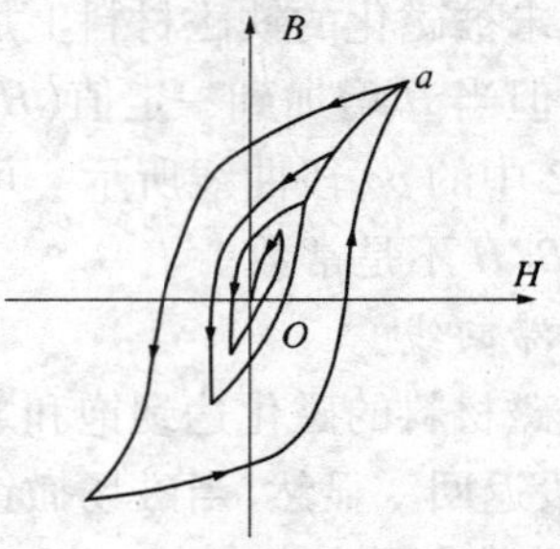

图 5　逐步退磁过程

实验表明，经过多次反复磁化后，$B \sim H$ 的量值关系形成一个稳定的闭合“磁滞回线”。通常以这条曲线来表示该材料的磁化性质。这种反复磁化的过程称为“磁锻炼”。本实验采用 50Hz 的交变电流，所以每个状态都是经过充分的“磁锻炼”，随时可以获得磁滞回线。

我们知道，放在交变磁场中的铁磁体，因磁滞现象将产生一些功率损耗，从而使铁磁体发热，这种损耗叫磁滞损耗。静态的磁滞回线所包围的面积大小与磁滞损耗成正比，而用交流磁化所得的动态磁滞回线所包围的面积，不仅包括磁滞损耗，而且还包括涡流损耗，因此动态的磁滞回线一般比静态的要大一些。

我们把图 4 中原点 O 和各个磁滞回线的顶点 $a_1, a_2, a_3, \cdots, a_n$ 所连成的曲线，称为铁磁材料的**基本磁化曲线**。不同的铁磁材料其基本磁化曲线是不同的。为了使样品的磁特性可以重复出现，也就是指所测得的基本磁化曲线都是由原始状态($H=0$，$B=0$)开始的，在测量前必须进行退磁，以消除样品中的剩磁。

3. 示波器法测绘磁滞回线的原理

示波器法测量 $B \sim H$ 曲线的实验线路如图 6 所示。

本实验研究的铁磁物质为环型矽钢片(见图 7)，N 为励磁绕组，n 为用来测量磁感应强度 B 而设置的绕组，称测量绕组，R_1 为励磁电流取样电阻。设通过 N 的交流励磁电流为 i_1，根据安培环路定律：

$$H = \frac{Ni_1}{L} = \frac{N}{LR_1} \times U_1 \tag{1}$$

其中 L 为样品的平均磁路长度，它和 N、R_1 均为已知常数，所以由 U_1 可确定 H。

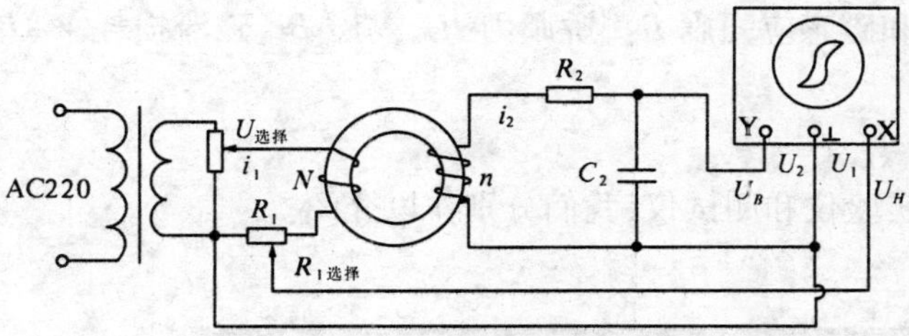

图 6　示波器法测量磁滞回线的实验电路

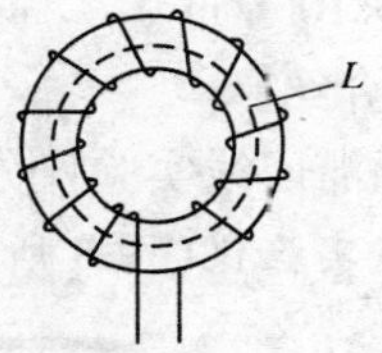

图 7　环型样品

在交变磁场下，样品的磁感应强度瞬时值 B 是测量绕组 n 和 R_2C_2 电路给定的。根据法拉第电磁感应定律，由于样品中的磁通 ϕ 的变化，在测量线圈中产生的感生电动势的大小为：

$$\varepsilon_2 = n\frac{\mathrm{d}\phi}{\mathrm{d}t} \qquad \phi = \frac{1}{n}\int\varepsilon_2\mathrm{d}t$$

$$B = \frac{\phi}{S} = \frac{1}{nS}\int\varepsilon_2\mathrm{d}t \tag{2}$$

若忽略自感电动势和电路损耗，则　$\varepsilon_2 = i_2R_2$

因

$$i_2 = \frac{\mathrm{d}Q}{\mathrm{d}t} = C_2\frac{\mathrm{d}U_2}{\mathrm{d}t}$$

故

$$\varepsilon_2 = C_2R_2\frac{\mathrm{d}U_2}{\mathrm{d}t} \tag{3}$$

由式(2)、式(3)可得：

$$B = \frac{C_2R_2}{nS}U_2 \tag{4}$$

式中 S 为样品的截面积，i_2 为感生电流，U_2 为积分电容 C_2 两端电压。其中 C_2、R_2、n 和 S 均为已知常数，因此由 U_2 可确定 B。

综上所述，将图 6 中的 $U_1(U_H)$ 和 $U_2(U_B)$ 分别接到示波器的“CH1 X”和“CH2 Y”通道便可观察样品的动态磁滞回线。连接智能磁滞回线测试仪，则可直接测量记录铁磁材料在反复磁化过程中的 B 和 H 的瞬时值，据此可绘制出 $B \sim H$ 曲线，测定样品的剩磁 B_r、矫顽力 H_c、饱和磁场强度 H_m、饱和磁感应强度 B_m，计算出磁滞损耗 W 等各种相关参数。

【实验内容与要求】

(1)电路连接：选“样品 1”或“样品 2”，按实验仪上所给的电路图连线。R_1 置 2.5Ω；“U 选择”置 0。

(2)用示波器观察磁滞回线：将 $U_1(U_H)$ 和 $U_2(U_B)$ 分别连接到示波器的通道 1(CH1X)和通道 2(CH2Y)端子，示波器的 TIME/DIV 旋钮逆时针旋到(X－Y)挡，适当调节 CH1 和 CH2 的垂直衰减(VOLTS/DIV)使荧光屏上出现大小适当的磁滞回线，若磁滞回线顶部出现异形小环，可适当降低励磁电压予以消除。

(3)样品退磁：开启实验仪电源，转动“U 选择”由 0→3V→0。退磁后“U 选择”置 2.2V。

(4)参照仪器使用方法，列表记录采样点(H,B)30～40 个，尤其注意不要漏掉 6 个特性点(H_m,B_m)、$(-H_m,-B_m)$、$(H_c,0)$、$(-H_c,0)$、$(0,B_r)$、$(0,-B_r)$的采集。在坐标纸上绘制 $B \sim H$ 曲线，即样品的磁滞回线。

(5)测量饱和磁场强度 H_m，饱和磁感应强度 B_m，矫顽力 H_c，剩磁 B_r，磁滞损耗 W(单位 $H\cdot B\times10^3\mathrm{J/m^3}$)

【仪器介绍】

磁滞回线实验仪分为两部分：实验仪和测试仪，我们分别作以介绍。

1. 实验仪(图 8 所示)

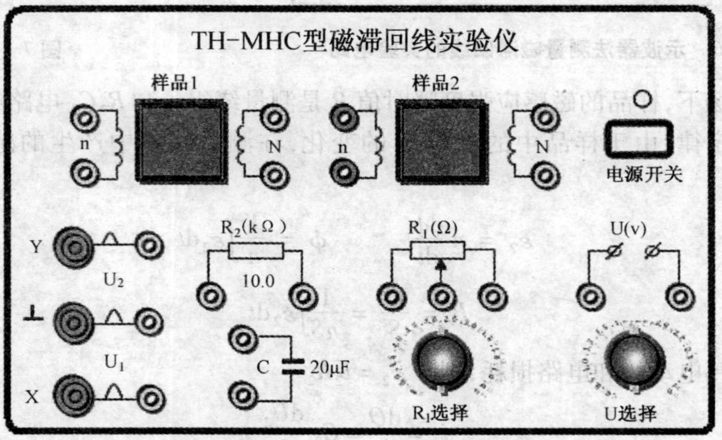

图 8　磁滞回线实验仪电路板

实验仪由励磁电源、试样、电路板及连线、接线图等部分组成。配合示波器，可以观察铁磁材料的磁滞回线和测定基本磁化曲线。

(1)励磁电源：由 220V、50Hz 交流电，经变压器降压后供给磁化试样。励磁电源输出电压共分 11 挡，即：0、0.5、1.0、1.2、1.5、1.8、2.0、2.2、2.5、2.8 和 3.0V。通过电路板上的波段开关"U 选择"实现切换。

(2)试样：试样有两个：样品 1 和样品 2。它们的平均磁路长度 L、横截面积 S 相同而磁特性不同，均制成 E 型铁芯型式。

(3)电路板：该电路板上装有电源开关、样品 1 和样品 2、可调励磁电压的"U 选择"和用于测量 H 的取样电阻"R_1 选择"。还有测量磁感应强度 B 所用的积分电路元件 R_2、C_2。以上各元件(除电源开关)通过电路板与对应的连接用锁紧插孔相连接，只须采用专用插线，即可实现电路连接。

电路板上还设有正比于磁感应强度 B 的电压 U_2 和正比于磁场强度 H 的电压 U_1 输出插孔，用于连接示波器，观察磁滞回线或连接测试仪用于定量测试。

2. 测试仪(图 9 所示)

测试仪和实验仪配合使用，能快速定量地测量铁磁材料在反复磁化过程中的 B 和 H 的瞬时值，并能测出剩磁 B_r、矫顽力 H_c、饱和磁场强度 H_m、饱和磁感应强度 B_m，计算出磁滞损耗 W 等各种相关参数。

(1)测试仪使用参数。

L：测试样品平均磁路长度	已内置	$L=60\mathrm{mm}$	可修改
S：待测样品横截面积	已内置	$S=80\mathrm{mm}^2$	可修改
N：待测样品励磁绕组匝数	已内置	$N=50$	可修改

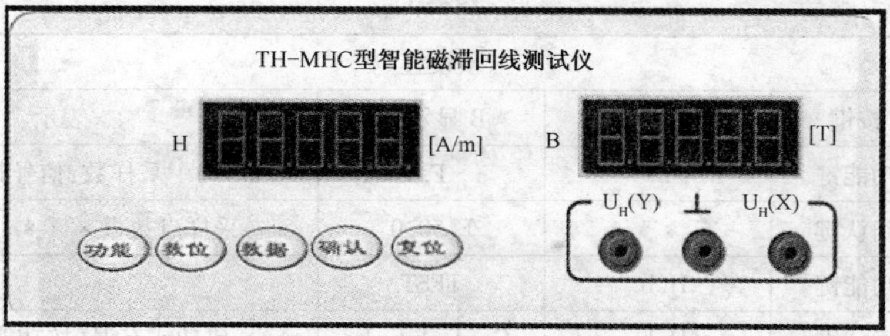

图 9　磁滞回线测试仪

n:待测样品磁感应强度 B 测量绕组匝数　　已内置　　$n=150$　　可修改

R_1:磁场强度 H 的测量取样电阻,可在 0.5 ~ 5Ω 间任选

R_2:积分电阻　　10kΩ　　固定

C_2:积分电容　　20μF　　固定

U_H:正比于磁场强度 H 的有效值电压,供调试用 0 ~ 1V(若 $U_H \geq 1$,则将“U 选择”调小)

U_B:正比于磁感应强度 B 的有效值电压,供调试用 0 ~ 1V

(2)瞬时值 B 与 H 的计算公式:$H=\frac{N}{LR_1}U_1$　　$B=\frac{C_2R_2}{nS}U_2$

(3)测试仪按键功能说明:

①功能键:用于选择不同功能。

②确认键:当选定某功能后,按下此键,测试仪便执行选定功能。

③数位键:用于选定要输入的数字的位置,每按一次由左向右循环移动。

④数据键:用于在选定位置上输入数字,每按动一次,数字由 0 ~ 9 循环选择。

⑤复位键:开机后,显示器会依次巡回显示 P 和 8 ,表示测试仪处于待命状态。在做功能切换或测试仪工作不正常时,应按此键,使测试仪回到待命状态。

(4)测试仪功能键使用说明见表 1。

表 1　测试仪操作指导

步骤	按键	预设置 H 显示窗	B 显示窗	表示
1	功能键	Π.0050	L.0600	$N=50$ 匝;$L=60$mm
2	功能键	n.0150	S.0800	$n=150$ 匝;$S=80\text{mm}^2$
3	功能键	r1.250	h.3 b.3	$R_1=2.5\Omega$;B、H 的倍数
4	功能键	r2.100	C2.200	$R_2=10\text{k}\Omega$;$C_2=20\mu\text{F}$
5	功能键	U.h.C.	U.b.C.	U_H;U_B
	确认键	*.****	*.****	U_H、U_B 的有效值;若 $U_н \geq 1$,则将“U 选择”调小
6	功能键	Cou.		

续表 1

预设置				
步骤	按键	H 显示窗	B 显示窗	表示
7	功能键	n.	F.	采样数;信号频率
	确认键	n. * * *	F. 50. 0	采样点数量 * * *;频率 50Hz
8	功能键	H. b.	TEST	
9	确认键	H. b.	Good. 或 bad.	成功或有误(按功能键返回)
测 量				
1	功能键	SHOW.	SHOW.	显示 H 和 B 的瞬时值
2	确认键	No.	*	采样点序号
	确认键	*. * * * *	*. * * * *	该采样点的 H 和 B 瞬时值
重复"测量步骤 2",每隔 10 个采样点记录一次 B 和 H 的瞬时值				
显示结果				
1	功能键	H c.	b r.	矫顽力 H_c;剩磁 B_r
	确认键	H. *. * * * *	b. *. * * *	H_c 和 B_r 的数值
2	功能键	A . =	[H. b.]	磁滞损耗 W
	确认键	[H. b.] =	*. * * * *	W 的数值
3	功能键	H.	b.	最大值 H_m、B_m
	确认键	H. *. * * * *	b. *. * * * *	H_m 和 B_m 的数值

【思考题】

(1)磁路和电路有数学形式上的相似,试分析它们在物理本质上的差别。

(2)做过这个实验后,你能否说明铁磁材料的退磁道理?

实验 11　牛顿环与劈尖干涉

【实验简介】

将一曲率半径相当大的平凸玻璃透镜放在一平面玻璃的上面,则在两者之间形成一个厚度随直径变化的空气隙。空气隙的等厚干涉条纹是一组明暗相间的同心环。该干涉条纹最早被牛顿发现,所以称为牛顿环(Newton-ring)。

光是一种电磁波,它在空间传播引起该点光振动。如果有两列或两列以上的光波同时存在,那么,在它们交叠区域内每点的光振动就是各列光波单独振动的合成,这就是光的叠加原理。光波的叠加引起光强的重新分布,这种现象称为光的干涉现象。获得干涉光有两种方法:分波振面法和分振幅法。牛顿环和劈尖干涉是采用分振幅法获得相干光,形成等厚干涉条纹的。

光的干涉技术应用极广,例如:测量光波波长、测量微小角度或薄膜厚度、观测微小长度变化、检测光学表面加工质量等。

【实验目的】

(1)观察牛顿环产生的等厚干涉条纹,加深对光的波动性的认识。

(2)通过牛顿环干涉现象测定透镜的曲率半径。

(3)通过劈尖干涉测细丝直径。

(4)学习用逐差法处理实验数据。

【实验仪器】

读数显微镜,牛顿环仪,劈尖,钠灯。

【预习思考题】

(1)牛顿环干涉条纹一定会成为圆环形状吗?其形成的干涉条纹定域在何处?

(2)用透射光观察牛顿环仪能看到干涉条纹吗?若能,则与反射光形成的干涉环条纹有何不同?

(3)实验中为什么要测干涉圆环的直径,而不测其半径?

【实验原理】

1. 牛顿环

如图1所示,在平面玻璃板上放置一曲率半径为 R 的平凸透镜,两者之间便形成一层空气薄层。当用单色光垂直照射下来时,从空气上下两个表面反射的光束1和光束2在空气表面层附近相遇产生干涉,空气层厚度相等处形成相同的干涉条纹,这种干涉现象称为等厚干涉。在光程差相等处,是以接触点为中心、半径为 r 的明暗相间的同心圆,称为牛顿环。

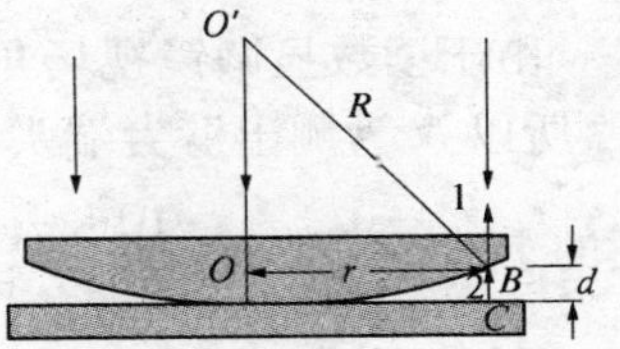

图1 牛顿环

对应于 B 点产生干涉形成暗纹的条件为

$$光程差\ \delta = 2d + \frac{\lambda}{2} = (2k+1)\frac{\lambda}{2} \quad (k = 0, 1, 2, \cdots) \tag{1}$$

其中 $\frac{\lambda}{2}$ 是两条相干光线中的一条由光疏媒质进入光密媒质时的半波损失。

由直角三角形 $O'OB$ 的几何关系(勾股定理),得

$$R^2 = r^2 + (R-d)^2 = r^2 + R^2 - 2Rd + d^2$$

因 $R \gg d$,式中 d^2 项可忽略,则

$$d = \frac{r^2}{2R} \tag{2}$$

将式(2)代入式(1)得

$$r^2 = kR\lambda \tag{3}$$

由上式可知,已知单色光波长 λ,测出各暗环半径 r_k,就可以得出曲率半径 R;反之,已知 R,测得 r_k,可求出入射光波长 λ。

牛顿环干涉条纹的特点:

(1)条纹形状:干涉条纹是以平凸透镜与平面玻璃板的接触点为圆心,明暗相间的同心圆环,中心为暗点(实际上由于磨损、尘埃等因素的影响,中央常为一模糊不清圆斑),如图2所示。

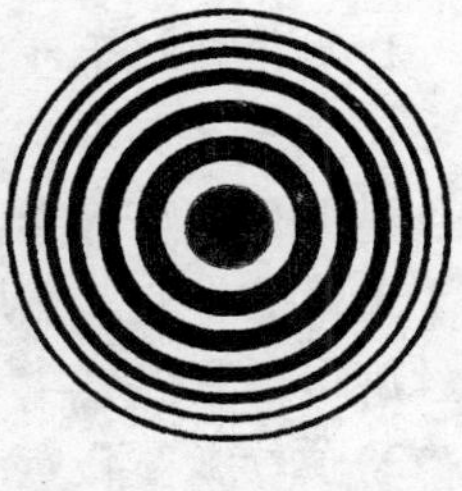

图2 牛顿环干涉条纹

(2)由于 $r \propto \sqrt{k}$,所以条纹不等间距,内疏外密。空气层厚度相

同处的各点处在同一圆环上，满足几何关系：$d=r^2/2R$，所以离开中心越远，光程差增加越快，牛顿环条纹也越密。

由于实际观察牛顿环中心是一边缘模糊的圆斑，几何中心及级数 k 都不易确定，所以测量干涉环直径并采用逐差法消除系统误差。若相当于中心圆斑序数为 m 和 n 的暗环直径分别为 D_m 和 D_n，由式(3)得

$$R=\frac{D_m^2-D_n^2}{4(m-n)\lambda} \tag{4}$$

2. 劈尖

将两块光学平玻璃板叠在一起，在一端插入一细丝（或薄片），则在两玻璃板之间形成一空气劈尖（见图3）。当入射光垂直照射时，劈尖薄膜上、下表面反射的两束相干光将发生干涉。

由式(1)得 k 级暗纹对应的空隙厚度 $d=\frac{k\lambda}{2}$。

如果在细丝（或薄片）处呈现 $k=N$ 级条纹，则待测厚度为 $d=N\cdot\frac{\lambda}{2}$。

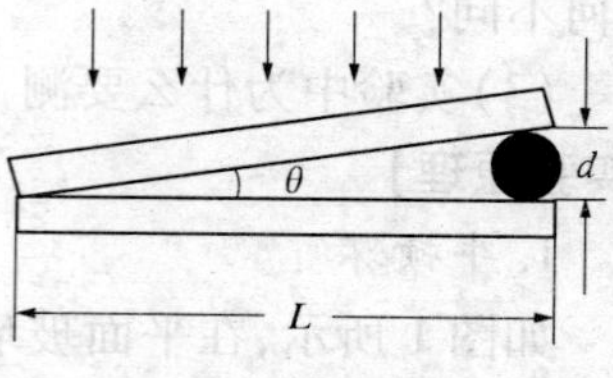

图3　劈尖干涉

由于读数显微镜视场角有限，不能将全部条纹纳入视场中，所以 N 为测出劈尖端头至夹丝处的总长度 L 乘以单位长度的干涉条纹数 $n=\frac{10}{L_0}$，即

$$N=nL$$

$$d=N\cdot\frac{\lambda}{2}=L\cdot n\cdot\frac{\lambda}{2}\quad \left(n=\frac{10}{L_0}, L_0\text{ 为每隔 10 条条纹的长度}\right)$$

任一明（或暗）条纹都与劈形膜的一定厚度相对应。因此，在膜上表面的同一等厚线上形成同一级次的一条干涉条纹，这样形成的干涉条纹称为等厚干涉条纹。等厚干涉条纹的形状与膜的等厚线形状相同。

劈尖干涉条纹特点：

(1) 条纹形状：与棱边平行等间距明暗相间的直条纹。

(2) 相邻干涉条纹对应的薄膜厚度差 $\Delta d=\frac{\lambda}{2n}$（$n$ 为介质薄膜的折射率）。

(3) 相邻干涉条纹的间距　　$l=\frac{\Delta d}{\sin\theta}\approx\frac{\Delta d}{\theta}=\frac{\lambda}{2n\theta}$

【实验内容与要求】

1. 用牛顿环干涉法测定透镜的曲率半径

1) 调节牛顿环装置

借助日光灯灯光，用眼睛直接观察，均匀调节仪器的三个螺丝直至干涉条纹为圆环形且位于透镜的中心。然后将牛顿环仪放在显微镜筒的正下方。**注意**：为保护仪器，不要将调节螺丝旋得过紧。

2) 使读数显微镜视场明亮

启动入射光电源，预热几分钟，光源稳定后再操作。前后左右移动读数显微镜，并细微

调节镜筒上的45°半反射镜，直至入射光经45°半反射镜及牛顿环装置反射，正好入射镜筒，显微镜视场明亮（见图4）。

3）在读数显微镜中观测清晰的牛顿环

调节目镜，使十字叉丝清晰。调节调焦旋钮，使镜筒自下向上缓慢移动直至看到清晰的干涉环。再移动测微鼓轮并继续调节调焦旋钮，直至干涉环条纹都清晰且无视差（见图5）。

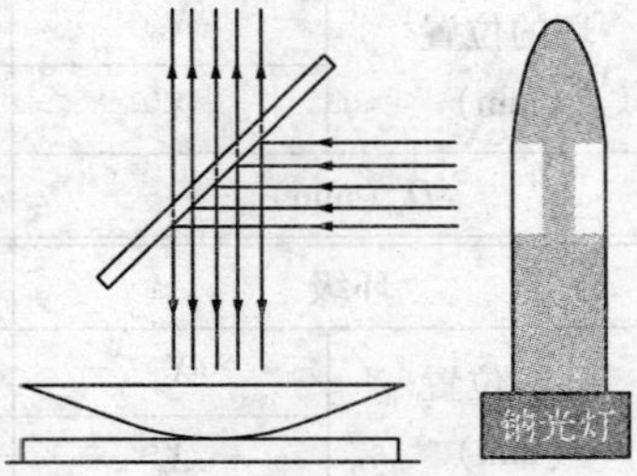

图4　用反射光观察牛顿环

4）读数

松开目镜筒上的锁紧螺钉，转动目镜筒，直至十字叉丝的横丝与读数标尺平行；移动测微鼓轮，直至十字叉丝的交点通过牛顿环圆心（见图6）。再调节测微鼓轮将牛顿环从中心向一侧移动，到第25环后反向移动，记下第20～11与第－11～－20各暗环的位置（为消除仪器空程差，始终朝一个方向测量读数），记录于表1。

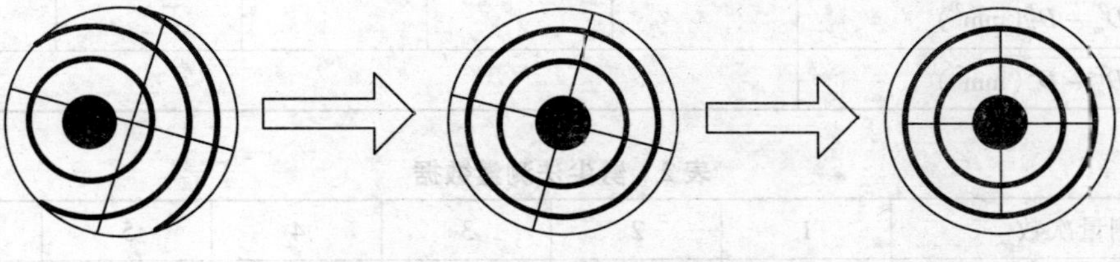

图5　读数显微镜下观测牛顿环

5）计算 $R=\overline{R}\pm u_C(R)$

2. 用劈尖干涉法测量细丝直径

（1）用读数显微镜测量每隔10条干涉条纹的长度 L_0（5次）。

（2）用直尺测量劈尖端头至细丝夹持处长度 L（5次），记录于表2。

（3）计算 $d=\overline{d}\pm u_C(d)$。

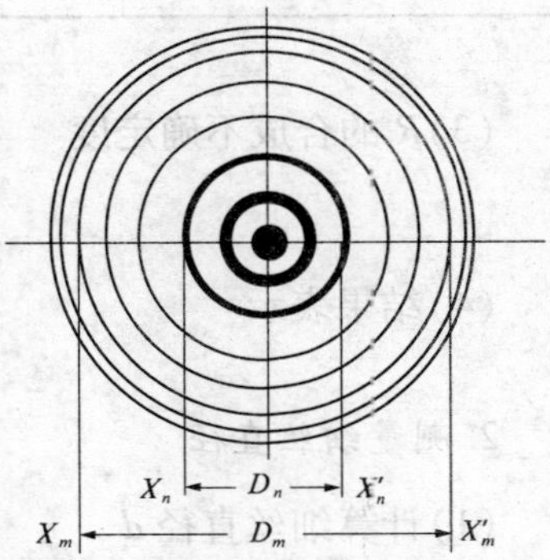

图6　测量读数

【数据处理与误差分析】

1. 测定透镜的曲率半径

（1）用逐差法计算透镜半径（$\lambda=589.3\text{nm}$）

$$\overline{R}=\frac{\overline{D_m^2-D_n^2}}{4(m-n)\lambda}$$

（2）合成不确定度分析

$$u_A(D_m^2-D_n^2)=S_{D_m^2-D_n^2}=\sqrt{\frac{\sum_{i=1}^{5}[(D_m^2-D_n^2)_i-(\overline{D_m^2-D_n^2})]^2}{5-1}}$$

$$u_B(D_m^2-D_n^2)=\Delta_{仪}(D_m^2-D_n^2)$$

$$u_C(D_m^2-D_n^2)=\sqrt{u_A^2(D_m^2-D_n^2)+u_B^2(D_m^2-D_n^2)}$$

表 1　牛顿环法测量数据

环级		20	19	18	17	16
环的位置（mm）	X_m					
	X'_m					
D_m（mm）						
环级		15	14	13	12	11
环的位置（mm）	X_n					
	X'_n					
D_n（mm）						
$D_m^2-D_n^2$（mm^2）						
$\overline{D_m^2-D_n^2}$（mm^2）						

表 2　劈尖法测量数据

测量次数	1	2	3	4	5	平均值
L_0（mm）						
$L_{0i}-\overline{L_0}$（mm）						
L（mm）						
$L_i-\overline{L}$（mm）						

（3）R 的合成不确定度　　$u_C(R)=\dfrac{u_C(D_m^2-D_n^2)}{D_m^2-D_n^2}\overline{R}$

（4）结果表示　　$\begin{cases} R=\overline{R}\pm u_C(R) \\ E=\dfrac{u_C(R)}{\overline{R}}\times 100\% \end{cases}$

2. 测量细丝直径

（1）计算细丝直径 d　　$\overline{d}=\overline{L}\cdot\dfrac{10}{\overline{L_0}}\cdot\dfrac{\lambda}{2}$

（2）合成不确定度分析 $u_A(L)=S_L=\sqrt{\dfrac{\sum\limits_{i=1}^{5}(L_i-\overline{L})^2}{5-1}}$　　$u_B(L)=\Delta_{仪}(L)$

$$u_C(L)=\sqrt{u_A^2(L)+u_B^2(L)}$$

$$u_A(L_0)=S_{L_0}=\sqrt{\frac{\sum\limits_{i=1}^{5}(L_{0i}-\overline{L_0})^2}{5-1}}\qquad u_B(L_0)=\Delta_{仪}(L_0)$$

$$u_C(L_0)=\sqrt{u_A^2(L_0)+u_B^2(L_0)}$$

（3）d 的合成不确定度 $u_C(d)=\overline{d}\sqrt{\left(\dfrac{u_C(L)}{\overline{L}}\right)^2+\left(\dfrac{u_C(L_0)}{\overline{L_0}}\right)^2}$

(4)结果表示 $\begin{cases} d = \bar{d} \pm u_C(d) \\ E = \dfrac{u_C(d)}{\bar{d}} \times 100\% \end{cases}$

【注意事项】

(1)应等待入射光电源工作几分钟后,处于稳定状态,再进行实验。

(2)聚焦前,应先使物镜接近被测物,然后使镜筒慢慢向上移直至聚焦。

(3)测量读数时,目镜中的十字叉横丝应与读数标尺相平行,纵丝应与各暗环相切。

(4)测量读数时,为避免转动部件的螺纹间隙产生的空程误差,测微鼓轮只能向一个方向旋转。

(5)请将载物台下的反光镜遮蔽,勿使其向上反光。

【仪器介绍】

1. 读数显微镜

读数显微镜为测量显微镜。它不但能放大物体,还能测量物体的大小。本实验使用的 JCD_3 型读数显微镜(见图 7),可根据不同需要,完成下列功能。

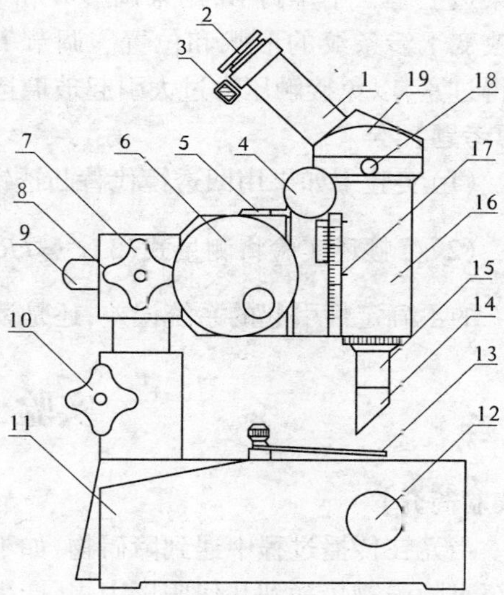

1—目镜接筒;2—目镜;3—锁紧螺钉;4—调焦手轮;5—标尺;6—测微鼓轮;7—锁紧手轮Ⅰ;8—接头轴;9—方轴;10—锁紧手轮Ⅱ;11—底座;12—反光镜旋轮;13—压片;14—45°半反镜组;15—物镜组;16—镜筒;17—刻尺;18—锁紧螺钉;19—棱镜室

图 7 JCD_3 型读数显微镜

1)功能介绍

(1)目镜 2 及目镜接筒 1:松开锁紧螺钉 3,伸缩目镜,使目镜视场中的分划板十字叉丝线清晰。

(2)调焦手轮 4:调节调焦手轮,可使视场中观察到的物体清晰。

(3)标尺 5:与测微鼓轮 6 一起读数。在标尺上读取整数,最小读数值 1mm。

(4)棱镜室 19:可在 360°方向上旋转。

(5)测微鼓轮 6:与标尺 5 一起读数。测微鼓轮上读取小数,最小读数值 0.01mm,读数可估读到 0.001mm。

(6)物镜组 15 与 45°半反射镜 14:使用时应调节 45°半反射镜正对光源。

(7)反光镜 12:旋转反光镜旋轮 12,可调节与之相连的反光镜角度。

2)技术性能(见表 3)

表 3 JCD_3 型读数显微镜技术参数

<table>
<tr><td colspan="2">物 镜</td><td colspan="2">目 镜</td></tr>
<tr><td>放大倍数</td><td>焦距(mm)</td><td>放大倍数</td><td>焦距(mm)</td></tr>
<tr><td>3 ×</td><td>41.47</td><td>10 ×</td><td>24.99</td></tr>
</table>

显微镜放大倍数	工作距离(mm)	视场直径(mm)
30 ×	54.06	4.8

2. 牛顿环仪

牛顿环仪是由曲率半径为 R 的待测平凸透镜 L 和玻璃平板 P 叠装在金属框架 F 中构成，如图 8 所示。框架边上有三个螺钉 H，用来调节 L 和 P 之间的接触，以改变干涉条纹的形状和位置。调节 H 时，螺钉不可旋得过紧，以免接触压力过大引起玻璃透镜迸裂、破损。

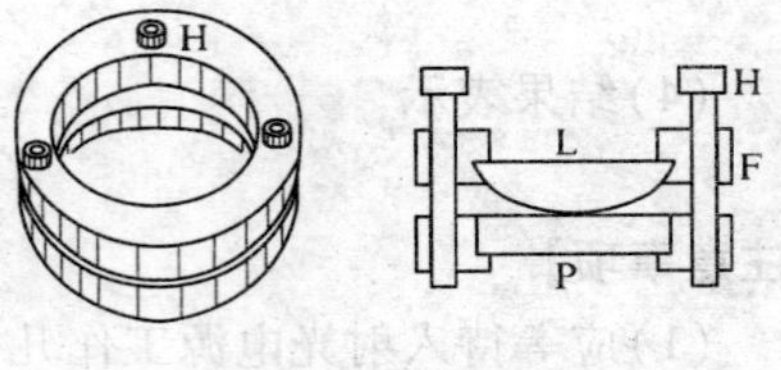

图 8　牛顿环仪

【思考题】

(1) 实验中如果用凹透镜代替凸透镜，所得数据有何异同？

(2) 牛顿环实验将测量式(3) $r^2 = kR\lambda$ 化为式(4) $R = \dfrac{D_m^2 - D_n^2}{4(m-n)\lambda}$ 的目的在于消除干涉级次 k 的不确定性引起的系统误差，还是读数显微镜的螺距差？如何推导？

实验 12　单缝衍射

【实验简介】

当光在传播过程中遇到障碍物，如不透明物体的边缘、小孔、细线、狭缝等时，一部分光会绕过障碍物传播到几何阴影中去，产生衍射现象。如果障碍物的尺寸与波长相近，那么，这样的衍射现象就比较容易观察到。

光的衍射现象是光的波动性的一种表现。研究光的衍射现象不仅有助于加深对光的本质的理解，也是近代光学技术（如光谱分析，晶体分析，全息分析，光学信息处理等）的实验基础。

衍射使光强在空间重新分布，利用光电元件测量光强的相对变化，是测量光强的方法之一，也是光学精密测量的常用方法。

光的衍射可分两种：①菲涅耳衍射（又称近场衍射）——单缝距光源和接收屏均为有限远或者说入射波和衍射波都是球面波；②夫琅和费衍射（亦称远场衍射）——单缝距光源和接收屏均为无限远或者相当于无限远，即入射波和衍射波都可看作是平面波。

理想的夫琅和费衍射，其入射光束和衍射光束均为平行光。理论证明，只要满足条件 $a^2/8L \ll \lambda$，单缝衍射就处于夫琅和费衍射区域（a—狭缝宽度；L—狭缝与屏间距；λ—入射光波长）。实验时，若取 $a \leqslant 0.1\text{mm}$，$L \geqslant 1\text{m}$，入射光源采用发散度小的 He - Ne 激光器（波长 632.8nm），就可以近似为夫琅和费衍射。

【实验目的】

(1) 观察单缝的夫琅和费衍射现象。

(2) 学习用转换测量法测量相对光强。

(3) 利用单缝衍射的光强分布规律测量缝宽。

【实验仪器】

光学平台，激光器及电源，毫伏表，硅光电池，狭缝装置，光屏等。

【预习思考题】

(1) 若在单缝到观察屏间的空间区域内充满折射率为 n 的某种透明介质，此时单缝衍射图像与空气中的有何区别？

(2)在实验过程中,如果激光器输出的光强有变动,对于单缝衍射图像和相对光强分布曲线有无影响?

【实验原理】

1. 单缝的夫琅和费衍射

当激光照射在缝宽为 a 的单缝上时,根据惠更斯—菲涅耳原理,单缝上每一点都可看成是向各个方向发射球面子波的新波源。由于子波叠加的结果,在屏上可以得到一组平行于单缝的明暗相间的条纹。若单缝垂直于平台,则衍射图像沿水平方向展开(如图 1 所示)。其光强分布规律为

$$\frac{I}{I_0}=\left(\frac{\sin\mu}{\mu}\right)^2 \qquad \mu=\frac{\pi a\sin\phi}{\lambda}$$

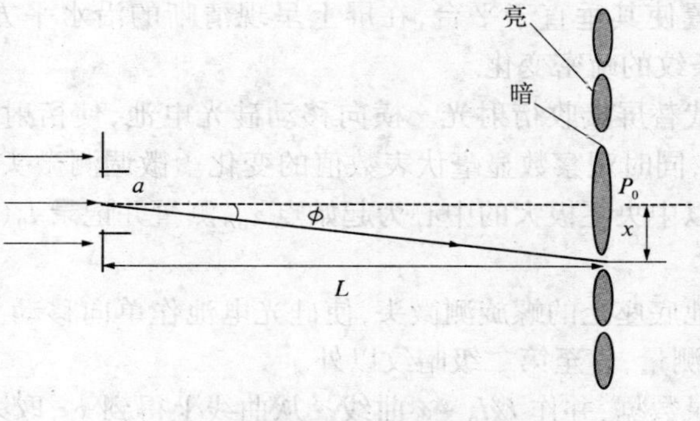

图 1 单缝的夫琅和费衍射

当衍射角 $\phi=0$ 或 $\phi\to0$ 时, $\mu=0$ 或 $\mu\to0$

$$\lim_{\mu\to0}\frac{\sin\mu}{\mu}=1$$

故 $I=I_0$(中央主极大)。

2. 单缝衍射的明暗条件

当衍射角 ϕ 满足 $a\sin\phi=k\lambda(k=\pm1,\pm2,\cdots)$, $\mu=k\pi$,则 $I=0$,为暗纹;

当衍射角 ϕ 满足 $a\sin\phi=(2k+1)\frac{\lambda}{2}(k=\pm1,\pm2,\cdots)$, $\mu=(k+\frac{1}{2})\pi$,为明纹;

当衍射角 ϕ 满足 $a\sin\phi=0$, $k=0$,为中央明纹。

3. 单缝衍射法测缝宽(微位移)

当 ϕ_k 很小时 $\qquad \sin\phi_k\approx\phi_k \qquad \phi_k\approx\frac{k\lambda}{a}$ (1)

k 级暗纹衍射角 $\qquad \phi_k=\frac{x_k}{L}$ (2)

由式(1)、式(2)可得 $\qquad a=\frac{k\lambda L}{x_k}$ (3)

其中 x_k 为 k 级暗纹到中心点 P_0 的距离; L 为单缝到接收屏的距离。

由此可知,当 λ、L 固定时, x_k 与 a 成反比,缝宽加大,则条纹变密。

4. 单缝衍射的光强分布

夫琅和费单缝衍射光强分布曲线如图 2 所示,具有如下特征:

(1)中央明纹最亮、最宽，它的宽度为其他各次级明纹宽度的两倍；

(2)次级明纹的光强随级次 k 的增加而逐渐减小；

(3)若光程差不等于 $\lambda/2$ 的整数倍，则亮度介于最明与最暗之间。

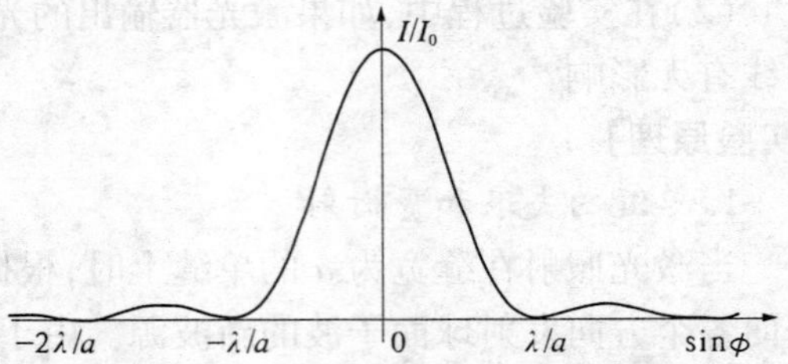

图2　单缝衍射的光强分布曲线

【实验内容与要求】

本实验采用硅光电池作为光电转换元件测量衍射光强。

(1)调节光路共轴。

(2)调节单缝装置使其垂直于平台，在屏上呈现清晰的沿水平方向展开的衍射图像。调节缝宽，观察衍射条纹的疏密变化。

(3)用硅光电池代替屏接收衍射光。横向移动硅光电池，使衍射条纹的中央主极大对准硅光电池的受光面，同时观察数显毫伏表数值的变化。微调测微头至数显表出现最大值(亦即光强最大值)，以中央主极大的中心为起始点 x_0，测量并记录 I_0(或经过转换对应于 I_0 的电学量数值)。

(4)转动硅光电池底座上的螺旋测微头，使硅光电池作单向移动。每隔 0.5mm 对衍射图样的光强进行逐点测量，直至第二级暗纹以外。

(5)自拟表格记录数据，并作 $I/I_0 \sim x$ 曲线。从曲线上得到 x_k，取第一级数据 x_1，并测量单缝至光电池的距离 L，代入式(3)，计算缝宽 a 及其合成不确定度 $u_C(a)$ 和 E。

【误差分析】

(1)单次直接测量量 L 和 x 的合成不确定度：

$$u_C(L) = u_B(L) = \Delta_{仪}(L)$$
$$u_C(x) = u_B(x) = \Delta_{仪}(x)$$

(2) a 的合成不确定度：$u_C(a) = a\sqrt{\left(\dfrac{u_C(L)}{L}\right)^2 + \left(\dfrac{u_C(x)}{x}\right)^2}$

(3)结果表示：$\begin{cases} a = a \pm u_C(a) \\ E = \dfrac{u_C(a)}{a} \times 100\% \end{cases}$

【注意事项】

(1)课前先打开激光器电源预热。

(2)切勿用眼睛直视激光束，以免受伤。

(3)缝宽的调节，以硅光电池接收面的中央明纹宽度为 8mm 左右为宜。

【仪器介绍】

1. 光学平台组件

所有器件均由磁性底座固定在平台上，调整光路时需关闭磁性开关方能移动；调整完毕打开磁性开关即可固定。

2. 单缝装置

安装于二维磁性底座，可通过转动底座上的螺旋测微头进行微调和测量。单缝装置上有缝宽调节和转动调节旋钮。

3. JS－1 型激光器及电源

JS－1 型 He－Ne 激光器功率为 250mW，采用单模、硬封、长寿命激光管，输出波长 $\lambda=632.8$nm。其激励电源采用倍压整流电路，工作电流在 5～10mA 内连续可调，并有电流指示；输出功率≥1mW。激光管和电源分立，可减少电路干扰，便于检修。使用时将激光器电源的工作电流调到最大，以免出现发光不稳定或闪烁现象。

4. 硅光电池

硅光电池是一种光电转换元件（见图 3），它不需外加电源而能直接把光能转换成电能。它主要利用物质的光电效应，即当物质在一定频率的光的照射下释放出光电子的现象。硅光电池是一种由半导体材料制成的单 P－N 结的光电池，当光照射到 P－N 结时，由光激发的光生载流子的迁移，使 P－N 结的两端产生了光生电动势，如果它与外电路中的负载接通，则负载电路中将有光电流产生。

5. HS－1 型数显毫伏表

根据硅光电池的光电特性可知，光电流（或光生电动势）与入射光强度成正比。HS－1 型数显毫伏表采用电流－电压转换器将硅光电池输出的光电流转换为电压信号，经过模－数转换显示出来。适用于微电压（光电流 $10^{-5}\sim10^{-9}$A）的精密测量，与硅光电池配合用于激光单缝衍射及偏振光的光强测量实验，用测量电压信号的相对值，表示被测光的相对光强。

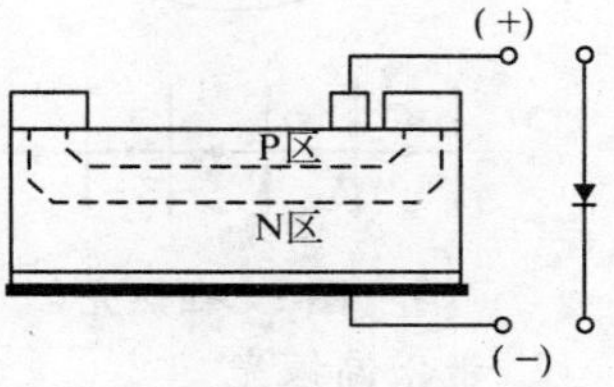

图 3　硅光电池结构示意图

【思考题】

(1)缝宽的变化对衍射条纹有什么影响？

(2)用白光做光源观察单缝的夫琅和费衍射，衍射图样将是怎样的？

实验 13　偏振光的观测与研究

【实验简介】

光的干涉和衍射现象表明光是一种波，但这些现象还不能告诉我们光是纵波还是横波。今天要介绍的光的偏振现象清楚地显示了光的横波性。其电矢量 E 和磁矢量 H 相互垂直且垂直于光的传播方向。由于光对物质的作用主要来源于电矢量，所以我们把电矢量 E 也称作光矢量，用电矢量振动方向代表光的振动方向，把电矢量与传播方向所构成的平面称为光振动面。光的偏振现象是指光矢量 E 的振动方向相对于波的传播方向的一种空间取向。

在光的偏振现象基础上研究发展的偏振光干涉及人为双折射现象，被广泛用于物质的成分分析、光学计量及应力检测等生产与科研中。如光测弹性（由于材料的内、外应力造成的双折射现象）用于检查玻璃、塑料等材料的内应力，以及桥梁、矿井、水坝和机械工件等应力分布的监测和模拟；旋光计用于测量糖溶液的浓度；椭偏仪可精确测量薄膜厚度、折射率以及吸收系数，是目前使用的测量薄膜最精密方法之一，比干涉法还高 1～2 个数量级。

自然光：我们把“在垂直于光传播方向的平面内沿各方向振动的光矢量呈对称分布”的光称为自然光。如图 1 所示。

偏振光:E 矢量的分布相对于光的传播方向是不对称的。其分布状况可分为以下四种偏振状态。

1. 线偏振光

光矢量只沿某一固定方向振动的光为线偏振光(见图 2)。偏振光的振动方向与传播方向组成的平面称为振动面。线偏振光也可称为完全偏振光或平面偏振光,有时也简称偏振光。线偏振光也可以用传播方向相同、相位相同或相差 π、振动相互垂直的两列光波的叠加描述。

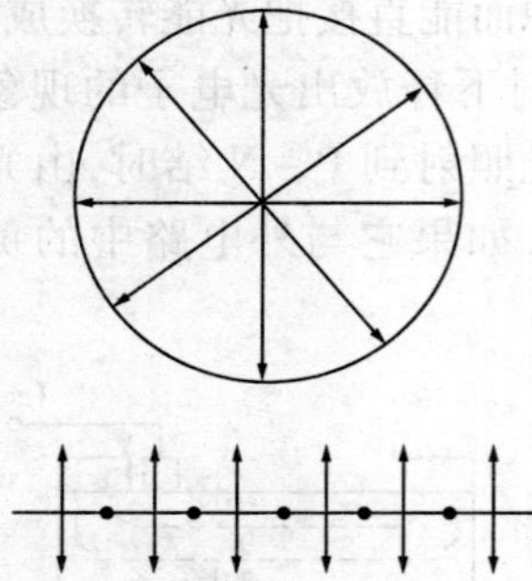

图 1　自然光

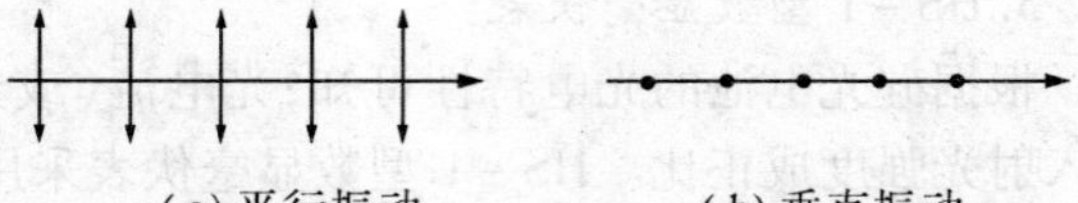

(a) 平行振动　　(b) 垂直振动

图 2　线偏振光

2. 部分偏振光

在垂直于光传播方向的平面内沿各方向振动的光矢量都有,但振幅不对称,在某一方向振动最强,而与它垂直的方向上振动最弱。

部分偏振光的光矢量可分解为两个振幅不等、振动相互垂直的独立分振动(见图 3、图 4)。

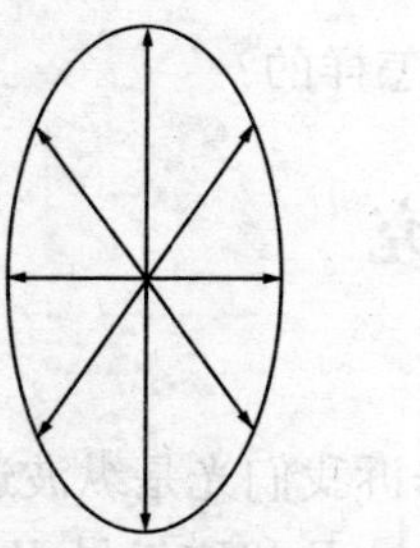

图 3　用矢量表示的部分偏振光

(a) 平行振动较强　　(b) 垂直振动较强

图 4　部分偏振光

3. 圆偏振光

频率相同、振幅相等、相位差 π/2、振动方向相互垂直的线偏振光的合成光,其 E 矢量是在垂直于传播方向的平面内绕着传播方向匀速转动的旋转矢量。E 矢量的矢端轨迹是圆。

4. 椭圆偏振光

椭圆偏振光可视为两个沿同一方向 z 传播的振动方向相互垂直的线偏振光(例如一个电矢量为 E_x,一个为 E_y)的合成(见图 5)。而线偏振光和圆偏振光又可看作椭圆偏振光的特例。

$$\begin{cases} E_x = A_x \cos(\omega t - kz) \\ E_y = A_y \cos(\omega t - kz + \varphi) \end{cases}$$

式中:A 为振幅,φ 为两矢量的相位差。

【实验目的】

(1)了解偏振光的产生和检验方法。

(2)观察光的偏振现象,掌握偏振光的基本规律,测定玻璃折射率。

【实验仪器】

光学平台,He - Ne 激光器及电源,毫伏表,硅光电池,偏振片,布儒斯特角装置,光屏等。

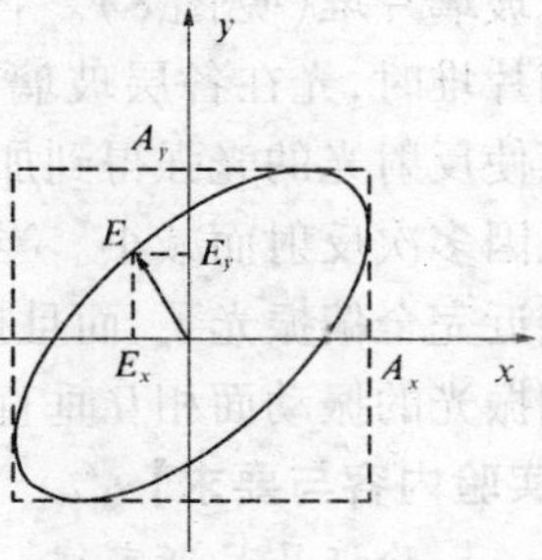

图5 用矢量表示的椭圆偏振光

【预习思考题】

(1)试举例说明生活中常见的光偏振现象及其应用。

(2)玻璃平板在布儒斯特角的位置上时,反射光束是什么偏振光?

【实验原理】

获得偏振光的方法有如下几种。

1. 偏振片起偏

所谓起偏,是将自然光转变为偏振光;而检验某束光是否为偏振光,称为检偏。偏振片是一种常用的起偏器和检偏器,它利用晶体的二向色性,即对不同方向光振动的吸收能力差别很大,往往吸收某一振动方向的入射光,而与此方向垂直振动的光则几乎无损失地透过,从而获得偏振率98%以上的线偏振光。它只能透过沿某个方向的光矢量或其在该方向的分量。我们把这个透光方向称为偏振片的偏振化方向或透振方向。

在光路中放入偏振片 P_1 作为起偏器(见图6),获得振动方向与 P_1 透振方向一致的线偏振光,其振幅为 A_0,光强 I_0 是入射自然光强度的1/2。放入偏振片 P_2 作为检偏器,其透振方向 P_2 与 P_1 的夹角为 α,透过 P_2 的光强为 I,振幅为 A,$A = A_0\cos\alpha$。

因 $I/I_0 = A^2/A_0^2$

故 $I = I_0\cos^2\alpha$

这就是**马吕斯定律**。它说明了入射到偏振片上的线偏振光,其透射光强度的变化规律。

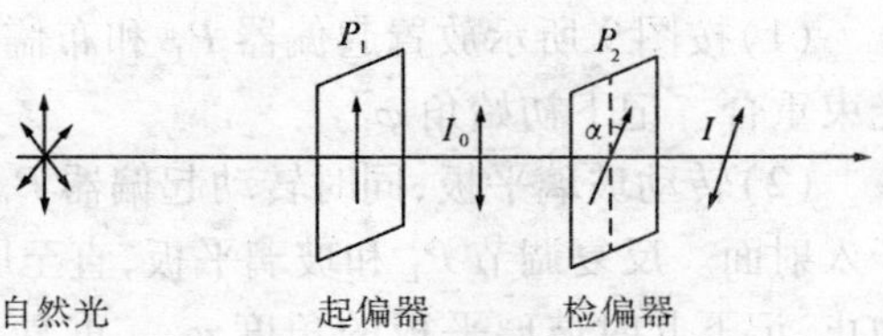

图6 偏振片起偏

2. 反射起偏

当光线斜射向两种各向同性介质分界面上时,反射光和折射光都会产生偏振现象,偏振的程度取决于光的入射角及反射物质的性质。反射光中垂直振动多于平行振动,折射光中平行振动多于垂直振动。

当入射角满足关系式 $\tan\varphi_0 = n_2/n_1$,反射光则为垂直于入射面振动的线偏振光(如图7所示),此为**布儒斯特定律**,φ_0 称为起偏角或布儒斯特角。此时折射光偏振化强度最强,但它不是完全偏振光。

当光线以起偏角入射时,反射光和折射光的传播方向互相垂直,即

$$\varphi_0 + \gamma = 90°$$

式中 γ 为折射角。从空气入射到介质(以玻璃为例),一般起偏角为53°~58°。反射光强与入射光强之比约为7%。

为了增强反射光的强度和折射光的偏振化程度,把许多相互平行的玻璃片装在一起,构

成玻璃片堆(见图8)。自然光以布儒斯特角入射玻璃片堆时,光在各层玻璃面上反射和折射,这样就可以使反射光的光强得到加强,同时折射光中垂直分量也因多次反射而减小。当玻璃片足够多时,折射光就接近完全偏振光了,而且折射偏振光的振动面和反射偏振光的振动面相互垂直。

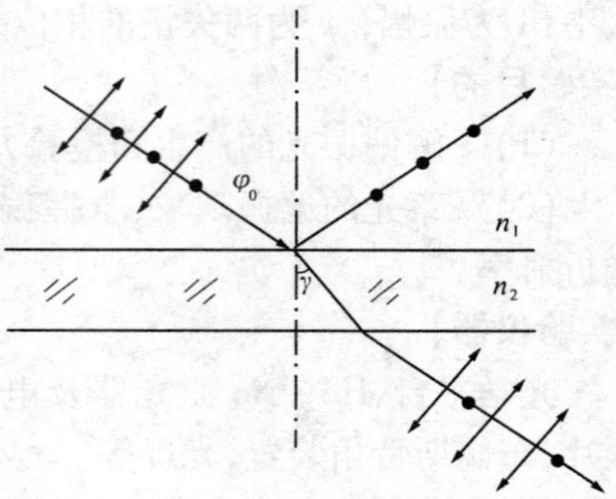

图7 反射起偏

【实验内容与要求】

1. 验证马吕斯定律

(1)首先调节光路等高共轴。在光源至光屏的光路中放入起偏器 P_1。旋转 P_1,观察光屏上光强的变化情况并作出判断。

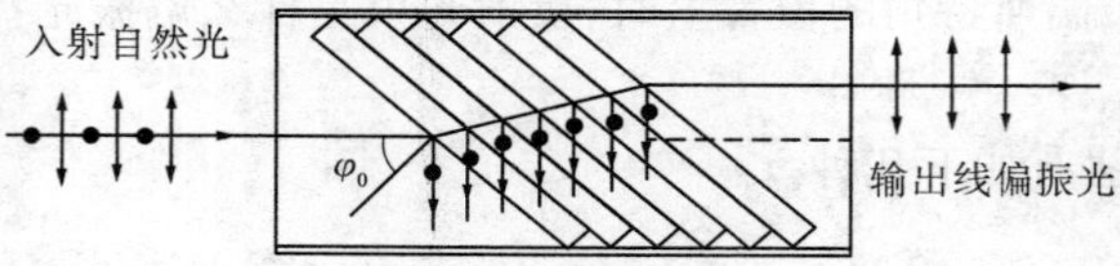

图8 玻璃片堆

(2)在起偏器 P_1 后面再放入检偏器 P_2。固定 P_1 的方向,将 P_2 旋转360°,观察光屏上光强的变化情况,并作出解释。

(3)用硅光电池代替光屏接收 P_2 出射的光束。由光强最大位置开始,旋转 P_2,每转过10°记录一次相应的光电压值,共转90°。自拟记录表格,并作 $I/I_0 \sim \cos^2\alpha$ 关系曲线。

(4)对 $I/I_0 \sim \cos^2\alpha$ 曲线做出分析和结论,验证马吕斯定律。

2. 观测布儒斯特角及测定玻璃折射率

(1)按图9所示放置起偏器 P_1 和布儒斯特角装置。调节玻璃平板使反射光束与入射光束重合。记下初始角 φ_1。

(2)转动玻璃平板,同时转动起偏器 P_1,使其透振方向平行于入射面。反复调节 P_1 和玻璃平板,直至屏幕上的反射光消失为止,记下此时玻璃平板的角度 φ_2。重复测量5次,求出平均值。计算布儒斯特角 $\varphi_0 = |\varphi_2 - \varphi_1|$,用布儒斯特定律求玻璃折射率 $n_2(n_1 = 1)$。自拟表格记录数据,并计算 n_2 及其合成不确定度 $u_C(n_2)$。

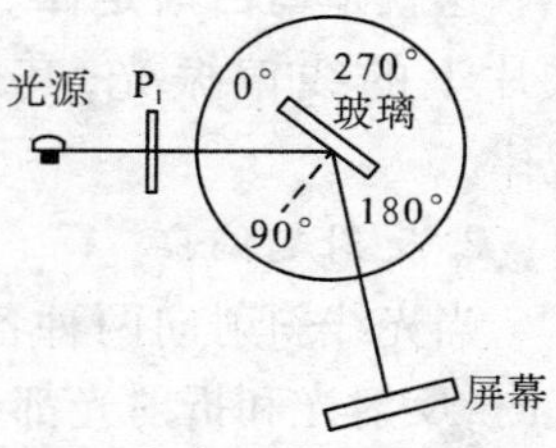

图9 测量布儒斯特角装置

(3)把玻璃平板固定在布儒斯特角的位置上,去掉起偏器 P_1,在反射光束中放入检偏器 P_2 并转动 P_2,观察反射光的偏振状态。

【注意事项】

(1)课前先打开激光器电源预热。

(2)切勿用眼睛直视激光束,以免受伤。

【仪器介绍】

布儒斯特角装置:玻璃平板60mm×40mm安装于内盘上。外盘是刻度盘,固定不动,内盘上装有指针可转动调节入射角。

光学平台、激光器及电源、硅光电池、毫伏表等仪器的使用参见“实验12 单缝衍射”的【仪器介绍】。

【思考题】

(1)若改变图9所示光路中偏振片的位置,将其置于玻璃平板与光屏之间,可否实现测量布儒斯特角?比较两种操作方法的难易程度。

(2)根据所掌握的偏振光知识,并查阅参考资料,分析说明菲涅耳棱体、尼科耳棱镜和格兰棱镜分别利用什么原理产生何种偏振光?

实验14　分光计的原理及三棱镜顶角的测量

【实验简介】

光线在发生反射、折射和衍射时均要产生相应的角度变化,通过对这些角度的测定,可以间接测量许多光学参量,如:折射率、色散率、光栅常数、光波波长等。因而精确测量角度,在光学实验中显得尤为重要。

分光计(Optical Goniometer)是一种精确测量角度的典型光学仪器,利用它可以测得棱镜、光栅等器件的光学参量。例如:利用光的反射现象测量棱镜的顶角;利用光的折射现象测量棱镜的最小偏向角,从而计算出棱镜的折射率和色散率;利用光的衍射现象,测量光栅常数和光波波长。分光计的调整思路、方法和技巧,在光学仪器中具有一定的代表性,其基本部件与其他更复杂的光学仪器(如单色仪、摄谱仪等)有许多相似之处。因此,学会分光计的使用方法对其他光学仪器的使用具有普遍指导意义。由于分光计构造精密,控制部件较多且操作复杂,所以使用时必须严格按照一定的规则和程序进行调整,才能获得较高精度的测量结果。

【实验目的】

(1)了解分光计的结构及测角原理。

(2)熟悉并掌握分光计的调节技术,学会角游标的读数方法。

(3)学会测量三棱镜顶角的方法。

【实验仪器】

分光计,双平面镜,三棱镜,汞灯。

【预习思考题】

(1)分光计的主要部件有哪四个?分别起什么作用?

(2)为什么要用双面反射镜调节分光计?若找不到平面镜的反射像怎么办?

(3)调节望远镜光轴垂直于分光计中心轴时要采取什么方法?

【实验原理】

1. 分光计的结构

实验室常用的分光计的外形结构如图1所示,它主要由平行光管、望远镜、载物台和读数装置四部分组成。平行光管用来发射平行光,望远镜用来接收平行光,载物台用来放置三棱镜、平面镜、光栅等物体,读数装置用来测量角度。

1)平行光管

平行光管的作用是产生平行光,它由两个可以相对滑动的套筒组成。外套筒的一端装

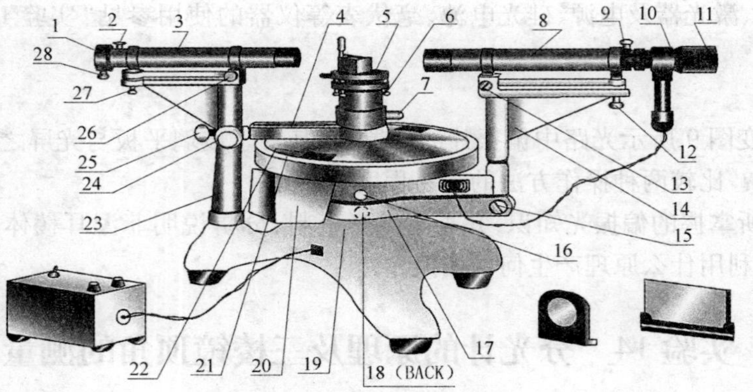

1—狭缝装置；2—狭缝装置锁紧螺钉；3—平行光管；4—制动架（二）；5—载物台；6—载物台调平螺钉（3只）；7—载物台与游标盘锁紧螺钉；8—望远镜；9—目镜锁紧螺钉；10—阿贝式自准直目镜；11—目镜调焦手轮；12—望远镜光轴俯仰调节螺钉；13—望远镜光轴水平调节螺钉；14—支臂；15—望远镜微调螺钉；16—刻度盘与望远镜锁紧螺钉；17—制动架（一）；18—望远镜止动螺钉（在刻度盘右侧下方）；19—底座；20—转座；21—刻度盘；22—游标盘；23—立柱；24—游标盘微调螺钉；25—游标盘止动螺钉；26—平行光管光轴水平调节螺钉；27—平行光管光轴俯仰调节螺钉；28—狭缝宽度调节手轮

图1　JJY1 型分光计结构示意图

有消色差透镜组，内套筒装有宽度可调的狭缝。当狭缝位于透镜的焦平面上时，用灯照亮狭缝，则平行光管出射平行光，如图2所示。

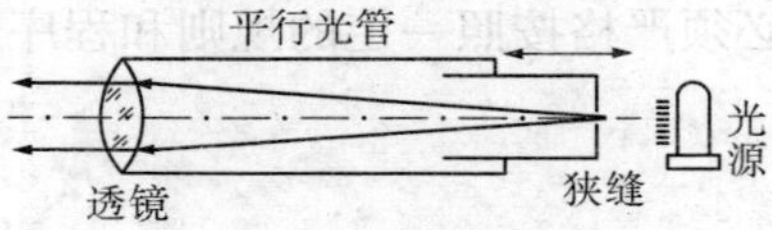

图2　平行光管结构示意图

2）望远镜（阿贝式）

望远镜由目镜、物镜和分划板组成，其结构如图3(a)所示。本实验所使用的分光计带有阿贝式自准目镜，物镜是一消色差的复合正透镜。分划板位于目镜和物镜之间，板面上刻有准线，其下半部粘有一块45°全反射小棱镜，小棱镜紧贴分划板的面上镀有不透光的薄膜，并在薄膜上刻出一个透光的小“十”字。45°棱镜的下方有一个小电珠，可以照亮透光小“十”字。如果把分划板调整到目镜的焦平面上，通过目镜就可以看到清晰的准线和透光小“十”字。透光小“十”字的交点和分划板上方的十字准线交点关于视场中心对称等距。

如图3(b)所示，当小电珠的光从望远镜筒下方入射后，经过45°小棱镜的反射，透过透光小“十”字从物镜出射。若此时分划板位于物镜的后焦面上，则望远镜出射平行光。在物镜前放一平面镜，经平面镜反射回来的平行光，再经过物镜又将聚焦在分划板平面上，形成透光小“十”字的像。这种物屏经过透镜和平面镜组合所成的像在物屏本身的方法，就叫做自准直。如果平面镜镜面与望远镜的光轴垂直，那么“十”字像将落在与透光小“十”字对称的位置上，即分划板上方的十字准线交叉点处。

3）载物台

载物台是双层结构，可绕中心主轴转动。其上层放置待测对象或分光元件，可用弹簧片压紧。两层之间有 3 个互成 120°的调节螺钉(a_1,a_2,a_3),通过对 3 个螺钉的高度的调整,可调节上层平台的倾斜度。

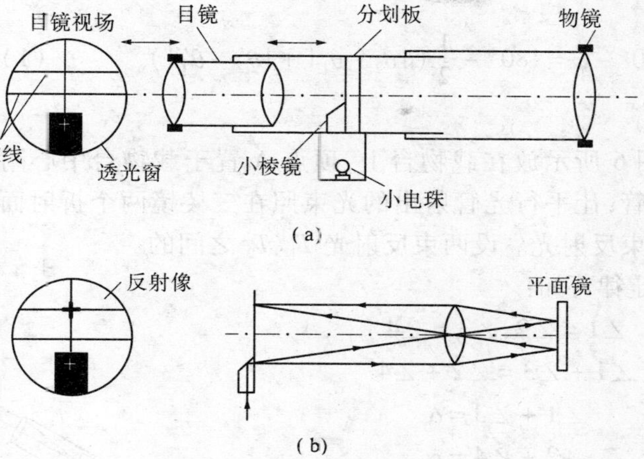

图 3　望远镜结构示意图

4)读数装置

读数装置由刻度盘和游标盘两部分组成。刻度盘分为 360°,最小分度为 30′,半度以下的角度可借助游标准确读出。游标等分为 30 格,正好跟刻度盘上的 29 小格等长,因此游标上 1 小格与刻度盘上 1 小格两者之差为 1′,即分光计最小分度为 1′。

角游标的读法与游标卡尺类似,以游标零线为基准,先读出大数(大于 30′的部分),再利用游标读出小数(小于 30′ 的部分),大数跟小数之和即为测量结果。例如,图 4 所示位置的读数为:87°30′ +15′ = 87°45′。

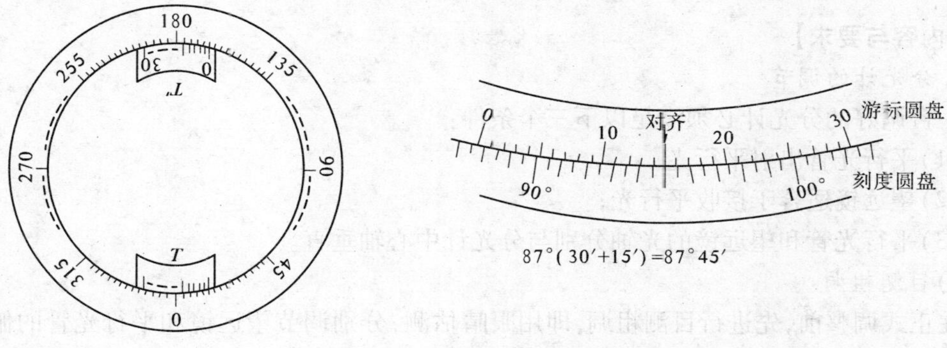

图 4　读数装置

在生产分光计时,难以做到使望远镜、刻度盘的旋转轴线与分光计中心轴完全重合。为消除因偏心而引起的误差,在游标盘同一条直径的两端各装一个读数游标。测量时两个游标都应读数,并取其平均值来消除偏心误差(原理详见附录)。

2. 分光计的使用——测量三棱镜顶角

1)自准法

如图 5 所示,当三棱镜的折射面 AB、AC 都与望远镜光轴垂直时,三棱镜的顶角 α 与角 φ 互补。因此,只要测出望远镜转过的角度 φ,即可求出顶角 α。

当望远镜光轴垂直于 AB 面时，记下左右游标的读数 θ_1 和 θ'_1；然后转动望远镜，使之垂直于 AC 面，记下此时左右游标的读数 θ_2 和 θ'_2，则顶角 α 为：

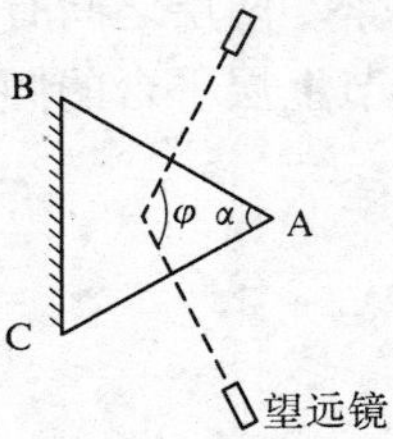

图5 自准法测顶角

$$\alpha = 180° - \varphi = 180° - \frac{1}{2}(|\theta_2 - \theta_1| + |\theta'_2 - \theta'_1|) \tag{1}$$

2)反射法

将三棱镜按图 6 所示放在载物台上，顶点 A 置于载物台中心附近，并对准平行光管，让平行光管射出的光束照在三棱镜两个折射面上，产生 T_1、T_2 两束反射光。设两束反射光 T_1、T_2 之间的夹角为 φ，由反射定律可知：

$$\angle 1 = \angle 2, \angle 3 = \angle 4$$

则 $\quad \angle 1 + \angle 3 = \angle 2 + \angle 4$

由于 $\quad \angle 1 + \angle 3 = \alpha$

所以 $\quad \angle 2 + \angle 4 = \alpha$

于是只要测出两束反射光 T_1 与 T_2 之间的夹角 φ，就可得到顶角 $\alpha = \frac{\varphi}{2}$。

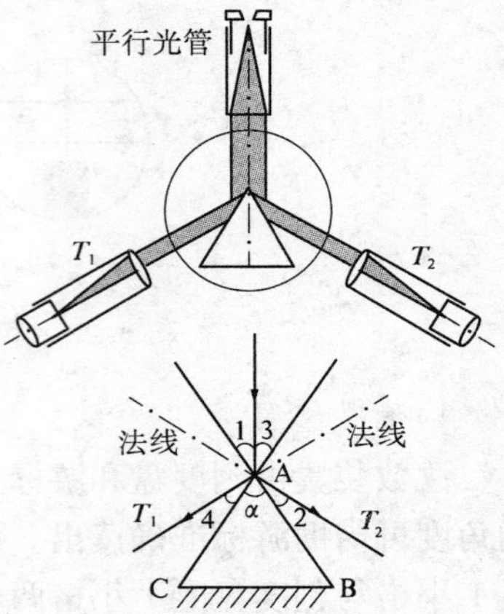

图6 反射法测顶角

将望远镜转至 T_1 处观测反射光，调节望远镜微调螺钉 15，使望远镜竖直准线对准狭缝像，记下左右游标的读数 θ_1 和 θ'_1；然后将望远镜转至 T_2 处使竖直准线对准狭缝像，记下此时左右游标读数 θ_2 和 θ'_2，则顶角 α 为：

$$\alpha = \frac{\varphi}{2} = \frac{1}{4}(|\theta_2 - \theta_1| + |\theta'_2 - \theta'_1|) \tag{2}$$

【实验内容与要求】

1. 分光计的调节

一台调好的分光计必须满足以下三个条件：

(1)平行光管出射平行光；

(2)望远镜适合于接收平行光；

(3)平行光管和望远镜的光轴分别与分光计中心轴垂直。

1)目测粗调

在正式调整前，先进行目测粗调，即用眼睛估测，分别调节望远镜和平行光管的俯仰调节螺钉 12、27，使望远镜和平行光管大致水平；调节载物台下面的三个调平螺钉，使载物台大致水平。这一步很重要，只有做好粗调，才能按下列步骤进一步细调。

2)调整望远镜(使望远镜能够接收平行光)

(1)目镜调焦。

打开小电珠的电源，调节目镜调焦手轮 11，使分划板上的准线和下部的黑"十"字完全清晰(即分划板位于目镜的焦平面上)。

(2)物镜调焦。

将平面镜紧贴望远镜镜筒，从目镜中观察，找到平面镜反射回来的亮"十"字像(或模糊光斑）。松开目镜装置锁紧螺钉9，前后移动目镜装置10，使亮“十”字成像清晰，然后目光左右移动，观察“十”字像与分划板上的准线有无相对位移。若有，继续前后移动目镜装置，直到无相对位移为止（无视差），最后锁紧螺钉9。此时分划板与物镜焦平面严格共面，望远镜已聚焦于无穷远。

3）调整望远镜光轴与分光计中心轴垂直

平行光管与望远镜的光轴各代表入射光和出射光的方向。为了测量角度准确，必须分别使它们的光轴与刻度盘平行。刻度盘在制造时已垂直于分光计的中心轴。因此，当望远镜与分光计中心轴垂直时，就达到了与刻度盘平行的要求。

（1）放置平面镜。

把平面镜按图7所示的方位放置在载物台上，即镜面处于 a_2 a_3 两个螺钉连线的中垂线上。这样只需调节螺钉 a_2（或 a_3），即可调节平面镜的俯仰，而螺钉 a_1 与平面镜的俯仰无关。

（2）找到其中一面反射的“十”字像（镜外观察法）。

转动望远镜使其正对平面镜，观察视场中能否找到反射回来的亮“十”字。如果找不到，可转动载物台，使平面镜的法线与望远镜的光轴成一小角度，眼睛在望远镜外侧上下移动，找到平面镜中的“十”字像。此时眼睛所在位置通常与目镜不等高，调节望远镜的俯仰螺钉，使目镜与眼睛等高，再将平面镜转回正对位置，检查目镜视场中是否出现亮“十”字像。

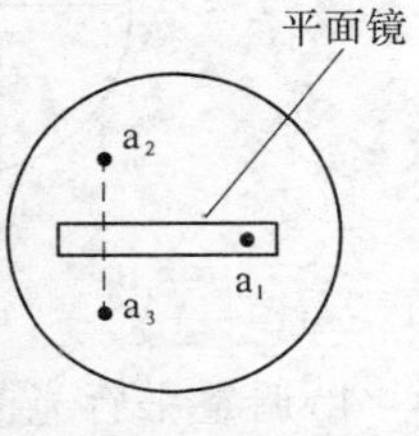

图7　平面镜的放置

（3）保证一面的“十”字像不丢失的情况下，找到另一面反射的“十”字像。

找到一面的“十”字像后，平面镜、望远镜与分光计中心轴的关系有两种情况，如图8所示。将载物台连同平面镜转过180°，检查平面镜反面正对望远镜时，视场中有无亮“十”字像。如果没有，可利用上述“镜外观察法”，检查反面的像是偏上还是偏下。如果偏上，需将目镜端向上调；如果偏下，则需将目镜端向下调。但切记不要在反面调（否则往往是找到了反面的像，同时又丢失了正面的像），而是将平面镜转回正面，看到正面的像以后，再对目镜的高低做出上述需要的调整。此时视场中的亮“十”字会随着上下移动，当“十”字像移至视场边缘时，调节载物台螺钉 a_2（或 a_3），使亮“十”字再回到原先的位置。经过这样的调整后，平面镜、望远镜与分光计中心轴的关系如图8中虚线所示，与调整前相比得到了一定的矫正。再次将平面镜转至反面，检查视场中有无“十”字像，若仍旧没有，重复上述方法，一般不超过3次就能找到反面的像。

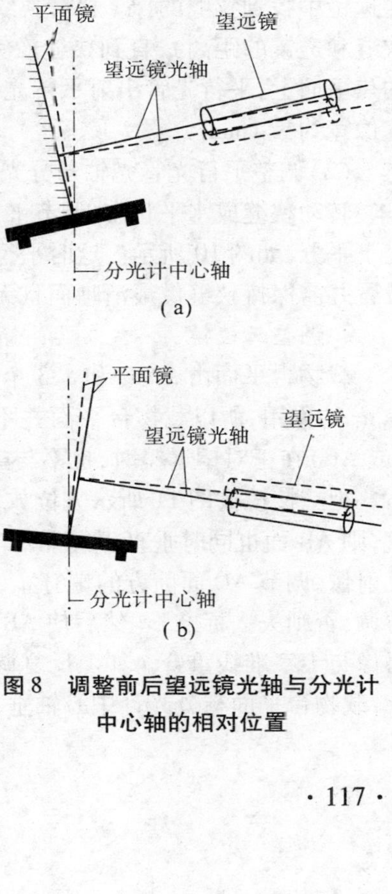

图8　调整前后望远镜光轴与分光计中心轴的相对位置

（4）使平面镜正反两面反射的“十”字像均与“十”字准线重合（各半调节法）。

找到正反两面的“十”字像后，望远镜光轴与分光计中心轴已非常接近垂直，再按下列方法调整，使望远镜光轴与分光计中心轴严格垂直。

①假设“十”字像处于图 9(a)所示的位置，调节望远镜俯仰螺钉 12，使“十”字像与分划板上方的十字准线的间距减小一半，如图 9(b)所示；再调节载物台调平螺钉 a_2（或 a_3），消除另一半间距，使“十”字像与十字准线重合，如图 9(c)所示。

②将载物台连同平面镜转过 180°，检查其重合程度。重复步骤①，再次使“十”字像与十字准线重合。

③重复步骤②，反复调节多次，直到平面镜正反两面反射的“十”字像均与十字准线重合为止，这种方法称为“逐步逼近各半调节法”。

至此，望远镜光轴已垂直于分光计中心轴。在以后的操作中，望远镜除绕轴转动外，不能再作任何调节！（否则要重新调整）

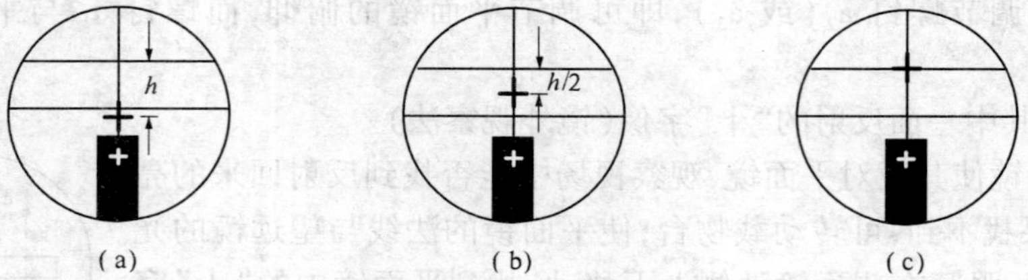

图 9　各半调节法

4)调整平行光管

(1)调整平行光管产生平行光。

取下载物台上的平面镜，使汞灯照亮平行光管的狭缝。调节平行光管俯仰螺钉 27，从望远镜中找到狭缝的像。松开狭缝装置锁紧螺钉 2，前后移动平行光管狭缝装置 1（即调节狭缝和透镜的距离），直到狭缝像完全清晰且无视差为止。此时狭缝已位于平行光管物镜的焦平面上，平行光管出射平行光。然后调节狭缝宽度调节手轮 28，使望远镜视场中的狭缝像宽约为 1mm。

(2)调整平行光管光轴与分光计中心轴垂直。

转动狭缝成水平状态，调节平行光管俯仰螺钉 27，使狭缝像被分划板中央的水平准线上下平分，如图 10 所示。这时平行光管的光轴已与分光计中心轴垂直。再把狭缝转至铅直位置并需保持狭缝像最清晰而且无视差，然后锁紧狭缝装置锁紧螺钉 2。

2. 调整三棱镜

载物台平面由 a_1、a_2 和 a_3 3 个螺钉支撑，由于以上的调节中只调节了 a_2 和 a_3，并没有考虑 a_1 的作用，所以载物台平面并不与分光计中心轴垂直。因而放上三棱镜后，折射面 AB（或 AC）在正对望远镜时，也不与望远镜光轴垂直。

把三棱镜按图 11 所示方位放置，即折射面 AC 正对前方，并与螺钉 a_2 和 a_3 的连线垂直，则 AB 面也同时垂直于 a_1 和 a_3 的连线。使望远镜正对 AC 面，从望远镜中找到 AC 面的反射像，调节 AC 面前方的螺钉 a_3，使“十”字像与十字准线重合（**注意**：望远镜的俯仰不可再调，否则失去标准）。然后使 AB 面正对望远镜，调节 AB 面前方的螺钉 a_1，使 AB 面的反射像与十字准线重合。如上反复调整，直到 AB、AC 面的反射像均与十字准线重合为止。至此，载物台平面与分光计中心轴垂直。

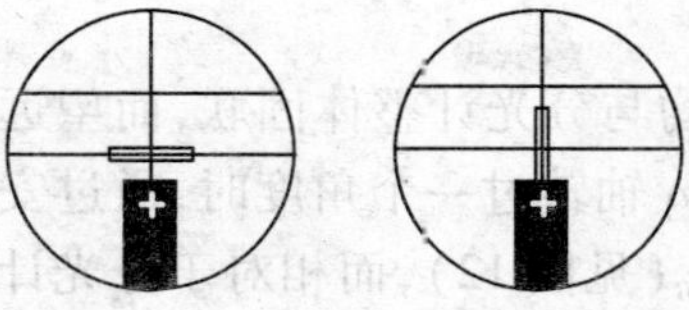

图 10　狭缝像与分划板位置

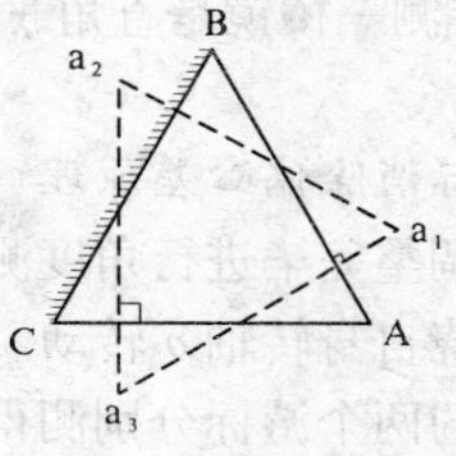

图 11　三棱镜的放置

3. 测定三棱镜的顶角

1) 自准法

按照实验原理中介绍的测量方法，记录 AB 面的反射像与十字准线重合时的游标读数 θ_1 和 θ'_1，以及 AC 面的反射像与十字准线重合时的游标读数 θ_2 和 θ'_2，代入式(1)计算顶角 α。**注意**：望远镜转动过程中如果经过了刻度盘零点，相应的读数应加上 360°(或减去 360°)再计算；刻度盘与望远镜锁紧螺钉 16 和游标盘止动螺钉 25 应处于锁紧状态。读数时可借助放大镜。

松开载物台与游标盘锁紧螺钉 7，稍微变动载物台位置，再次测量。如此重复 5 次，数据填入自拟表格中，求出顶角 α 的平均值和合成不确定度。

2) 反射法

将三棱镜按图 6 所示放在载物台上，按照原理中所述的方法记录数据，代入式(2)计算顶角 α。重复测量 5 次，求出 α 的平均值和合成不确定度，数据表格自拟。

【数据处理与误差分析】

$$\bar{\alpha} = \frac{\sum_{i=1}^{5} \alpha_i}{5}$$

α 的合成不确定度分析：

$$u_A(\alpha) = \sqrt{\frac{\sum_{i=1}^{5} (\alpha_i - \bar{\alpha})^2}{(5-1)}} \qquad u_B(\alpha) = \Delta_{仪}$$

$$u_C(\alpha) = \sqrt{u_A^2(\alpha) + u_B^2(\alpha)} = \sqrt{S_\alpha^2 + \Delta_{仪}^2}$$

结果表达式：

$$\alpha = \bar{\alpha} \pm u_C(\alpha)$$

【注意事项】

(1) 分光计是精密的光学仪器，光学镜头不能用手摸、揩，如有尘埃需用镜头纸轻轻揩擦；不能在制动螺丝锁紧时强行转动各部件。

(2) 三棱镜要轻拿轻放，注意保护光学表面，不要用手触摸折射面。

(3) 用反射法测顶角时，三棱镜顶点应靠近载物台中央放置，否则反射光不能进入望远镜筒。

【思考题】

(1) 当望远镜光轴不与分光计中心轴垂直时，平面镜旋转 180°前后亮“十”字像与十字准线的相对位置如何变化？有哪几种情况？试作图说明。

(2) 调节三棱镜的折射面与望远镜光轴垂直时，能否采用各半调节法？为什么？

(3)若待测三棱镜是直角三棱镜,又应如何放置在载物台上?

【附录】

1. 双游标消除偏心差原理

分光计调整完毕进行角度测量时,游标盘、载物台均与分光计整体固联,而望远镜与刻度盘固联并绕自身转轴 o 转动。当望远镜(刻度盘)绕 o 轴转过一个角度时,通过安装在游标盘对径上的两个游标分别测得转过的角度为 φ_A 和 φ_B(见图 12),而相对于分光计中心轴 o'来说转角为 φ。由于 o 轴跟 o'不一定重合,一般情况下:

$$\varphi \neq \varphi_A \neq \varphi_B$$

但由几何原理可知:

$$\alpha_A = \frac{1}{2}\varphi_B, \alpha_B = \frac{1}{2}\varphi_A$$

而
$$\varphi = \alpha_A + \alpha_B$$

故
$$\varphi = \frac{1}{2}(\varphi_A + \varphi_B)$$

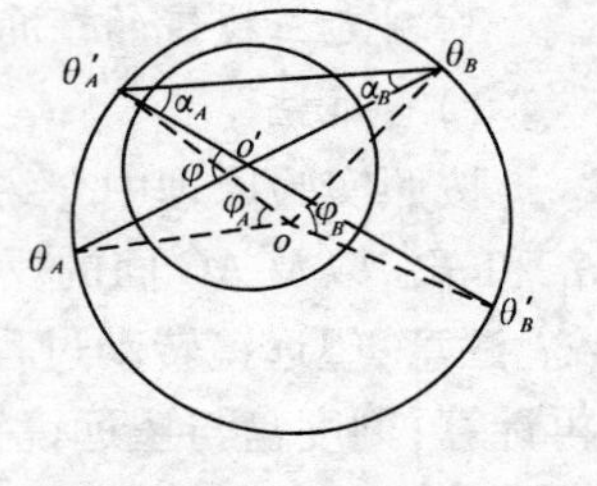

图 12　偏心误差的产生

可见,两个游标所测转角的平均值即为望远镜(刻度盘)相对于中心轴实际转过的角度。因此,使用双游标读数装置可以消除偏心误差。

2. 三棱镜的放置

三棱镜在载物台上的放置如图 11 所示,为什么这样放呢?

假设 AC 面正对望远镜时,调节螺钉 a_3 已使 AC 面垂直于望远镜光轴。然后使 AB 面正对望远镜,此时调节螺钉 a_1,会使载物台(及三棱镜)绕 a_2、a_3 的连线作小角度旋转。由于原来放三棱镜时已使 a_2、a_3 的连线与 AC 面垂直,所以调 a_1 时 AC 面绕 a_2、a_3 连线的小角度旋转并不改变 AC 面的方向,因而不会破坏原先对 AC 面的调节。

这种调节方法是设法把一个二维(或多维)调节的问题简化为两个(或多个)"独立"的一维调节的问题。它在许多仪器的调节上是常用方法之一。上述推理只是一种理想情况,实际上两个自由度还是有点互相牵制、互相影响的,所以要对两个自由度进行反复调节。

第 3 章　综合应用性实验

实验 15　用分光计测量三棱镜的折射率

【实验简介】

折射率是透明物质的重要光学参量之一。通过它能了解物质的纯度、浓度、透光性和色散性。测量固体折射率的方法很多，本实验采用最小偏向角法。

【实验目的】

(1)进一步掌握分光计的调节和使用方法。

(2)观察三棱镜对汞灯的色散现象。

(3)测定三棱镜对各单色光的折射率。

【实验仪器】

分光计，平面镜，三棱镜，汞灯。

【预习思考题】

(1)如何找到各谱线最小偏向角的位置?

(2)怎样测量和计算各谱线的最小偏向角?

【实验原理】

等边三角形 ABC 表示三棱镜的横截面，单色光束沿 SD 方向入射于三棱镜的 AB 面上，经两次折射从 ER 方向射出，入射光线与出射光线之间的夹角 δ 称为偏向角(见图 1)。如果调节三棱镜的位置，使 $i_1=i_4$，根据折射定律，相应有 $i_2=i_3$，可以证明，此时入射光线与出射光线之间的夹角 δ 最小，称为最小偏向角 $\delta_{\min}$(证明见附录)。

由几何关系可知，顶角 α 和偏向角 δ 分别为：

$$\alpha=i_2+i_3$$

$$\delta=(i_1-i_2)+(i_4-i_3)=(i_1+i_4)-\alpha \qquad (1)$$

当 $i_1=i_4$，$i_2=i_3$ 时，$i_1=\dfrac{\alpha+\delta_{\min}}{2}$，$i_2=\dfrac{\alpha}{2}$，则三棱镜对该波长的折射率为：

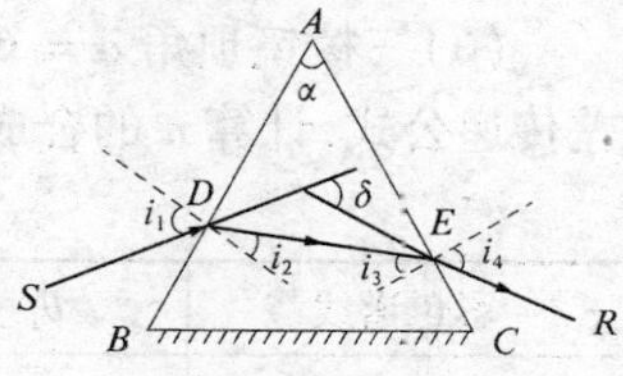

图 1　光在三棱镜中的折射

$$n=\frac{\sin i_1}{\sin i_2}=\frac{\sin\dfrac{\alpha+\delta_{\min}}{2}}{\sin\dfrac{\alpha}{2}} \qquad (2)$$

由于折射率 n 与光的波长 λ 有关，当一束复色光射向三棱镜时，不同波长的光会有不同的偏向角，所以出射方向不同，从而发生色散现象。三棱镜是一种常用的分光元件，它可以将入射光分成按波长排列的光谱。一般而言，三棱镜的折射率常指对钠黄光(波长 589.3nm)的折射率，记做 n_D。

当三棱镜如图 2 所示放在载物台上时，平行光管出射光从 AB 面入射，先用眼睛从 AC 面沿光线可能出射的方向观察，微微转动载物台，当观察到出射的彩色谱线时，认定一种单色谱线，再继续使载物台转动，注意此单色谱线所对应的偏向角的变化情况。选择能使偏向角减小的方向缓慢转动载物台，当看到该谱线移至某一位置后反向移动，说明逆转处即为最小偏向角的位置。设望远镜直接对准平行光管时，左右两游标的读数分别为 θ_1 和 θ'_1，在最小偏向角的位置时读数为 θ_2 和 θ'_2，则有

$$\delta_{\min}=\frac{1}{2}(|\theta_2-\theta_1|+|\theta'_2-\theta'_1|) \quad (3)$$

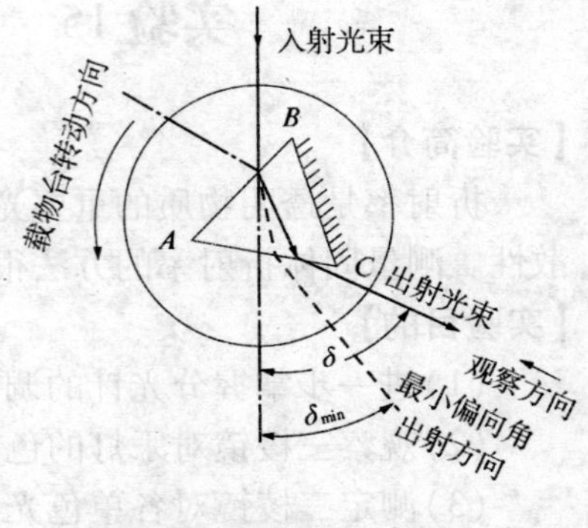

图 2　最小偏向角示意图

【实验内容与要求】

(1)参照实验 14 中分光计的调节方法，正确调节分光计至正常工作状态：

①目测粗调；

②调整望远镜(使望远镜能够接收平行光)；

③调整望远镜光轴与分光计中心轴垂直(逐步逼近各半调节法)；

④调整平行光管。

(2)将望远镜对准平行光管，使狭缝像被竖直准线左右平分，记下此时左右两游标的读数 θ_1 和 θ'_1。

(3)将三棱镜放在载物台上，使 *AB* 面的入射角约为 45°，先用眼睛在 *AC* 面找到平行光管的像，观察管中的彩色谱线。

(4)用望远镜观察彩色谱线，同时调节狭缝宽度，使谱线成像最细。按照实验原理中的方法，认定一种单色谱线，找到最小偏向角的位置，使望远镜竖直准线对准该谱线，记下此时两游标的读数 θ_2 和 θ'_2，按照式(3)计算出 $\delta_{\min}$。

(5)依次测出汞灯光谱中 576.96nm(黄光)、546.07nm(绿光)、435.83nm(紫光)三种谱线的最小偏向角，数据填入表 1 中。

(6)三棱镜顶角 $\alpha=60°0'\pm5'$，根据式(2)计算棱镜对不同波长光的折射率，并推导误差传递公式，计算 *n* 的合成不确定度。

表 1　最小偏向角数据记录表

彩色谱线	θ_1	θ'_1	θ_2	θ'_2	$\delta_{\min}$	n
黄光						
绿光						
紫光						

【数据处理与误差分析】

n 的合成不确定度分析(分光计分度值为 1′)：

(1)求 $u_C(\alpha)$。

三棱镜的顶角 $\alpha=60°0'\pm5'$，只取 α 的 *B* 类不确定度分量：

$$u_C(\alpha)=u_B(\alpha)=\Delta_{仪}$$

(2)求 $u_C(\delta_{\min})$。

由于是单次测量，因此只考虑 $\delta_{\min}$ 的 *B* 类不确定度分量：

$$u_C(\delta_{\min}) = u_B(\delta_{\min}) = \Delta_{仪}$$

(3)求 $u_C(n)$。

$$n = \frac{\sin\frac{\alpha+\delta_{\min}}{2}}{\sin\frac{\alpha}{2}}$$

$$\ln n = \ln \sin\frac{\alpha+\delta_{\min}}{2} - \ln \sin\frac{\alpha}{2}$$

$$\frac{dn}{n} = \frac{\cos\frac{\alpha+\delta_{\min}}{2}\left(\frac{1}{2}d\alpha + \frac{1}{2}d\delta_{\min}\right)}{\sin\frac{\alpha+\delta_{\min}}{2}} - \frac{\cos\frac{\alpha}{2}\cdot\frac{1}{2}d\alpha}{\sin\frac{\alpha}{2}}$$

$$= \frac{1}{2}\left[\left(\cot\frac{\alpha+\delta_{\min}}{2} - \cot\frac{\alpha}{2}\right)d\alpha + \cot\frac{\alpha+\delta_{\min}}{2}d\delta_{\min}\right]$$

$$u_C(n) = \frac{n}{2}\sqrt{\left(\cot\frac{\alpha+\delta_{\min}}{2} - \cot\frac{\alpha}{2}\right)^2 u_C{}^2(\alpha) + \cot^2\frac{\alpha+\delta_{\min}}{2}u_C{}^2(\delta_{\min})} \quad (4)$$

(4) 结果表达式：

$$n = n \pm u_C(n)$$

【思考题】

(1)若已经找到一种单色光的最小偏向角，此时其他的单色光是否也处于最小偏向角位置？

(2)提供一偏振片，设计另一种测量三棱镜折射率的方法。

【附录】

公式(2)的证明

公式(1)中，由于 i_4 是 i_1 的函数，α 视为常数，因此偏向角 δ 实际上只随 i_1 变化，当 i_1 为某一个值时，δ 达到最小。

将式(1)对 i_1 求导得

$$\frac{d\delta}{di_1} = 1 + \frac{di_4}{di_1}$$

$\delta_{\min}$的必要条件是$\frac{d\delta}{di_1}=0$，于是

$$\frac{di_4}{di_1} = -1$$

由折射定律得

$$\sin i_1 = n\sin i_2 \quad \sin i_4 = n\sin i_3$$

$$\cos i_1 di_1 = n\cos i_2 di_2 \quad \cos i_4 di_4 = n\cos i_3 di_3$$

于是，有

$$di_3 = -di_2$$

因此

$$\frac{di_4}{di_1} = \frac{di_4}{di_3}\cdot\frac{di_3}{di_2}\cdot\frac{di_2}{di_1} = \frac{n\cos i_3}{\cos i_4}\times(-1)\times\frac{\cos i_1}{n\cos i_2} = -\frac{\cos i_3\cos i_1}{\cos i_4\cos i_2}$$

$$= \frac{\cos i_3\sqrt{1-n^2\sin^2 i_2}}{\cos i_2\sqrt{1-n^2\sin^2 i_3}} = -\frac{\sqrt{\sec^2 i_2 - n^2\tan^2 i_2}}{\sqrt{\sec^2 i_3 - n^2\tan^2 i_3}}$$

$$= -\frac{\sqrt{1+(1-n^2)\tan^2 i_2}}{\sqrt{1+(1-n^2)\tan^2 i_3}} = -1$$

可知 $\tan i_2 = \tan i_3$，在棱镜折射的情况下：$i_2 < \frac{\pi}{2}$，$i_3 < \frac{\pi}{2}$，所以 $i_2 = i_3$。

由折射定律可知，这时 $i_1 = i_4$。因此，当 $i_1 = i_4$ 时，偏向角 δ 具有极小值 δ_{min}。

实验 16　光栅衍射测波长

【实验简介】

光栅是利用多缝衍射原理使光发生色散的一种分光元件。它实际上是一组数目极多、平行等距、紧密排列的等宽狭缝。它可以把不同波长的光分开并形成明亮细窄的谱线。光栅分透射光栅和反射光栅两类：传统工艺制作的透射光栅是在一块透明的平板上刻上大量相互平行等宽而又等间距的刻痕，刻痕处不透光，未刻处透光，于是在平板上就形成了大量等宽而又等间距的狭缝；而反射光栅则是在磨光的硬质合金上刻上许多平行线。20 世纪 60 年代以来，随着激光技术的发展又制造出全息光栅，本实验使用的光栅就是全息光栅。

光栅不仅适用于可见光波，还能用于红外和紫外光波，常被用来精确地测定光波长及进行光谱分析。以衍射光栅为色散元件组成的摄谱仪和单色仪是物质光谱分析的基本仪器之一。光栅衍射原理也是晶体 X 射线结构分析、近代频谱分析和光学信息处理的基础。

【实验目的】

(1) 观察光栅的衍射光谱，理解光栅衍射基本规律。

(2) 进一步熟悉分光计的调节和使用。

(3) 学会利用透射光栅测定光栅常数、光波波长和角色散率。

【实验仪器】

分光计，平面镜，透射光栅，汞灯。

【预习思考题】

(1) 光栅方程 $d\sin\varphi = k\lambda$ 的适用条件是什么？实验中如何判断这些条件是否具备？

(2) 光栅平面应如何正确放在载物台上，这样放置在调节上有何优点？

【实验原理】

如图 1 所示，b 为光栅刻痕宽度，光射到它上面向四处散射而透不过去，两刻痕之间宽度 a 相当于透光狭缝，$d = a + b$ 为相邻两狭缝上相应两点之间的距离，称为光栅常数，它是光栅的基本参数之一。

由夫琅和费衍射理论可知，当一束平行光垂直地投射到光栅平面上时，透过每一狭缝的光都会发生单缝衍射，同时透过所有狭缝的光又会彼此产生干涉，光栅衍射光谱的强度由单缝衍射和多缝干涉两个因素共同决定。用会聚透镜可将光栅的衍射光谱会聚于透镜的焦平面上。

对于衍射角为 φ 的衍射光波，相邻两缝对应点射出的光束的光程差为：

$$\Delta = (a+b)\sin\varphi = d\sin\varphi \tag{1}$$

当衍射角 φ 满足以下条件：

$$d\sin\varphi = k\lambda \quad (k = 0, \pm1, \pm2, \cdots) \tag{2}$$

即光程差等于波长的整数倍时，该衍射角方向上光强将会得到加强而产生明条纹，其他方向的光将全部或部分抵消，式(2)称为光栅方程。当 $k=0$ 时，$\varphi=0$ 得到零级明纹。当 $k=\pm1, \pm2, \cdots$ 时，将得到对称分布在零级条纹两侧的一级、二级……明条纹。

当平行光以入射角 i 入射到光栅平面上时，光栅方程应改写为：

$$d(\sin\varphi \pm \sin i) = k\lambda \quad (k = 0, \pm1, \pm2, \cdots) \tag{3}$$

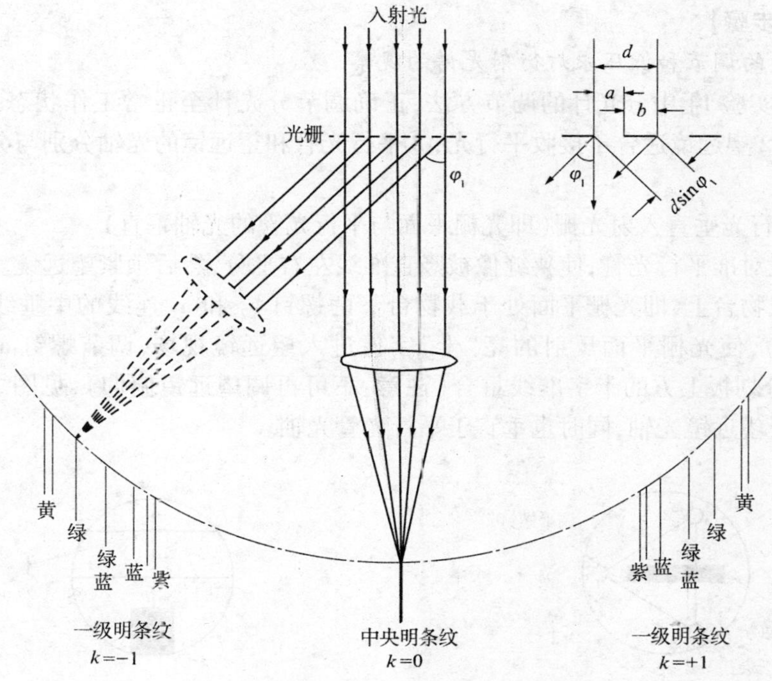

图1　光栅衍射示意图

入射光与衍射光在光栅法线同侧时，式中 $\sin i$ 前取正号，否则取负号。

如果光源发出的是复色光，除零级外，不同波长的同一级谱线将对应不同的衍射角 φ。因此，在透镜焦平面上将出现按波长次序排列的谱线（见图1），称为光栅光谱。例如低压汞灯的每一级光谱中有三条特征谱线容易观察：绿色 $\lambda = 546.07\text{nm}$，黄色两条 $\lambda_1 = 576.96\text{nm}$ 和 $\lambda_2 = 579.07\text{nm}$。

从光栅方程(2)可知，衍射角 φ 是波长 λ 的函数，这就是光栅有色散作用的原因。衍射光栅的色散率 D 定义为：

$$D = \Delta\varphi / \Delta\lambda \tag{4}$$

即同一级的两条谱线衍射角之差 $\Delta\varphi$ 与波长差 $\Delta\lambda$ 的比值。通过对光栅方程(2)的微分，得到 $(d\cos\varphi)d\varphi = k\mathrm{d}\lambda$，所以色散率 D 可表示为：

$$D = \frac{\mathrm{d}\varphi}{\mathrm{d}\lambda} = \frac{k}{d\cos\varphi} \tag{5}$$

色散率 D 是光栅元件的重要参数，在数值上等于波长差为一个单位时的两同级单色光所分开的角间距。由式(5)可知，光栅光谱具有以下特点：光栅常数 d 愈小（即每毫米所含光栅刻线数目越多），角色散率愈大；光谱的级次 k 越高，角色散率越大，光谱分得越开；衍射角 φ 很小时，$\cos\varphi \approx 1$，色散率 D 可看做一常数，此时 $\Delta\varphi$ 与 $\Delta\lambda$ 成正比，故光栅光谱称为匀排光谱。

根据光栅方程(2)，若已知入射光的波长 λ，测出第 k 级明纹的衍射角 φ，即可求出光栅常数 d；反之，若已知光栅常数 d，测出第 k 级明纹的衍射角 φ，即可求出波长 λ。

【实验内容与步骤】

1. 分光计的调节和低压汞灯衍射光谱的观察

(1)参照实验14中分光计的调节方法,正确调节分光计至正常工作状态:①平行光管出射平行光;②望远镜适合于接收平行光;③平行光管和望远镜的光轴分别与分光计中心轴垂直。

(2)使平行光垂直入射光栅(即光栅平面与平行光管的光轴垂直)。

将望远镜对准平行光管,使狭缝像被竖直准线左右平分,然后锁紧望远镜。按图2所示将光栅置于载物台上,即光栅平面处于载物台下两螺钉 a_2 和 a_3 连线的中垂线上。转动游标盘(载物台),使光栅平面反射的亮"十"字像进入望远镜视场,调节螺钉 a_2(或 a_3),使"十"字像与分划板上方的十字准线重合(**注意**:不可再调望远镜俯仰),见图3。此时光栅平面已垂直于望远镜光轴,同时也垂直于平行光管光轴。

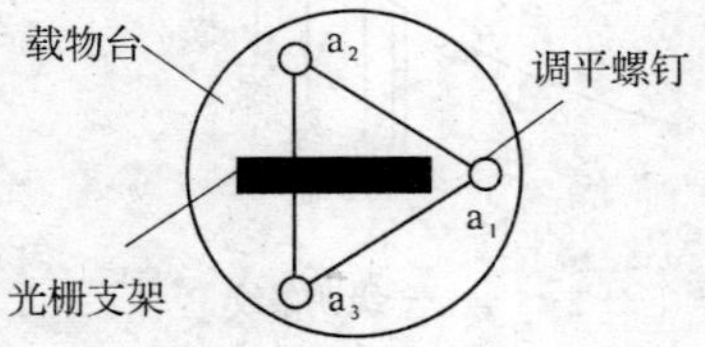

图2　光栅支架的位置

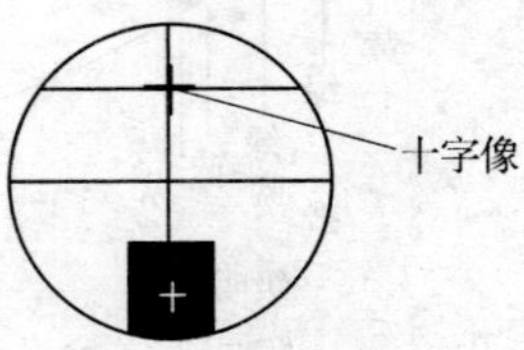

图3　分划板

(3)调节光栅刻痕与分光计中心轴平行。

松开望远镜止动螺钉并转动望远镜,观察汞灯的衍射光谱,中央明纹为白色,望远镜转至左右两侧时,均可看到彩色谱线。调节螺钉 a_1 使谱线与竖直准线平行。

(4)调节平行光管狭缝宽度,以能够分辨出两条紧靠的黄色谱线为准。

2. 测量光栅常数 d

转动望远镜,将分划板的竖直准线对准+1级绿色谱线,记下左右游标的读数 θ_{+1} 和 θ'_{+1};再转动望远镜对准-1级绿色谱线,记下此时左右游标的读数 θ_{-1} 和 θ'_{-1},则绿色谱线的一级衍射角 φ 为:

$$\varphi=\frac{\varphi_{+1}+\varphi_{-1}}{2}=\frac{1}{4}(|\theta_{+1}-\theta_{-1}|+|\theta'_{+1}-\theta'_{-1}|) \tag{6}$$

已知绿色谱线的波长 $\lambda_{绿}=546.07\text{nm}$,由光栅方程(2)即可求出光栅常数 d。重复测量5次,数据填入表1中,求出 d 的平均值和合成不确定度。

3. 测量两条黄色谱线的波长

按上述方法,分别测出两条黄色谱线的一级衍射角 φ_1 和 φ_2,将求出的 $\bar{d}$ 代入光栅方程(2),按照表1自拟表格记录数据,即可算出对应的波长 λ_1 和 λ_2。重复测量5次,分别求出 λ_1、λ_2 的平均值和合成不确定度。

4. 色散率 D 的测量

根据上述步骤3的测量和计算结果,求出 $\Delta\varphi=\varphi_1-\varphi_2$ 和 $\Delta\lambda=\lambda_1-\lambda_2$,计算光栅的色散率 D。

【数据处理与误差分析】

表 1 汞灯光谱衍射角测量数据记录表

级数	游标读数	1	2	3	4	5
$k=+1$	θ_{+1}					
	θ'_{+1}					
$k=-1$	θ_{-1}					
	θ'_{-1}					
$\varphi=\frac{1}{4}(\lvert\theta_{+1}-\theta_{-1}\rvert+\lvert\theta'_{+1}-\theta'_{-1}\rvert)$						
$\bar{\varphi}=\frac{1}{5}\sum_{i=1}^{5}\varphi_i$						

(1)计算光栅常数 d：

$$\bar{\varphi}=\frac{\sum_{i=1}^{5}\varphi_i}{5}\qquad \bar{d}=\frac{k\lambda_{绿}}{\sin\varphi}$$

d 的合成不确定度分析：

$$u_A(\varphi)=\sqrt{\frac{\sum_{i=1}^{5}(\varphi_i-\bar{\varphi})^2}{5-1}}\qquad u_B(\varphi)=\Delta_{仪}$$

$$u_C(\varphi)=\sqrt{u_A^2(\varphi)+u_B^2(\varphi)}$$

$$u_C(d)=\sqrt{\left(\frac{\partial\bar{d}}{\partial\bar{\varphi}}\right)^2u_C^2(\varphi)}=\bar{d}\cot\bar{\varphi}u_C(\varphi)$$

测量结果表达： $d=\bar{d}\pm u_C(d)$

(2)计算汞灯光谱两黄线的波长：

$$\bar{\varphi}=\frac{\sum_{i=1}^{5}\varphi_i}{5}\qquad \bar{\lambda}=\frac{d\sin\varphi}{k}$$

λ 的合成不确定度分析：

$$u_A(\varphi)=\sqrt{\frac{\sum_{i=1}^{5}(\varphi_i-\bar{\varphi})^2}{5-1}}\qquad u_B(\varphi)=\Delta_{仪}$$

$$u_C(\varphi)=\sqrt{u_A^2(\varphi)+u_B^2(\varphi)}$$

$$u_C(\lambda)=\sqrt{\left(\frac{\partial\bar{\lambda}}{\partial\bar{d}}\right)^2u_C^2(d)+\left(\frac{\partial\bar{\lambda}}{\partial\bar{\varphi}}\right)^2u_C^2(\varphi)}$$

$$=\frac{1}{k}\sqrt{\sin^2\bar{\varphi}u_C^2(d)+(\bar{d}\cos\bar{\varphi})^2u_C^2(\varphi)}$$

测量结果表达：

$$\lambda_1=\bar{\lambda}_1\pm u_C(\lambda_1)$$

$$\lambda_2=\bar{\lambda}_2\pm u_C(\lambda_2)$$

(3)色散率 D： $D=\Delta\varphi/\Delta\lambda$

【注意事项】

(1)分光计的调节十分费时,调节好后,实验时不要随意变动,以免重新调节而影响实验的进行。

(2)光栅和分光计上各光学元件严禁用手触摸。

(3)在游标读数时,应注意望远镜转动过程中是否经过了刻度盘零点。

(4)不要用眼睛直视点燃的汞灯,以免灼伤眼睛。

【思考题】

(1)平行光管的狭缝过宽或过窄时,对测量结果是否有影响?

(2)光栅和棱镜都是色散元件,它们所形成的光谱有何区别?

实验 17 双棱镜干涉

【实验简介】

菲涅耳双棱镜是利用单色光产生干涉的著名光学实验装置之一。它是采用分波阵面法获得两束相干光的。实验装置简单,但设计思想巧妙。它通过测量毫米量级的长度,可以推算出小于微米量级的光波波长。虽然在激光出现之后,设法获得相干光源已不如早期那样重要,但双棱镜干涉在实验构思上颇具代表性,在实验装置调整问题上仍然具有重要意义。1881 年菲涅耳用双棱镜实验和双面镜实验再次证明了光的波动性质,为波动光学奠定了坚实的基础。

【实验目的】

(1)掌握光路同轴等高调节方法及测微目镜的使用方法。

(2)观察双棱镜干涉现象,并用它测量光波波长。

【实验仪器】

光学平台,He - Ne 激光器及电源,扩束镜,狭缝,双棱镜,透镜,测微目镜,白屏等。

【预习思考题】

(1)若观察到的干涉条纹模糊不清, 应从什么方面找原因?

(2)在测量过程中,狭缝与双棱镜的间距能否改变?

(3)在测量干涉条纹位置坐标时,测微目镜分划板只能沿着一个方向移动,不能来回测量,为什么?

【实验原理】

双棱镜可看做是由两个折射棱角很小(小于1°)的直角棱镜底边相接而成的(见图1)。借助于双棱镜可使从光源 S 发出的光的波阵面沿两个不同方向传播。相当于虚光源 S_1 及 S_2 发出的两束相干光。在两束光交叠空间的任何位置上将有干涉发生,在该区域内可以接收并观察到干涉条纹(见图2)。

双棱镜干涉条纹间距的计算方法如下。在图 3 中,若 S_1 和 S_2 之间的距离为 d,S 至观察屏的距离为 D(当用测微目镜代替屏进行观察时,则为 S 至目镜的可动分划板间的距离),P_0 为屏上与 S_1 及 S_2 等距离的点,在该点处两束光波的光程差也为零,因而两束光波相互加强而形成零级的亮条纹。在 P_0 点的两边还排列着明暗相间的干涉条纹。

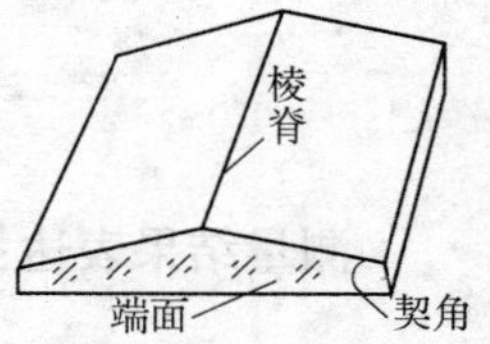

图 1 双棱镜外形

设 S_1 和 S_2 到屏上 P_k 点的光程差为 δ，当 $D \gg d$ 且 $D \gg x_k$ 时

$$\frac{\delta}{d} \approx \frac{x_k}{D} \tag{1}$$

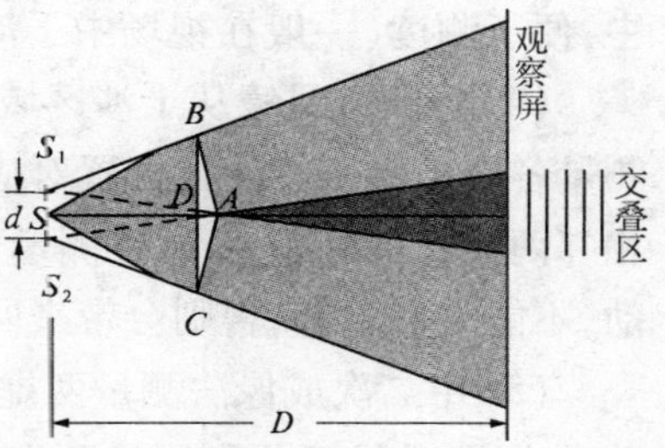

图 2　双棱镜干涉

根据相干条件，若光程差 δ 满足 $\delta = \frac{x_k d}{D} = k\lambda$ $(k = 0, \pm 1, \pm 2, \cdots)$，则形成明纹；

若光程差 δ 满足 $\delta = \frac{z_k d}{D} = (2k-1)\frac{\lambda}{2}$　$(k = \pm 1, \pm 2, \cdots)$，则形成暗纹。

这样，两相邻明纹（或暗纹）的间距为：

$$\Delta x = \frac{D}{d}\lambda \tag{2}$$

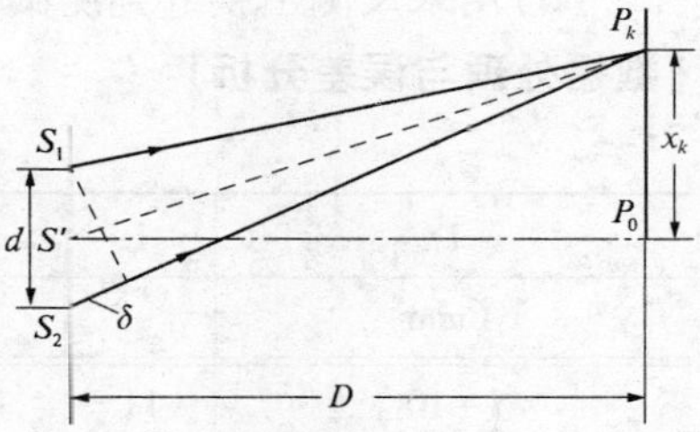

图 3　干涉分析光路

如果测得 D、d 及相邻两条纹间距 Δx，便可由式(2)求出 λ 值。

用测微目镜可测出 Δx 值，D 可直接量出，因而只要设法测出 d，即可从式(2)计算出光的波长 λ。测量 d 的方法为“二次成像法”。如图 4 所示，在双棱镜与测微目镜（观察屏）之间加入一焦距为 f 的凸透镜 L。当 $D > 4f$ 时，前后移动透镜 L 则在测微目镜中将会看到两虚光源所成的缩小像和放大像，分别测出缩小像和放大像的间距 d_1 和 d_2。由几何光学可知：

$$d = \sqrt{d_1 d_2} \tag{3}$$

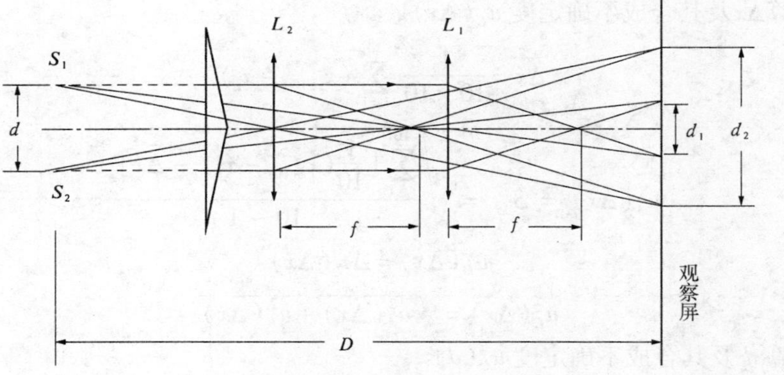

图 4　二次成像法

【实验内容与要求】

(1) 布置光路。调节各元件等高、共轴。激光束通过扩束镜和狭缝后，要对称地入射于双棱镜的棱脊上，否则看不到清晰的干涉条纹。

(2) 狭缝的取向与棱脊平行并同时垂直于光学平台；反复调整狭缝的取向和宽度，直到干涉条纹清晰。

(3) 缓慢调整狭缝与双棱镜间的距离，观察干涉条纹疏密程度的变化，找出这种变化的定性规律，并加以解释。再次调整间距（此间距应小于透镜 L 的焦距），使干涉条纹疏密适

中,便于测读(一般在视场中干涉条纹数至少有 10 条以上)。

(4)将测微目镜从干涉区域的一端逐步移向另一端,并使其移动方向和干涉条纹垂直。测量各级干涉条纹所在位置对应的读数 $x_1, x_2, x_3, \cdots, x_{20}$,记录数据于表 1。用逐差法算出相邻两条纹的间距 Δx。在测量干涉条纹位置 x_k 时,测微目镜分划板只能沿着一个方向移动,不能来回测量,否则会带来回程误差。

(5)用二次成像法测量两虚像 S_1、S_2 的距离 d。在双棱镜和测微目镜间插入透镜 L,移动 L,用测微目镜分别测量两个虚光源所成的缩小像的间距 d_1 和放大像的间距 d_2,代入式(3)得出 d。

(6)用米尺测出狭缝到测微目镜分划板(观察屏)间的距离 D。

【数据处理与误差分析】

表 1　条纹间距测量数据

i	1	2	3	4	5	6	7	8	9	10
x_i(mm)										
$i+10$	11	12	13	14	15	16	17	18	19	20
x_{i+10}(mm)										
$x_{i+10}-x_i$(mm)										
$\overline{x_{i+10}-x_i}$(mm)										
$\overline{\Delta x}=\frac{1}{10}\overline{(x_{i+10}-x_i)}$(mm)										

(1)计算 $\overline{\Delta x}$ 及其合成不确定度 $u_C(\Delta x)$。

$$\overline{\Delta x}=\frac{1}{10\times 10}\sum_{i=1}^{10}(x_{i+10}-x_i)$$

$$u_A(\Delta x)=S_{\Delta x}=\sqrt{\frac{\sum_{i=1}^{10}\left[\frac{1}{10}(x_{i+10}-x_i)-\overline{\Delta x}\right]^2}{10-1}}$$

$$u_B(\Delta x)=\Delta_{仪}(\Delta x)$$

$$u_C(\Delta x)=\sqrt{u_A^2(\Delta x)+u_B^2(\Delta x)}$$

(2)计算 d 及其合成不确定度 $u_C(d)$。

$$d=\sqrt{d_1 d_2}$$

$$u_C(d_1)=u_C(d_2)=u_B(d_1)=u_B(d_2)=\Delta_{仪}(d)$$

$$u_C(d)=\frac{1}{2}\sqrt{\frac{d_1^2+d_2^2}{d_1 d_2}}\cdot\Delta_{仪}(d)$$

(3)计算 $\bar{\lambda}$ 及其合成不确定度 $u_C(\lambda)$。

$$\bar{\lambda}=\frac{\overline{\Delta x}d}{D}$$

$$u_C(D)=u_B(D)=\Delta_{仪}(D)$$

$$u_C(\lambda)=\bar{\lambda}\sqrt{\left(\frac{u_C(\Delta x)}{\Delta x}\right)^2+\left(\frac{u_C(D)}{D}\right)^2+\left(\frac{u_C(d)}{d}\right)^2}$$

（4）结果表示： $\lambda=\bar{\lambda}\pm u_C(\lambda)$，$E=\frac{u_C(\lambda)}{\bar{\lambda}}\times 100\%$

【注意事项】

（1）注意两个虚光源的位置在双棱镜附近，实验中不要测错物距。

（2）实验公式中的 D 值是狭缝至光屏间的距离，亦即狭缝至测微目镜分划板的距离。

（3）测量过程中不能移动双棱镜。

【仪器介绍】

测微目镜（如图 5 所示）用于测量微小长度，主要由目镜、分划板、读数鼓轮等组成。旋转读数鼓轮，可以推动活动分划板左、右移动；活动分划板与带有毫米刻度的固定玻璃标尺紧贴在一起。

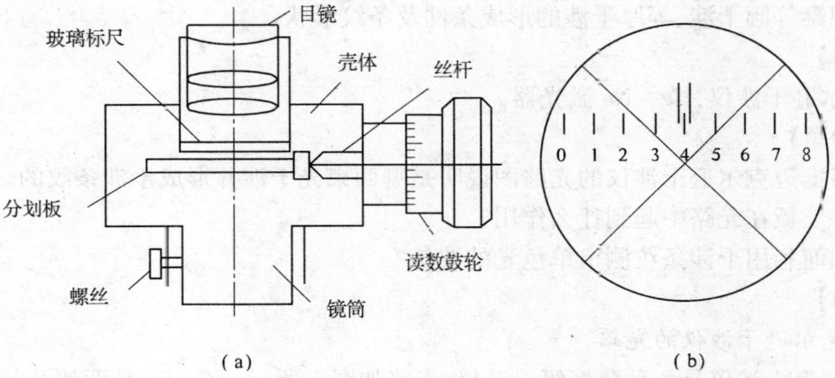

图 5 测微目镜

测量方法：①调节目镜，使分划板叉丝清晰，无视差；②转动鼓轮，使叉丝的交点（或双线）与被测物的一边重合，读取一个数；同向转动鼓轮，使叉丝交点（或双线）与被测物的另一边重合，再读一个数，两数之差即为被测物的长度。毫米以上的数位从标尺上读取，毫米以下数位从测微鼓轮上读取。读数鼓轮圆周上刻有 100 个等分格，鼓轮每转一圈，活动分划板在垂直于目镜光轴的方向移动 1mm，所以鼓轮的分度值为 0.01mm，可估读到 0.001mm。

【思考题】

（1）由实验调节过程说明得到清晰的、对比度好的干涉条纹的关键是什么？

（2）结合实验现象，讨论分析狭缝宽度对干涉现象的影响、改变狭缝与双棱镜的间距时干涉条纹的变化规律以及移动测微目镜时干涉条纹的变化情况。

实验 18 用迈克尔逊干涉仪测单色光的波长

【实验简介】

迈克尔逊干涉仪是利用分振幅法产生双光束以实现干涉的一种精密光学仪器，它是美国物理学家迈克尔逊（A. A. Michelson）为研究地球上的“以太风”而于 1881 年设计的，但实验结果却否定了“以太风”的存在。1887 年迈克尔逊和另外一位美国物理学家莫雷（E. W.

Morley)合作进一步用实验否定了“以太风”的存在，然而却为爱因斯坦(A. Einstein)建立狭义相对论奠定了有力的实验基础。此后，迈克尔逊又借助干涉仪首次系统地研究了光谱的精细结构并直接用光谱线的波长标定了标准米尺，为近代物理和近代计量技术做出了重大贡献。由于发明了以他的名字命名的精密光学仪器以及借助这些仪器所作的基本度量学上的研究，迈克尔逊于 1907 年获得了诺贝尔物理学奖。后人利用迈克尔逊干涉仪的原理又设计出各种专用干涉仪，如检测棱镜用的泰曼干涉仪，研究光谱分布用的傅立叶干涉分光计等。

本实验借助迈克尔逊干涉仪测量单色光的波长，并观察等倾干涉、等厚干涉的形成条件及条纹形状。

【实验目的】

(1)了解迈克尔逊干涉仪的原理、结构及调节方法。

(2)利用点光源非定域干涉条纹的变化测定 He－Ne 激光的波长。

(3)观察等倾干涉、等厚干涉的形成条件及条纹形状。

【实验仪器】

迈克尔逊干涉仪，He－Ne 激光器。

【预习思考题】

(1)根据迈克尔逊干涉仪的光路图说明是哪两束光干涉并形成干涉条纹的。

(2)补偿板在光路中起到什么作用?

(3)如何利用干涉条纹测出单色光的波长?

【实验原理】

1. 迈克尔逊干涉仪的光路

迈克尔逊干涉仪是一种分振幅干涉仪，光路如图 1 所示。G_1、G_2 是两块几何形状、物理性能完全相同且相互平行的平面玻璃，M_1、M_2 是两块相互垂直的反射镜，平面玻璃和反射镜夹角为 45°。从单色光源 S 发出的一束光以 45°角入射到 G_1 上，G_1 的后表面镀有一层半透半反膜，光束被分成强度几乎相等且相互垂直的两束光 1 和 2，G_1 为分光板。光束 1 和 2 分别垂直入射到反射镜 M_1、M_2 上，经反射后入射到光屏上。由于光束 1 和 2 是两相干光束，在光屏上便可观察到干涉条纹。

2. 干涉条纹的图样

(1)点光源产生的非定域干涉条纹。

如图 2 所示，M'_2 是反射镜 M_2 被 G_1 反射所成的虚像，M_1 与 M'_2 平行，G_1 与 M_1 成 45°角。点光源 S 发出的球面波入射到 G_1 上，经 G_1 分束及 M_1、M'_2 反射后，射向屏 E 的光可看成是由等效光源 S'_1、S'_2 发出的。其中，S'_1 为 S' 经 M_1 成的像，S'_2 为 S' 经 M'_2 成的像。S' 为点光源 S 经 G_1 成的像。S'_1、S'_2 发出的球面波在其相遇的空间处处相干，在此空间任意位置放一接收屏都可以观察到干涉条纹，故称这种干涉为非定域干涉。

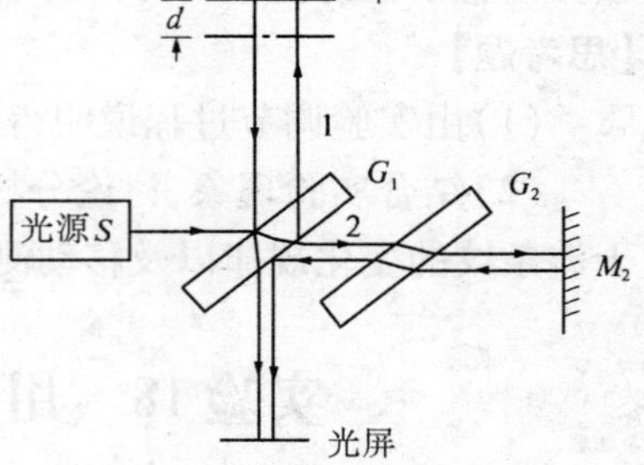

图 1　迈克尔逊干涉仪光路示意图

如果 M_1 与 M'_2 之间的距离为 d，则 $S'_1S'_2 = 2d$。考察屏 E 上任意一点 P 的干涉情况，设 PS'_2 与 $S'_1S'_2$ 之间的夹角为 θ(θ 很小)，则由等效光源 S'_1、S'_2 发出的球面波到达 P 点的光程

差为

$$\Delta=\overline{PS_2'}-\overline{PS_1'}\approx 2d\cos\theta$$

当 $\Delta=2d\cos\theta=k\lambda$ 时，P 点出现明纹；当 $\Delta=2d\cos\theta=(k+1/2)\lambda$ 时，P 点出现暗纹，其中 $k=0,1,2,\cdots$ 称为干涉级数。可以看出，夹角 θ 相同的锥形光束射到屏上时，各点的光程差和干涉情况均与 P 点相同。所以，当屏 E 与 $S_1'S_2'$ 连线垂直时，在屏 E 上可以看到一组明暗相间的同心圆环，圆心在 $S_1'S_2'$ 的延长线与屏 E 的交点 P_0 处。干涉条纹的特征是中间粗且疏，外围细且密。

在圆心处，$\theta=0$，$\cos\theta=1$，因此在圆心处的干涉条纹级数最高，越往边上条纹级数越低。在圆心处的光程差及干涉条纹的情况为：当 $\Delta=2d=k\lambda$ 时，圆心 P_0 点出现明纹；当 $\Delta=2d=(k+1/2)\lambda$ 时，圆心 P_0 点出现暗纹。显然，圆心处干涉条纹的级数 k 会随着光程差的变化而变化，如果沿着 $S_1'S_2'$ 连线方向移动 M_1 使 d 增大，干涉级数 k 就会增大，干涉环呈现圆心向外"吐出"的现象；反之，k 减小，干涉环呈现向圆心"吞入"的现象。由圆心出现明纹时 d 与 λ 的关系可知，圆心处"吞入"或"吐出"一个干涉环，d 必定变化了 $\lambda/2$。因此，常把圆心"吞入"或"吐出"的干涉环的总数 Δk 与 d 的变化量 Δd（即 M_1 的移动距离）之间的关系式写成

$$\Delta d=\Delta k\lambda/2$$

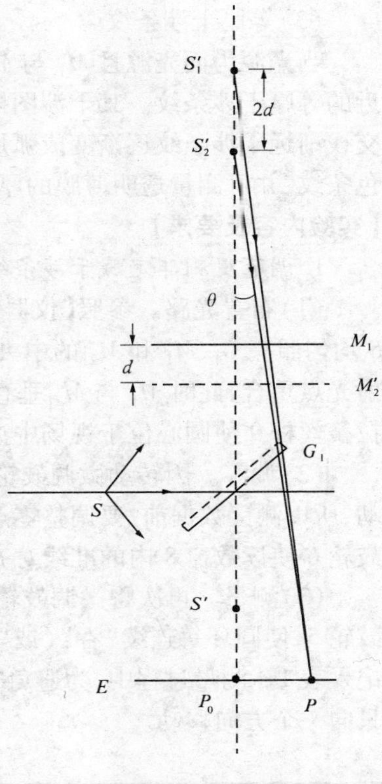

图 2　点光源非定域干涉光路示意图

上式可变形为

$$\lambda=\frac{2\Delta d}{\Delta k} \tag{1}$$

因此，若测出 Δd 和 Δk 就可算出光波波长 λ。反之，若 λ 已知，测出 Δk 即可算出 Δd。当屏 E 与 $S'_1S'_2$ 连线不垂直时，在屏上可观测到一组椭圆条纹或双曲线条纹。

(2) 等倾干涉条纹。

若光源为面光源 X，如图 3 所示，则 X' 和 X'' 为等效面光源。从 X'' 发出的倾角为 i 的光线与从 X' 发出的倾角为 i 的光线相互平行，它们之间的光程差为 $\Delta=2d\cos i$，它们在无穷远处相遇并形成干涉图样，因为只有在无穷远处才可看到干涉图样，故干涉条纹是定域的。若用凸透镜会聚光束，则在透镜焦平面上呈现出明暗相间的同心圆环干涉图样（因透镜不改变光线之间的光程差，故在焦平面上的干涉图样与无穷远处的干涉图样相同）。出现明纹的地方满足 $\Delta=2d\cos i=k\lambda$，出现暗纹的地方满足 $\Delta=2d\cos i=(k+1/2)\lambda$，$k=0,1,2,\cdots$。实际上一般不用透镜，只要用眼睛对着光束直接观察（眼睛

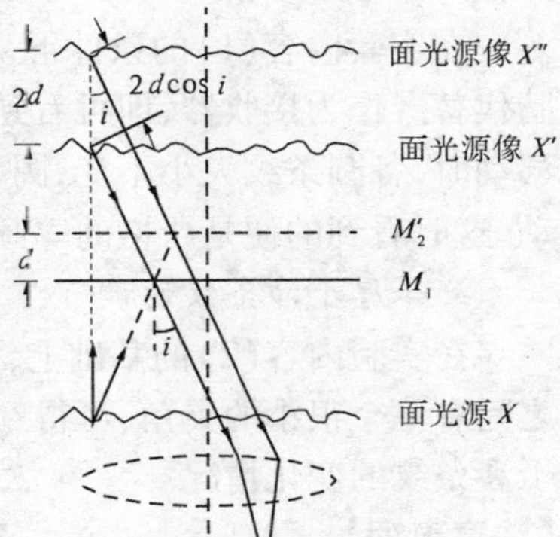

图 3　面光源等倾干涉光路示意图

即是透镜)即可看到干涉图样。干涉环的"吞"(或"吐")和 M_1 的移动量的关系与非定域干涉相同。

(3)等厚干涉条纹。

当光源为面光源且 M_1 与 M_2' 不平行而有一个很小的楔角时,可得到定域在反射镜面附近的等厚干涉条纹。其干涉图样是:在 M_1 与 M_2' 交线处是暗纹,在交线附近是直线条纹,离交线渐远干涉条纹逐渐变成弧形,凸向两镜的交线。利用等厚干涉可观察到白光干涉的彩色条纹,并可测量透明薄膜的厚度或折射率。

【实验内容及要求】

1. 调节观测非定域干涉条纹并测量单色光波长

(1)布置光路。参照【仪器介绍】中的调节方法及图 4 调整迈克尔逊干涉仪,使点光源 S 均匀照亮 G_1、M_1 和 M_2 的中央部分。观察并调节 M_2 后的螺钉,使 M_1 和 M_2 产生的两组反射光点重合,此时 M_1 与 M_2 垂直,这时在屏上可看到同心圆条纹。调节固定反射镜 M_2 后的拉簧丝杆 9 使圆心位于视场中央。

(2)调零。因转动微调鼓轮时,粗调鼓轮随之转动;而转动粗调鼓轮时,微调鼓轮则不动,所以测读数据前,要调整零点。方法是:先将微调鼓轮 5 的准线调至零刻线,再调节粗调鼓轮 6 使读数窗 8 内的准线对齐任一刻度线。

(3)测量。再次将微调鼓轮同方向旋转一周至零点,记下此时 M_1 的位置 x_0;转动微调鼓轮 5,使圆环每连续"吞"(或"吐")100 环,记录一次 M_1 的位置 x_i,连续测量 9 次,将数据记入表 1。测量过程中,为避免"回程差"应保证按同一个方向转动微调鼓轮,即反射镜 M_1 只向一个方向移动。

表 1　测量 He－Ne 激光波长

位置	x_0	x_1	x_2	…	x_9
数据(mm)					

(4)用逐差法处理数据,求出对应于圆心处"吞"或"吐"100 个干涉环(即 $\Delta k=100$)时反射镜 M_1 移动的平均距离 $\overline{\Delta d}$ 及不确定度 $u_C(\Delta d)$。通过式(1),计算单色光的波长 λ 及其不确定度 $u_C(\lambda)$。

2. 等倾干涉条纹的调节

在实验内容(1)的条件下,把一块毛玻璃放在点光源 S 与 G_1 之间,得到面光源。用眼睛代替屏作为接收器,即可看到圆条纹。进一步微调 M_2 后的拉簧丝杆 9,使眼睛上下左右移动时,各圆条纹大小不变,圆心处不"吞"也不"吐"条纹,而仅仅是圆心随眼睛的移动而移动,这时看到的便是严格的等倾干涉条纹了。转动微调鼓轮 5,观察条纹的变化情况。

3. 等厚干涉条纹的调节

在实验内容(2)的基础上,移动 M_1 和 M'_2 大致重合,调节 M_2 后面的螺钉,使 M_1 和 M'_2 之间有一个很小的夹角,可得到定域在反射镜面附近的等厚干涉条纹。单向移动 M_1,观察干涉条纹的变化情况。

【注意事项】

(1)迈克尔逊干涉仪系精密光学仪器,使用时应注意防尘、防震;不要对着仪器说话、咳嗽等;测量时动作要轻缓,尽量使身体部位离开实验台面,以防震动;不能触摸光学元件表面。

(2)激光束光强极高,切勿用眼睛直视,防止视网膜遭受永久性损伤。

(3)测量过程中要防止回程误差。测量时,微调鼓轮5只能沿一个方向转动(必须和粗调鼓轮6转动方向一致),否则全部测量数据无效,应重新测量。

【仪器介绍】

迈克尔逊干涉仪

1. 结构

迈克尔逊干涉仪的结构如图4所示。

$1(G_1)$、$2(G_2)$是两块几何形状、物理性能完全相同且相互平行的平行平面玻璃,分别称为分光板和补偿板,G_1靠近G_2的一面镀有半透明铬膜。补偿板的作用是使两束相干光的光程差完全与波长无关(由于分光板的色散作用,光程是λ的函数,因此做定量测量时,没有补偿板的干涉仪只能用于准单色光源,有了补偿板就可以消除色散的影响,即使波带宽的光源也会产生可分辨的条纹),且保证两光束在玻璃中的光程完全相同。因而,对不同的单色光都完全可将M'_2等效于M_2。$3(M_2)$和$4(M_1)$是两块经过精细磨光镀膜的反射镜,转动微调鼓轮5,可带动粗调鼓轮6,使反射镜M_1沿导轨7移动,M_1称为动镜。移动量可从导轨7上的标尺(最小刻度1mm)、读数窗口8(最小刻度0.01mm)、微调鼓轮5(最小刻度0.000 1mm)读出。M_2固定在仪器上,称为定镜。

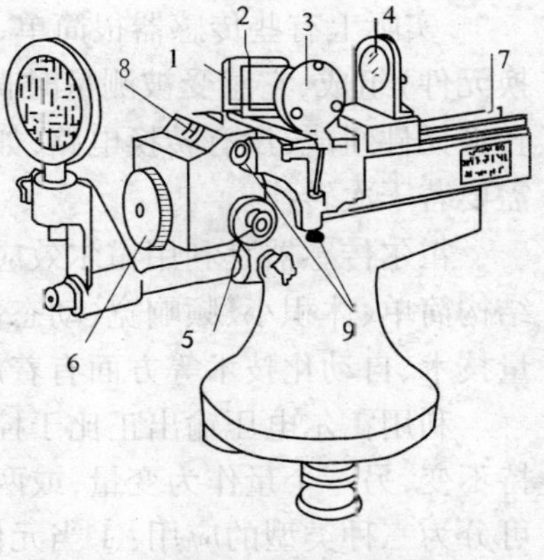

图4 迈克尔逊干涉仪结构图

反射镜M_1和M_2后面分别有三个可调螺钉,可调节使M_1与M_2相互垂直或成一个角度。M_2的镜架附有水平和竖直拉簧丝杆,可以调节干涉条纹的整体沿水平或竖直方向移动。

2. 调节方法

将He-Ne激光器置于分光板前,使光源与反射镜M_2等高、共轴。调节M_2后的三个螺钉,使其反射的一排光点与M_1反射的一排光点重合,这时入射光束大致垂直于M_2,且M_2大致垂直于M_1。

【思考题】

关于实验简介中提到的“以太风”,你了解多少?原本用来证明它存在的迈克尔逊-莫雷实验却恰好否定了它的存在,由此你能受到哪些启发?

实验19 霍尔位移传感器

【实验简介】

1. 传感器的定义

传感器是能够感受规定的被测量(主要是非电量)并按照一定规律能将之转换成可用输出信号(主要是电量)的器件或测量装置。这一定义包含了以下几个方面的含义:①传感器是测量装置,能完成测量任务;②它的输入量是某一被测量,如物理量、化学量、生物量等;

③它的输出与输入之间有对应的关系,且输出量要便于传输、转换、处理、显示等。

2. 传感器的组成

传感器一般由敏感元件、转换元件、转换电路三部分组成,组成框图如图 1 所示。

图 1　传感器组成方框图

实际上有些传感器很简单,但有些较为复杂。最简单的传感器由一个敏感元件(兼转换元件)组成,它感受被测量时直接输出电量,如热电偶传感器。有些传感器由敏感元件和转换元件组成,没有转换电路,如压电式加速度传感器。还有些传感器转换元件不止一个,需要若干次转换。

霍尔传感器是利用霍尔效应来工作的一类传感器的总称。霍尔元件具有对磁场敏感、结构简单、体积小、频响宽、动态范围大(输出电势的变化大)、使用寿命长等优点,因此在测量技术、自动化技术等方面有着广泛的应用。

利用霍尔电压输出正比于控制电流和磁感应强度乘积的关系,可分别使其中一个量保持不变,另一个量作为变量,或两者都作为变量,以进行不同量的测量。因此,霍尔元件大致可分为三种类型的应用:①当元件的控制电流恒定,而使元件所感受的磁场因元件与磁场的相对位置、角度的变化而变化时,元件的输出电压正比于磁感应强度,这方面的应用有测量恒定和交变磁场的高斯计以及位移计等;②当元件的控制电流和磁感应强度都作为变量时,元件的输出电压与两者乘积成正比,这方面的应用有乘法器、功率计等;③保持磁感应强度恒定不变,利用元件输出电压与电流成正比的关系,可以做成过程电流控制装置。本实验控制流过霍尔元件的电流为恒定值,利用霍尔电压输出随霍尔元件在磁场中位置的变化而变化的特点来实现位移测量。

【实验目的】

(1)了解霍尔电压产生的机制。

(2)学会用霍尔元件测量位移的基本方法。

【实验仪器】

CSY－3000 传感器综合实验仪主控台,霍尔传感器实验模板,线性霍尔位移传感器,螺旋测微头,导线等。

【预习思考题】

(1)霍尔电压是如何产生的?

(2)如何提高霍尔元件的灵敏度?

【实验原理】

1. 霍尔元件的工作原理

霍尔效应是美国科学家霍尔在 1879 年发现的一种物理效应。如图 2 所示的长方形半导体薄片叫霍尔片。霍尔片的厚度为 b,宽度为 a,长度为 L。将霍尔片置于磁场中,磁感应强度垂直于薄片平面。沿薄片长边的方向通以电流 I,如图 2(a)和图 2(b)所示。

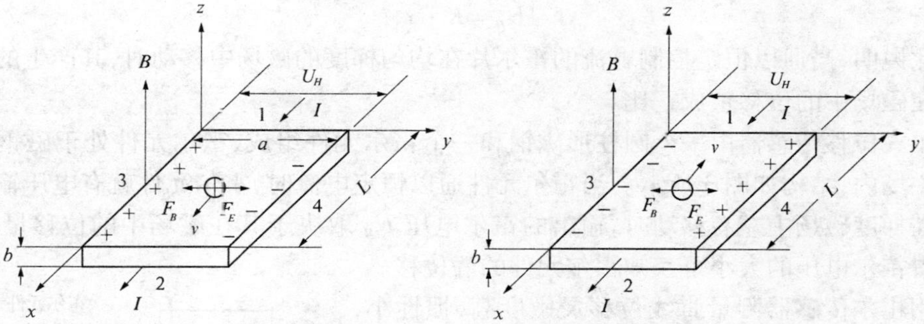

(a) 载流子为正电荷　　　　(b) 载流子为负电荷

图2　霍尔效应原理图

流经磁场的载流子由于受到洛仑磁力 $F_B = qvB$（q 为单个载流子带电量，v 为载流子平均速度）的作用，将向薄片侧边积累，则在垂直于电流 I 和磁场 B 的方向上出现一个电位差 U_H，这种现象称为霍尔效应，U_H 称为霍尔电压。霍尔电压在两个侧面（图2 中3 与4 所代表的侧面）间建立电场，载流子同时又受到电场力 $F_E = qU_H/a$ 的作用，F_B 与 F_E 方向恰好相反。随着电荷的积累，电场力 F_E 越来越大，当 $F_E = F_B$ 时载流子不再偏转，则霍尔电压 U_H 稳定：

$$qvB = qU_H/a \tag{1}$$

若载流子浓度为 n，则：

$$I = banqv \text{ 或 } v = \frac{I}{banq} \tag{2}$$

将式(2)代入式(1)中可得：

$$U_H = \frac{IB}{nqb} = R_H \frac{IB}{b} \tag{3}$$

式中 $R_H = \frac{1}{nq}$ 称为霍尔系数，是反应材料霍尔效应强弱的重要参数。进一步地定义霍尔元件灵敏度 K_H 为：

$$K_H = \frac{R_H}{b} = \frac{1}{nqb} \tag{4}$$

这样式(3)可写为：

$$U_H = K_H IB \tag{5}$$

由式(5)可以看出，当电流恒定时，霍尔电压 U_H 与磁感应强度 B 成正比。

2. 位移传感器的工作原理

在梯度磁场内的磁感应强度 B 是位置的函数，当半导体材料与形状（厚度）确定后，流过霍尔元件的激励电流也为定值时，输出霍尔电压就是位移的单值函数，这也是霍尔传感器测量位移的工作原理。如果在一定范围内 B 沿 x 方向的变化梯度 $\frac{dB}{dx}$ 为一常量，当霍尔片在这样的磁场中沿该方向移动时，霍尔电压 U_H 的变化为

$$\frac{dU_H}{dx} = K_H I \frac{dB}{dx} = K \qquad (K \text{ 为常量})$$

将上式积分后得

$$U_H = K \cdot x \tag{6}$$

由此说明,当通以恒定控制电流的霍尔片在均匀梯度的磁场中移动时,其产生的霍尔电压与它在磁场中的位移量成正比。

霍尔式位移传感器由一个圆柱形磁钢和一个霍尔元件组成,霍尔元件处于磁钢所建立的梯度磁场内,结构如图3所示。当霍尔元件通以恒定电流时,霍尔元件就有电压输出。霍尔元件在梯度磁场中左右移动时,输出的霍尔电压 U_H 取决于其在磁场中的位移量 x,所以通过测得霍尔电压的大小可获知霍尔元件的静位移。

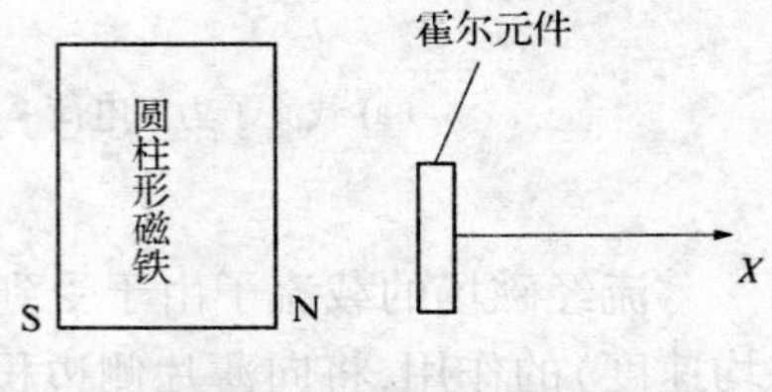

图3　霍尔式位移传感器结构图

采用霍尔传感器测量直线位移灵敏度高,惯性小,响应速度快。但在实验中发现,霍尔位移传感器的线性区较小,其较小的测量范围极大地限制了在测量直线位移方面的应用,必须采取相应的措施来拓展它的线性测量范围。

【实验内容与要求】

(1)将霍尔传感器按图4安装。霍尔传感器与实验模板的连接按图5进行。1、3端接±4V电源,2、4端为输出。

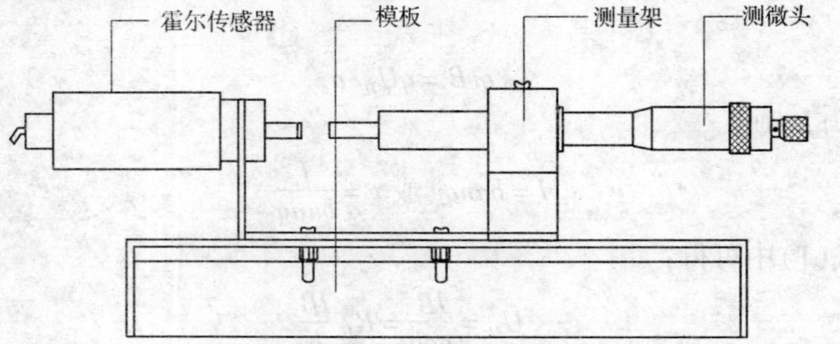

图4　霍尔传感器安装示意图

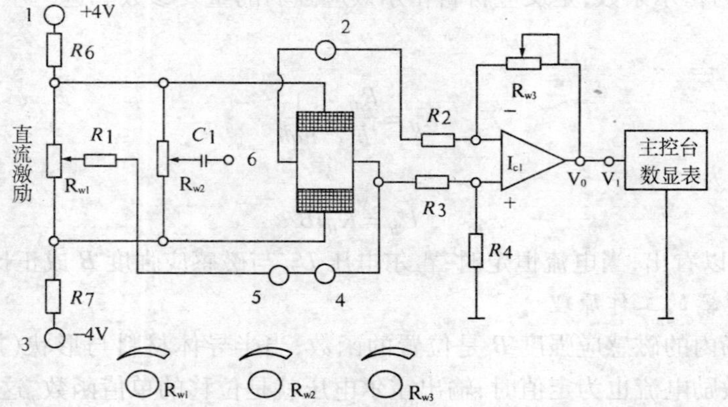

图5　霍尔传感器位移实验直流激励接线图

(2)开启电源,接入±15V模板电源,调整测微头使磁钢紧贴霍尔元件,拧紧测量架顶部的固定螺钉,调节 R_{W1} 使数显电压表指示为零(数显表置2V挡)。

(3)向右单向旋转测微头,每转动0.200mm或0.500mm记录数字电压表读数,并将读数填入表1。

表 1　霍尔位移传感器位移量与输出电压的关系

X(mm)				…						
U(V)				…						

(4)根据实验记录数据做出 $U \sim X$ 关系曲线，指出线性工作范围，用最小二乘法或图解法计算霍尔传感器工作在线性范围时的系统灵敏度 S(即直线的斜率)，并计算其合成不确定度。

【数据处理与误差分析】

用最小二乘法进行直线拟合，首先要用图示法确定拟合范围，也就是确定哪些测量量可以拟合在直线范围内。根据图示，假设(X_1, U_1)，(X_2, U_2)，…(X_n, U_n)在直线范围内，对这些数据进行直线拟合，数据处理过程如表 2 所示。用最小二乘法进行直线拟合所求得的斜率和截距仍然是有误差的，其不确定度的估算较为复杂(参见第 1 章第 7 节"数据处理的基本方法")，请同学们在充分了解和掌握之后加以运用。

表 2　霍尔位移传感器位移量数据处理表

X_i(mm)	X_1	X_2				…				X_n
U_i(V)	U_1	U_2				…				U_n

$\overline{X} = \frac{1}{n}\sum_{i=1}^{n} X_i =$	$\overline{U} = \frac{1}{n}\sum_{i=1}^{n} U_i =$
$\overline{X^2} = \frac{1}{n}\sum_{i=1}^{n} X_i^2 =$	$\overline{XU} = \frac{1}{n}\sum_{i=1}^{n} X_i U_i =$
斜率 $S = \frac{\overline{X} \cdot \overline{U} - \overline{XU}}{(\overline{X})^2 - \overline{X^2}} =$	截距 $a = \overline{U} - S\overline{X} =$

【注意事项】

(1)主控台在实验前应预热 20min 左右。

(2)接入到实验模板上的 ±15V 电源极性不能颠倒，否则差动放大器不能工作。

(3)实验模板与主控台之间应有地线相连。

(4)确保模板上的 ±4V 电压正确无误，否则电压过大容易将霍尔片烧毁。

【仪器介绍】

CSY－3000 传感器综合实验仪主控台的面板如图 6 所示，其主要由八部分组成，下面分别介绍各部分的功能。

(1)直流稳压电源。可以为实验提供 2V、4V、6V、8V、10V 的直流电压。

(2)测量数显部分。该部分主要由数显表与挡位选择旋钮组成。当选择 2V 或 20V 挡位时，数显表显示的是电压值(注意数显表上的点为小数点，单位为伏特)，当选择 2k 或 20k 挡位时数显表显示的是频率值。

(3)模块电源。该部分为传感器模块提供 ±15V 的直流电源，注意接线要与模块本身的正负极性对应，切不可位置颠倒。

(4)音频振荡器。该部分提供 0.4～10kHz 的音频信号。当音频振荡器接低阻负载(小于 100Ω)时，应从 L_V 插口输出。

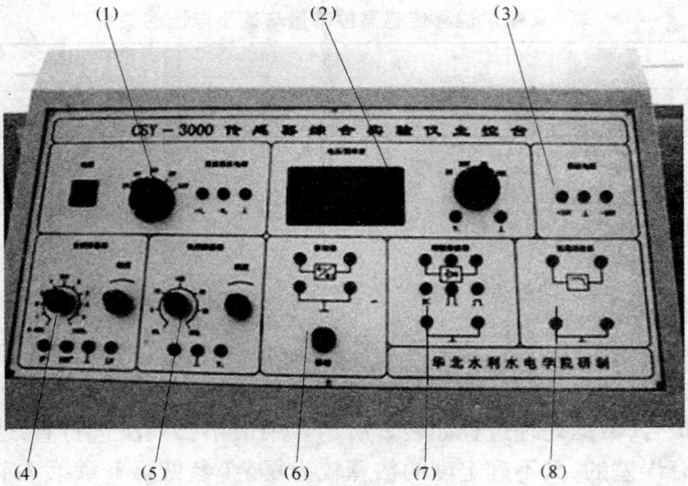

图 6　CSY－3000 传感器综合实验主控台面板结构

(5)低频振荡器。提供 1～30Hz 的低频信号源，使用时要由小到大逐渐增大幅度直到符合需要(否则易造成振荡器件损坏)。

(6)移相器。

(7)相敏检波器。

(8)低通滤波器。

【思考题】

(1)利用霍尔传感器如何测量磁感应强度?

(2)霍尔传感器有何用途？举例说明。

实验 20　霍尔转速传感器

【实验简介】

在工程实践中，经常遇到各种测量转速的场合，如机床主轴、发动机、电动机等旋转设备的测试。转速测量方法大致可分为模拟式和数字式两种。前者的输出信号值是转速的线性函数，后者的输出信号频率与转速成正比。霍尔转速传感器采用数字式的工作方式，它在测量中得到的是脉冲信号，通过对脉冲信号的计数，再经过后续电路的处理得到转速的大小。霍尔传感器反应速度快、测量准确，同时又具有抗粉尘、油污等特点，使得其应用范围广泛。

利用霍尔元件测量转速的方案很多。其一是将永久磁铁装在旋转体上并与旋转体一起转动，霍尔元件位置固定，当永久磁铁通过霍尔元件时，霍尔元件输出一个电脉冲，由脉冲信号的频率便可得到转速值。其二是将永久磁铁装在靠近带齿旋转体的侧面，磁铁 N 极与 S 极的距离等于齿距。霍尔元件粘贴在磁极的端面。齿轮每转过一个齿，霍尔元件便输出一个电脉冲，测定脉冲信号的频率便可得到转速值。本实验应用的是前一种方法。

【实验目的】

了解霍尔转速传感器的测速原理。

【实验仪器】

霍尔转速传感器，SET－300 型转速测量控制仪。

【预习思考题】

(1)利用霍尔原件测转速,在测量上是否有限制?

(2)本装置上用了 12 只磁铁,能否只用一只磁铁?

【实验原理】

根据霍尔电压表达式:$U_H = K_H IB$,在 $K_H I$ 固定不变的情况下,霍尔电压 U_H 的大小只随磁感应强度 B 的变化而改变,当霍尔元件所处的磁场强度 B 发生突变时,霍尔电压 U_H 也发生突变,相当于产生一个脉冲信号。单位时间内的脉冲数(即频率 f)与转速 n 对应,由此可以实现转速测量,若转动圆盘上装有 N 个圆磁铁,则转动圆盘的转速为:

$$n = \frac{f}{N} \tag{1}$$

本实验中转动圆盘上的磁铁数目为 12(即 $N = 12$)。

【实验内容与要求】

(1)根据图 1,将霍尔转速传感器装于转动源的传感器调节支架上,探头对准转盘内的磁钢。

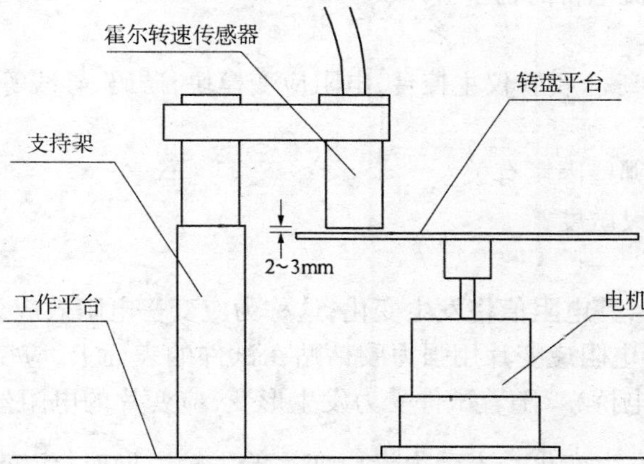

图 1　霍尔转速传感器安装示意图

(2)将 +5V 或 +12V 直流电源(电源由主控台提供或者由转动台提供)加于霍尔转速传感器的电源输入端,红(+)、绿(⊥),不要接错。

(3)将霍尔转速传感器输出端(黄线)插入数显单元“fin”端,转速/频率表置转速挡。

(4)打开转动台电源开关,调节电机转速电位器至某一特定位置,待数显表显示的频率值稳定后记录下来,根据公式(1)计算对应的转动圆盘的转速。

(5)关闭电源,卸下转盘,将嵌有 6 个圆形磁铁的转盘装到转动台上,其他实验条件不变,再次测量转盘转速。

(6)比较两次测量结果,若结果不同,请分析原因。

【注意事项】

(1)霍尔传感器的电源极性和大小切勿接错,否则容易造成霍尔元件烧毁。

(2)实验中转动台有两种不同款式,具体操作时稍有不同。

(3)霍尔元件安装时请紧固好,圆盘高速转动时危险,切勿触摸。

【思考题】

(1)测量时为什么要等数据稳定之后才能记录?数据不稳定的原因是什么?

(2)转速测量还可以采用其他哪些传感器进行？请举例说明。

实验21　电阻应变式传感器

【实验简介】

电学测量方法具有灵敏度高、反应速度快、便于自动控制等特点，所以常将非电学量转换成电学量进行测量。要用电学测量方法去测非电学量，就必须先将非电学量转换成电阻、电动势、电流、电容、电感等电学量，其转换器件称为传感器。电阻应变式传感器的传感元件是电阻应变片，应变片可以感受待测量并将其转换为电阻应变片自身阻值的变化，再通过传感器测量电路测出待测量的值。

【实验目的】

(1)掌握电阻应变式传感器的工作原理。

(2)学习非电量转换成电量的测量方法。

(3)了解非平衡直流电桥的初步应用。

【实验仪器】

CSY－3000传感器综合实验仪主控台，电阻应变模块，砝码，导线等。

【预习思考题】

(1)系统灵敏度与哪些因素有关？

(2)如何提高系统灵敏度？

【实验原理】

金属产生应变以后，其电阻值将发生变化，这称为应变—电阻效应。电阻应变片就是根据这一原理制成的。将电阻应变片用强力胶粘贴在试件的表面上，应变片电阻丝的两端通过导线接到测量电路(电桥)。随着试件受力发生形变，应变片的电阻丝也跟随试件发生相应的应变，从而电阻值发生变化。当受力沿应变片的主轴方向时，应变片的电阻变化$\frac{\Delta R}{R}$与试件(本实验为弹性横梁)的轴向应变ε成正比，即

$$\frac{\Delta R}{R}=K\frac{\Delta L}{L}=K\varepsilon \qquad (1)$$

式中，K为应变片的灵敏系数(此值一般由应变片厂家给出)，其物理意义是：单位轴向应变引起的电阻值相对变化量。由公式(1)可知，只要能够测出电阻的相对变化量，将其代入其中即可求出形变量，从而实现非电量的电学测量。

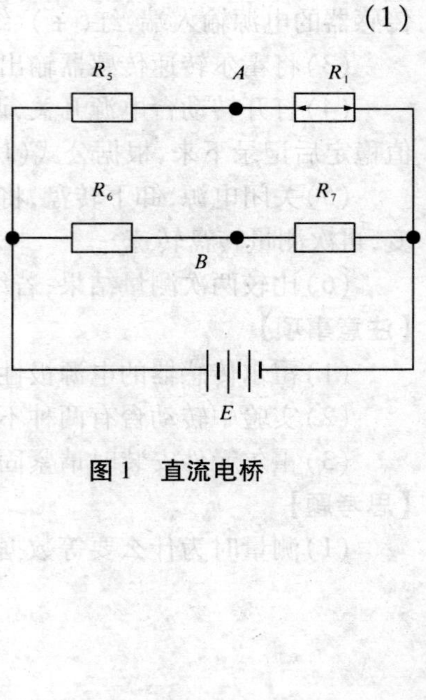

图1　直流电桥

电阻的相对变化量可以通过如图1所示的直流电桥电路测量，图中R_1为应变片，R_5、R_6、R_7为固定电阻，电桥输出电压U_{AB}的表达式为：

$$U_{AB}=\frac{R_1}{R_5+R_1}E-\frac{R_7}{R_6+R_7}E=\frac{R_1(R_6+R_7)-R_7(R_5+R_1)}{(R_5+R_1)(R_6+R_7)}E$$

$$= \frac{R_1R_6 - R_7R_5}{(R_5 + R_1)(R_6 + R_7)}E \tag{2}$$

当满足条件 $R_1R_6 = R_7R_5$ 时，电桥输出电压 U_{AB} 为零，即电桥处于平衡状态。为了测量的准确性，在测量的起始点，电桥必须调至平衡，称为预调平衡。若应变片电阻 $R_1 \to R_1 + \Delta R$ 时，因电桥不平衡而产生的电压输出为：

$$U_{AB} = \frac{(R_1 + \Delta R)R_6 - R_7R_5}{(R_5 + R_1 + \Delta R)(R_6 + R_7)}E$$

$$= \frac{R_1R_6 - R_7R_5 + \Delta RR_6}{(R_5 + R_1)(R_6 + R_7) + \Delta R(R_6 + R_7)}E \tag{3}$$

实验中使用的是等臂电桥即 $R_1 = R_5 = R_6 = R_7 = R$，则式(3)可简化为：

$$U_{AB} = \frac{\Delta RR}{4R^2 + 2R\Delta R}E = \frac{E}{4} \cdot \frac{\Delta R}{R} \cdot \frac{1}{1 + \frac{1}{2} \cdot \frac{\Delta R}{R}} \tag{4}$$

由于实验中电阻应变片的变化量 $\Delta R \ll R$，式(4)可以简化为：

$$U_{AB} = \frac{E}{4} \cdot \frac{\Delta R}{R} \tag{5}$$

将式(1)代入式(5)可得

$$U_{AB} = \frac{E}{4} \cdot \frac{\Delta R}{R} = \frac{E}{4} \cdot K \cdot \frac{\Delta L}{L} \tag{6}$$

式(6)中 E 为恒定电压源、K 为常量，显然电桥输出电压 U_{AB} 与 $\Delta R/R$ 成正比，也与形变 $\Delta L/L$ 成正比，所以可以先测量桥路输出电压，进而计算出形变量。

【实验内容与要求】

(1)如图2所示，应变式传感器已装于应变传感器模板上。传感器中各应变片已接入模板左上方的 R_1、R_2、R_3、R_4 标志端。加热丝也接于模板上，可用万用表进行测量判别，$R_1 = R_2 = R_3 = R_4 = 350\Omega$。

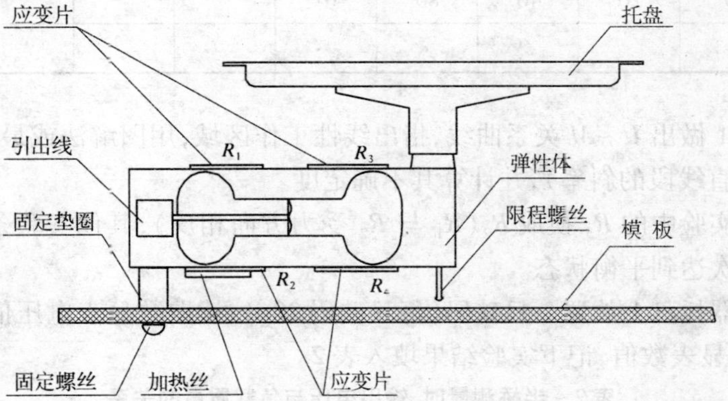

图2　应变式传感器安装示意图

(2)实验模板差动放大器调零，方法为：①接入模板电源 ±15V(从主控台引入)，检查无误后，合上主控台电源开关，将实验模板增益调节电位器 R_{w3} 顺时针调节到大致中间位置；②将差放的正、负输入端与地短接，输出端与主控台面板上数显电压表输入端 V_i 相连，调节实验模板上调零电位器 R_{w4}，使数显表显示为零(数显表的切换开关打到2V挡)。

(3)参考图3接入传感器,将应变片 R_1(即模板左上方的 R_1)接入电桥作为一个桥臂,它与 R_5、R_6、R_7 组成直流电桥(R_5、R_6、R_7 在模块内已连接好),接上桥路电源±4V(从主控箱引入),检查接线无误后,合上主控箱电源开关,调节电桥调零电位器 R_{w1},使数显表显示为零。

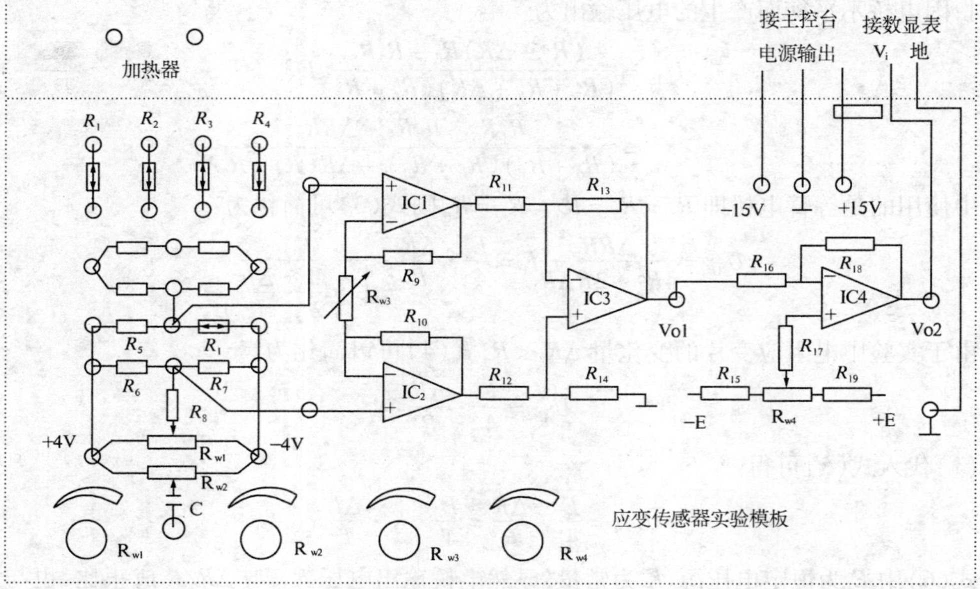

图3 应变式传感器单臂电桥实验接线图

(4)在传感器托盘上放置一只砝码(每只砝码20g),读取数显表显示的电压值,依次增加砝码并读取相应的数显表数值,记下实验结果填入表1。

表1 单臂测量时,输出电压与负载质量的关系

M(g)	0	20	40	80	…					
U(mV)					…					

(5)根据表1做出 $U \sim M$ 关系曲线,指出线性工作区域,用图解法或最小二乘法计算系统灵敏度 S_1(即直线段的斜率),并计算其不确定度。

(6)将上面实验中的 R_5 换成 R_2(R_1 与 R_2 受力方向相反),其他实验条件不变,重新调整 R_{w1} 使电桥再次达到平衡状态。

(7)在传感器托盘上放置一只砝码(每只砝码20g),读取数显表电压值,依次增加砝码并读取相应的数显表数值,记下实验结果填入表2。

表2 半桥测量时,输出电压与负载质量的关系

M(g)	0	20	40	80	…					
U(mV)					…					

(8)根据表2做出 $U \sim M$ 关系曲线,指出线性工作区域,用图解法或最小二乘法计算系统灵敏度 S_2 及其合成不确定度,比较 S_1 与 S_2,写出分析与结论。

【注意事项】

(1)主控台在实验前应预热 20min 左右。

(2)接入到实验模板上的 ±15V 电源极性不能颠倒,否则差动放大器不能工作。

(3)实验模板与主控台之间应有地线相连。

(4)确保实验连接线接触良好,实验过程中不要用手触动连接线,否则将引起测量电压跳动。

【附录】

电阻应变片的种类繁多,形式各异,但其基本结构大体相同(如图 4 所示),一般由以下几部分构成:

(1)敏感栅:是应变片中把应变量转换成电阻变化量的敏感部分,用金属或半导体材料制成的单丝或栅状体。

(2)引线:是从敏感栅引出电信号的丝状或带状导线。

(3)黏合剂:有一定电绝缘性能的黏结材料,用它将敏感栅固定在基底上。

(4)盖层:用来保护敏感栅而覆盖在上面的绝缘层。

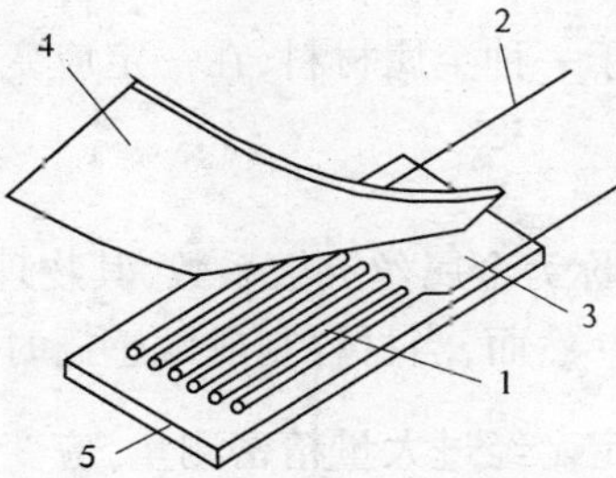

图 4 应变片结构示意图

(5)基底:用以保护敏感栅、固定引线的几何形状和相对位置。

电阻应变片能将力学量转变为电学量是利用了应变—电阻效应,我们以金属丝为例说明其原理。设金属导线的长度为 L,其截面积为 S,电阻率为 ρ,则金属导线的电阻 R 为:

$$R=\rho\frac{L}{S} \tag{7}$$

如果导线沿其轴线方向受力产生形变,则其电阻值也随之发生变化,这一物理现象被称为金属导线的应变—电阻效应。为了说明这一效应的原因,可将式(7)取对数后进行微分,得

$$\frac{dR}{R}=\frac{dL}{L}-\frac{dS}{S}+\frac{d\rho}{\rho} \tag{8}$$

式中,$\frac{dL}{L}$为金属导线长度变化的相对值,用轴向应变 ε 表示,即 $\varepsilon=\frac{dL}{L}$;$\frac{dS}{S}$是截面积的相对变化;$S=\pi\cdot r^2$(r 为金属导线的半径),$\frac{dS}{S}=2\frac{dr}{r}$,$\frac{dr}{r}$是金属导线半径的相对变化即径向应变 ε_r。金属导线轴向伸长的同时径向缩小,轴向应变 ε 与径向应变 ε_r 有下列关系:

$$\varepsilon_r=-\mu\varepsilon \tag{9}$$

μ 是金属材料的泊松比,其大小由相应材料决定。

根据实验,金属材料电阻率相对变化与其体积的相对变化之间的关系为$\frac{d\rho}{\rho}=C\frac{dV}{V}$,$V$ 为金属导线的体积,C 为金属材料的一个常数,由一定的材料和加工方式决定,例如对于铜丝 $C=1$。

由 $V=S\cdot L$，可以推导出$\frac{\mathrm{d}V}{V}$与 ε、ε_r 之间的关系：

$$\frac{\mathrm{d}V}{V}=\frac{\mathrm{d}S}{S}+\frac{\mathrm{d}L}{L}=2\varepsilon_r+\varepsilon=(1-2\mu)\varepsilon$$

由此得出

$$\frac{\mathrm{d}\rho}{\rho}=C\frac{\mathrm{d}V}{V}=C(1-2\mu)\varepsilon$$

将上式代入式(8)得

$$\frac{\mathrm{d}R}{R}=\varepsilon+2\mu\varepsilon+C(1-2\mu)\varepsilon=[(1+2\mu)+C(1-2\mu)]\varepsilon=K_0\varepsilon \tag{10}$$

对于一种金属材料，在一定应变范围内(弹性形变范围内)K_0 是常数。故

$$\frac{\Delta R}{R}=K_0\frac{\Delta L}{L}=K_0\varepsilon \tag{11}$$

K_0 称为金属丝灵敏系数，其物理意义是单位应变引起的电阻相对变化。

然而，当材料制成敏感栅时，其电阻应变特性与单丝时有所不同，必须按统一标准重新验定。经过大量精密测量，应变片的电阻相对变化$\frac{\mathrm{d}R}{R}$与应变 ε 的关系在很大范围内仍然有很好的线性关系，即$\frac{\mathrm{d}R}{R}=K\varepsilon$，也就是式(1)所表达的关系。

该实验中我们使用的是金属箔式应变片，它是由厚度为 0.003～0.101mm 的康铜箔或镍铬箔经光刻、腐蚀工艺制成的栅状箔片。箔式应变片适于大批量生产，可制成多种复杂形状，线条均匀，敏感栅尺寸准确；散热好，允许电流大；横向效应、蠕变和机械滞后小，疲劳寿命长；柔性好(可贴于形状复杂的表面)，传递试件应变性能好。目前使用的应变片大多是金属箔式应变片。应用时将应变片牢固粘贴于被测试件上，试件受力变形时，应变片敏感栅也随之变形，引起应变片阻值的变化，通过测量电路将其转换成电压或电流信号输出。

【思考题】

(1)半桥测量时应变片选择的是 R_1 与 R_2，选择 R_1 与 R_3 是否可行？原因是什么？

(2)如果四个应变片均使用，通过改变连线方式能否进一步提高系统灵敏度？

实验 22　电容式位移传感器

【实验简介】

电容式传感器是将被测量的变化转换成电容量变化的一种装置，实质上就是一个具有可变参数的电容器。

电容式传感器具有结构简单、灵敏度高、过载能力强、动态响应特性好和对高温、辐射、强振等恶劣条件的适应性强等突出的优点。缺点是寄生电容和分布电容对灵敏度和测量精度的影响较大，以及连接电路较复杂等。

20 世纪 70 年代末以来，随着集成电路技术的发展，出现了与微型测量仪表封装在一起的电容式传感器。这种新型的传感器能使分布电容的影响大为减小，使其固有的缺点得到克服。电容式传感器是一种用途极广、很有发展潜力的传感器，广泛应用于压力、位移、加速

度、液位、成分含量等测量之中。

【实验目的】

(1)了解电容式传感器的原理及其特性。

(2)学习用电容式传感器测量位移。

【实验仪器】

电容传感器,电容传感器实验模板,测微头,CSY－3000 传感器综合实验仪主控台。

【预习思考题】

(1)电容式传感器有哪几种?

(2)如何提高电容式传感器的灵敏度?

【实验原理】

由物理学知识可知,电容器的电容是构成电容器的两极板形状、大小、相互位置及介电常数的函数。以平板电容为例,当忽略边缘效应时,其电容量为

$$C=\varepsilon A/d \tag{1}$$

式中,ε 为极间介质的介电常数;A 为两电极互相覆盖的有效面积;d 为两电极之间的距离。

在 ε、A、d 三个参数中,保持两个参数不变,而只改变其中一个参数,就可使电容的容量(C)发生变化,并可用于测量。因此,电容式传感器可分为极距变化型、面积变化型、介质变化型三类。极距变化型一般用来测量微小的线位移或由于力、压力、振动等引起的极距变化。面积变化型一般用于测量角位移或较大的线位移。介质变化型常用于各种介质的温度、密度、湿度的测定。

本实验采用的传感器为圆筒式变面积差动结构的电容式位移传感器,如图 1 所示。它是由两个圆筒和一个圆柱组成的,圆筒和圆柱为电容的两极。设圆筒的半径为 R,圆柱的半径为 r,圆柱的长为 x,则电容量为

$$C=\frac{\varepsilon 2\pi \cdot x}{\ln(R/r)} \tag{2}$$

图 1 中 C_1、C_2 是差动连接,当图中的圆柱产生 Δx 位移时,电容量的变化量

$$\Delta C=C_1-C_2=\varepsilon 2\pi\frac{2\Delta x}{\ln(R/r)} \tag{3}$$

式中 $\varepsilon 2\pi$、$\ln(R/r)$ 为常数,说明 ΔC 与位移 Δx 成正比,将电容接入转换电路,通过转换电路将电容变化量 ΔC 转换为电压输出 U,这样 Δx 与 ΔC 以及 U 都是一一对应的关系,所以可以通过测量电压来实现位移的测量。

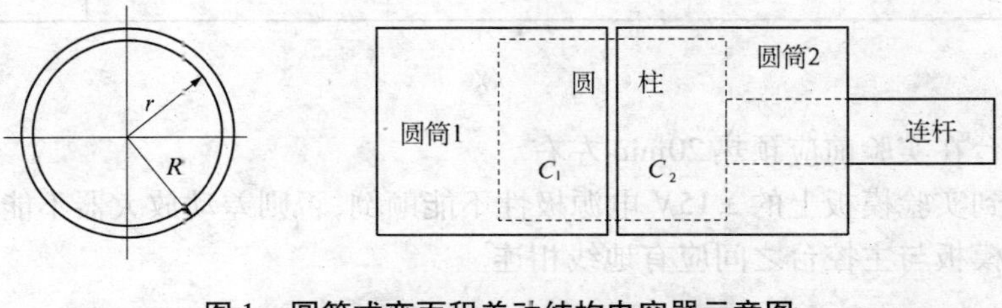

图 1　圆筒式变面积差动结构电容器示意图

【实验内容与要求】

(1)按图 2 将电容传感器装到电容传感器实验模板上。

(2)将电容传感器连线插入电容传感器实验模板,实验线路见图 3。

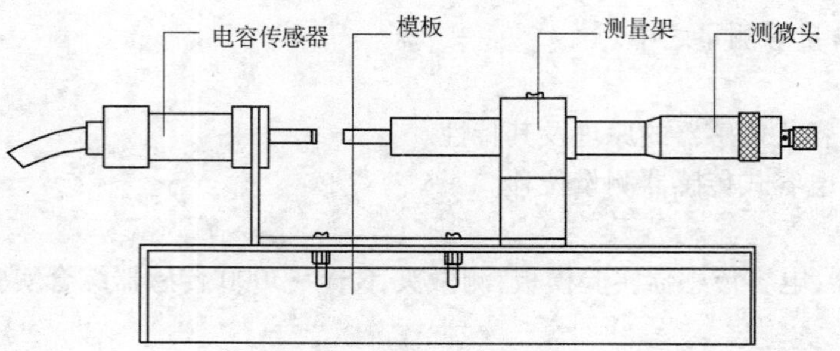

图 2　电容式传感器安装示意图

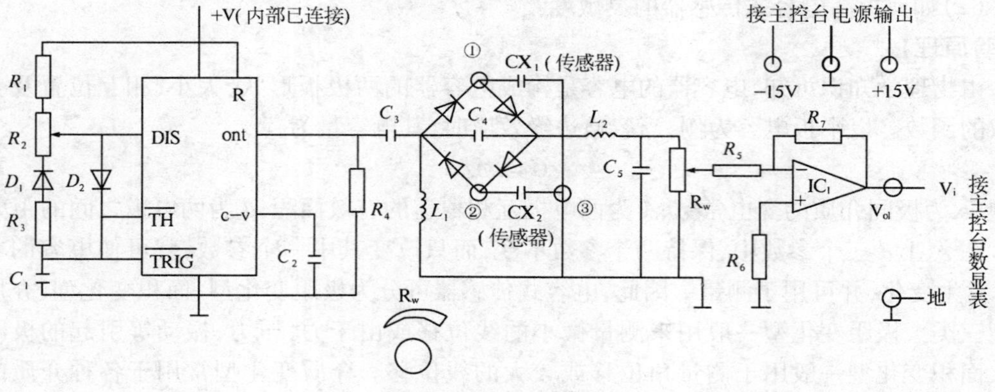

图 3　电容式传感器实验接线图

(3)将电容传感器实验模板的输出端 V_{o1} 与数显电压表 V_i 相接，电压表量程置 2V 挡，R_w(用于调节转换电路中电压的取样比例)调节到中间位置。

(4)接入 ±15V 电源，将测微头旋至 10.000mm 处，活动杆与传感器相吸合，调整测微头的左右位置，使电压表指示为零，并将测量支架顶部的螺钉拧紧，旋动测微头，每间隔 0.500mm记下输出电压 U，填入表 1。将测微头调回到 10.000mm 处，反向旋动测微头，重复实验过程。

(5)根据表 1 数据做出 $U \sim X$ 关系曲线，根据图示确定传感器的线性工作范围，在此线性范围内用图解法或最小二乘法计算系统灵敏度 S(即直线段的斜率)及其合成不确定度。

表 1　电容传感器位移与输出电压值

X(mm)		…		10.000		…		
U(V)		…				…		

【注意事项】

(1)主控台在实验前应预热 20min 左右。

(2)接入到实验模板上的 ±15V 电源极性不能颠倒，否则差动放大器不能工作。

(3)实验模板与主控台之间应有地线相连。

【思考题】

(1)实验中用了两个电容 CX_1 与 CX_2，能否只用一个？用两个的好处是什么？

(2)位移测量还可用其他哪些传感器来实现？举例说明。

实验23　电涡流式位移传感器

【实验简介】

根据电涡流效应制成的传感器称为电涡流式传感器。按照电涡流在导体内的贯穿情况，此传感器可分为高频反射式和低频透射式两类，但从基本工作原理上来说仍是相似的。电涡流式传感器最大的特点是能对位移、厚度、表面温度、速度、应力、材料损伤等进行非接触式连续测量，另外还具有体积小、灵敏度高、频率响应宽等特点，应用极其广泛。

【实验目的】

(1)了解电涡流传感器的工作原理。

(2)掌握电涡流传感器的静态标定。

【实验仪器】

CSY－3000传感器综合实验仪主控台，电涡流传感器实验模板，电涡流传感器，螺旋测微头，导线等。

【预习思考题】

(1)电涡流传感器由哪几部分构成?

(2)电涡流传感器是如何实现非接触测量的?

【实验原理】

金属导体置于变化着的磁场中，导体内就会产生感应电流，这种电流像水中旋涡那样在导体内转圈，所以称之为电涡流或涡流。这种现象就称为涡流效应。电涡流式传感器就是在这种涡流效应的基础上建立起来的。

如图1(a)所示，如果把一个扁平线圈置于金属导体附近，当线圈中通以正弦交变电流 i_1 时，线圈的周围空间就产生了正弦交变磁场 H_1，处于此交变磁场中的金属导体内就会产生涡流 i_2，此涡流也将产生交变磁场 H_2，H_2 的方向与 H_1 的方向相反。由于磁场 H_2 的作用，从而使产生磁场的线圈阻抗发生变化。

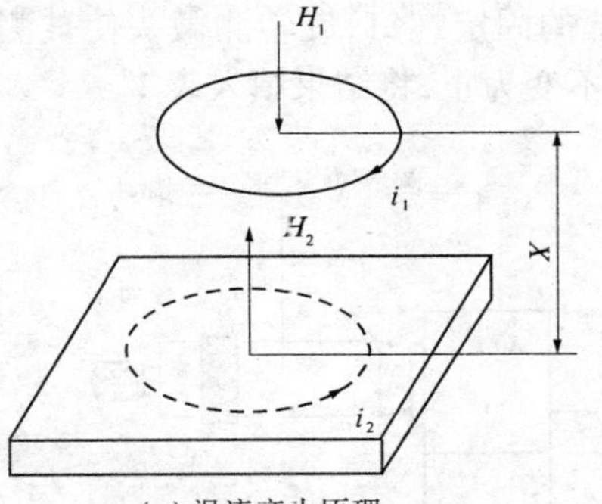

(a)涡流产主原理

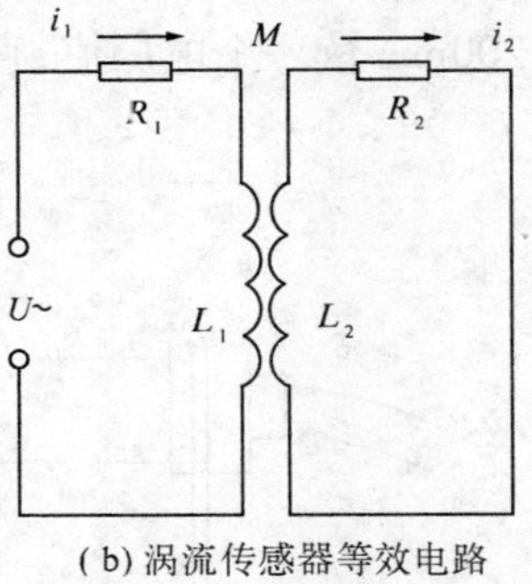

(b)涡流传感器等效电路

图1　涡流式传感器基本原理图

线圈与金属导体之间存在着磁性联系。若把导体形象地看做一个短路线圈，其间的关系可用图1(b)所示的电路来表示。线圈与金属导体之间可以定义一个互感系数 M，它将随着间距 X 的减少而增大。根据克西荷夫定律，可列出方程

$$R_1 i_1 + j\omega L_1 i_1 - j\omega M i_2 = u \tag{1}$$

$$R_2 i_2 + j\omega L_2 i_2 - j\omega M i_1 = 0 \tag{2}$$

式中，R_1、L_1 为线圈的电阻和电感；R_2、L_2 为金属导体的电阻和电感；ω 为信号源的角频率；u 为线圈激励电压。

解上面两个式子所组成的方程组，易求传感器工作时的等效阻抗为

$$Z = \frac{u}{i_1} = R_1 + R_2 \frac{\omega^2 M_2}{R_2^2 + \omega_2 L_2^2} + j\omega\left(L_1 - L_2 \frac{\omega^2 M^2}{R_2^2 + \omega_2 L_2^2}\right) \tag{3}$$

由式(3)可以看出，由于涡流的反作用，线圈的有效阻抗发生改变，进而使线圈高频电流的幅度和相位得到改变。这一变化与金属导体磁导率、电导率、线圈的几何形状、几何尺寸、电流频率以及头部线圈到金属导体表面的距离等参数有关。通常假定金属导体材质均匀且性能是各向同性，则线圈和金属导体系统的物理性质可由金属导体的电导率 σ、磁导率 ξ、尺寸因子 τ、头部线圈与金属导体表面的距离 X、激励电流强度 I 和角频率 ω 参数来描述，则线圈特征阻抗可用 $Z = f(\tau, \xi, \sigma, X, I, \omega,)$ 函数来表示。通常我们能做到控制 τ、ξ、σ、I、ω 这几个参数在一定范围内不变，则线圈的特征阻抗 Z 就成为距离 X 的单值函数，将阻抗变化通过转换电路的处理变换成电压 U 输出，则输出电压 U 是距离 X 的单值函数，确定 U 和 X 的关系称为标定。虽然 U 和 X 的整个函数关系是非线性的，但可以选取它近似为线性的一段作为工作区域。输出信号 U 的大小与线圈到被测体表面之间的间距成正比，电涡流传感器就是根据这一原理实现对金属物体的位移、振动等相关量的测量的。

【实验内容与要求】

(1)根据图 2 安装电涡流传感器。

(2)观察传感器结构。这是一个扁平的多层线圈，两端用单芯屏蔽线引出。

(3)参考图 3 将电涡流传感器输出插头接入实验模板上相应的传感器输入插口。

(4)在测微头端部装上金属圆片，作为电涡流传感器的被测体。

(5)将实验模板输出端 V_o 与数显单元输入端 V_i 相接。数显电压表量程置 20V 挡。

(6)用连接导线从主控台接入 +15V 直流电源到模板上标有 +15V 的插孔中。

(7)开启主控台电源开关，移动测微头使其靠近传感器线圈端部，并观察数显表示值变化，当示值为零时停止移动，然后拧紧测量架顶部的固定螺钉，旋转测微头使被测体远离线圈，每隔 0.200mm 读一个电压值，直到输出几乎不变为止，将结果填入表 1。

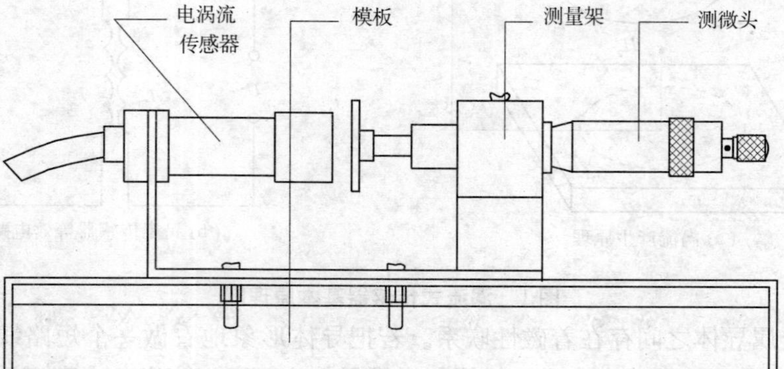

图 2　电涡流传感器安装示意图

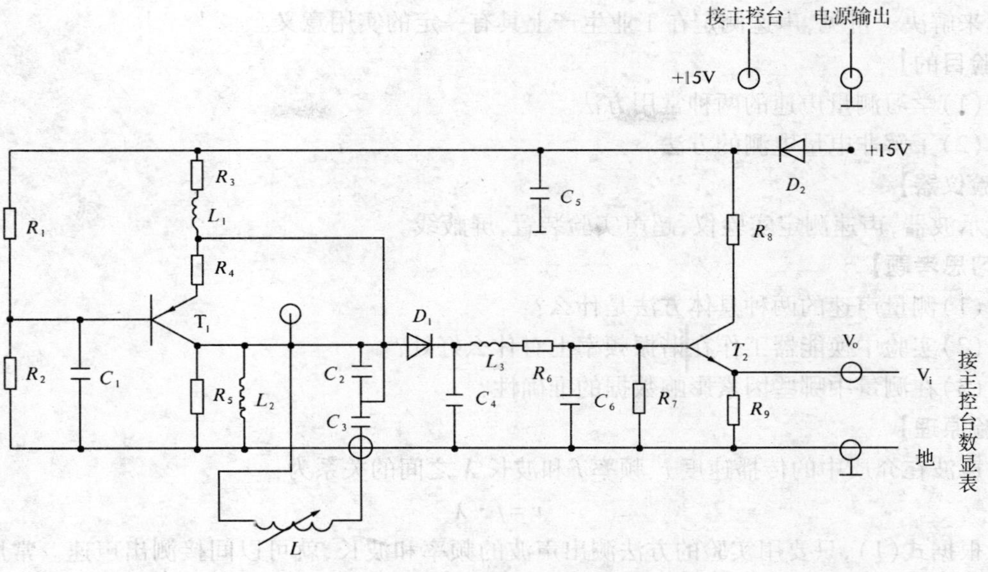

图 3　电涡流传感器位移实验接线图

表 1　电涡流传感器位移与输出电压数据

X(mm)					…					
U(V)					…					

(8)根据所记录的数据，做出 $U \sim X$ 关系曲线，根据曲线确定电涡流传感器的线性工作区域，在线性区域内用图解法或最小二乘法计算系统灵敏度 S(即直线段的斜率)及其合成不确定度。

【注意事项】

(1)主控台在实验前应预热 20min 左右。

(2)实验模板与主控台之间应有地线相连。

【思考题】

(1)电涡流传感器有什么特点？可以用在哪些特征量的检测上？

(2)实验中测微头上装的金属圆片若是别的材质，对实验数据是否有影响？

实验 24　超声波在空气中传播速度的测量

【实验简介】

频率从 20Hz 到 20kHz 的振动所激起的机械波称为声波，它是一种在弹性媒质中传播的纵波。高于 20kHz，称为超声波，超声波的传播速度，就是声波的传播速度。超声波具有波长短、易于定向发射、穿透能力强等优点，在超声波段进行声速测量比较方便。

超声波在媒质中的传播速度与媒质的特性及状态等因素有关，因而通过媒质中声速的测定，可以了解媒质的特性或状态变化。例如，测量氯气、蔗糖等气体或溶液的浓度，氯丁橡胶乳液的比重以及输油管中不同油品的分界面等，这些问题都可以通过测定这些物质中的声速来解决。可见,声速测定在工业生产上具有一定的实用意义。

【实验目的】

(1)学习测量声速的两种常用方法。

(2)了解非电量电测的方法。

【实验仪器】

示波器,声速测定实验仪,超声实验装置,屏蔽线。

【预习思考题】

(1)测量声速的两种具体方法是什么?

(2)实验中换能器工作在谐振频率上有什么好处?

(3)在测量中哪些因素影响数据的准确性?

【实验原理】

声波在介质中的传播速度 v、频率 f 和波长 λ 之间的关系为:

$$v=f\cdot\lambda \tag{1}$$

根据式(1),只要用实验的方法测出声波的频率和波长,就可以间接测出声速。常用的测量方法有共振干涉法和相位比较法。

1. 共振干涉法

实验装置如图 1 所示。图中 S1 和 S2 为一对压电陶瓷换能器,S1 作为超声波发射器,S2 作为超声波接收器连接到示波器。当高频电信号输出到发射器上时,由于压电效应,压电陶瓷片发生纵向伸缩,换能器就发射出一平面超声波,经过空气介质的传播,到达接收器。声波在发射面与接收面之间被多次反射,故声场是往返声波多次叠加的结果,入射波和反射波相干涉而形成驻波。当接收器 S2 的反射面处是驻波的"波节"位置(同时是声压的"波腹",也即声压最大的位置)时,出现稳定的驻波共振现象。

由波的干涉理论可知,驻波系统处于共振状态时(系统是否共振通过示波器判断,共振时示波器上的信号振幅达到最大值,即如图 2 所示),发射器 S1 和接收器 S2 之间的距离 L 是半波长的整数倍,即 $L=n\lambda/2$。显然相邻最大值之间的距离 ΔL 满足 $\Delta L=\lambda/2$,由此可以测出波长。声波频率从声速测定实验仪上读出,根据式(1)即可计算出声速。

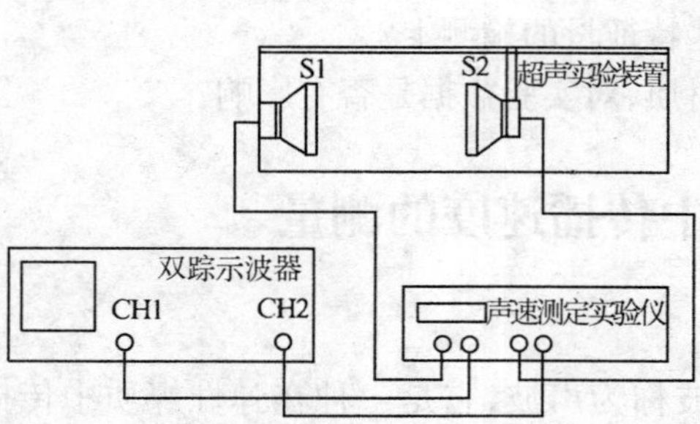

图 1　声速测量接线示意图

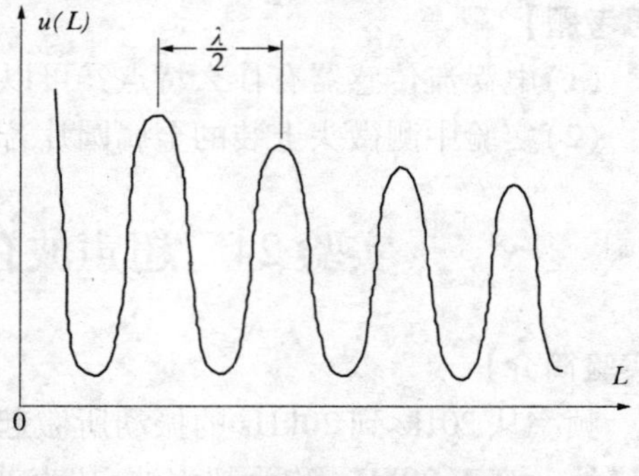

图 2　振幅与位置关系示意图

2. 相位比较法

声波是机械振动状态的传播,也是相位的传播。所以声源的振动通过介质的传播到达接收器时,一般在发射波和接收波之间产生相位差 ϕ,它和两个换能器之间的距离 L 的关系为：

$$\phi = 2\pi L/\lambda \tag{2}$$

从式(2)可以看出，可以通过改变发射器与接收器之间的距离来观察相位的变化，显然，每改变一个波长的距离，相位差就改变 2π。

相位差的变化可以通过示波器来观察。两个同频率的振动互相垂直地叠加可以得到形状不同的李萨如图形。若两个振动的相位差从 $\frac{1}{2}\pi \to \pi \to \frac{3}{2}\pi \to 2\pi$ 变化，则李萨如图形的变化如图 3 所示。

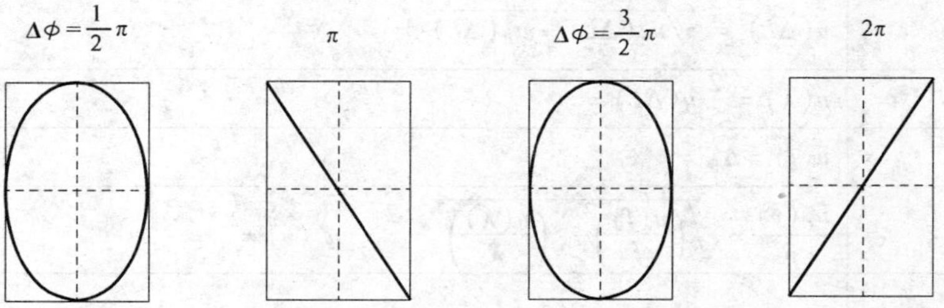

图 3　反相点和同相点的判断图形

因直线图形易于判断，所以可以选择李萨如图形为直线的位置作为接收器测量起点，每移动一个波长就会出现方向相同的直线，先以这种方法测出波长，再把声速计算出来。

【实验内容与要求】

1. 调整测试系统的谐振频率

如图 1 所示，声速测定实验仪的发射端通过屏蔽线接超声实验装置的发射器 S1，S1 作为声波发射源；声速测定实验仪接收端连接超声实验装置的接收器 S2，同时将接收监测端连接到示波器的通道 2，旋转手轮移动接收器 S2 使其与发射器 S1 靠近(距离约 5cm)。打开声速实验仪电源，选择正弦波工作方式，然后缓慢调节“频率调节”旋钮，使示波器上的电压信号波形达到最大值，表示发射换能器 S1 和接收换能器 S2 已进入谐振状，此时声速测定实验仪输出频率等于换能器固有频率(35 ~ 40kHz)，且发射器的发射效率和接收器的接收效率都达到最高，记下此时的频率值 f_0，以后实验中不要再改变此频率。

2. 共振干涉法测量超声波长

(1)调得声压最大值以后，使声波接收器 S2 逐渐远离超声发射端，观察示波器相继出现极大值，依次记录读数尺上这些极大值所对应的刻度值，并填入自拟表格当中。用逐差法进行数据处理，求出波长、声速 $\bar{v}$。

(2)大气中声音的传播速度可以用公式 $v_{理论} = v_0 \times \sqrt{1 + \frac{t}{273.15}}$ m/s 来计算，在 $t = 0$℃ 时的干空气中，声速 $v_0 = 331.450$m/s，t 为室温，单位是℃。比较 $\bar{v}$ 与 $v_{理论}$。

(3)计算声速 $\bar{v}$ 的不确定度，写出实验结果，分析误差产生原因。

3. 相位比较法测量超声波长

将声速实验仪的发射监测端用屏蔽线连接到示波器的通道 1，调整示波器使其工作在可观察李萨如图形状态下(时基旋钮应选择 X - Y 工作方式)，移动超声实验装置的声波接收器 S2，使其逐渐远离超声发射端，依次记下李萨如图形为直线(直线方向相同)时 S2 所对应的位置，并填入自拟表格当中。用逐差法进行数据处理，求出波长、声速，并计算声速的不确定度。

【数据处理与误差分析】

(1)共振干涉法测声速(声源频率 $f_0=$ kHz;室温 $t=$ ℃),见表1。

表1 共振干涉法测量数据记录及处理表

振幅最大位置	L_0	L_1	L_2	L_3	L_4	L_5	L_6	L_7	L_8	L_9
L_i 测量值(mm)										
$\Delta L_i=L_{i+5}-L_i$										
$\Delta\bar{L}=\frac{1}{5}\sum_{i=0}^{4}\Delta L_i$	$u(\Delta L)=\sqrt{u_A^2(\Delta L)+u_B^2(\Delta L)}=$									
$\bar{\lambda}=\frac{2}{5}\Delta\bar{L}$	$u(\lambda)=\frac{2}{5}u(\Delta L)=$									
$f=f_0$	$u(f)=\Delta_{仪}=$									
$\bar{v}=f\cdot\bar{\lambda}$	$\frac{u_C(v)}{\bar{v}}=\sqrt{\left(\frac{u(f)}{f}\right)^2+\left(\frac{u(\lambda)}{\lambda}\right)^2}=$ $u_C(v)=$									
$v_{理论}=v_0\times\sqrt{1+\frac{t}{273.15}}$	$v_{测量}-v_{理论}=$									

(2)相位比较法测声速(声源频率 $f_0=$ kHz;室温 $t=$ ℃),见表2。

表2 相位比较法测量数据记录及处理表

方向相同的相邻直线位置 L_i	L_0	L_1	L_2	L_3	L_4	L_5	L_6	L_7	L_8	L_9
L_i 测量值(mm)										
$\Delta L_i=L_{i+5}-L_i$										
$\Delta\bar{L}=\frac{1}{5}\sum_{i=0}^{4}\Delta L_i$	$u(\Delta L)=\sqrt{u_A^2(\Delta L)+u_B^2(\Delta L)}=$									
$\bar{\lambda}=\frac{1}{5}\Delta\bar{L}$	$u(\lambda)=\frac{1}{5}u(\Delta L)=$									
$f=f_0$	$u(f)=\Delta_{仪}=$									
$\bar{v}=f\cdot\bar{\lambda}$	$\frac{u_C(v)}{\bar{v}}=\sqrt{\left(\frac{u(f)}{f}\right)^2+\left(\frac{u(\lambda)}{\lambda}\right)^2}=$ $u_C(v)=$									
$v_{理论}=v_0\times\sqrt{1+\frac{t}{273.15}}$	$v_{测量}-v_{理论}=$									

【注意事项】

(1)声速测定实验仪在实验前应预热20min左右。

(2)注意屏蔽线的使用方法,减少损坏。

【仪器介绍】

实验仪由超声实验装置(换能器及移动支架组合)和声速测定实验仪组成(见图4、图5);另有水槽和固体实验样品,可进行液体或固体中声速的测量。

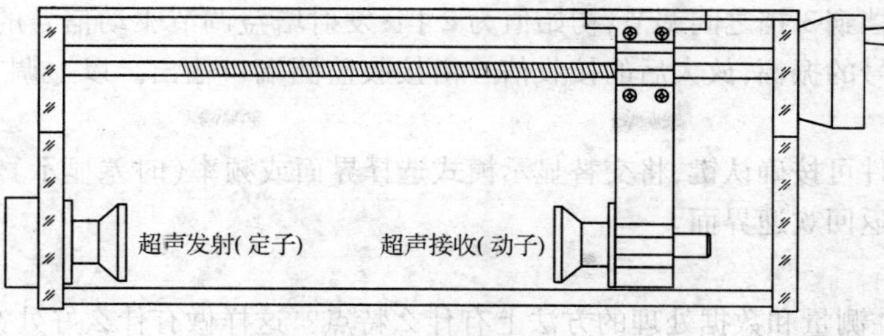

图 4　超声实验装置(换能器及移动支架组合)

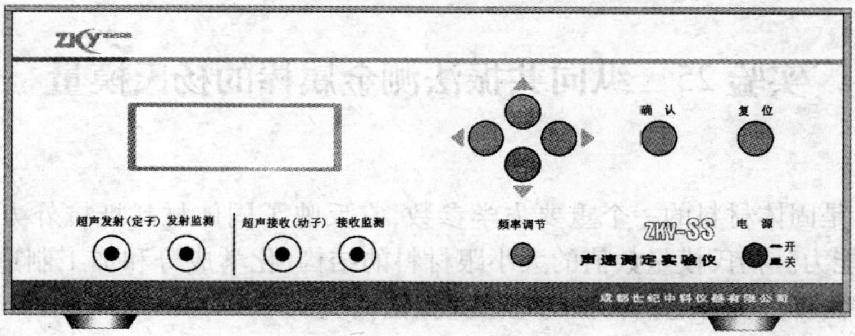

图 5　声速测定实验仪

超声实验装置中发射器固定,摇动丝杆摇柄可使接收器前后移动,以改变发射器与接收器的距离。丝杆上方安装有数字游标尺(带机械标尺),可准确显示位移量。若测量液体中的声速,整个装置可方便地装入水槽中。

声速测定实验仪面板上有一块 LCD 显示屏用于显示实验仪的工作信息;还具有上下、左右按键,确认按键,复位按键,频率调节旋钮和电源开关。上下按键用做光标的上下移动选择,左右按键用做数字的改变选择,确认按键用做功能选择的确认以及工作模式选择界面与具体工作模式界面的交替切换。同时还有“超声发射(定子)”输出端口,用来提供超声波信号(连接到超声波发射换能器)。“发射监测”输出端口,用来监测超声输出信号(连接到示波器显示通道 1)。“超声接收(动子)”输入端口,用来接收超声波经换能器(动子)转换后的电压信号(连接到超声波接收换能器)。“接收监测”输出端口,用来监测接收到的电压信号(连接到示波器显示通道 2)。

声速测定实验仪具有选择、调节、输出超声发射器驱动信号,接收、处理超声接收器信号,显示相关参数,提供发射监测和接收监测端口以连接到其他仪器(如示波器)等功能。

开机显示欢迎界面后,自动进入按键说明界面。按确认键后进入工作模式选择界面,可选择驱动信号为连续正弦波工作模式(共振干涉法与相位比较法)或脉冲波工作模式(时差法)。

选择连续波工作模式,按确认键后进入频率与增益调节界面;在该界面下将显示输出频率值;发射增益挡位、接收增益挡位等信息,并可作相应的改动。

选择脉冲波工作模式,按确认键后进入时差显示与增益调节界面;在该界面下将显示超声波通过换能器之间的距离所需的时间值,以及发射增益挡位、接收增益挡位等信息。

用频率调节旋钮调节频率,在连续波工作模式下显示屏将显示当前输出驱动信号的频率值。

增益可在0挡到3挡之间调节，初始值为2挡；发射增益调节驱动信号的振幅；接收增益将调节接收信号的振幅，放大后的接收信号由接收监测端口输出。以上调节完成后就可进行测量了。

改变测量条件可按确认键，将交替显示模式选择界面或频率（时差显示）与增益调节界面。按复位键将返回欢迎界面。

【思考题】

（1）本实验在测量和数据处理的方法上有什么特点？这样做有什么好处？

（2）实验前为什么要使换能器工作在谐振频率上？这样做有什么好处？

实验25　纵向共振法测金属棒的杨氏模量

【实验简介】

杨氏模量是固体材料的一个重要力学参数，它反映了固体材料抵抗外力产生拉伸（或压缩）形变的能力。杨氏模量数值的大小跟材料的结构、化学成分和加工制造方法有关，其常用的测量方法可分为静态拉伸法与动态共振法两类。

静态拉伸法一般在万能实验机上进行。这种方法荷载大，加载速度慢，存在迟滞现象，因此不能真实地反映材料内部结构的变化，并且不适宜测脆性材料，也不能测量材料在不同温度下的杨氏模量。

动态共振法能准确反映材料在微小形变时的物理性能，测量精确稳定，对脆性材料也适用，而且在较大的温度范围内可测量各种材料的杨氏模量。这种方法已作为国家标准推荐执行。

【实验目的】

（1）了解用纵向共振法测定杨氏模量的原理，掌握实验方法。

（2）掌握判断真假共振的基本方法。

【实验仪器】

杨氏模量专用信号源，动态杨氏模量测定仪，示波器，物理天平，游标卡尺，螺旋测微器，待测试棒。

【预习思考题】

（1）试样的固有频率和共振频率有何关系？

（2）如何尽快找到试样基频共振频率？

【实验原理】

1. 金属棒的杨氏模量

对于长度为l、直径为d的细长棒，如果满足$l \gg d$，当其在两端自由的条件下做微小弯曲振动时，它的振动方程为

$$\frac{\partial^4 y}{\partial x^4}+\frac{\rho S}{YI}\frac{\partial^2 y}{\partial t^2}=0 \tag{1}$$

对于圆形截面的细杆

$$Y=1.6067\frac{ml^3}{d^4}f_0^{\ 2} \tag{2}$$

式中，l 为试样的长度；d 为直径；f_0 为试样的固有频率；m 为质量；I 为试样的惯量矩；Y 为试样的杨氏模量。

2. 实验装置与工作原理

图 1 为共振法测量杨氏模量的实验装置示意图。其基本原理是：将一根圆截面棒经两片刀口支撑在两个传感器上，其中一个为与信号源相连的激发换能器（又称激振器），另一个与示波器相连的接收换能器（又称拾振器），在试样两端自由的条件下，信号源发出的音频信号经激振器将电信号转换成机械振动，使试样作横向弯曲振动，并由拾振器将机械振动转换成电信号输入示波器。通过示波器显示的信号波形，测出试样的固有频率，再测出试样的几何尺寸及质量，即可通过式(2)求得试样材料的杨氏模量。

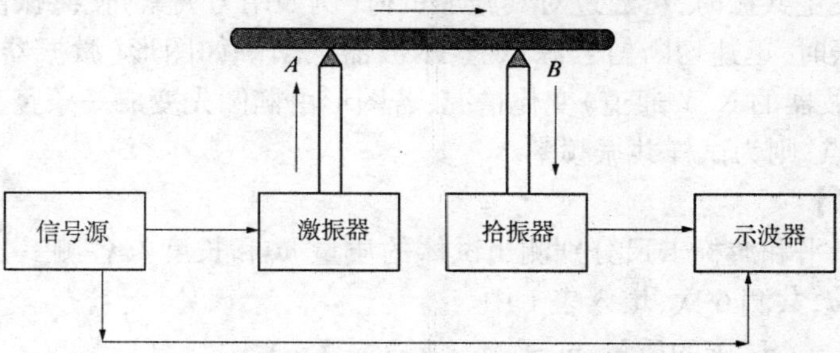

图 1　共振法测量杨氏模量示意图

本实验的难点在于测量试样的固有频率 f_0。固有频率和共振频率是两个不同的概念，它们之间的关系为

$$f_{固有} = f_{共振}\sqrt{1 + \frac{1}{4Q^2}}$$

式中，Q 为试样的机械品质因数。一般动态法测量杨氏模量时，Q 的最小值约为 50，所以共振频率和固有频率相比只偏低 0.005%，故实验中用 $f_{共振}$ 代替 $f_{固有}$。

计算杨氏模量的公式是根据基频的对称性振动波形导出的。从图 2 可以看出，试样处于基频振动模式时存在两个节点，它们的位置距离一端的端面分别为 $0.224l$ 和 $0.776l$。但节点处的振幅几乎为零，故拾振器无信号输出，示波器上无波形变化，因此直接将两个刀口搁在棒的节点位置来测棒的基频共振频率是不可行的，所以刀口必须离开节点。为避免由于偏离理论上要求的条件所引进的系统误差，实验上采用作图外推法来测定试样的基频共振频率。

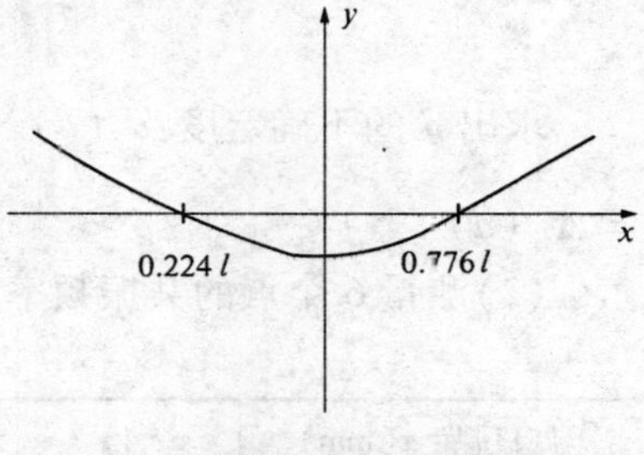

图 2　细长棒的节点位置示意图

3. 作图外推法

设圆棒节点处对应的标尺位置是 0 位（仪器上设置两个对称标尺：45，30，15，0，－15，－30，－45 和－45，－30，－15，0，15，30，45），将两个刀口置于圆棒节点外侧的 45mm 处，调节信号发生器输出信号的频率，按实验室提供的参考频率范围，寻找圆棒的共振频率 $f_{共振}$。在调节信号发生器频率旋钮的同时，观察示波器荧光屏上波形的变化，当调到示波器荧光屏上显示的波形突然变大时，即圆棒将达到共振状态，再微调信号发生器的频率旋钮，使示波器显示的波形幅度达到极大值，此时信号发生器上显示的频率即为共振频率 $f_{共振}$。将两个刀口从圆棒节点外侧的 45mm 处，分别同时向内移动 15mm，从 45mm 一直移到

-45mm(节点除外),共6个点,然后分别按上述方法测出与刀口位置相对应的共振频率$f_{共振}$。以刀口位置x为横坐标,共振频率$f_{共振}$为纵坐标,作$f_{共振} \sim x$曲线,求出曲线最低点(即节点)所对应的频率,即为圆棒的基频共振频率f_0。

注:作图外推求值法只适用于研究范围内无突变的函数。

4. 真假共振的判断方法

在测量过程中,激发、接收换能器及支架等部件都有自己的固有频率,都可以和试样发生共振。因此,正确判断示波器上显示的共振信号是否为试样真正的基频共振信号成为关键。常用判断方法如下:

(1)换能器发生共振时,可通过对其施加负荷(例如用力夹紧)使共振信号变小或消失。

(2)发生共振时,迅速切断信号源,观察示波器上李萨如图形(激振器信号和拾振器信号分别输入到示波器的X、Y通道)变化情况,若图形由椭圆先变成一条竖直亮线,然后逐渐衰减成为一个亮点,则为试样共振频率。

【实验内容与要求】

(1)用物理天平和游标卡尺分别测出试棒的质量m和长度l,各测一次;用螺旋测微器测量试棒的直径d,共测6次,填入表1中。

试棒的质量:$m=$ (kg),$u_B(m)=$ (kg)。

试棒的长度:$l=$ (mm),$u_B(l)=$ (mm)。

表1 测量金属棒的直径d(mm)

次数	1	2	3	4	5	6	平均值
d_i							
Δd_i							

求出d的不确定度:$u_C(d)=\sqrt{u_A^2(d)+u_B^2(d)}$,其中:$u_A(d)=\sqrt{\frac{\sum_{i=1}^{n}(d_i-\bar{d})^2}{n-1}}$,$u_B(d)=\Delta_{仪}(d)$。

(2)测量6个点的共振频率,填入表2。

表2 6个点的共振频率

刀口位置x(mm)	45	30	15	-15	-30	-45
$f_{共振}$(kHz)						

以刀口位置x为横坐标、共振频率$f_{共振}$为纵坐标,作$f_{共振} \sim x$曲线,求出曲线最低点(即节点)所对应的频率,即为试棒的基频共振频率f_0。

(3)将以上各测量量代入式(2)计算出金属棒的杨氏模量$\bar{Y}$及不确定度$u_C(Y)$,并以如下形式给出最后结果:

$$\begin{cases} Y=\bar{Y}\pm u_C(Y) \\ E(Y)=\frac{u_C(Y)}{\bar{Y}}\times 100\% \end{cases}$$

【注意事项】

(1)因换能器(激振器和拾振器)是把厚度为0.1~0.3mm的压电晶体粘接在厚度为0.1mm左右的黄铜片上构成的,故极其脆弱。使用时一定要轻拿轻放,不能敲打。

(2)信号源、换能器(激振器和拾振器)、示波器均应接"⊥"。

【仪器介绍】

游标卡尺

在米尺上附加一个刻度均匀且可以滑动的游标(又称附尺),就可以巧妙地把米尺(即主尺)上估计的那位数值准确地读出来,从而提高米尺的测量精度。这种由刻有毫米刻度线的主尺和附加的一个能紧贴着主尺滑动的刻度均匀的游标组成的测长仪器叫做游标卡尺。游标卡尺是一种常用的比较精密地测量长度的仪器。游标卡尺的结构如图3所示。

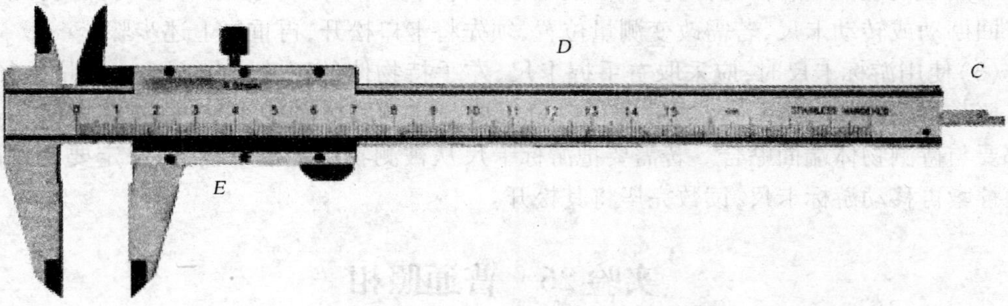

图3　游标卡尺的结构示意图

与主尺 D 相联的量爪 A、A' 和与游标 E 相联的量爪 B、B' 分别组成外卡口 AB 和内卡口 $A'B'$,它们可分别用来测量长度、厚度、外径和槽宽、内径。深度尺 C 用来测量孔的深度及台高。当卡口合拢时,主尺、游标两者的"0"刻度线应对齐,深度尺端面与主尺端面应重合(若不满足上述条件,应注意修正零点误差)。

常用游标卡尺的主尺最小分度为1mm,游标卡尺准确度的区别标志主要是游标的分格数:游标上有10个分格的称为10分游标尺,有20个分格的称为20分游标尺,有50个分格的称为50分游标尺,它们的分度值分别为0.1mm、0.05mm、0.02mm。

1. *读数方法*

游标卡尺的测量值是从游标的"0"刻度线到主尺的"0"刻度线之间的距离,具体读数方法如下:

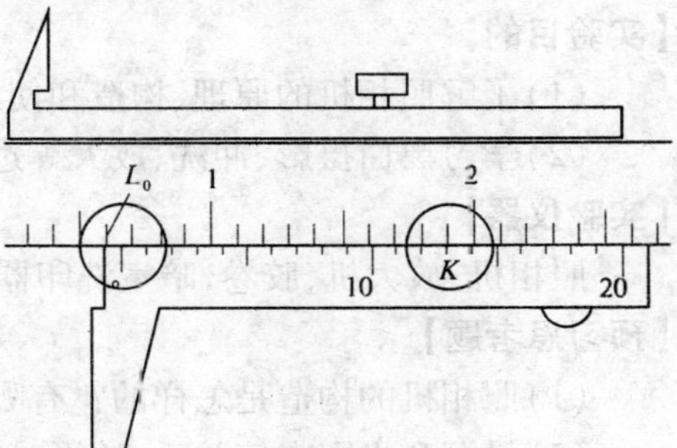

图4　游标卡尺读数示意图

首先,在主尺上找到位于游标"0"刻度线左侧(或与之对齐)的第一条刻度线,设它到主尺上"0"刻度线的距离为 L_0,图4中 $L_0=6\text{mm}$。

其次,在游标上找到与主尺上某条刻度线对齐的那一条刻度线(与这条刻度线相邻的左、右两条刻度线分别在与这条刻度线对齐的主尺上的那条刻度线的左、右相邻两条刻度线的右、左侧),设它为第 K 条(游标的"0"刻度线为第0条),则游标的读数为 $K\Delta L$。图4中 $K=13$,而所示为20分游标尺,其分度值为 $\Delta L=$

0.05mm，所以图 4 所示游标读数为 $K\Delta L = 0.65\text{mm}$。

最后，主尺和游标两者读数之和即为被测物体的长度，即 $L = L_0 + K\Delta L(\text{mm})$。图 4 所示的正确读数为 6.65mm。

2. 注意事项

(1)使用游标卡尺之前，要校准零点。将游标卡尺卡口合拢，检查游标的"0"刻度线是否与主尺的"0"刻度线对齐。若不能对齐，记下此时的读数，设之为 X_0，称为零点读数。注意判断 X_0 的正负(游标的"0"刻度线在主尺的"0"刻度线右侧时，X_0 为正；反之，X_0 为负)，多次测量时在平均值中减去 X_0。若两者能对齐，则 $X_0 = 0.00\text{mm}$。

(2)注意保护量爪，防止卡口磨损。用外卡口 AB 测量长度、厚度及外径时，应先把外卡口开得比被测尺寸稍大；用内卡口 $A'B'$ 测量槽宽及内径时，应先把内卡口开得比被测尺寸稍小。然后慢慢推或者拉游标，使卡口轻轻卡住待测物体，不可太紧。卡住待测物体后，切忌来回挪动或转动卡尺，若需改变测量位置，须先将卡口松开，再重复上述步骤。

(3)使用游标卡尺时，应采取右手握卡尺、左手持物体的正确操作方法。测量内径时，量爪要与待测物体轴线平行，测量外径时量爪要与待测物体轴线正交，测量深度时主尺 D 尾部要与待测物体端面贴合。若需要把游标卡尺从被测物体上取下读数，一定要先将固定螺丝拧紧再移动游标卡尺，读数完毕将其松开。

实验 26　普通照相

【实验简介】

照相技术涉及光学、化学和电子学等有关知识，是一种基本而又重要的实验技术。随着人民生活水平的提高，它与人们日常生活的联系越来越密切。在科学实验和工程技术中，常常需要利用照相技术将物理实验现象、图表资料等真实、迅速地拍摄下来，留待以后研究参考或长期保存；也常用做观测和研究人眼不能直接观测的现象(如光、红外线、高能粒子)和瞬变过程(如爆炸、高速运动)以及一些特殊环境中发生的现象(如宇宙空间、深海)。此外，在 X 光分析、光谱分析、红外测量、金相分析、高能粒子的径迹记录分析、航空测量和空间技术等方面，照相技术也得到了广泛的应用。

【实验目的】

(1)了解照相机的原理、构造和使用方法。

(2)学习黑白摄影、冲洗、放大等过程的技术。

【实验仪器】

照相机，放大机，胶卷，暗室洗印器材等。

【预习思考题】

(1)照相机的构造是怎样的？有哪些主要部件，各起什么作用？

(2)景深和光圈有何关系，拍摄时应如何处理？

(3)什么原因会造成冲洗后的底片厚而黑？

【实验原理】

照相一般分为三个过程：摄影、负片制作(冲洗胶卷)和正片制作。

摄影是把立体景物通过光学系统(照相机镜头)成像于涂有感光材料的胶片上，胶片曝光后，胶片上的卤化银就会发生变化，生成潜影，在冲洗时，经过显影液的还原作用，便把这些潜影显现出来，成为一种由黑白细微的金属银颗粒组成的影像。胶片上未曝光的部分，则利用定影液除去其上的感光物质，使其不能感光。因此，照相胶片经过曝光、显影和定影加工后，在胶片上得到的是与原景物色调正好相反的底片——也称负片。

印相时将印相纸或黑白正片压在底片上（乳剂膜对乳剂膜）进行曝光，再经显影加工后，在感光纸或黑白正片上就得到一个与底片色调相反，而与原来景物色调相同的像（正片）。

放大的基本原理与摄影相同，摄影是通过镜头使景物在底片上成为缩小的像，放大则是通过镜头使底片的影像在印相纸上形成放大的像，然后经过显影加工，得到一张放大的与原来景物色调相同的正片。

1. 摄影

摄影过程中主要使用照相机和胶卷。涉及的基本知识是：用光和取景；聚焦；选择光圈大小与快门速度（见图 1）。

照相机是利用凸透镜成缩小实像的原理制成的。照相机种类很多，但它们的基本构造都是一样的，一般由镜头、光圈、快门、机身、取景对焦机构等五个主要部分组成，见图 1。

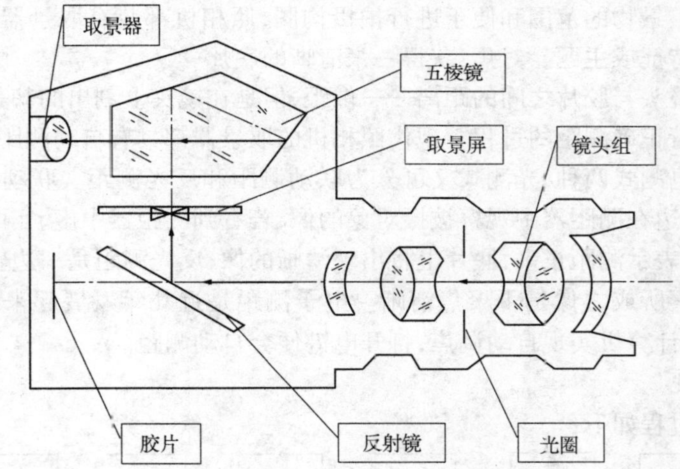

图 1　单反照相机的光学结构

1）镜头

镜头是照相机的眼睛，它是成像的关键部分。为使不同位置的被摄物体成像清晰，除镜头本身需要校正好像差外，还应使物距、像距保持共轭关系。镜头性能主要用焦距、相对孔径和视场角来表征。

镜头按焦距或视场角分为标准镜头、短焦（广角）镜头、长焦（望远）镜头三类。

焦距长短直接影响物体成像的大小。同一物体置于同一地点，焦距长，物体成像大；焦距短，则成像小。

2）光圈

光圈是装在摄影镜头后面或复合透镜之中的孔径光阑，用以控制进入镜头的光量。光圈数用 F 表示，为镜头焦距 f 与孔径 D 之比，即 $F=f/D$。

光圈除起控制进光量的作用外，还起着调整景深的作用。所谓景深，是指前后物体都能在胶片上形成清晰的像的范围。一般来讲,光圈大,景深范围小;光圈小,景深范围大。

3)快门

快门是控制曝光时间的装置。快门一般有帘式(也称焦点平面式)和合页式(也称中心快门)两种。

所谓的曝光时间1/50s、1/100s、1/250s等一般是指快门从开启到合拢所用的时间。快门速度是分挡的不连续的,各级快门速度一般都刻在镜头或机身的速度盘上。另外还有*B*门和*T*门,*B*门表示按下按钮,快门打开,松开按钮,快门关闭;*T*门表示按下按钮,快门打开,再按一次,快门关闭。

光圈和快门速度的选择,既取决于被摄物体的具体情况,又取决于所使用的照相胶片的感光速度。在胶片已确定的情况下,光线强,光圈要选得小些,或快门速度要选得大些。拍摄运动物体时,快门速度要大些,为了保证进光量,光圈要相对取得大些。

4)机身

它既是照相机的暗箱,又是照相机各组成部分的结合体,其上还装有各种功能部件,如卷片器、计数器等。

5)取景对焦机构

为了确定被摄景物的范围和便于进行拍摄构图,照相机都装有取景器。取景:集中、突出地表现事物的特征或主题。对焦:获得一张清晰的底片。

对焦是调节镜头与胶片之间的距离——像距,但是在镜头上刻出的却是物距,所以对焦过程也是一个进行正确测距的过程。现代照相机的取景器都具有自动测距功能。自动测距可分为光测式和电测式两种,光测式又可分为联动测距和反光测距。联动测距就是摄影者一边转动镜头,一边在测距器中观察被摄对象的像,若看到测距器中虚、实两像重合,或像的上下两截对齐,则表示测距正确,底片上将出现清晰的像;反光测距是一边转动镜头,一边在毛玻璃上直接观察所成之像是否聚焦清晰。电子测距是近几年发展起来的先进的测距方法,它是利用微型计算机实现自动调焦,打开电键便会自动测距。

2. 负片的冲洗

负片的制作过程如下:

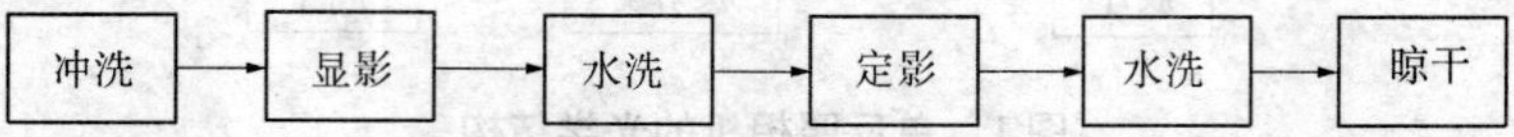

实验中使用的是黑白全色胶卷。冲洗应在暗室(或冲洗罐)中进行。

一般常用D-76配方显影液冲洗负片,用D-72配方显影液冲洗相纸,定影液都用F-5配方(见附录)。

冲洗时要注意"三定",即定量、定时、定温。定量系指配液时要按配方的药量配置;定时系指应按照显影液的标准显影时间进行;定温系指显影温度要适宜。

3. 正片的制作

图2是放大机的结构和光路示意图。将底片放在底片夹中,药膜面向下,通过来自聚光镜的强光透射和物镜成像,在放大机底板的放大纸面上形成所需的放大像。通过适当曝光、显影和定影,即可得到清晰、放大的正片。

4. 翻拍

将照片、图片或文字资料录拍成照相底片的过程称为翻拍。翻拍可用专门的翻拍机进行，也可以用长焦距照相机，或在普通照相机镜头与机身间加接光圈（即加大镜头与底片间的距离——像距）。拍摄中要特别注意对被摄对象的照相应均匀。

【实验内容与要求】

1. 拍摄

(1)熟悉所使用的照相机的结构、性能和使用方法，并进行“聚焦”，调节“快门”和“光圈”等练习。

(2)正确将胶卷装入照相机（初始零位要注意红点对准底片衬纸上的箭头）。

(3)选择光圈和快门速度，进行拍摄。记录对应的气候条件、拍摄景物、距离、光圈大小、快门速度。

2. 负片的制作——底片的冲洗

(1)熟悉暗室各种器具、药液放置的地方及各电源开关的位置，以及暗室的操作规程。

(2)在暗室内，从照相机里取出胶卷，装进冲洗罐内。

(3)按正确冲洗程序完成底片的冲洗，并记录冲洗时的温度、显影和定影的时间。

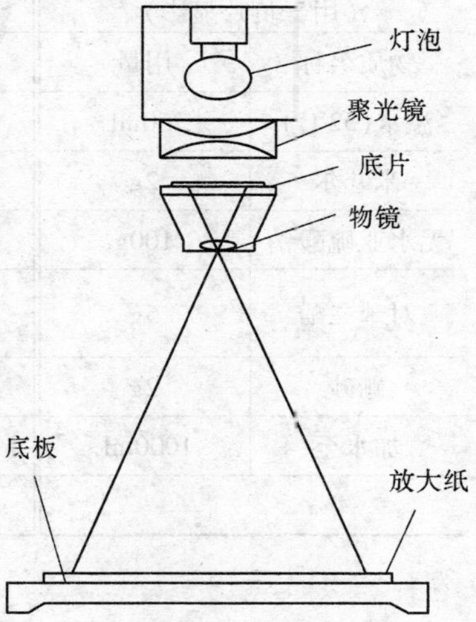

图 2　放大机结构

3. 正片制作——放大与冲洗

(1)将底片药膜面朝下放入底片夹并插入机座，调节好放大倍率及物距，在放大机底板上成清晰的像。

(2)将放大纸放到放大机底板上，药膜面朝上。用小块相纸试放，以确定合适的曝光时间。

(3)按冲洗、放大过程，制作适当尺寸的照片，并记录曝光、显影和定影的时间。

4. 对实验报告的要求

认真记录各过程的条件，并对自己所摄的负片、正片进行认真分析和总结。

(1)记录实验过程中所用的照相机型号、胶卷规格，拍摄时所用的光圈数、快门速度、天气和光线情况。

(2)记录负片和正片冲洗时显影、定影的时间和温度；放大时所用的纸型和曝光时间。

(3)分析讨论拍摄和放大效果，并附上本次实验自己最满意的摄影作品。

【注意事项】

(1)不能用手触摸镜头，如有灰尘应用镜头纸擦拭。调节照相机上各部件和零件的旋钮时，必须轻轻操作，不能过于用力。

(2)使用和存放感光材料时应注意遮光。

(3)进入暗室，要严格遵循操作规程。室内工具、器材、药液不能随便乱放。冲洗完毕应做好清洁工作。

【药液配方】

常用显影、定影药液配方见表 1。

表1　常用显影、定影药液配方

D－76显影液配方（用于负片显影）		D－72显影液配方（用于正片显影）		F－5定影液配方（正、负片通用）	
物质名称	用量	物质名称	用量	物质名称	用量
温水（52℃）	750mL	温水（52℃）	750mL	温水（52℃）	700mL
米吐尔	2g	米吐尔	3g	硫代硫酸钠	240g
无水亚硫酸钠	100g	无水亚硫酸钠	45g	无水亚硫酸钠	15g
对苯二酚	5g	对苯二酚	12g	乙酸28%或 冰醋酸（99%）	45mL或 13.4 mL
硼砂	2g	无水碳酸钠	67.5g	硼酸	7.5g
加水至	1000mL	溴化钾	2g	硫酸铝钾	15g
		加水至	1000mL	加水至	1000mL

实验27　数码照相

【实验简介】

数码相机是集光学、机械、电子于一体的产品，是一种利用电子传感器把光学影像转换成电子数据的照相机。它集成了影像信息的转换、存储和传输等部件，具有数字化存取模式、与电脑交互处理和实时拍摄等特点。数码相机的最大优势在于它的信息数字化，由于数字信息可以借助遍及全球的数字通讯网络即时传送，因此数码相机被广泛用于计算机、通信、医学、金融、交通、文化、商业、旅游及广告设计等行业，成为IT产业中发展最为迅速的产品之一。

【实验目的】

(1)了解数码成像及数码相机的工作原理。

(2)学会使用数码相机。

(3)学会简单的数码照片后期处理。

【实验仪器】

数码相机，电脑，打印机等。

【预习思考题】

(1)数码相机与传统相机主要的区别有哪些？

(2)为什么用数码相机拍照时按快门要分两步：先按下一半，稍后再按下去？

【实验原理】

传统相机与胶片的成像过程是基于光化学理论，数码的成像过程则是基于光电子学理论，而它们最大的不同在于影像的记录方式。

传统相机：镜头 → 底片。

数码相机：镜头 → 感光芯片 → 数码处理电路 → 记忆卡。

1. 数码相机的工作原理

数码相机是由镜头、CCD(感光元件)、A/D(模/数转换器)、MPU(微处理器)、内置存储器、LCD(液晶显示器)、PC 卡(可移动存储器)和接口(计算机接口、电视机接口)等部分组成(见图 1),通常它们都安装在数码相机的内部。

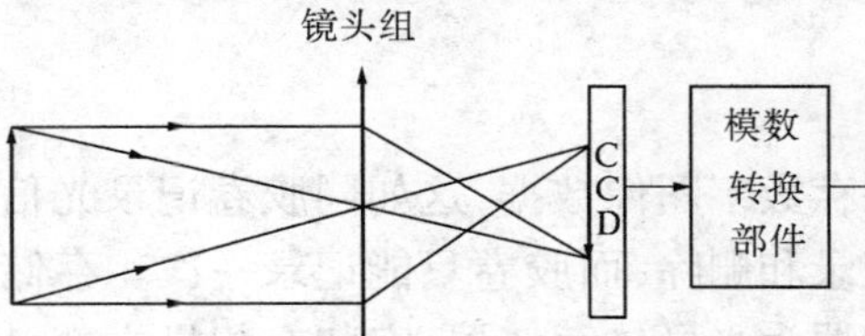

图 1　数码相机的组成

当按下快门时,镜头将光线会聚到感光器件 CCD(电荷耦合器件)上。CCD 是半导体器件,它代替了普通相机中胶卷的位置,其功能是把光信号转变为电信号。这样,我们就得到了对应于拍摄景物的电子图像,但是它还不能马上被送去计算机处理,还需要进行从模拟信号到数字信号的转换,A/D(模/数转换器)器件用来执行这项工作。接下来 MPU(微处理器)对数字信号进行压缩并转化为特定的图像格式,例如 JPEG 格式。最后,图像文件被存储在内置存储器中,可通过 LCD(液晶显示器)查看拍摄到的照片。

2. 数码相机的主要功能部件

1)镜头

数码相机的镜头由多组镜片组成,材质分为玻璃与塑料两类。如图 2 所示,从右至左该镜头组件依次由透镜、电子快门、透镜组 1、透镜组 2 以及 CCD 组成。组件中的焦距调节系统和快门系统是由透镜组 1 和电子快门构成的,二者连接在一起,在电机的带动下前后移动,进行焦距调节,从而获得清晰的图像。电子快门可控制曝光量。

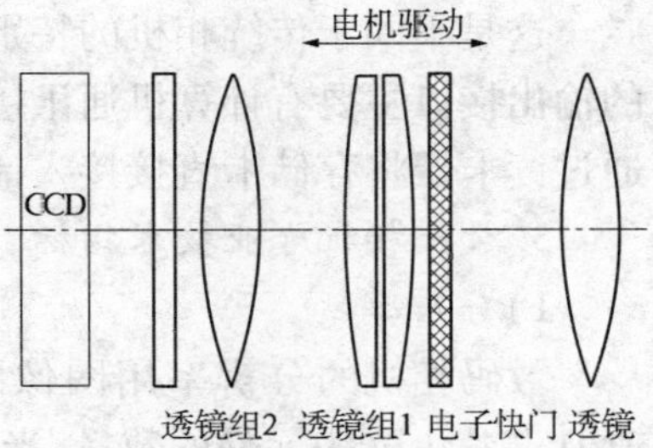

图 2　镜头结构

对于传统相机而言,镜头的焦距决定了拍摄的视角,而不同的视角产生的成像效果也不相同。但是焦距决定视角的一个条件是成像的尺寸,35mm 普通相机成像尺寸是 24mm × 36mm(胶卷),而数码相机中 CCD 的成像尺寸是它的 $\frac{1}{2} \sim \frac{1}{10}$。为了在这么小的面积上能够成像感光,镜头和对焦面之间的距离必须很短,因此数码相机镜头的焦距通常都很短。

2)感光器件

感光器件是数码相机的心脏,它是一种光电转换器件。目前感光器件有两种:一种是广泛使用的 CCD(光电荷耦合)元件;另一种是 CMOS(互补金属氧化物半导体)器件。

3)A/D 转换器

A/D 转换器又叫做 ADC(Analog Digital Converter),即模拟/数字转换器。它是将模拟电信号转换为数字电信号的器件。A/D 转换器的主要指标是转换速度和量化精度。转换速度是指将模拟信号转换为数字信号所用的时间,由于高分辨率图像的像素数量庞大,因此对转换速度要求很高。量化精度是指可以将模拟信号分成多少个等级,这个等级在数码相机中叫做色彩深度。色彩深度值越高,就越能真实地还原色彩。

4) MPU(微处理器)

数码相机要实现测光、运算、曝光、闪光控制、拍摄逻辑控制以及图像的压缩处理等操作,必须有一套完整的控制体系。数码相机通过 MPU(Microprocessor Unit)实现对各个操作的统一协调和控制。MPU 通过对 CCD 感光强弱程度的分析,调节光圈和快门,再通过机械或电子控制调节曝光。

5) 存储设备

数码相机中存储器的作用是保存数字图像数据,这如同胶卷记录光信号一样。不同的是存储器中的图像数据可以反复记录和删除,而胶卷只能记录一次。存储器可以分为内置存储器和可移动存储器。内置存储器为半导体存储器,安装在相机内部,用于临时存储,向计算机传送图像时须通过串行接口。为扩大存储的容量,数码相机更多地使用可移动存储器。这些存储器使用方便,存满后可取出更换,因此可降低数码相机的制造成本,增加应用的灵活性,并提高连续拍摄的性能。存储器保存图像的多少取决于存储器的容量(以 MB 为单位),以及图像质量和图像文件的大小(以 kB 为单位)。图像的质量越高,图像文件就越大,需要的存储空间就越多。显然,存储器的容量越大,能保存的图像就越多。

6) LCD(液晶显示器)

LCD(Liquid Crystal Display)为液晶显示屏,数码相机使用的 LCD 与笔记本电脑的液晶显示屏工作原理相同,只是尺寸较小。LCD 作用有三个:取景,显示,显示功能菜单。

7) 输出接口

这是不同于传统相机的特别之处,也是使数码相机融入数字化世界的通道。数码相机的输出接口主要有计算机通讯接口、连接电视机的视频接口和连接打印机的接口。也可以通过读卡器将存储卡直接接入计算机。

3. 数码相机专业技术指标

1) 分辨率

数码相机的分辨率用图像的绝对像素数来衡量。拍摄图像的像素数取决于相机内 CCD 芯片上光敏元件的数量,光敏元件的数量越多则可产生的图像分辨率越高,成像质量也就越高。

2) 色彩深度

数码相机色彩深度反映了数码相机能正确表示色彩的多少。色彩深度值越高,就越能真实地还原色彩。

3) 变焦镜头

数码相机的变焦范围越大,就相对具有了广角和望远功能。数码相机的变焦方式分为光学变焦和数码变焦。

光学变焦是通过改变变焦镜头中的各镜片的相对位置来改变焦距,从而放大与缩小需要拍摄的景物。

数码变焦通过改变成像面的大小,即成像面的对角线长短来改变视角,从而产生了“相当于”镜头焦距变化的效果。数码变焦通过数码相机内的处理器,把图片内的每个像素面积增大,从而达到放大的目的,因此图像质量相对于光学变焦较差。

4) 白平衡功能

白平衡功能就是为了让相机具有人眼一样的功能,通过计算不同光照平均值,自动调节内部的色彩平衡，使在各种光线条件下拍摄出的照片色彩和人眼所看到的景物色彩完全相同。

5）相当感光度

感光度（ISO）是指感光材料对光线的敏感程度。但数码照相机与普通照相机不同，它包含了用于接收光线信号的CCD，对曝光多少有相应要求，也就有感光灵敏度高低的问题。为方便理解，一般将数码相机的CCD对光线的灵敏度等效转换为传统胶卷的感光度值，因此称“相当感光度”。从理论上来讲，数码相机的感光度越高，数码相机的拍摄效果就会越好。

6）曝光模式

数码相机一般都具有手控曝光和自动曝光AE（Auto Expose）两种模式。

AE模式分为光圈优先AE式、快门速度优先AE式、闪光AE式和深度优先AE式。

（1）光圈优先AE式是由拍摄者人为选择拍摄时的光圈大小，由相机根据景物亮度、CCD感光度以及人为选择的光圈等信息自动选择合适曝光所要求的快门时间的自动曝光模式，也即光圈手动、快门时间自动的曝光方式。这种曝光方式主要用在需优先考虑景深的拍摄场合，如拍摄风景、肖像或微距摄影等。

（2）快门速度优先AE式是在拍摄者选择确定好快门时间的基础上，由相机根据测光信息、CCD感光度和人为设定的快门时间，自动选定正确曝光所需要的光圈大小，即快门时间手动选择，光圈自动调定。在该模式下，大多数相机不管是手动选择的快门时间，还是相机自动调定的光圈系数，都会在LCD屏上和取影器内显示。

（3）闪光AE式指的是由相机TTL闪光直接测光并控制闪光AE的模式，而不是指闪光灯本身测光系统测光并控制闪光曝光的模式。

（4）深度优先AE式是由摄影者控制被摄物的景深，由相机自动给出适当曝光量的新颖曝光模式。

7）曝光补偿

曝光补偿是为了让拍摄者对相机测光所确定的曝光“量”进行修正、调整，从而得到适宜于主体正确表现的准确曝光。现在数码相机均具有曝光补偿功能，调节范围一般在±2.0EV左右。“EV”称为曝光值，它反映的是光圈大小和快门速度的组合。有曝光补偿的数码相机能使相片的明暗度得以改变。

8）存储容量

目前随机附带的存储卡容量有限，但移动存储器（即扩展卡）容量则可达几个G。图像的分辨率越高，可存的幅数就越少，而且还和采用的图像文件的压缩方式有关。

4.数码相机的技术缺陷

（1）成像质量：早期的数码相机CCD元件所采集图像的像素不足1000万，远远小于传统相机的像素，所拍摄的照片，不论在影像的清晰度，还是质感、层次、色彩的饱和度等方面，都无法与传统相机拍摄的照片相媲美。但随着数码技术的飞速发展，制造工艺的快速提高，几千万甚至超亿像素的数码相机已由梦想成为现实。

（2）快门延时：在按下快门之前，数码相机要进行调整光圈、改变快门速度、检查自动聚焦、打开闪光灯等操作；每拍摄完一张照片，还要对已拍摄的照片进行图像压缩处理和存储。这一系列的操作动作都制约着数码相机的拍摄速度。

(3)耗电大:数码相机跟传统相机不同,对电力的需求非常大,而电池使用时间太短至今仍是令数码相机的使用者和制造者头疼的问题。相信随着科技的发展,这种困扰会逐渐得到解决。

5. 图像处理

经过拍摄或扫描进入计算机的图像可在相应图像处理软件配合下进行处理。在Windows平台加工处理图像是非常方便的。因为该平台下开发的图像加工软件品种多、功能全,可进行人们所能想到的各项处理加工。Photoshop 软件是世界上最先开发的图像处理软件之一,具有功能强大、易于操作等特点。其基本功能有:

(1)进行相片(传统相片处理、数码照片处理)编辑、处理和修整。

(2)制作特效文字、Web 图像,对任意图像进行缩放和特效处理。譬如,将图像处理以得到风格各异的绘画效果。

(3)直接从扫描仪、数码相机中获取图像、数码相片,支持多种不同图像格式的读取。

(4)图层功能:可随意编辑多个不同图层后再结合为一,并且让每个图层都拥有不同的特殊效果。千变万化的图层样式呈现绚丽多彩的图像效果。

(5)蒙板操作与图层紧密结合,可对多幅图像进行完美拼合。

(6)支持多种选取工具。

(7)可对选区进行羽化(边缘柔化)等。

【实验内容与要求】

1. 拍摄

(1)阅读使用说明,了解数码相机的操作使用方法。

(2)选择拍摄模式,设置相关参数。

(3)聚焦及测光:数码相机一般都有自动聚焦 AF 和自动测光 AE 功能。取景后,对准被摄物并将快门按下一半,等待相机内部的 MPU 控制系统工作运行、自动聚焦和确定曝光量。

(4)拍摄:在聚焦和测光完成后再按下快门。

(5)输出图像:通过输出端口将存储在数码相机存储器中的图像输送到计算机。

2. 数码照片的后期处理

如所拍照片不甚理想,将图像输入计算机后,可在相应图像处理软件的配合下进行处理和修整。常用的图像处理软件有 Photoshop, Photo Studio, Photo Impact 等。试用图像处理软件对自己所拍的图像文件进行以下处理和修整:

(1)亮度、反差调整;

(2)颜色调整;

(3)消除灰雾、斑点、红眼;

(4)改变图像质地,使图像产生各种变形,获得独具匠心、别具一格的艺术图像。

【注意事项】

(1)数码相机是精密设备,小心使用,防止摔、碰。

(2)注意防水、防高温。

(3)镜头表面有增透膜,请勿用手触摸。如有尘污,用镜头纸擦拭。

(4)长达一个月以上时间不使用数码相机的话,务必取出电池另外保管存放。

实验28　全息照相

【实验简介】

全息照相的原理是伽柏在1948年提出的，伽柏并因此在1971年获得诺贝尔物理学奖。20世纪60年代以后，由于激光的发现以及利思等发明了离轴全息图，使全息照相技术有了迅速而广泛的发展。目前，全息照相在干涉计量、无损检测、信息存储与处理、遥感技术、生物工程和国防科研中得到了极其广泛的应用。

【实验目的】

(1)了解全息照相的基本原理。

(2)学习静物全息照相的拍摄方法。

(3)了解再现全息物像的性质和方法。

【实验仪器】

全息平台，激光器及电源，快门及曝光定时器，分束镜，扩束镜，反射镜，被摄物，白屏，全息干板，米尺，暗室设备等。

【预习思考题】

(1)拍摄全息照片，为什么参考光的强度必须比物光大？

(2)全息物像再现有什么要求？

(3)拍摄全息照相用的感光底片为什么一般用负片？

【实验原理】

1. 全息照相技术

由光的波动理论可知，光波是一种电磁波，任何物体所发出的光波，可以看成是由其表面上各物点发出子波的叠加，即可表示为

$$Y(r,t)=\sum_{i=1}^{n}A_i\cos\left(\omega t+\varphi_i-\frac{2\pi r_i}{\lambda}\right)$$

式中，A_i为振幅，ω为圆频率，λ_i为波长，φ_i为波源的初相位。可见，任何一定频率的光波都包含振幅A_i和相位$\left(\omega t+\varphi_i-\frac{2\pi r_i}{\lambda}\right)$两大信息。普通照相记录的只是物体光波的振幅，而不能记录光波的相位，因此普通照相只能获得二维光强分布的平面像。全息照相是用光的干涉的方法，以干涉条纹的形式记录物体光波的振幅和相位，即全部信息，所以称为全息照相。记录了干涉条纹的全息照片可以看做是个复杂的衍射光栅，所以直接观察拍好的全息图是看不到像的，当用与原参考光波相似的光按原参考光波的方向投射到全息图上时，其衍射波才能重现原来的物光波，从而得到物体十分逼真的三维立体图像。

2. 全息记录过程——光的干涉

将激光器输出的光分为两束投射到记录介质(即感光底片)上，一束称为参考光束R；另一束投射到物体上，经物体反射或透射以后产生物光束O，也到达记录介质(见图1)。参考光束同物光束的相干叠加，在记录介质上形成干涉条纹，成为全息图。在显微镜下可观察到它上面布满细密的亮暗条纹，这些条纹形状与原物形象没有任何几何上的相似性。但是，全息图已经通过干涉的方法微妙地记录了物光波的全部光信息，包括振幅和相位，这就是所

谓全息记录。

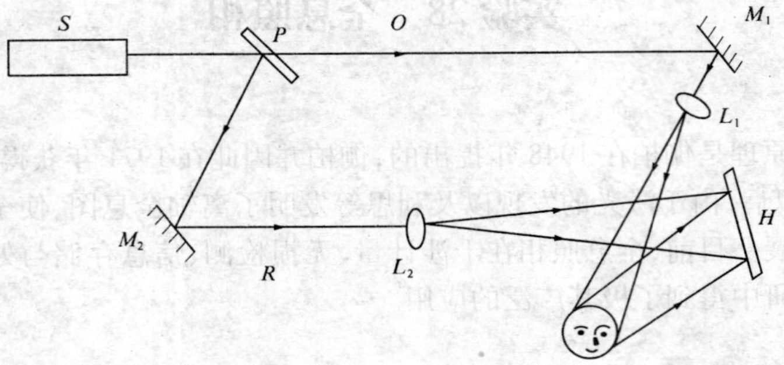

S—激光器；P—分束镜；H—全息干板；M_1、M_2—全反射镜；L_1、L_2—扩束镜

图1　全息记录参考光路

可见全息照相与普通照相不同，它们各具特点(见表1)。

表1　全息照相与普通照相的特点

	全息照相	普通照相
1	全息照相过程分记录、再现两步，它是以干涉、衍射等波动光学的规律为基础	普通照相过程是以几何光学的规律为基础
2	全息图所记录的是物体各点的全部光信息，包括振幅和相位。全息照相以干涉条纹的形式直接记录物光波本身	普通照相底片记录的仅是物体各点的光强(或振幅)。普通照相记录的是物光波通过透镜所成的像
3	全息照相过程中物体与底片之间是点面对应的关系，即每个物点所发射的光束直接落在记录介质整个平面上。反过来说，全息图中每一个局部都包含了物体各点的光信息	普通照相过程中物像之间是点点对应的关系，即一个物点对应像平面中的一个像点
4	全息图能完全再现原物，因而能观察到一幅非常逼真的立体图像	普通照相得到的只能是二维的平面图像
5	全息照相是干涉原理，因此要求光源有很好的时间相干性和空间相干性。光源的相干长度越长、相干区域越大，就能越有效地实现全息照相	普通照相只是像的强度记录，并不要求光源的相干性，用普通光源就可以了

3. 全息再现——光的衍射

用一束与参考光束的波长和传播方向完全相同的光束照射全息图，则用眼睛可以观察到一幅非常逼真的原物形象，悬空地再现在全息图后面原来的位置上(见图2)。全息图如同一个窗口，当人们移动眼睛从不同角度观察时，就好像面对原物一样看到它不同侧面的形象，甚至在某个角度上被遮住的东西也可以从另一个角度上看到它。可见，全息图再现的是一幅逼真的立体图像。即使成为碎片，取其中的任一小块仍能再现完整物像，因而全息图一般说来具有可分割性。

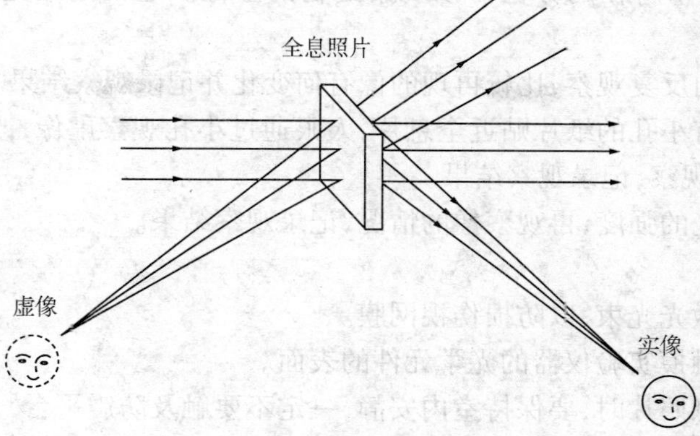

图2　全息再现参考光路

在再现过程中，布满干涉条纹的全息图起一块复杂光栅的作用，照明光束经全息底片衍射之后，产生了复杂的衍射场，其中包含有原物光波信息，人们在全息图前看到的就是这个再现物光波所产生的虚像。可见，原物的再现过程就是衍射过程。

【实验内容与要求】

1. 光路调整要求

(1)按图1布置光路，调整各元件等高。

(2)调节光路中反射镜 M_1 或 M_2 位置，使物光与参考光束的光程尽可能相等，要求光程差小于3cm。被摄物不能离全息干板太远，一般不要超过10mm。

(3)用一白屏代替干板固定在干板夹上，使参考光束照在白屏中间，再插入扩束镜，扩束光束中心也照射在白屏中间。挡住参考光束，首先使物光束均匀照明所拍摄的物体，再使物光束漫反射光也照射在白屏中间。一定要使参考光与物体漫反射光在白屏上重合得很好，并且使物光与参考光的夹角在30°~50°。参考光和物光光强之比以2:1~4:1为宜。

(4)要有相干性好的光源。本实验使用He-Ne激光器。

(5)防震。由于全息底片记录的是精细的干涉条纹，记录过程中轻微的振动或干扰，只要使光程差发生波长数量级的变化就会引起干涉条纹的混乱与叠加，使条纹模糊不清，以致看不到物体的衍射像。

(6)对底片分辨率的要求。普通照相底片分辨率约100条/mm，全息底片分辨率约3000条/mm。

2. 全息照片的拍摄

(1)确定曝光时间，为5~15s。

(2)在暗室的暗绿灯下把全息干板夹在干板架上，感光药面朝着被摄物。

(3)静置2~3min，待整个系统稳定后，打开光源进行曝光。曝光时注意不要碰实验台。

3. 全息照片的暗室处理过程

全息照片的暗室处理过程如下：

曝光→绿灯下显影→水洗→定影→水洗→吹干

曝光、显影及定影时间需根据实验环境的具体情况而定。

4. 全息照片再现操作

把制作好的全息片放回原来位置(药面仍对着光)，遮住物光束，只让参考光照明全息片,在全息片后面原物所在的方位可以观察到物的虚像。通常把激光束直接扩束,如图 2 所示。

(1)从不同方向反复观察,比较再现的像有何变化并记录观察结果。

(2)用一张带有小孔的纸片贴近全息片,人眼通过小孔观察虚像;改变小孔在全息片上的不同位置做同样观察,记录观察结果。

(3)改变再现光的强度,再观察像的情况,记录观察结果。

【注意事项】

(1)切勿直视激光光束,以防损伤视网膜。

(2)请勿用手触摸实验仪器的光学元件的表面。

(3)在拍摄全息照片时,要保持室内安静,一定不要触及防震平台 。

【仪器介绍】

PL-1 型曝光定时器及光开关是“激光全息照相”系列实验的配套仪器。定时量程:0~99s(连续可调);精度:1s;倒计时数码显示;采用集成电路和三联动式开关,可实现曝光时间的自动控制。

【思考题】

(1)试述全息技术的理论依据。

(2)分析说明在观察到的实验现象中,各种条件下形成的再现像的特点。

(3)若再现光的传播方向不同于参考光,还能否观察到物的虚像?其像的位置有何变化?

【药液配方】(见表 2)

表 2　全息照片的显影液、定影液和漂白液的配方

D-19 显影液配方		F-5 定影液配方		漂白液配方	
物质名称	用量	物质名称	用量	物质名称	用量
米吐尔	2g	蒸馏水(50℃)	800mL	重铬酸钾	20g
无水亚硫酸钠	90g	硫代硫酸钠	0.24g	溴化钾	28g
对苯二酚	8g	无水亚硫酸钠	15g	铁氰化钾	19g
无水碳酸钠	48g	冰醋酸	13.5mL	醋酸	5mL
溴化钾	5g	硼酸(结晶)	7.5g	明矾	25g
		钾矾	15g		
加蒸馏水至	1000mL	加蒸馏水至	1000mL	加蒸馏水至	1000mL

实验 29　光电效应法测普朗克常数

【实验简介】

金属及其化合物在光照射下发射电子的现象称为光电效应,这是赫兹在 1887 年发现的。但用经典电磁场理论无法解释这一实验结果。在近代物理学中,光电效应在证实光的量子性方面有着重要的地位。

光电效应作为信号转换的一种重要方式，已制成光电管、光电倍增管等仪器，广泛地应用于工农业生产、科教文卫和国防建设众多领域。但这绝不是光电效应的全部价值，更重要的是发现光电效应的过程本身，它曾经把人类认识自然的能力提升到一个崭新高度，有力地推动了近代物理学的创立和发展。

19 世纪末，理论物理学者普朗克（Max Karl Ernst Ludwig Planck，1858～1947）在前人的基础上研究黑体辐射。1900 年 12 月 14 日，他在德国物理学会例会上宣读论文《关于正常光谱的能量分布定律》，公然挑战有史以来默认物理量可以连续变化的常规，提出石破天惊的能量量子化假设，拉开人类揭示微观世界跳跃式变化规律的序幕。以其姓氏命名的普朗克常数，连同 1900 年 12 月 14 日这个非凡的日子一起载入量子论创立发展史册，普朗克本人荣膺 1918 年度诺贝尔物理奖。普朗克量子假说最初并未引起太多注意，充其量被当做局限于个别问题侥幸成功的一个经验公式。首先意识到其深刻内涵并推动量子论发展的人是爱因斯坦（Albert Einstein，1879～1955）。爱因斯坦 1905 年在《关于光的产生和转化的一个试探性观点》一文中高屋建瓴地把普朗克量子假说推广到光辐射，发展为光量子（光子）概念，精辟解释了此前已由赫兹、勒纳德等人研究发现的光电效应奇特现象。当时，包括普朗克本人在内的许多物理学家都认为爱因斯坦走得太远，太过分了。实验物理学者密立根（Robert Andrews Millikan，1868～1953）抱着否定态度开展了杰出的试验研究，他甚至把旋转式微型剃刀装进真空光电管中，以便随时清除电极表面的氧化膜。密立根 1916 年发表的实验结果把赞成票转而投向爱因斯坦。爱因斯坦和密立根分别于 1921 年和 1923 年获得诺贝尔物理奖，他们的不朽业绩和科学风范永远昭示后人。

本实验通过测试光电管的伏安特性曲线，验证爱因斯坦光电效应方程，求普朗克常数 h，使学生进一步加深对光的粒子性的认识，理解爱因斯坦光电效应方程的物理意义。

【实验目的】

（1）加深对光电效应和光的量子性的理解。

（2）学习验证爱因斯坦光电效应方程的实验方法，并测定普朗克常数。

（3）测绘光电管的伏安特性曲线。

【实验仪器】

ZKY－GD－4 智能光电效应（普朗克常数）实验仪，汞灯及电源，滤色片，光电管。

【预习思考题】

（1）何谓光电效应？

（2）饱和光电流的大小由什么决定？

（3）光电流的大小随光强变化吗？

（4）光电管的暗电流和本底电流是如何产生的？

（5）金属的截止频率是什么？

（6）光电子的能量随光强变化吗？

【实验原理】

1. 光电效应

图 1 所示是研究光电效应的一种简单的实验装置。在光电管的阴极 K 和阳极 A 之间加上直流电压 U，当用单色光照射阴极 K 时，阴极上就会有光电子逸出，即为光电效应。

爱因斯坦光电效应方程：

$$h\nu = \frac{1}{2}mV_m^2 + W \quad (1)$$

式中，h 是普朗克常数，ν 是入射光频率，m 和 V_m 分别是光电子的质量和初速度，W 为金属的逸出功，$\frac{1}{2}mV_m^2$ 是光电子逸出表面后所具有的初动能。

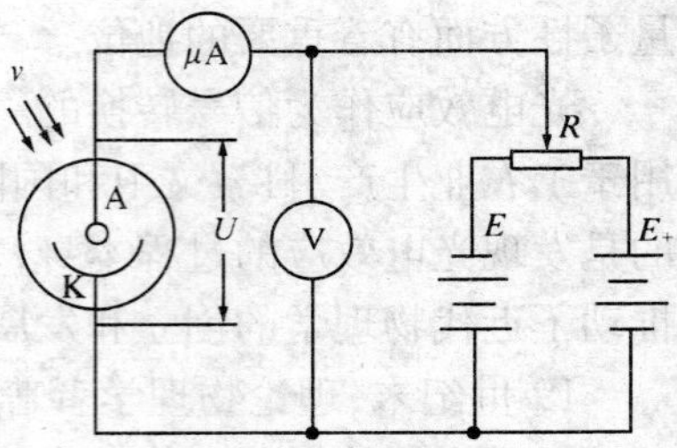

图 1　光电效应实验装置

截止电压与初动能的关系：

$$eU_0 = \frac{1}{2}mV_m^2 \quad (2)$$

可见，光电子的初动能与入射光光强无关。

当入射光频率 ν 逐渐增大时，截止电压 U_0 将随之线性增加。由式(1)和式(2)可知

$$U_0 = \frac{h}{e}\nu - \frac{W}{e} \quad (3)$$

对于每一种金属，只有当入射光频率 ν 大于一定的红限频率(最小频率) ν_0 时，才会产生光电效应。

光电效应是瞬时发生的。实验发现，只要入射光频率 $\nu > \nu_0$，无论光多么弱，从光照射阴极到光电子逸出这段时间不超过 10^{-9}s。

2. 普朗克常数测定

根据式(1)可知，测量不同频率的光截止电压，寻求频率 ν 与截止电压 U_0 的线性关系 h/e(见图 2)，从而求得普朗克常数 h。

【实验内容与要求】

1. 测量准备

(1)将测试仪及汞灯电源打开，预热 20min。汞灯及光电管的暗箱用遮光罩罩住。

(2)调整光电管与汞灯的距离约为 40cm，并保持不变。

(3)用专用电缆将光电管暗箱电压输入端与测试仪电压输出端连接起来。

(4)将"电流量程"选择开关置于所选挡位(截止电压测试为 10^{-13}A，伏安特性测试为 10^{-10}A)。

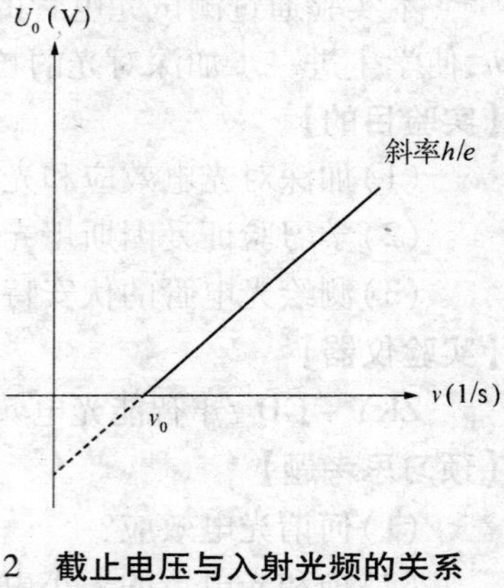

图 2　截止电压与入射光频的关系

(5)调零：将光电管暗箱电流输出端与测试仪微电流输入端断开，调节电压，使电流表指示为 000.0A。

(6)确认调零：按"调零确认/系统清零"按钮。

(7)选取"截止电压"测量，"手动"模式。

2. 测量截止电压

(1)撤去光电管入口遮光罩，将直径为 4mm 的光阑及 365.0nm 的滤色片放入光电管暗盒光输入口处，打开汞灯遮光盖。

(2)此时电压表显示 U_{AK} 的值，单位为 V；电流表显示与 U_{AK} 对应的电流值 I，单位为所选择的"电流量程"。用电压调节键"◀"、"▶"、"▲"、"▼"可调节 U_{AK} 的值，"◀"、"▶"

键用于选择调节小数点位，"▲"、"▼" 键用于选择调节值的大小。

(3)从低到高调节电压(绝对值减小)，观察电流值的变化，当电流指示约为"000.0"，此时对应的电压 U_{AK} 就是该波长光所对应的截止电压 U_0 的值。

(4)将 365nm 滤光片依次换成 405nm、436nm、546nm、577nm 的滤光片，重复以上测量步骤，分别记录各自的截止电压，将数据记录于表 1 中。

(5)根据表 1 的数据在坐标纸上作 $U_0 \sim v$ 直线，用作图法求直线的斜率 $k = h/e$，进而求普朗克常数 h，与理论值进行比较并计算误差。

3. 光电管伏安特性测试

(1)按"系统清零/调零确认"按钮，重复 1 中的步骤(4)~(6)。

(2)选取"伏安特性"测量，"手动"模式(或"自动"模式)。

(3)将某一波长的滤光片套在光电管入口处，改变电压，从 -1V 开始增加，最高电压为 50V，分别记录各电压下所对应的光电流数值于表 2。

(4)以 U 为横坐标、光电流 I 为纵坐标，根据表 2 的数据在坐标纸上作 $U_{AK} \sim I$ 关系曲线，即为该波长光的伏安特性曲线。

注意：在"自动"模式下，系统默认电压范围为"-1.0V~35V"。

【数据处理】

表 1　测量截止电压记录表

波长(nm)		365	405	436	546	577
频率($\times 10^{14}$Hz)		8.214	7.408	6.879	5.490	5.196
截止电压(V)	手动					
	自动					

$e = 1.60 \times 10^{-19}$C　　　　$h_{理论} = 6.63 \times 10^{-34}$J·s

表 2　光电管伏安特性测试记录表　　$\lambda = 365$nm

U(V)	-1.0	-0.5	0.0	5.0	10.0	…	30.0	35.0	40.0
I($\times 10^{-10}$A)									

【注意事项】

(1)在"自动"模式下，其自动电压扫描范围见表 3。

表 3　自动电压扫描范围

波长(nm)	365	405	436	546	577
频率($\times 10^{14}$Hz)	8.214	7.408	6.879	5.490	5.196
电压范围(V)	-1.90 ~ -1.50	-1.60 ~ -1.20	-1.35 ~ -0.95	-0.80 ~ -0.40	-0.65 ~ 0.25

(2)滤色片使用前需检查是否干净，以保证良好透光，滤光片切勿用手去摸。更换滤色片时注意避免污染和平整放入套架，以免不必要的折光带来实验误差。

(3)实验时，光电管入射窗口请勿面对其他强光源(如窗户等)，以减少杂散光干扰。更换滤色片时先将光源出光孔遮盖住,实验完毕后用遮光罩盖住光电管暗盒进光窗,以避免强光直接照射阴极而缩短光电管寿命。仪器不宜在强磁场、强电场、强振动、高湿度、带辐射物质的环境下工作。

(4)测量时必须充分预热,连线时先接地线、后接讯号线。注意勿让电压输出端与地短路,以免烧毁电源。

(5)光电效应的测量过程中,常常存在暗电流和本底电流。在完全没有光照射光电管的情形下,由于阴极本身的热电子发射等原因所产生的电流称为暗电流。本底电流则是由于外界各种漫反射光入射到光电管上所致。这两种电流属于实验中的系统误差。我们的实验过程中忽略了这一系统误差。精确实验时须将它们测出,并在作图时消除其影响。

【仪器简介】

1. GD-4 型智能光电效应(普朗克常数)实验仪

实验仪由以下三部分组成(见图3):

(1)光电检测装置包括光电管暗盒 GDX-1、高压汞灯灯箱 GDX-2、高压汞灯电源 GDX-3 和实验基准平台 GDX-4。

(2)实验仪主机是由微电流放大器和扫描电压源发生器两部分组成的整体仪器。

(3)G 型滤色片,外径 ϕ36mm,5 片一组,分别可从汞灯中滤选 365nm、405nm、436nm、546nm、577nm 的单色光。

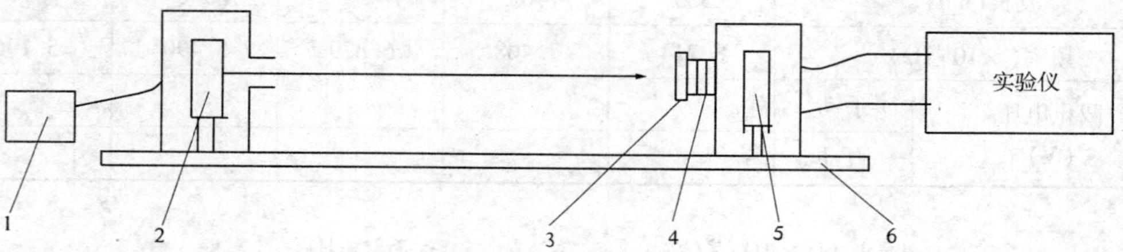

1—汞灯电源;2—汞灯;3—滤色片;4—光阑;5—光电管;6—机座

图3 仪器结构图

机内还附有可调直流电源,为光电管提供 K~A 间的工作电压,只用一只旋钮就可在 -3V~+3V 范围内连续调节。与之配套的电压表安装在面板右边,量程为 1.00V。随着电压的升降,量程起点自动切换,实现分段接续式量程 -3V~-2V, -2V~-1V, -1V~0V, 0~1V,1~2V,2~3V。这种量程转换方式既扩大了量程,又保证了读数精细度,但电路相对复杂些。

2. 光电效应(普朗克常数)实验仪面板及基本操作介绍

(1)光电效应(普朗克常数)实验仪前面板如图 4 所示,以功能划分为 12 个区。

区(1)是电流量程调节旋钮及其指示。

区(2)是复用区,用于电流指示和自动扫描起始电压设置指示复用:当实验仪处于测试状态或查询状态时,区(2)是电流指示区;当实验仪处于设置自动扫描电压时,区(2)是自动扫描起始电压设置指示区;四位七段数码管指示电流或电压值。

区(3)是复用区,用于电压指示、自动扫描终止电压设置指示和调零状态指示复用:当实验仪处于测试状态或查询状态时,区(3)是电压指示区;当实验仪处于设置自动扫描电压

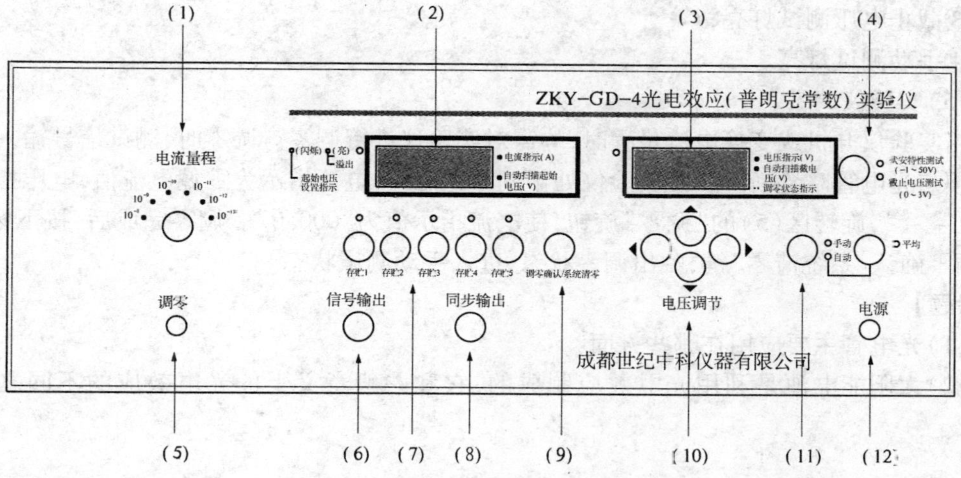

图4 仪器面板图

时,区(3)是自动扫描终止电压设置指示区;当实验仪处于调零状态时,区(3)是调零状态指示区,显示"－－－－"。四位七段数码管指示电压值。

区(4)是实验类型选择区:当绿灯亮时,实验仪选择伏安特性测试实验;当红灯亮时,实验仪选择截止电压测试实验。

区(5)是调零状态区,用于系统调零。

区(6)、区(8)是示波器连接区:区(6)、区(8)可将信号送示波器显示。

区(7)是存储区选择区:通过按键选择存储区。

区(9)是复用区,用于调零确认和系统清零:当实验仪处于调零状态时,按下此键则跳出调零状态;当实验仪处于测试状态或查询状态时,按下此键则系统清零,重新启动,并进入调零状态。

区(10)是电压调节区:通过按键调节电压(◀、▶调节小数点位,▲、▼调节大小)。

区(11)是工作状态指示选择区:用于选择及指示实验仪工作状态,详细说明见相关操作说明;通信指示灯指示实验仪与计算机的通信状态。

区(12)是电源开关。

(2)光电效应(普朗克常数)实验仪后面板说明。

后面板上有交流电源插座,用于连接交流220V电压,插座上自带有保险管座;后面板上有光电管工作电压直流输出接口,蓝色接口为输出电压参考地。如果实验仪已升级为微机型,则通信插座可联计算机,否则,该插座不可使用;后面板上有光电管微电流信号输入接口,用于连接光电管微电流输入。

(3)光电效应(普朗克常数)实验仪连线说明。

在确认供电电网电压无误后,将随机提供的电源连线插入后面板的电源插座中;连接前后面板上的连接线(红—红,蓝—蓝)。

(4)开机后的初始状态。

开机后,实验仪进入系统调零状态,去掉光电管微电流输入信号,前面板显示如下:

①电压指示为"－－－－";

②电流指示为零偏电流值;

③截止电压测试灯亮；

④手动测试灯亮。

(5)实验仪调零。

当实验仪开机或变换电流量程时，均需对实验仪进行调零。调零时，测试信号输入连接线必须与光电管暗盒断开。当实验仪处于调零状态时，电流指示为零偏电流值，电压指示为"－－－－"，旋转区(5)的"调零"旋钮，使电流指示值为"000.0"。调零完成后，按下区(9)的"调零确认/系统清零"键，跳出调零状态，进入手动测试状态。

【思考题】

(1)光电管主要应用在哪些方面？

(2)太阳能电池是利用光电效应制成的，它和一般意义上的光电效应的不同之处在哪里？

实验30　多普勒效应综合实验(一)

验证多普勒效应并测声速

【实验简介】

不知你是否注意过这样的现象，当一辆汽车响着喇叭从你身边疾驶而过时，喇叭的音调会由高变低，好像汽车驶来的时候唱着音符"i"，离开的时候就唱音符"7"了。1842年，奥地利物理学家多普勒带着女儿在铁道旁散步时就注意到了类似的现象，他经过认真的研究，发现波源和观察者互相靠近或者互相远离时，观察到的波的频率都会发生变化，并且做出了解释。人们把这种现象叫做多普勒效应。

多普勒效应的成因：声源完成一次全振动，向外发出一个波长的波，频率表示单位时间内完成的全振动的次数，亦即波源发出的完全波的个数，而音调由频率所决定，频率高音调高，频率低音调低。当波源和观察者有相向运动时，声波对观察者而言稍微压缩从而相对集中，观察者在单位时间内接收到的完全波的个数增多，即接收到的频率增大，所以感觉音调高；相反，离你而去的声源的声波稍微扩散从而拉长，观察者在单位时间内接收到的完全波的个数减少，即接收到的频率减小，感觉音调低。其实，波源的频率是不改变的，只是由于波源和观察者之间有相对运动，观察者感觉到频率发生了变化。如图1所示。

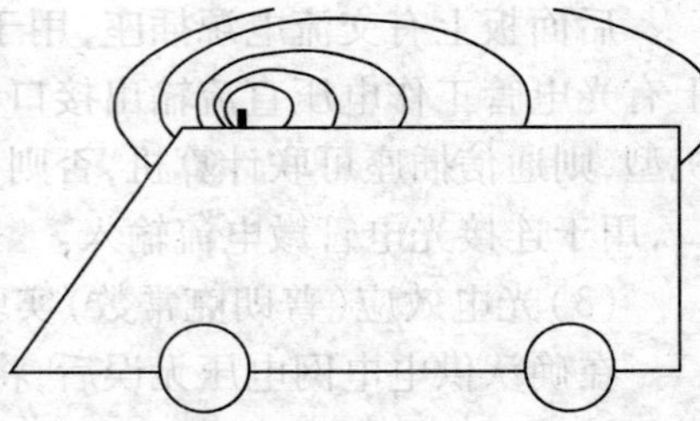
图1　多普勒效应原理图

多普勒效应在科学研究、工程技术、交通管理、医疗诊断等各方面都有十分广泛的应用。例如：原子、分子和离子由于热运动使其发射和吸收的光谱线变宽，称为多普勒增宽，在天体物理和受控热核聚变实验装置中，光谱线的多普勒增宽已成为一种分析恒星大气及等离子体物理状态的重要测量和诊断手段。基于多普勒效应的雷达系统已广泛应用于导弹、卫星、车辆等运动目标速度的监测。在医学上利用超声波的多普勒效应来检查人体内脏的活动情况、血液的流速等。电磁波(光波)与声波(超声波)的多普勒效应原理是一致的。本实验研究超声波的多普勒效应，并由此测量声速。

【实验目的】

(1)测量超声接收器运动速度与接收频率之间的关系,验证多普勒效应。

(2)由 $f \sim V$ 关系直线的斜率求声速。

【实验仪器】

多普勒综合实验仪,超声发射/接收器,导轨,运动小车,支架,光电门,电磁铁,滑轮,砝码。

【预习思考题】

(1)多普勒效应的概念理解。

(2)本实验是怎么来实现并验证多普勒效应的?

【实验原理】

根据声波的多普勒效应公式,当声源与接收器之间有相对运动时,接收器接收到的频率 f 为:

$$f = f_0(u + V_1\cos\alpha_1)/(u - V_2\cos\alpha_2) \tag{1}$$

式中,f_0 为声源发射频率,u 为声速,V_1 为接收器运动速率,α_1 为声源与接收器连线同接收器运动方向之间的夹角,V_2 为声源运动速率,α_2 为声源与接收器连线同声源运动方向之间的夹角(如图 2 所示)。

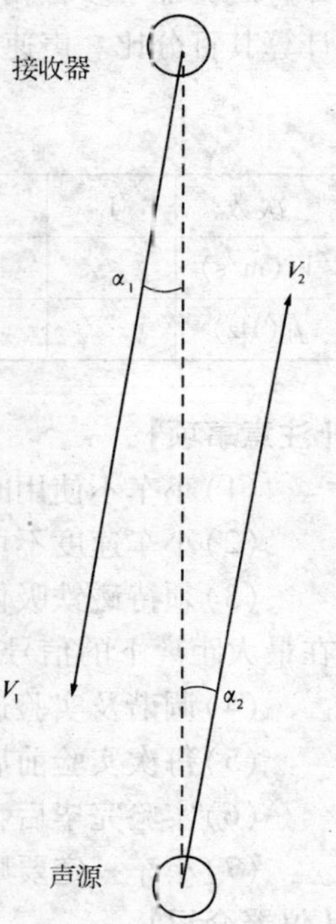

图 2　多普勒效应原理示意图

若声源保持不动,运动物体上的接收器沿声源与接收器连线方向以速度 V 运动,则从式(1)可得接收器接收到的频率应为:

$$f = f_0(1 + V/u) \tag{2}$$

$$\Delta f = f - f_0 = f_0 \times (V/u) \tag{3}$$

当接收器向着声源运动时,V 取正,反之取负。

若 f_0 保持不变,以光电门测量物体的运动速度,并由仪器对接收器接收到的频率自动计数,根据式(3),作 $f \sim V$ 关系图可直观验证多普勒效应,且由实验点作直线,其斜率应为 $k = f_0/u$,由此可计算出声速 $u = f_0/k$。

【实验内容】

1. 测量准备

将组件电缆接入实验仪的对应接口。

实验仪开机后,首先要求输入室温,因为声速是温度的函数。

对仪器进行调谐。在超声应用中,需要将超声发生器与接收器的频率匹配,并将驱动频率调到谐振频率 f_0,这样接收器获得的信号幅度才最强,才能有效地发射与接收超声波。一般 f_0 在 40kHz 左右,电流调至最大值后,即达到谐振状态。

2. 测量步骤

(1)选中"多普勒效应验证实验",测量次数为 10 次。

(2)准备好后,按"确认",电磁铁释放,测试开始进行,仪器自动记录小车通过光电门时的平均速度及与之对应的平均接收频率。

改变小车的运动速度,可用以下两种方式:①砝码牵引:利用砝码的不同组合实现。

②用手推动:沿水平方向对小车施以变力,使其通过光电门。为便于操作,一般由小到大改变小车的运动速度。

(3)每一次测试完成,都有“存入”或“重测”的提示,可根据实际情况选择,“确认”后回到测试状态,并显示测试总次数及完成的测试次数。

(4)改变砝码质量(砝码牵引方式),并退回小车让磁铁吸住,按“开始”,进行第二次测试。

完成设定的测量次数后,仪器自动存储数据,并显示 $f \sim V$ 关系图及测量数据。

【数据处理】

将测量数据填入表 1,做出 $f \sim V$ 的关系曲线,若测量点成直线,符合式(3)描述的规律,即直观验证了多普勒效应。用作图法计算斜率 k,由 k 计算声速 u 并与声速的理论值比较,计算其百分比。声速理论值由 $u_0 = 331(1 + t/273.15)^{1/2}$(m/s)计算,$t$ 表示室温。

表 1　验证多普勒效应并测声速

$f_0 =$ 　　Hz　　　　$t =$ 　　℃

次数	1	2	3	4	5	6	7	8	9	10
V_n(m/s)										
f_n(Hz)										

【注意事项】

(1)小车不使用时应立放,避免小车滚轮沾上污物,影响实验进行。

(2)小车速度不可太快,以防小车脱轨跌落损坏。

(3)须待磁铁吸住小车后,再开始调谐,此时超声发生器和接收器的距离最远,保证其在最大距离下的信号强度。

(4)调谐及实验进行时,须保证超声发生器和接收器之间无任何阻挡物。

(5)每次实验前后,按照仪器清单清点各实验台仪器。

(6)实验完毕后,请及时关闭电源。

(7)小车一定要顺利通过光电门。

【仪器介绍】

整套仪器由实验仪、超声发射/接收器、导轨、运动小车、支架、光电门、电磁铁、滑轮、砝码等组成。实验仪内置微处理器,带有液晶显示屏,图 3 为实验仪的面板图。

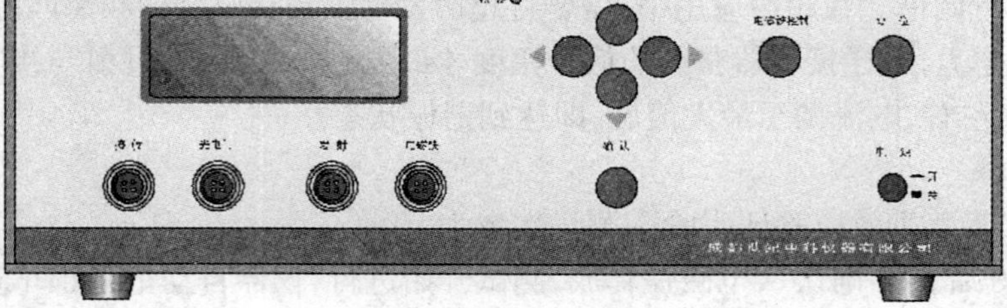

图 3　实验仪面板图

实验仪采用菜单式操作，显示屏显示菜单及操作提示，由“▲”、“▼”、“◀”、“▶”、键选择菜单或修改参数，按确认键后仪器执行。

验证多普勒效应时，仪器的安装如图4所示。导轨长1.2m，两侧有安装槽，所有需固定的附件均安装在导轨上。光电门的安装及高度调节见图5。

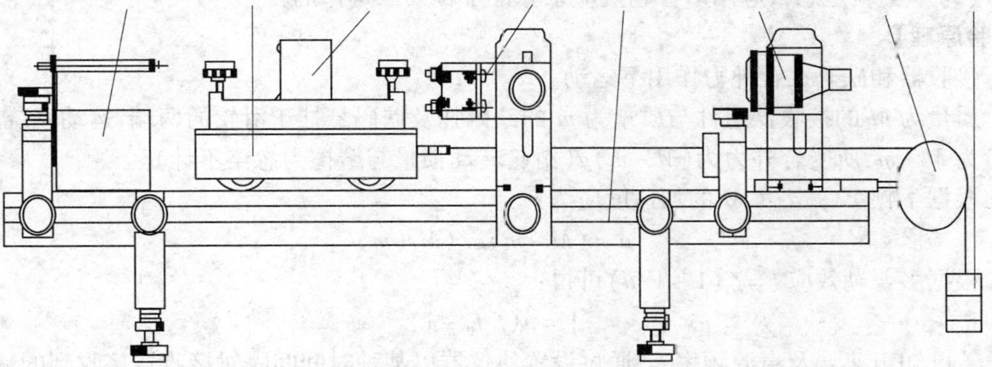

图4　多普勒效应验证实验及测量小车水平运动安装示意图

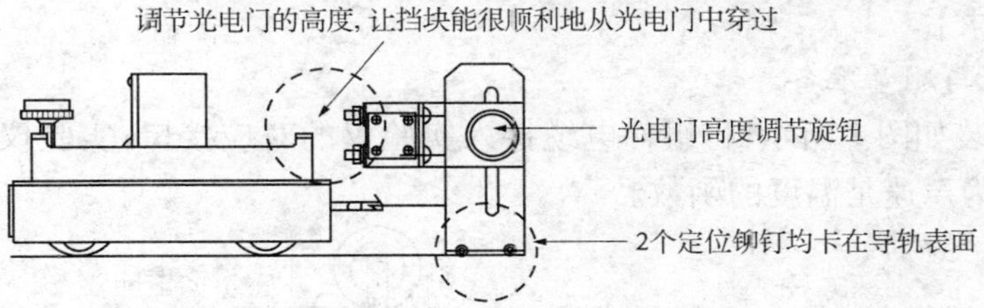

图5　光电门的安装及高度调节示意

测量前设置采样次数（选择范围8～150）及采样间隔（选择范围50～100ms），经确认后仪器开始测量，并将测量到的频率转换为速度。完成测量后，仪器根据测量数据自动作$V \sim t$图，也可显示$f \sim t$图，测量数据，存储实验数据等。

【思考题】

（1）当从地球上接收到其他星球传来的光波出现“红移”时，这些星球是背离地球运动还是朝向地球运动？出现“蓝移”时呢？

（2）近年来，一种超戸脉冲多普勒血流测量技术在临床医学上开始广泛应用。当声源或反射界面移动时，所发射和散射的超声波频率会发生变化。怎样利用多普勒技术估计血流的血液动力学特征？

实验31　多普勒效应综合实验（二）

研究匀变速直线运动

【实验目的】

（1）研究匀加速直线运动，测量力、质量与加速度之间的关系，验证牛顿第二定律。

（2）全面理解多普勒效应这一物理现象的本质，扩展其应用领域。

【实验仪器】

多普勒效应综合实验仪，超声发射/接收器，导轨，支架，电磁铁，砝码。

【预习思考题】

(1)怎样减少测量误差？

(2)本实验是怎么应用多普勒效应来验证牛顿第二定律的？

【实验原理】

接收器和砝码在合外力作用下运动。

质量为 M 的接收器组件与质量为 m 的砝码托及砝码悬挂于滑轮的两端，运动系统的总质量为 $M+m$，所受合外力为 $(M-m)g$（滑轮转动惯量与摩擦力忽略不计）。

根据牛顿第二定律，M 的加速度应为：

$$a=(M-m)g/(M+m) \tag{1}$$

根据多普勒效应 $f=f_0(1+V/u)$ 可得：

$$V=u(f/f_0-1) \tag{2}$$

若已知声速 u 及声源频率 f_0，通过设置使仪器以某种时间间隔对接收器接收到的频率 f 采样计数，由微处理器按式(2)计算出接收器运动速度 V。

【实验内容与要求】

1. 仪器安装与测量准备

(1)仪器安装如图 1 所示，将组件电缆接入实验仪的对应接口；实验仪开机后，首先要求输入室温，因为声速是温度的函数。

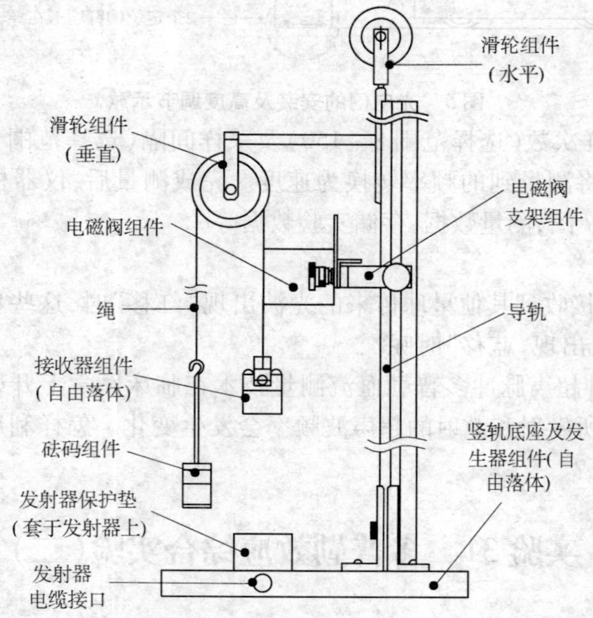

图 1　匀变速直线运动仪器安装示意图

对超声发射器的驱动频率进行调谐。在超声应用中，需要将超声发射器与接收器的频率匹配，并将驱动频率调到谐振频率 f_0，这样接收器获得的信号幅度才最强，才能有效地发射与接收超声波。一般 f_0 在 40kHz 左右，电流调至最大值后，即达到谐振状态。

(2)让电磁阀吸住自由落体接收器，并让该接收器和电磁阀之间接触面积尽量得小，以减小剩磁对测量的影响。

(3)用天平称量接收器组件的质量 M，砝码托及砝码质量，每次取不同质量的砝码放于砝码托上，记录每次实验对应的 m。

2. 测量步骤

(1)在液晶显示屏上，用"▼"选中"变速运动测量实验"，并按"确认"。

(2)利用"►"键修改测量点总数为 8(选择范围 8 ~ 150)，用"▼"选择采样步距，并设定为 50ms(选择范围 50 ~ 100ms)，选择"开始测试"。

(3)按"确认"后，磁铁释放，接收器组件拉动砝码作垂直方向的运动。测量完成后，显示屏上出现测量结果。

(4)在结果显示界面中用"►"键选择"返回"，"确认"后重新回到测量设置界面。改变砝码质量，按以上程序进行新的测量。

【数据记录与处理】

(1)采样结束后显示 $V \sim t$ 直线，用"►" 键选择"数据"，将显示的采样次数及相应速度记入表 1 中，t_i 为采样次数与采样步距的乘积。由记录的 t、V 数据求得 $V \sim t$ 直线的斜率，就是此次实验的加速度 a。

(2)将表 1 得出的加速度 a 作纵轴，$(M-m)/(M+m)$ 作横轴作图，若为线性关系，符合式(1)描述的规律，即验证了牛顿第二定律，且直线的斜率应为重力加速度。为避免电磁铁剩磁的影响，第 1 组数据不记。

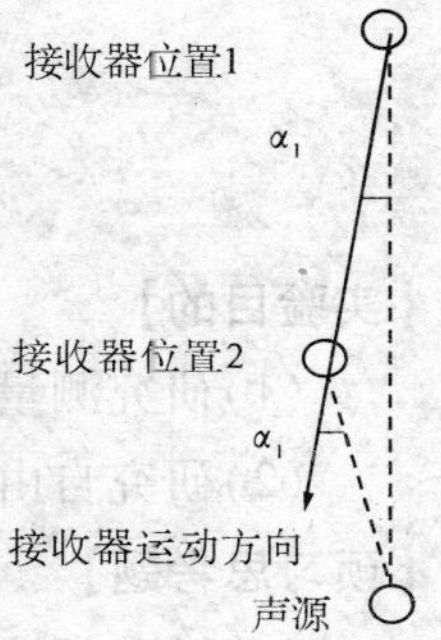

图2　运动过程中 α_1 角度变化示意图

(3)接收器组件下落时，若其运动方向不是严格地在声源与接收器的连线方向，则 α_1(声源与接收器连线与接收器运动方向之间的夹角，见图 2)在运动过程中增加，此时公式 $f=f_0(1+V/u)$ 不再严格成立，由式 $\Delta f=f-f_0=f_0\times(V/u)$ 计算的速度误差也随之增加。故在数据处理时，可根据情况对最后 2 个采样点进行取舍。

表 1　匀变速直线运动的测量　　　　$M=$　　　(kg)

采样次数 i	2	3	4	5	6	7	8	加速度 a (m/s^2)	m (kg)	$\frac{M-m}{M+m}$
$t_i=0.05(i-1)$(s)										
V_i(m/s)										
$t_i=0.05(i-1)$(s)										
V_i(m/s)										
$t_i=0.05(i-1)$(s)										
V_i(m/s)										
$t_i=0.05(i-1)$(s)										
V_i(m/s)										

【注意事项】

(1)须将"自由落体接收器保护盒"套于发射器上,避免发射器在非正常操作时受到冲击而损坏。

(2)安装时切不可挤压电磁阀上的电缆。

(3)调谐时接收器组件应吸在电磁铁上,保证其在最大距离下的信号强度,且调谐时须保证超声发射器和接收器之间无任何阻挡物。

(4)"接收器组件"上的连接导线较长,应整理好,避免在实验过程中缠绕及阻挡超声波的接收,影响测量准确性。

(5)接收器组件与电磁铁接触面越小,受剩磁的影响越小,测量误差也越小,所以测量时应尽量减小接收器组件与电磁铁的接触面。

实验32　多普勒效应综合实验(三)

研究自由落体运动

【实验目的】

(1)研究测量超声接收器运动速度与接收频率之间的关系。

(2)研究自由落体运动,并由 $V \sim t$ 关系直线的斜率求重力加速度。

【预习思考题】

(1)试分析该实验中的误差来源。

(2)本实验是怎么应用多普勒效应来测量自由落体的重力加速度的?

【实验仪器】

多普勒效应综合实验仪,超声发射/接收器,导轨,支架,电磁铁。

【实验原理】

接收器只在重力作用下做自由落体运动

$$g = V/t \tag{1}$$

根据多普勒效应原理,由式 $f = f_0(1 + V/u)$ 可得:

$$V = u(f/f_0 - 1) \tag{2}$$

若已知声速 u 及声源频率 f_0,通过设置使仪器以某种时间间隔对接收器接收到的频率 f 采样计数,由微处理器按式(2)计算出接收器运动速度 V,将显示屏显示的采样次数及对应速度记入表1中。由记录的 t、V 数据作 $V \sim t$ 关系图,由图求得直线的斜率即为此次实验的加速度 g。

【实验内容与要求】

1. 仪器安装

实验仪器的安装如图1所示。

实验仪开机后,首先要求输入室温,因为声速是温度的函数。

对仪器进行调谐。在超声应用中，需要将超声发生器与接收器的频率匹配，并将驱动频率调到谐振频率f_0，这样接收器获得的信号幅度才最强，才能有效地发射与接收超声波。一般f_0在40kHz左右，电流调至最大值后，即达到谐振状态。

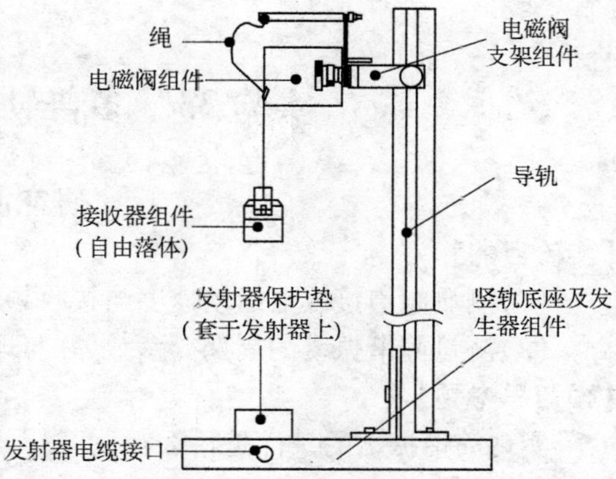

图1　自由落体运动安装示意图

将电磁铁移到导轨的上方，测量前接收器垂直运动部件吸在电磁铁上。接收器运动部件与电磁铁接触面越小，受剩磁的影响越小，测量误差也越小，所以测量时应尽量减小其与电磁铁的接触面。

测量时必须保证接收器与发射器之间无任何阻挡物。

2. 测量步骤

(1)在液晶显示屏上，用"▼"选中"变速运动测量实验"，并按"确认"。

(2)利用"▶"键设定测量点总数为8(选择范围8～150)，"▼"选择采样步距，并设定为50ms(选择范围50～100ms)，选中"开始测试"。

(3)按"确认"后，电磁铁释放，接收器组件自由下落一段距离后被细绳拉住。测量完成后，显示屏上出现测量结具。

(4)在结果显示界面中用"▶"键选择"返回"，"确认"后重新回到测量设置界面。可按以上程序进行新的测量。

3. 数据记录与处理

将测量数据记入表1中，由测量数据作图求得$V \sim t$直线的斜率即为重力加速度g。

为减小随机误差，可作多次测量，将测量的平均值作为测量值，并将测量值与理论值比较，求百分误差。

表1　自由落体运动的测量

采样次数i	2	3	4	5	6	7	8	g (m/s^2)	平均值 $\bar{g}$	理论值 g_0	百分误差 $\frac{\bar{g}-g_0}{g_0}$
$t_i=0.05(i-1)$(s)											
V_i(m/s)											
$t_i=0.05(i-1)$(s)											
V_i(m/s)											
$t_i=0.05(i-1)$(s)											
V_i(m/s)											
$t_i=0.05(i-1)$(s)											
V_i(m/s)											

实验33 多普勒效应综合实验(四)

研究简谐振动

【实验目的】

(1)测量超声接收器运动速度与接收频率之间的关系。

(2)测量简谐振动的周期等参数,并与理论值比较。

【预习思考题】

实现简谐振动的条件是什么?

【实验仪器】

多普勒效应综合实验仪,超声发射/接收器,导轨,支架,直尺,弹簧。

【实验原理】

当质量为 m 的物体受到大小与位移成正比,而方向指向平衡位置的力的作用时,若以物体的运动方向为 X 轴,其运动方程为:

$$m\frac{d^2x}{dt^2}=-kx \tag{1}$$

式中,k 为弹簧的倔强系数。

由式(1)描述的运动称为简谐振动,当初始条件为 $t=0$ 时,$x=-A_0$, $V=dx/dt=0$,则方程(1)的解为:

$$x=-A_0\cos\omega_0 t \tag{2}$$

将式(2)对时间求导,可得速度方程:

$$V=\omega_0 A_0\sin\omega_0 t \tag{3}$$

由式(2)、式(3)可见物体作简谐振动时,位移和速度都随时间周期变化,式中 $\omega_0=(k/m)^{1/2}$ 为振动的角频率。

根据多普勒效应原理,由式 $f=f_0(1+V/u)$ 可得:

$$V=u(f/f_0-1) \tag{4}$$

若忽略空气阻力,根据胡克定律,作用力与位移成正比,悬挂在弹簧上的物体应作简谐振动。

【实验内容与要求】

1. 仪器安装与测量准备

实验仪器的安装如图1所示。

实验仪开机后,首先要求输入室温,因为声速是温度的函数。

对超声发生器的驱动频率进行调谐。在超声应用中,需要将超声发生器与接收器的频率匹配,并将驱动频率调到谐振频率 f_0,这样接收器获得的信号幅度才最强,才能有效地发射与接收超声波。一般 f_0 在 40kHz 左右,电流调至最大值后,即达到谐振状态。

2. 测量步骤

(1)用直尺测量弹簧的原长 x_0;加上质量 m 的砝码,并使得弹簧处于平衡状态,再用直尺测量此时弹簧的长度 x。则弹簧的形变量 $\Delta x=x-x_0$。

(2)在液晶显示屏上,用"▼"选中"变速运动测量实验",并按"确认"。

(3)利用"►"键修改测量点总数为150(选择范围8~150),用"▼"选择采样步距,并修改为100ms(选择范围50~100ms),选中"开始测试"。

(4)将接收器从平衡位置垂直向下拉约20cm,松手让接收器自由振荡,然后按"确认",接收器组件开始作简谐振动。实验仪按设置的参数自动采样,测量完成后,显示屏上出现速度随时间变化关系的曲线,如图2所示。

(5)在结果显示界面中用"►"键选择"返回","确认"后重新回到测量设置界面。可按以上程序进行新的测量。

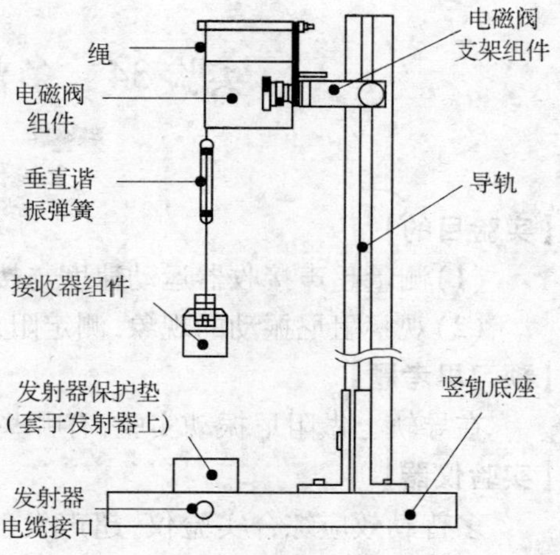

图1　简谐振动安装示意图

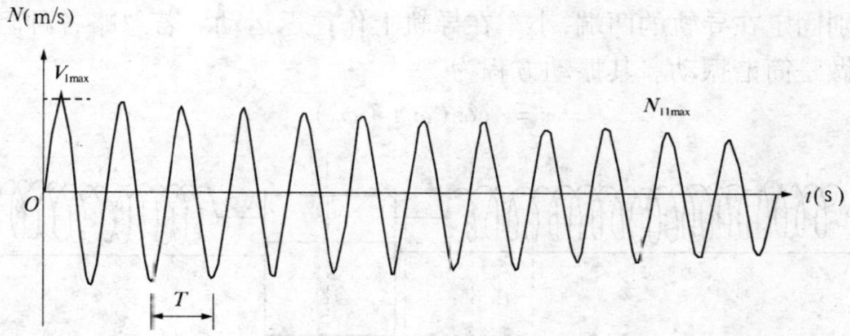

图2　简谐振动速度与时间的关系曲线

3. 数据记录与处理

查阅数据(见表1),记录第1次速度达到最大时的采样次数N_{1max}和第11次速度达到最大时的采样次数N_{11max},就可计算实际测量的运动周期T及角频率ω,并可计算ω_0与ω的百分误差。

表1　简谐振动的测量

m (kg)	Δx (m)	k (kg/s^2)	ω_0 (1/s)	N_{1max}	N_{11max}	T (s)	ω (1/s)	百分误差 $(\omega-\omega_0)/\omega_0$

其中,$k=mg/\Delta x$,$\omega_0=(k/m)^{1/2}$,$T=0.01(N_{11max}-N_{1max})$,$\omega=2\pi/T$。

分析误差来源并提出实验改进方案。

实验34　多普勒效应综合实验（五）

研究阻尼振动

【实验目的】

（1）测量超声接收器运动速度与接收频率之间的关系。

（2）观察阻尼振动的现象，测定阻尼系数。

【预习思考题】

在导轨上做阻尼振动实验，有哪些因素影响阻尼系数？

【实验仪器】

多普勒效应综合实验仪，超声发射器/接收器，运动物体（小车），导轨，弹簧，砝码，天平，直尺等。

【实验原理】

水平导轨上质量为 m 的物体（如图1所示），两端分别连接倔强系数为 k_1、k_2 的弹簧，弹簧的另一端分别固定在导轨的两端，小车在导轨上作往返运动。若忽略各种阻尼作用，小车的运动可以看做是简谐振动。其振动方程为

$$x = A\cos(\omega_0 t + \varphi_0)$$

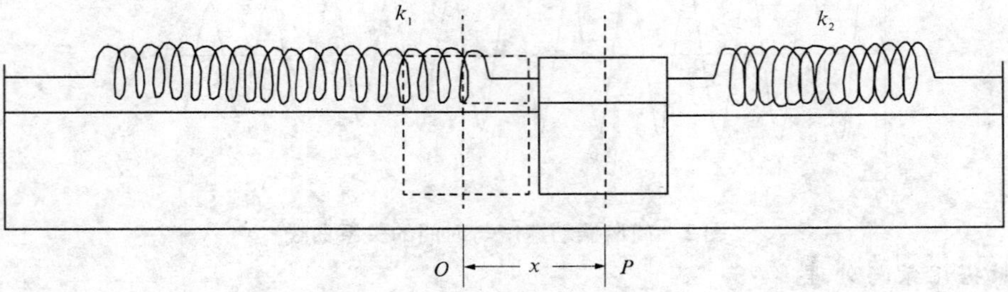

图1　物体在水平导轨上的振动示意图

但实际上纯粹的简谐振动并不存在，由于阻尼的作用，任何振动系统的能量都会不断减少，振幅会不断地衰减，这就是阻尼振动。

当物体以较小速率运动时，其受到的阻力与其运动速率成正比而方向相反，即

$$f = -b\frac{\mathrm{d}x}{\mathrm{d}t} \tag{1}$$

式中，b 称为阻尼系数，它与物体的形状、大小及媒质的性质有关。

振动系统在弹性恢复力和阻尼力的共同作用下，其运动的微分方程为

$$m\frac{\mathrm{d}^2x}{\mathrm{d}t^2} + b\frac{\mathrm{d}x}{\mathrm{d}t} + (k_1 + k_2)x = 0$$

上述方程可变形为

$$\frac{\mathrm{d}^2x}{\mathrm{d}t^2} + 2\beta\frac{\mathrm{d}x}{\mathrm{d}t} + \omega_0^2 x = 0 \tag{2}$$

式中，$\beta = \frac{b}{2m}$ 称为阻尼因子，$\omega_0 = \sqrt{(k_1 + k_2)/m}$ 称为固有角频率。

方程（2）的解为

$$x = A_0 e^{-\beta t}(\cos\omega t + \varphi_0) \tag{3}$$

式中，ω 为阻尼振动的"角频率"， $\omega=\sqrt{\omega_0^2-\beta^2}$。 (4)

而"周期" $T=\frac{2\pi}{\omega}=\frac{2\pi}{\sqrt{\omega_0^2-\beta^2}}>\frac{2\pi}{\omega_0}$ (5)

阻尼振动的振幅 $A=A_0\mathrm{e}^{-\beta t}$ (6)

由此可见，由于阻尼的存在，振动变慢了，振幅随时间作指数衰减。阻尼的大小决定了阻尼振动振幅的衰减程度。因此，阻尼振动不是周期性振动，更不是简谐振动，因位移不是时间的周期函数。但阻尼振动有某种重复性，我们把位移相继两次达到极大值的时间间隔叫做阻尼振动的周期。严格来说，阻尼振动只是一种准周期性运动。

图 2 所示为阻尼振动中振幅随时间的变化趋势。

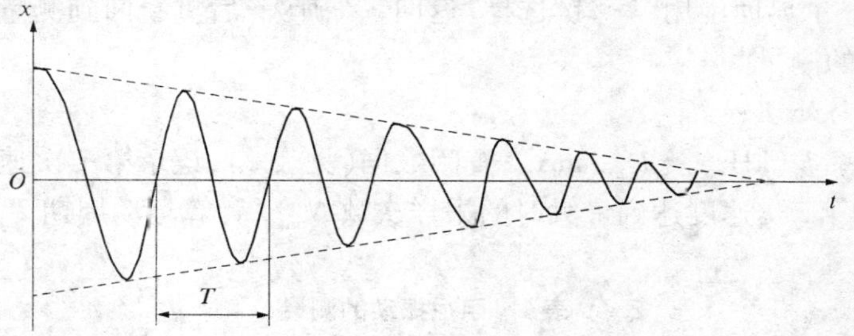

图 2 阻尼振动振幅变化示意图

【实验内容与要求】

1. 仪器安装与测量准备

实验仪器的安装如图 3 所示。实验仪开机后，首先要求输入室温，因为声速是温度的函数。

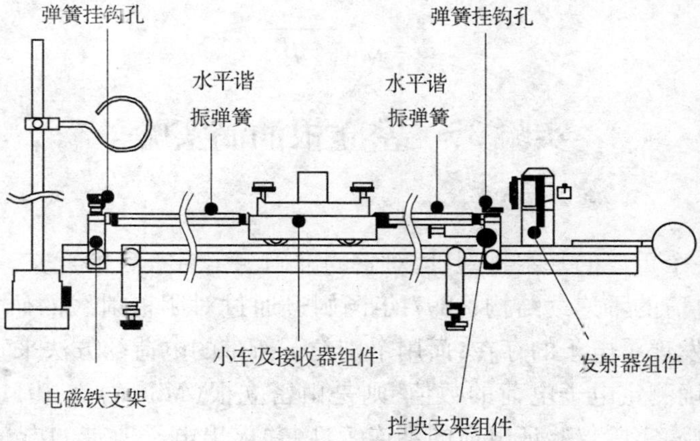

图 3 仪器安装示意图

对超声发射器的驱动频率进行调谐。在超声应用中，需要将超声发射器与接收器的频率匹配，且驱动频率调至谐振频率 f_0，这样接收器获得的信号幅度才最强，才能有效地发射与接收超声波。一般 f_0 在 40kHz 左右。谐振电流调至最大值，即达到谐振状态。调谐时应保证发射器与接收器在最大距离下的信号强度，注意它们之间无任何阻挡物。

2. 测量步骤

(1) 取下其中一个弹簧，加上质量 $m_{砝码}$ 的砝码，使得弹簧处于平衡状态，测量并记录加砝码前后弹簧的长度 x_1 和 x_2，计算变形量 Δx。并计算弹簧的倔强系数 $k=k_1=k_2=\frac{m_{砝码}g}{\Delta x}$，及 $\omega_0=\sqrt{(k_1+k_2)/m}$（小车的质量 m 给定）。

（2）在液晶显示屏上，用"▼"选中"变速运动测量实验"，并按"确认"。

（3）利用"►"键选择测量采样点总数为 n（选择范围 8～150），用"▼"选择采样步距为 t（选择范围 50～100ms），选中"开始测试"。

（4）将小车（接收器）从平衡位置向左（或向右）拉约 5cm，松手让其自由振动，然后按"确认"。实验仪按设置的参数自动采样，测量完成后，显示屏上出现速度随时间变化关系的曲线。

（5）在结果显示界面中用"►"键选择"返回"，"确认"后重新回到测量设置界面。可按以上程序进行新的测量。

3. 数据记录与处理

记录谐振频率 f_0（kHz）及 I_{max}（mA）；查阅数据（见表 1），记录第 1 次速度达到最大时的采样次数 N_{1max} 和第 i 次速度达到最大时的采样次数 N_{imax}，计算运动周期 T 及角频率 ω，并计算阻尼因子。

表 1　阻尼振动的测量

t (ms)	n	m (kg)	$m_{砝码}$ (kg)	Δx (m)	k (kg/s^2)	ω_0 (1/s)	N_{1max}	N_{imax}	T (s)	ω (1/s)	β (1/s)

$$T=\frac{t(N_{imax}-N_{1max})}{i-1}$$

$$\omega=\sqrt{\omega_0^2-\beta^2}$$

实验 35　密立根油滴实验

【实验简介】

电子电荷是一个重要的基本物理量，对它的准确测定有很大的意义。1883 年由法拉第电解定律发现了电荷的不连续结构；1897 年汤姆逊通过对阴极射线的研究，测量了电子的荷质比，从实验上发现了电子的存在；而用个别粒子所带的电荷的方法来直接证明电荷的分立性，以及首先准确测定电子电荷的数值，则是由密立根（Milton）在 1911 年完成的。本实验就利用密立根油滴实验仪验证电荷的不连续性，并求出电子所带的电量。从实验结果可以看出，任何油滴从空气中捕获的电荷都是最小电荷的整数倍。

【实验目的】

验证电荷的量子性，并测量电子的电量 e。

【实验仪器】

密立根油滴仪，监视器。

【预习思考题】

（1）带电油滴在电场中受到几个力的作用？

(2)怎样选择和控制油滴？

【实验原理】

密立根油滴实验历来是一个著名而有启发性的实验，它设计巧妙，结果准确。实验中要学会选择合适的油滴，并且熟练控制油滴以进行多次测量。计算每个油滴的带电量，这里采用倒过来验证的方法，即用公认的电子电量值去除每个油滴的电量，并取一最接近的整数，用这个整数除油滴的电量，得到电子电荷的测量值。

1. 静态(平衡)测量法

用喷雾器将油喷入两块相距为 d 的水平放置的平行极板之间。油在喷射撕裂成油滴时，由于空气摩擦一般都是带电的。设油滴的质量为 m，所带的电荷为 q，两极板间的电压为 U，则油滴在平行极板间将同时受到重力 mg 和静电力 qE 的作用。如图 1 所示。如果调节两极板间的电压 U，可使两力达到平衡，这时：

图 1

$$mg = qE = qU/d \tag{1}$$

由式(1)可见，为了测出油滴所带的电量 q，除需测定 U 和 d 外，还需要测量油滴质量 m。因 m 很小，需用如下特殊方法测定：平行极板不加电压时，油滴受重力作用而加速下降，由于空气阻力的作用，下降一段距离达到某一速度 v_g 后，空气阻力 f_r 与重力 mg 平衡，如图 2 所示(空气浮力忽略不计)，油滴将匀速下降。根据斯托克斯定律，油滴匀速下降时：

图 2

$$f_r = 6\pi a\eta v_g = mg \tag{2}$$

式中，η 是空气的黏滞系数，a 是油滴的半径(由于表面张力的原因，油滴总是呈小球状)。

设油的密度为 ρ，油滴的质量 m 可以用下式表示：

$$m = \frac{4}{3}\pi a^3 \rho \tag{3}$$

由式(2)和式(3)，得到油滴的半径：

$$a = \sqrt{\frac{9\eta v_g}{2\rho g}} \tag{4}$$

对于半径小到 10^{-6}m 的小球，空气的黏滞系数 η 应作如下修正：

$$\eta' = \frac{\eta}{1 + \frac{b}{pa}}$$

这时斯托克斯定律应改为：

$$f_r = 6\pi a\eta v/(1 + \frac{b}{pa})$$

式中，b 为修正常数，$b = 6.17 \times 10^{-6}$ m·cmHg；p 为大气压强，单位用 cmHg。得

$$a = \sqrt{\frac{9\eta v_g}{2\rho g} \cdot \frac{1}{1 + \frac{b}{pa}}} \tag{5}$$

上式根号中还包含油滴的半径 a，但因它处于修正项中，不需十分精确，因此可用式(4)

计算，将式(5)和式(3)联立求解，得到

$$m=\frac{4}{3}\pi\rho\left(\frac{9\eta v_g}{2\rho g}\cdot\frac{1}{1+\dfrac{b}{pa}}\right)^{\frac{3}{2}} \tag{6}$$

至于油滴匀速下降的速度 v_g，可用下法测出：当两极板间的电压 U 为零时，设油滴匀速下降的距离为 L、时间为 t，则

$$v_g=\frac{L}{t} \tag{7}$$

将式(7)代入式(6)，式(6)代入式(1)，得：

$$q=\frac{18\pi d}{\sqrt{2\rho g}}\left[\frac{\eta L}{t\left(1+\dfrac{b}{pa}\right)}\right]^{3/2}\cdot\frac{1}{U} \tag{8}$$

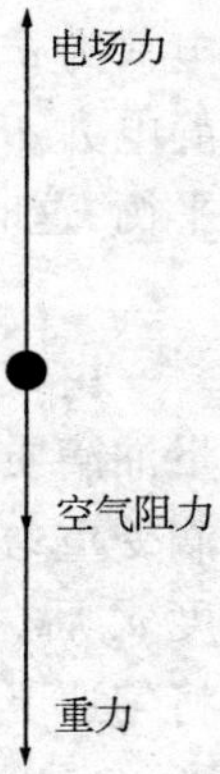

图3

上式是用平衡测量法测定油滴所带电荷的理论公式。

2. 动态(非平衡)测量法

平衡测量法是在静电力 qE 和重力 mg 达到平衡时导出公式(8)进行实验测量的。非平衡测量法则是在平行极板上加以适当的电压 U，但并不调节电压使静电力和重力达到平衡，而是使油滴受静电力作用加速上升。由于空气阻力的作用，上升一段距离达到某一速度 v_e 后，空气阻力、重力与静电力达到平衡(空气浮力忽略不计)，油滴将以 V_e 匀速上升，如图3所示。这时：

$$6\pi a\eta v_e=\frac{qU}{d}-mg$$

去掉平行极板上所加的电压 U 后，油滴受重力作用而加速下降。当空气阻力和重力平衡时，

$$6\pi a\eta v_g=mg$$

上两式相除得：

$$v_e/v_g=\left(\frac{qU}{d}-mg\right)/mg$$

$$q=mg[(v_e+v_g)/v_g]\times d/U \tag{9}$$

如果油滴所带的电量从 q 变到 q'，油滴在电场中匀速上升的速度将由 v_e 变成 v'_e，而匀速下降的速度 v_g 不变，这时 $q'=mg[(v'_e+v_g)/v_g]\times d/U$。

电量的变化量

$$q_i=mg[(v_e-v'_e)/v_g]\times d/U \tag{10}$$

实验时取油滴匀速下降和匀速上升的距离相等，设都为 L。测出油滴匀速下降的时间为 t_g，匀速上升的时间为 t_e 和 t'_e，则

$$v_g=L/t_g, v=L/t_e, v'_e=L/t'_e \tag{11}$$

由以上几个式子可得：

$$q=\frac{18\pi}{\sqrt{2\eta g}}\left(\frac{\eta}{1+\dfrac{b}{pa}}\right)^{3/2}\cdot\frac{d}{U}\left(\frac{L}{t_e}+\frac{L}{t_g}\right)\left(\frac{L}{t_g}\right)^{1/2}$$

$$q_i=\frac{18\pi}{\sqrt{2\eta g}}\left(\frac{\eta}{1+\dfrac{b}{pa}}\right)^{3/2}\cdot\frac{d}{U}\left(\frac{L}{t_e}-\frac{L}{t'_g}\right)\left(\frac{L}{t_g}\right)^{1/2}$$

令
$$K=\frac{18\pi}{\sqrt{2\eta g}}\left(\frac{\eta}{1+\frac{b}{pa}}\right)^{3/2}\cdot d$$

则
$$q=K\left(\frac{L}{t_e}+\frac{L}{t_g}\right)\left(\frac{L}{t_g}\right)^{1/2}\cdot\frac{1}{U} \tag{12}$$

$$q_i=K\left(\frac{L}{t_e}-\frac{L}{t'_e}\right)\left(\frac{L}{t_g}\right)^{1/2}\cdot\frac{1}{U} \tag{13}$$

从实验所测得的结果，可以分析出 q 与 q_i 只能为某一数值的整数倍，由此可以得出油滴所带电子的总数 n 和电子的改变数 i，从而得到一个电子的电荷为：

$$e=q/n=q_i/i \tag{14}$$

【实验内容及要求】

学习控制油滴在视场中的运动，并选择合适的油滴测量元电荷。要求至少测量 5 个不同的油滴，每个油滴的测量次数应在 3 次以上。

1. 调整油滴实验仪

1）水平调整

调整实验仪底部的旋钮（顺时针仪器升高，逆时针仪器下降），通过水准仪将实验平台调平，使平衡电场方向与重力方向平行，以免引起实验误差。极板平面是否水平决定了油滴在下落或提升过程中是否发生前后、左右的漂移。

2）喷雾器调整

将少量钟表油缓慢地倒入喷雾器的储油腔内，使钟表油湮没提油管下方，油不要太多，以免实验过程中不慎将油倾倒至油滴盒内堵塞落油孔。将喷雾器竖起，用手挤压气囊，使得提油管内充满钟表油。

3）仪器硬件接口连接

主机接线：电源线接交流 220V/50Hz；Q9 视频输出接监视器视频输入（IN）。

监视器：输入阻抗开关拨至 75Ω，Q9 视频线缆接 IN 输入插座。电源线接 220V/50Hz 交流电压。前面板调整旋钮自左至右依次为左右调整、上下调整、亮度调整、对比度调整。

4）实验仪联机使用

打开实验仪电源及监视器电源，监视器出现欢迎界面。

按任意键监视器出现参数设置界面。首先设置实验方法，然后根据该地的环境适当设置重力加速度、油密度、大气压强、油滴下落距离。

"←"表示左移键、"→"表示右移键、"＋"表示数据设置键。按确认键出现实验界面：将工作状态切换至"工作"，红色指示灯亮，将平衡、提升按键设置为"平衡"。

5）CCD 成像系统调整

从喷雾口喷入油雾，此时监视器上应该出现大量运动油滴的像。若没有看到油滴的像，则需调整调焦旋钮或检查喷雾器是否有油雾喷出，直至得到油滴清晰的图像。

2. 熟悉实验界面

在完成参数设置后，按确认键，监视器显示实验界面。不同的实验方法的实验界面有一定差异。

（1）极板电压：实际加到极板的电压，显示范围为 0～9 999V；

（2）经历时间：定时开始到定时结束所经历的时间，显示范围为 0～99.99s；

（3）电压保存提示：将要作为结果保存的电压，每次完整的实验后显示。当保存实验结果后（即按下确认键）自动清零；

(4)保存结果显示：显示每次保存的实验结果，共 5 次，显示格式如下，与实验方法有关；

平衡法：

（平衡电压）
（下落时间）

动态法：

（提升电压）	（平衡电压）
（上升时间）	（下落时间）

(5)当需要删除当前保存的实验结果时，按下确认键 2s 以上，当前结果被清除；

(6)下落距离设置：显示当前设置的油滴下落距离，当需要更改下落距离的时候，按住平衡、提升键 2s 以上，此时距离设置栏被激活（动态法步骤 1 和步骤 2 之间不能更改），通过“+”键（即平衡、提升键）修改油滴下落距离，然后按确认键确认修改，距离标志相应变化；

(7)距离标志：显示当前设置的油滴下落距离，在相应的格线上做数字标记，显示范围为 0.2 ~ 1.8mm。

实验方法：显示当前的实验方法（平衡法或动态法），在参数设置画面一次设定。欲改变实验方法，只有重新启动仪器（关、开仪器电源）。对于平衡法，实验方法栏仅显示“平衡法”字样；对于动态法，实验方法栏除显示“动态法”以外，还显示即将开始的动态法步骤。如将要开始动态法第一步（油滴下落），实验方法栏显示“1 动态法”。同样，当做完动态法第 1 步骤，即将开始第 2 步骤时，实验方法栏显示“2 动态法”。

3. 选择适当的油滴并练习控制油滴

1）平衡电压的确认

仔细调整平衡电压旋钮使油滴平衡在某一格线上，等待一段时间，观察油滴是否飘离格线，若其向同一方向飘动，则需重新调整；若其基本稳定在格线上或只在格线上下作轻微的布朗运动，则可以认为其基本达到了力学平衡。由于油滴在实验过程中处于挥发状态，在对同一油滴进行多次测量时，每次测量前都需要重新调整平衡电压，以免引起较大的实验误差。事实证明，同一油滴的平衡电压将随着时间的推移有规律地递减，且其对实验误差的贡献很大。

2）控制油滴的运动

选择适当的油滴，调整平衡电压，使油滴平衡在某一格线上，将工作状态按键切换至“0V”，绿色指示灯点亮，此时上下极板同时接地，电场力为零，油滴将在重力、浮力及空气阻力的作用下做下落运动，当油滴下落到有“0”标记的刻度线时，立刻按下定时开始键，同时计时器开始记录油滴下落的时间；待油滴下落至有距离标志（例如 1.6）的格线时，立即按下定时结束键，同时计时器停止计时。经历一小段时间后“0V”、工作按键自动切换至“工作”（平衡、提升按键处于“平衡”），此时油滴将停止下落，可以通过确认键将此次测量数据记录到屏幕上。

将工作状态按键切换至“工作”，红色指示灯点亮，此时仪器根据平衡或提升状态分两种情形：若置于“平衡”，则可以通过平衡电压调节旋钮调整平衡电压；若置于“提升”，则极板电压将在原平衡电压的基础上再增加 200V 的电压，用来向上提升油滴。

3）选择适当的油滴

要做好油滴实验，所选的油滴体积要适中，大的油滴虽然明亮，但一般带的电荷多，下降或提升太快，不容易测准确；太小则受布朗运动的影响明显，测量时涨落较大，也不容易测准确。因此，应该选择质量适中而带电不多的油滴。建议选择平衡电压在 150 ~ 400V、下落时间在 20s（当下落距离为 2mm 时）左右的油滴进行测量。

具体操作：将定时器置为“结束”，工作状态置为“工作”，平衡、提升置为“平衡”，通过调节电压平衡旋钮将电压调至 400V 以上，喷入油雾，此时监视器出现大量运动的油滴，观察上升较慢且明亮的油滴，然后降低电压，使之达到平衡状态。随后将工作状态置为“0V”，油滴下落，在监视器上选择下落一格的时间 2s 左右的油滴进行测量。确认键用来实时记录屏幕上的电压值及计时值。当记录 5 组后，按下确认键，在界面的左面将出现 $\overline{U}$（表示 5 组电压的平均值）、$\bar{t}$（表示 5 组下落时间的平均值）、$\overline{Q}$（表示该油滴的 5 次测量的平均电荷量）的数值，若需继续实验，按确认键。

4. 正式测量

实验可选用平衡测量法（推荐）、动态测量法及改变电荷法。实验前仪器必须水平调整。

平衡测量法：

(1) 开启电源，进入实验界面，将工作状态按键切换至“工作”，红色指示灯点亮；将平衡、提升按键置于“平衡”。

(2) 通过喷雾口向油滴盒内喷入油雾，此时监视器上将出现大量运动的油滴。选取适当的油滴，仔细调整平衡电压，使其平衡在某一起始格线上（见后面平衡法示意图）。

(3) 将工作状态按键切换至“0V”，此时油滴开始下落，当油滴下落到有“0”标记的格线时，立即按下定时开始键，同时计时器启动，开始记录油滴的下落时间。

(4) 当油滴下落至有距离标记的格线时（例如 1.6），立即按下定时结束键，同时计时器停止计时（如无人为干预，经过一小段时间后，工作状态按键自动切换至“工作”，油滴将停止移动），此时可以通过确认键将测量结果记录在屏幕上。

(5) 将平衡、提升按键置于“提升”，油滴将被向上提升，当回到高于有“0”标记格线时，将平衡、提升键置回平衡状态，使其静止。

(6) 重新调整平衡电压，重复(3)、(4)、(5)步骤，并将数据记录到屏幕上（平衡电压 U 及下落时间 t）。当达到 5 次记录后，按确认键，界面的左面出现实验结果。

(7) 重复(2)、(3)、(4)、(5)、(6)步骤，测出油滴的平均电荷量。

至少测 5 个油滴，并根据所测得的平均电荷量 $\overline{Q}$ 求出它们的最大公约数，即为基本电荷 e 值（需要足够的数据统计量）。根据 e 的理论值，计算出 e 的绝对误差。

5. 数据处理

平衡法依据的公式为：

$$q_i = \frac{18\pi}{\sqrt{2\eta g}}\left(\frac{\eta}{1+\dfrac{b}{pa}}\right)^{3/2} \cdot \frac{d}{U}\left(\frac{L}{t_e} - \frac{L}{t'_e}\right)\left(\frac{L}{t_g}\right)^{1/2}$$

【注意事项】

(1) 使用喷雾器往油雾室喷油时，一般喷一下即可，不要连续喷多次，以防堵塞极板上的小孔。

(2) 正确控制选中的油滴，不要跑出显示器的屏幕。要求每个油滴测量 6～10 次。

(3) 实验完毕，记录室温和空气的黏滞系数，数据处理时要用到。

(4) CCD 盒、固定螺钉、摄像镜头的机械位置不能变更，否则会对像距及成像角度造成影响。

(5)仪器使用环境:温度为 0 ~40℃的静态空气中。

(6)注意调整进油量开关,应避免外界空气流动对油滴测量造成影响。

(7)仪器内有高压,避免用手接触电极。

【仪器介绍】

实验仪由主机、CCD 成像系统、油滴盒、监视器等部件组成。

主机包括可控高压电源、计时装置、A/D 采样、视频处理等单元模块;CCD 成像系统包括 CCD 传感器、光学成像部件等;油滴盒包括高压电极、照明装置、防风罩等部件;监视器是视频信号输出设备。

仪器部件示意如图 4。

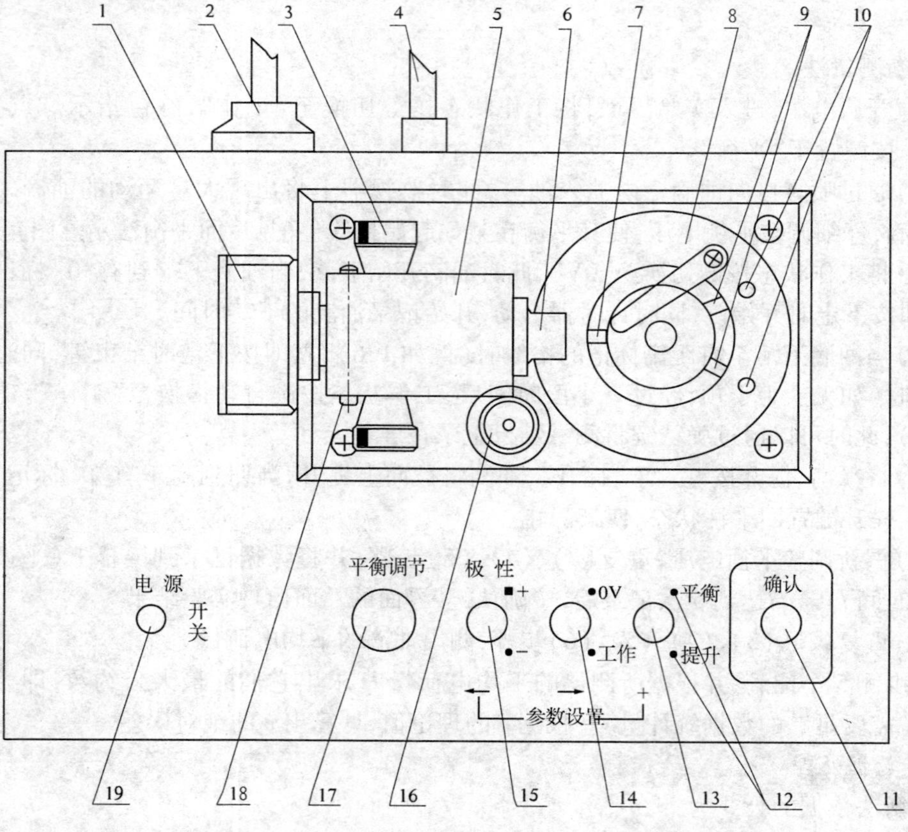

1—CCD 盒;2—电源插座;3—调焦旋钮;4—Q9 视频接口;5—光学系统;6—镜头;7—观察孔;8—上极板压簧;9—进光孔;10—光源;11—确认键;12—状态指示灯;13—平衡、提升切换键;14—0V、工作切换键;15—定时开始、结束切换键;16—水准泡;17—电压调节旋钮;18—紧定螺钉;19—电源开关

图 4 实验仪部件示意图

CCD 模块及光学成像系统用来捕捉暗室中油滴的像,同时将图像信息传给主机的视频处理模块。实验过程中可以通过调焦旋钮来改变物距,使油滴的像清晰地呈现在监视器上。

电压调节旋钮可以调整极板之间的电压,用来控制油滴的平衡、下落及提升。

定时开始、结束按键用来计时;0V、工作按键用来切换仪器的工作状态;平衡、提升按键可以切换油滴平衡或提升状态；确认按键可以将测量数据显示在屏幕上，从而省去了每次测量完成后手工记录数据的过程，使操作者把更多的注意力集中到实验本质上来。

油滴盒是一个关键部件，具体构成如图 5 所示。

上、下极板之间通过胶木圆环支撑，三者之间的接触面经过机械精加工后可以将极板间的不平行度、间距误差控制在 0.01mm 以下。这种结构基本上消除了极板间的“势垒效应”及“边缘效应”，较好地保证了油滴室处在匀强电场之中，从而有效地减小了实验误差。

胶木圆环上开有两个进光孔和一个观察孔，光源通过进光孔给油滴室提供照明，而成像系统则通过观察孔捕捉油滴的像。

照明由带聚光的高亮发光二极管提供，其使用寿命长、不易损坏；油雾杯可以暂存油雾，使油雾不至于过早地散逸；进油量开关可以控制落油量；防风罩可以避免外界空气流动对油滴的影响。

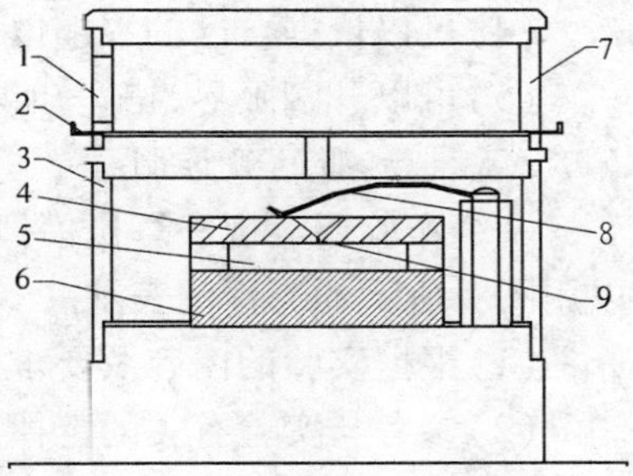

1—喷雾口；2—进油量开关；3—防风罩；4—上极板；5—油滴室；6—下极板；7—油雾杯；8—上极板压簧；9—落油孔

图 5　油滴盒装置示意图

【思考题】

(1) 试分析空气浮力对实验结果的影响。

(2) 在实验过程中，如果未调节仪器水平螺丝，即极板没有处于水平状态，则对实验结果有什么影响？

(3) 利用基本电荷整数相乘法处理数据有哪些优缺点？

实验 36　计算机模拟实验

【实验简介】

计算机技术和网络通信的高速发展，使当今社会进入了知识经济的信息时代，教育将作为这个时代发展的重要支柱，受到社会各领域及各国政府的普遍关注和重视。

1. 物理实验与计算机

目前，学校教学中计算机的参与已比较普遍，在物理实验中，绝大部分的实验都配合有微机，教师用它进行讲解、演示，形象地说明学生难以认识和理解的内容。实验中，学生可以通过微机对自己的实验结果进行分析、甄别等。此外，物理实验中还有一些主要由微机进行实时测量的内容。而计算机模拟实验则是另一种教学方法，它与微机的演示和实时测量在某些方面有相似之处，但应用的出发点在本质上是不同的。模拟实验属于计算机辅助教学，它是计算机科学的一个新的分支。

模拟实验是一种优化了的多媒体实验教学系统，对每一项实验内容，它包含了从实验原理、实验方法、实验仪器调节、实验过程的实现、数据计算、问题分析等完整的学习过程，使实验计算机化。借助这一教学方式，能够为物理实验课程的学习提供很好的帮助，获得最佳学习效果，其优势主要表现在如下几个方面：

(1) 可以在该系统软件的支持下，对课程教学中的实验内容有针对性地作先期了解，做好真实实验前的准备。

(2)可以通过人机对话，在微机上完成相应的实验操作训练，从中发现问题，加深对实验过程的理解。

(3)可以对已经学习过的实验内容进行再认识，起到复习巩固的作用。

(4)可以依据自己的兴趣以及对知识的掌握程度，自主选择实验内容。

(5)可以开阔眼界，拓宽知识面。

2. 模拟实验的设计制作

一个实验要实现计算机模拟，当然要先设计出相应的实验模拟软件，设计制作的过程可以用图 1 所示的流程图表示。

(1)根据实验的内容及要求整理出物理过程。

(2)参考与实验有关的定律、原理和过程，构建出数学模型。

(3)将数学模型化为公式，并选择合适的计算方法，将其化为适于计算机使用的方式。

(4)编制程序。

(5)上机试运行，检查程序本身的可行性。

(6)根据真实实验，对模拟结果的质量进行检验。

(7)必要时修改后再运行，直到较好地反映原物理过程。

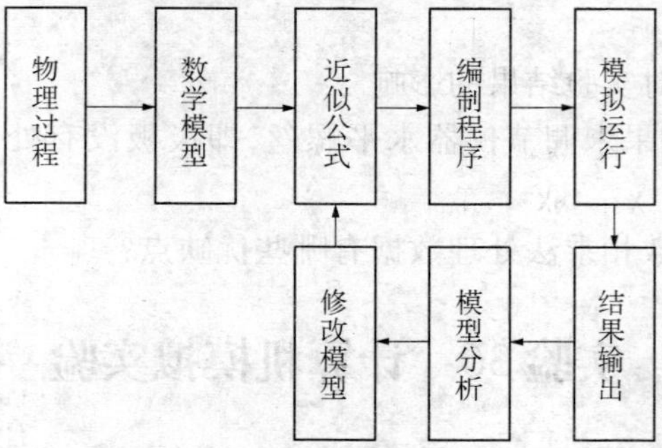

图 1　设计流程图

【实例Ⅰ：超声波声速测量】

计算机模拟实验的内容包括力学、热学、电磁学、光学、近代及综合实验，这里以超声波测声速实验为例，扼要说明计算机模拟实验的运行环境和操作方法。

1. 主窗口

进入本实验后，出现实验的主窗口，如图 2 所示。移动鼠标到实验仪器上面，稍候片刻，就会看到提示。单击鼠标右键，弹出主菜单。

本实验所采用的仪器有：信号发生器，超声波测速仪和示波器。开始实验后需要对仪器进行调整，以便测量。

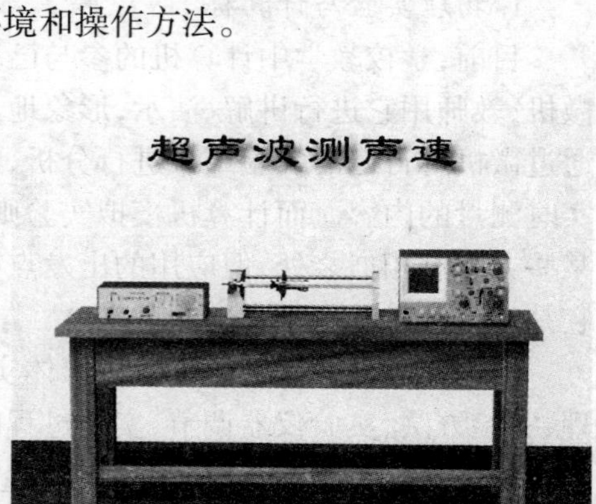

图 2　主菜单

2. 主菜单

1)使用帮助

单击“使用帮助”，显示本实验的使用帮助，见图 3。单击“返回”回到主界面。

2) 实验帮助

(1)单击“实验原理”，显示本实验的原理简介，如图 4 所示。单击“返回”回到主界面。

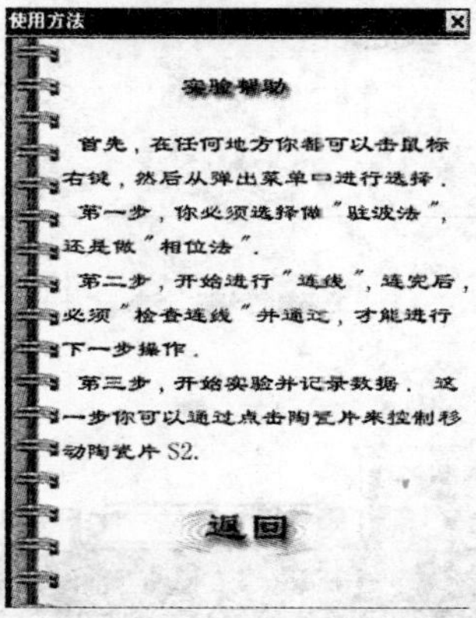

图 3　实验使用帮助

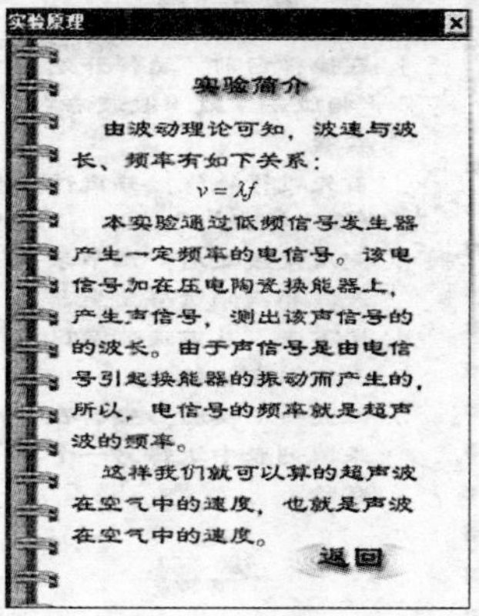

图 4　实验简介

(2)单击“实验目的”，显示本实验的实验目的，如图 5 所示。单击“返回”回到主界面。

(3)单击“声速测定仪原理”，显示本实验测量方法的原理，如图 6 所示。单击窗口右上角关闭图标关闭此窗口，回到主界面。

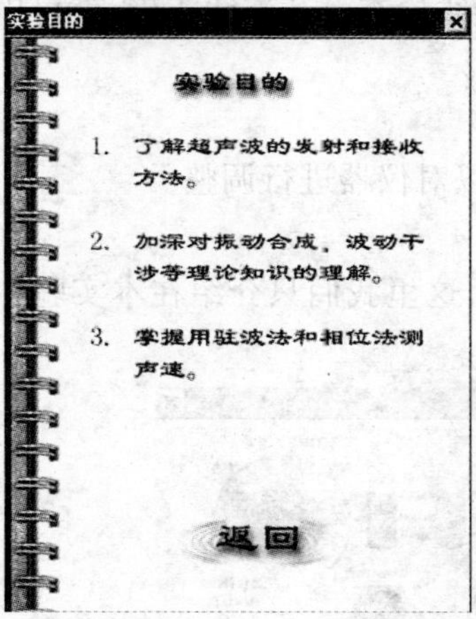

图 5　实验目的

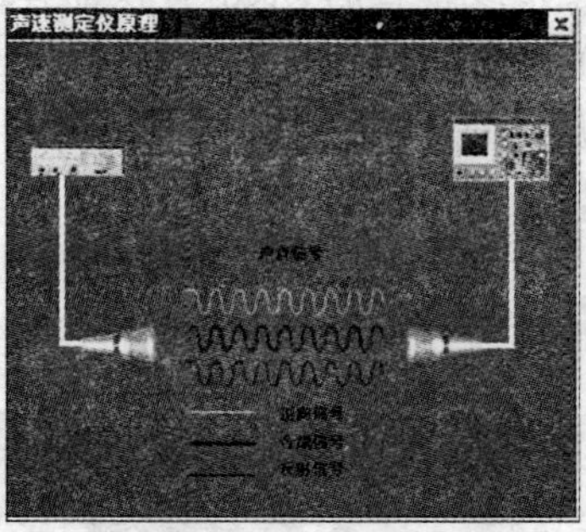

图 6　测量原理

(4)单击“实验步骤”，显示实验步骤，如图 7 所示。单击“返回”回到主界面。

3) 退出

单击“退出”，将退出本实验，返回主界面。

3. 实验内容

1) 接线

首先选择测量的方法，然后开始连接测量电路，如图 8 所示。在示波器的 X 接口、Y 接口、同步接口，信号发生器的输出端口，超声速测定仪的左磁鼓、右磁鼓和标上红线的接口处可以连线。连线时鼠标选中上述接口，然后按住不放，拖到需要连接的另一接口后松开鼠标。

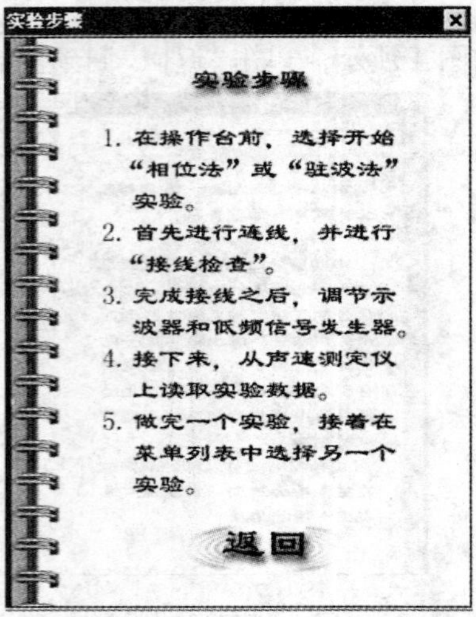

图7　实验步骤

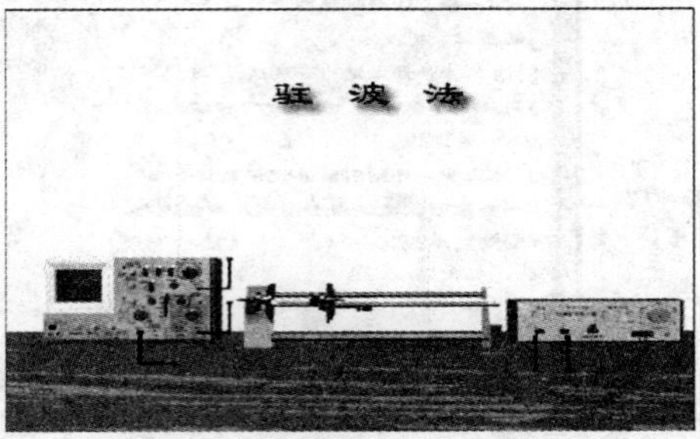

图8　连线

如果连线的两端已有连线，则此操作将去掉连线。如果连接时，连线两端尚未连接，则此操作在两接口间连上接线。

线路连接好后，鼠标右键单击，弹出主菜单，选中接线检查。若连线正确，就可以正式开始实验，否则需要继续连线。

2）调整仪器

通过接线检查后，双击各仪器弹出其放大窗口，可以对仪器进行调整。

(1)示波器的使用与调整。

示波器的具体使用请参见《示波器实验使用说明》，这里我们只介绍在本实验中如何使用和调整示波器(见图9)。

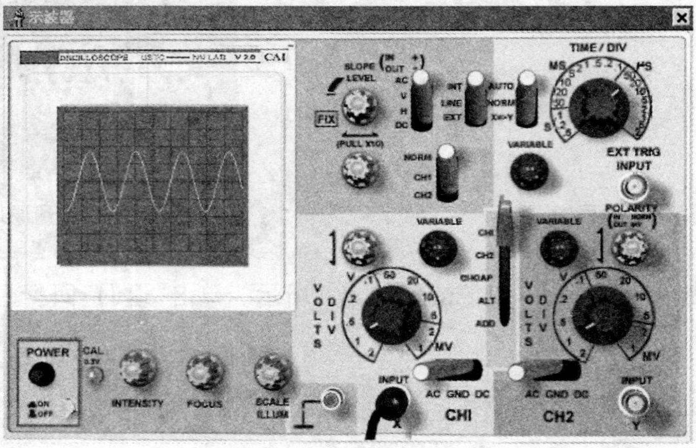

图9　示波器的使用和调整

使用示波器的时候，请先调整好示波器的聚焦。然后鼠标单击示波器输入信号的接口，把信号输入示波器。接着调节通道1、2的幅度微调，扫描信号的时基微调。最后选择合适的垂直方式选择开关、触发源选择开关、内触发源选择开关、Auto – Norm – X – Y 开关、在示波器上显示出需要观察的信号波形。输入信道的信号是由实验线路的连接决定的。

(2)信号发生器的调整。

信号发生器如图 10 所示。

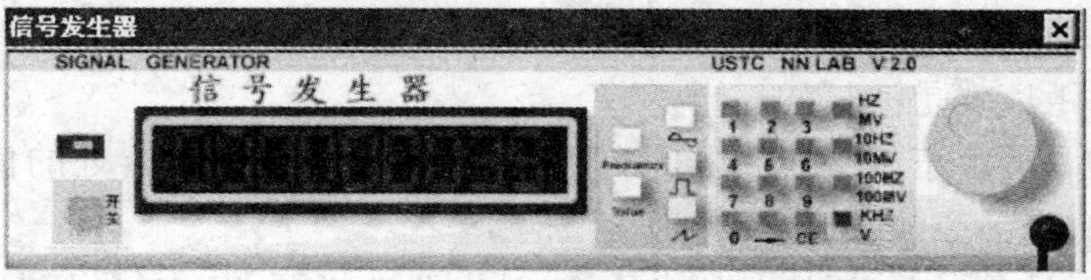

图 10 信号发生器的调整

根据实验的要求调整信号发生器,产生频率大概在 35kHz 左右、幅度为 5V 的一个正弦信号。由于本实验测声速的方法需要通过换能器(压电陶瓷)共振把电信号转化为声信号,然后再转为电信号进行,所以在开始测量前需要调节信号的频率为换能器的共振频率。在寻找共振频率时,要通过调节信号发生器的微调旋钮,观察示波器上信号幅度是否为最大来逐步寻找。

(3)超声速测定仪的使用。

超声速测定仪是由两个换能器和游标卡尺组成的,如图 11 所示。

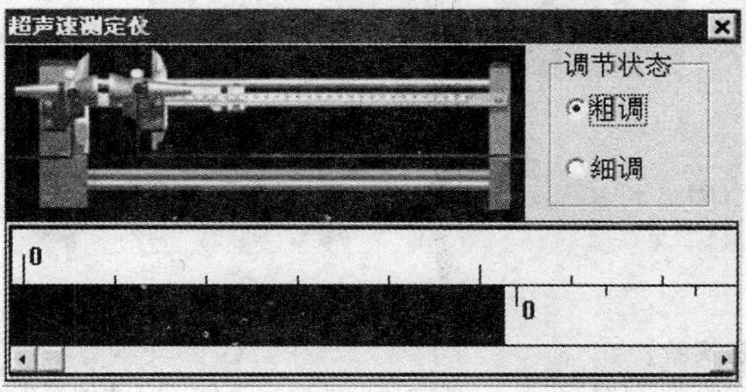

图 11 超声速测定仪

在超声速测定仪中,左边的换能器是固定的,右边的换能器是与游标卡尺的滑动部分连接在一起的。这样,左右换能器间的距离就可以通过游标卡尺测量出来,在图 11 的下半部分是一个放大的游标卡尺的读数图。

当把鼠标移动到右边的换能器上后,会出现"← →"标志,表明此时可以移动。按下鼠标左键,向左移动,按下右键,向右移动。移动的幅度可以通过"调节状态"的"粗调"和"细调"来控制。

3)实验内容

寻找到超声波的频率(就是换能器的共振频率)后,只要测量到信号的波长就可以求得声速。我们采用驻波法和相位比较法来测量信号波长。

(1)驻波法。信号发生器产生的信号通过超声速测定仪后,会在两个换能器件之间产生驻波。改变换能器之间的距离(移动右边的换能器)时,在接收端(把声信号转为电信号的换能器)的信号振幅会相应改变。当换能器之间的距离为信号波长的一半时,接收端信号振幅达到最大值。

实验中调节示波器的垂直方式选择开关、触发源选择开关、内触发源选择开关、Auto－Norm－X－Y开关,使屏幕上显示出接收端信号,效果图可参见前面“调整仪器”中“示波器的使用与调整”部分。然后,一边移动右边换能器,一边观察示波器上的信号幅度。当信号幅度为最大值时,通过放大的游标卡尺读出此时换能器间的距离。两个相邻的信号幅度最大时,换能器间的距离就是波长的一半。

(2)相位比较法。由于两个换能器间有距离,这样在两个换能器处的信号有一相位差。当换能器间距离改变一个波长时,相位改变2π。

实验中调节示波器的垂直方式选择开关、触发源选择开关、内触发源选择开关、Auto－Norm－X－Y开关,使屏幕上显示出两个换能器端信号产生的李萨如图(见图12)。然后,一边移动右边换能器,一边观察示波器上的李萨如图。当观察到两个信号的相位差改变2π时,通过放大的游标卡尺读出此时换能器间的距离。

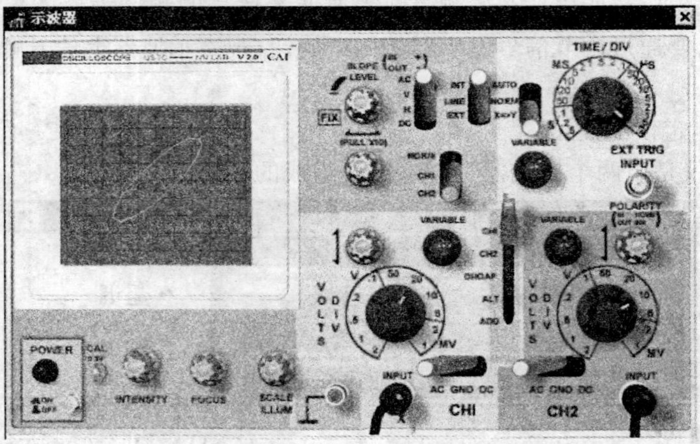

图12 观察李萨如图

【实例Ⅱ:塞曼效应实验】

有些实验的实验条件比较苛刻,一般学校的实验室条件很难达到要求,如夫兰克－赫兹实验、电子自旋实验、塞曼效应实验等。我们可以通过计算机模拟实验来形象地演示实验的过程、处理实验数据,从而达到让学生开阔眼界、拓宽知识面的目的。现以塞曼效应实验为例,简要说明计算机模拟实验在这方面的应用。

1. 主窗口

在系统主界面上单击“塞曼效应”,即可进入仿真实验平台,显示主实验台,如图13所示。

同超声波测声速实验一样,我们也可以通过主菜单来了解实验原理、实验仪器、实验内容,从而对本实验有个大致了解。

2. 垂直磁场方向观察塞曼分裂

在主菜单的“实验内容”里选择“垂直磁场方向观察塞曼分裂”,进入实验台一(见图14)。鼠标在台面上移动时,最下面的信息台会出现提示。

(1)选择“实验光路图”项,出现下面的实验光路图(见图15)。鼠标左键单击“返回”按钮,返回实验台一。

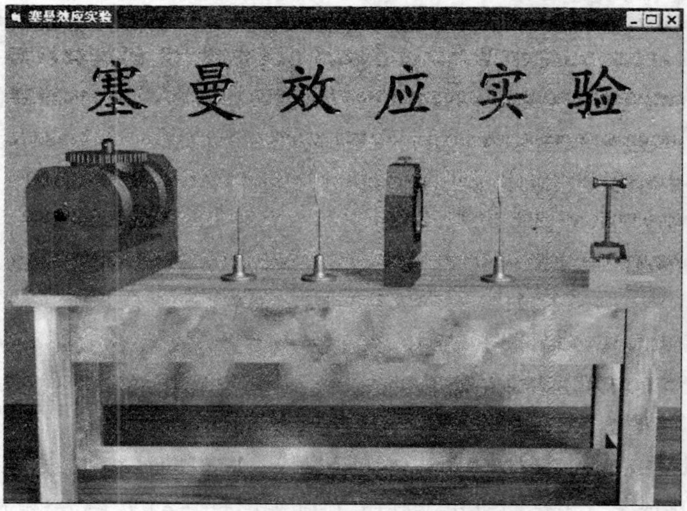

图 13　塞曼效应实验平台

图 14　垂直磁场方向观察塞曼分裂

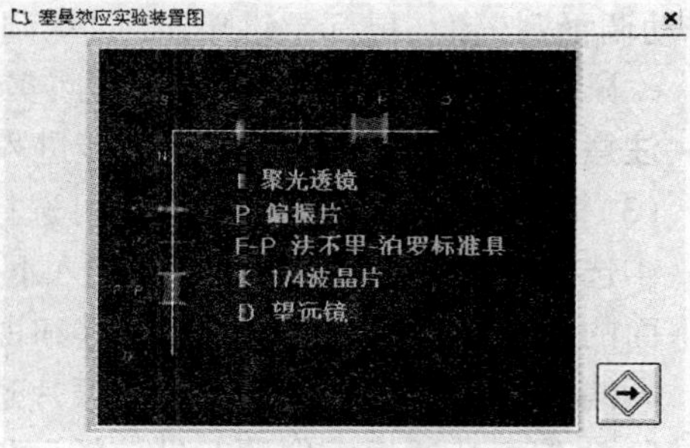

图 15　实验装置图

(2)按照实验光路图,开始安排仪器位置(见图 16)。

①鼠标左键单击仪器,相应的仪器进入拖动状态,移动鼠标,仪器会随鼠标移动。在台面上你认为正确的位置上,再次单击鼠标左键,仪器进入放置状态。

注意:如果仪器位置不到台面,或者超出台面范围,放置时,仪器会回到初始位置。

②所有仪器相对位置正确后,鼠标左键单击“电源”按钮,开启水银辉光放电管电源。这时,台面上会出现一条水平线(光线)。

注意:如果仪器的相对位置不正确,开启电源时,会出现错误提示,光线不会出现。

③光线出现后,开始调节各仪器,使其共轴。鼠标左键单击仪器,相应仪器的高度会降低;鼠标右键单击仪器,相应仪器的高度会上升。注意:标准具的高度不需要调节。

④当各仪器共轴后,开始调节标准具。鼠标左键双击标准具,标准具进入调整状态,会出现标准具调节控制台(见图 17)。

a. 鼠标左键单击不同方向的观察按钮,标准具中的分裂环会出现吞吐现象。

b. 鼠标左键单击“调整指导”按钮,会出现调整指导文本和思考题,完成思考题后,出现提示信息。鼠标右键单击文本退出“调整指导”。

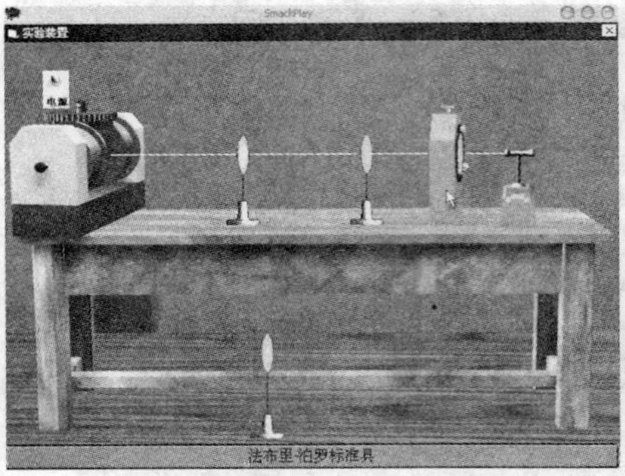

图 16　实验光路图

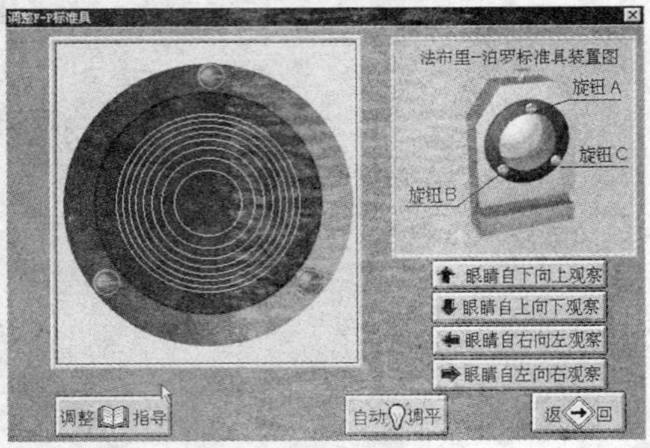

图 17　标准具调节控制台

c. 调节标准具视框上的三个旋钮。直到眼睛往不同方向移动时，标准具视框中的分裂环均不会出现吞吐现象。鼠标右键单击旋钮，旋钮逆时针转动，d 增大；鼠标左键单击旋钮，旋钮顺时针转动，d 减小。

d. 由于实验中的标准具难于调整，以至于影响后面的实验进程，所以控制台中设计了“自动调平”按钮。鼠标左键单击“自动调平”按钮，标准具自动达到调平状态。

e. 鼠标左键单击“返回”按钮，返回实验台一。

注意：光路不正确时，标准具不能进入调整状态。

(3) 调节完光路和标准具后，方可选择实验项目开始观测。

①选择“鉴别两种偏振成分”，进入下面的控制台（见图 18）。鼠标在控制台上移动时，最下面的信息台会出现相应的操作键和视窗信息。

a. 偏振片视窗上的红线表示偏振片透振方向，鼠标左键单击“偏振片透振方向逆时针旋转”或“偏振片透振方向顺时针旋转”按钮，偏振片透振方向会做相应地旋转，望远镜视窗中的分裂线也会随透振方向的改变而改变。

b. 鼠标左键单击“返回”按钮，返回实验台一。

②选择“观察塞曼裂距的变化”选项，进入下面的控制台（见图 19）。鼠标在控制台上移动时，最下面的信息台会出现相应的操作键和视窗信息。

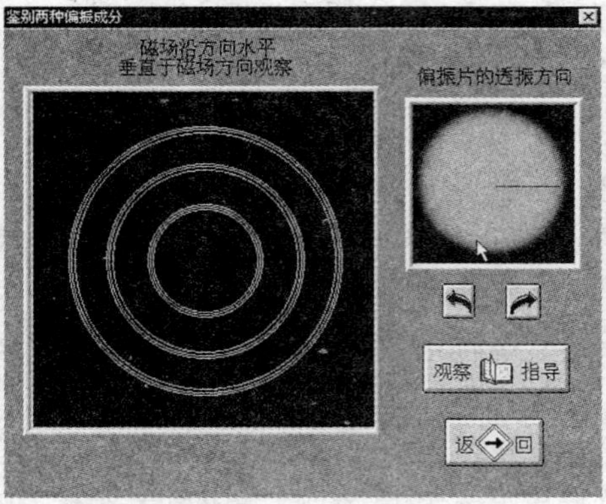

图 18　鉴别两种偏振成分

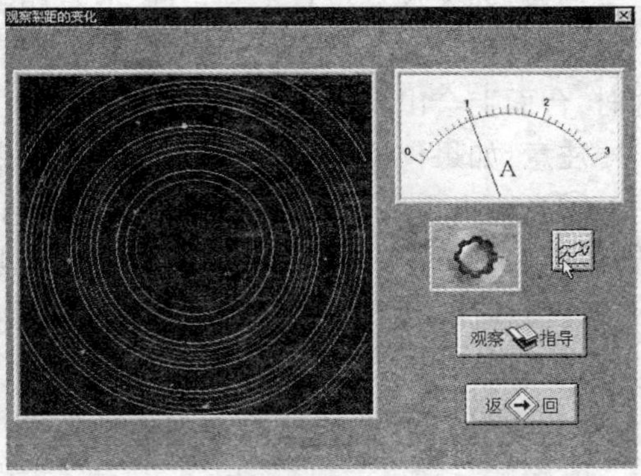

图 19　观察塞曼裂距的变化

a. 鼠标左键单击(或按下不放)“电流调节旋钮”,旋钮顺时针旋转,安培表指示电流增大,望远镜视窗中的塞曼裂距发生变化;鼠标右键单击(或按下不放)“电流调节旋钮”,旋钮逆时针旋转,安培表指示电流减小,望远镜视窗中的塞曼裂距发生变化。按照实验指导中的要求,记录相应的电流数据。

b. 鼠标左键单击“电流—磁感应强度坐标图”,出现下面的坐标图(见图 20)。鼠标左键点击横纵滚动条,坐标图移动,根据记录的电流值,查出相应的磁感应强度值。查完后,鼠标左键单击“返回”按钮,返回控制台。

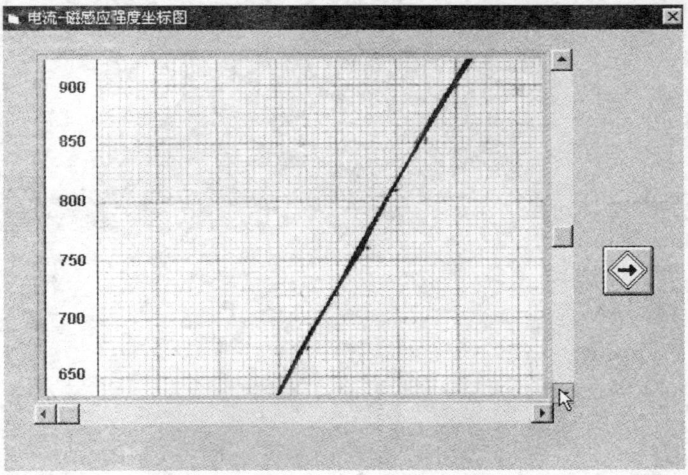

图 20 电流—磁感应强度坐标图

c. 记录完毕后,鼠标左键单击控制台上的“返回”按钮,返回实验台一。

(4) 本实验台所有的实验项目完成后,选择“返回”项目,返回主实验台。

3. 平行磁场方向观察塞曼分裂

在主实验台上选择“平行于磁场方向观察塞曼分裂”选项,进入实验台二(见图 21)。鼠标在实验台上移动时,最下面的信息台会出现相应的仪器信息。

(1) 仿照实验台一的操作方法,安排好仪器的位置,调节好光路和标准具。

(2) 选择“观察圆偏振光”,进入下面的控制台(见图 22)。鼠标在控制台上移动时,最下面的信息台会出现相应的操作键和视窗信息。

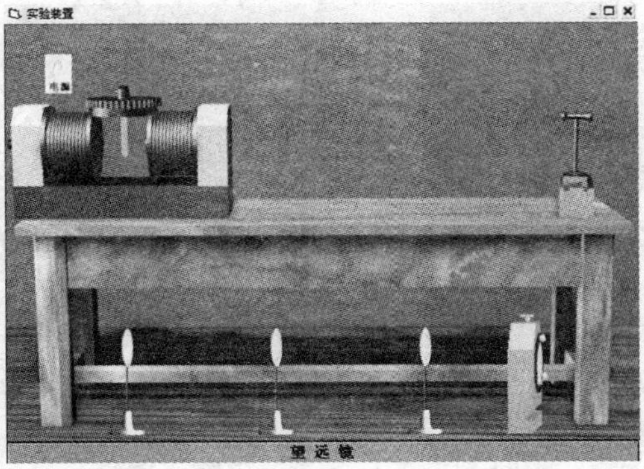

图 21 平行磁场方向观察塞曼分裂

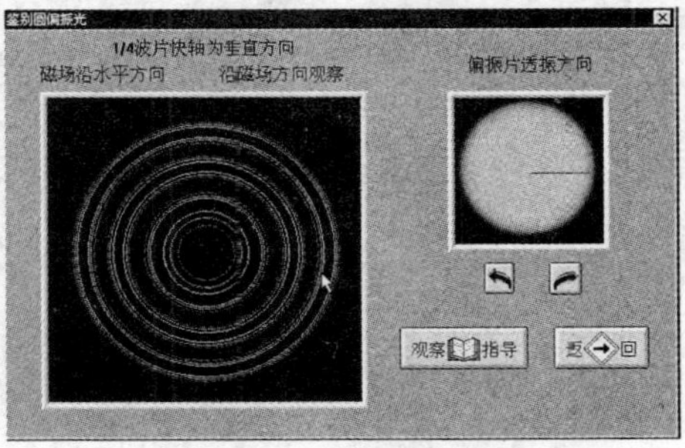

图 22 观察圆偏振光

①偏振片视窗上的红线表示偏振片的透振方向，鼠标左键单击“偏振片透振方向顺时针旋转”或“偏振片透振方向逆时针旋转”按钮，偏振片的透振方向做相应的旋转，望远镜视窗中的分裂环会产生相应的变化。

②实验完毕后，鼠标左键单击控制台上的“返回”按钮，返回实验台二。

(3)选择“返回”选项，返回主实验台。

实验完毕后，鼠标右键单击主实验台，在选项菜单上选择“返回”选项并点击，主实验台出现“返回”按钮，鼠标左键单击“返回”按钮，返回主界面。

第4章　设计研究性实验

实验37　滑线变阻器的特性研究

【实验简介】

滑线变阻器在电路中有着非常广泛的应用，是一种很好的控制元件，许多电路中都用变阻器来达到控制的要求。电学实验中经常使用滑线变阻器组成分压器来调节电压，或组成限流器调节电路中的电流。所以，只有对滑线变阻器不同接法的特点进行全面了解，才能利用仪器，达到设计的要求。本实验通过对滑线变阻器分压特性和限流特性的研究，来了解滑线电阻与负载应怎样匹配，从而得到我们想要的结果。

【实验目的】

(1)学习实验仪器的需要原则。

(2)研究滑线变阻器的有关参数和两种控制作用。

(3)学会根据电路控制和调整的要求，正确选择滑线式变阻器及其连接方式。

【实验仪器】

电阻箱，多种规格的滑线变阻器，直流稳压电源，电压表，电流表等。

【预习思考题】

滑线变阻器主要有几种接法？各种接法的作用是什么？

【实验内容与要求】

(1)比较滑线变阻器的两种接法在性能上的异同。

①画出若干不同负载时(K不同)的限流与分压特性曲线。

要求：将测量数据填入自拟表格中，K分别为10、1、0.1，绘制分压特性曲线(X与U_L/U_0的关系曲线)、限流特性曲线(X与I_L/I_0的关系曲线)。

②研究两种接法中负载上电流或电压的调节范围与哪些物理量有关。讨论负载与滑线变阻器的匹配问题。

(2)设计一个校准电压表或电流表的控制电路，画出校表曲线。

【实验提示】

1. 滑线变阻器的分压特性

滑线变阻器用作分压的电路如图1所示。滑线变阻器的两固定端分别接于电源的正负极，负载电阻R_L与R_1并联，U_0为电源的端电压。

电路的总电阻R可以看成是R_L与R_1并联后，再与R_2串联，则负载电阻R_L两端的电压U_L为

$$U_L=\frac{R_1R_LU_0}{R_1R_2+R_L(R_1+R_2)}=\frac{R_1R_LU_0}{R_1R_2+R_LR_0}=\frac{R_1R_LU_0}{R_1R_0-R_1^2+R_LR_0} \tag{1}$$

对于一定的电源E和负载R_L，U_L只与R_1和R_2有关，$R_1+R_2=R_0$是一常量(即滑线变阻器的总电阻)，所以可以表示出U_L与滑键位置的关系。令

$$X=\frac{R_1}{R_0}\text{（滑动端在电阻上的相对位置）}$$

$$K=\frac{R_L}{R_0}\text{（负载与滑线变阻器的总电阻之比）}$$

可得

$$U_L=\frac{XKU_0}{X+K-X^2} \tag{2}$$

则

$$\frac{U_L}{U_0}=\frac{XK}{X+K-X^2} \tag{3}$$

2. 滑线变阻器的限流特性

滑线变阻器作限流器的线路如图 2 所示。这时负载 R_L 中电流等于

$$I_L=\frac{U_0}{R_L+R_2}=\frac{R_L I_0}{R_L+R_0-R_1} \tag{4}$$

同样引入参数

$$X=\frac{R_1}{R_0}\quad K=\frac{R_L}{R_0}$$

则

$$\frac{I_L}{I_0}=\frac{K}{K+1-X} \tag{5}$$

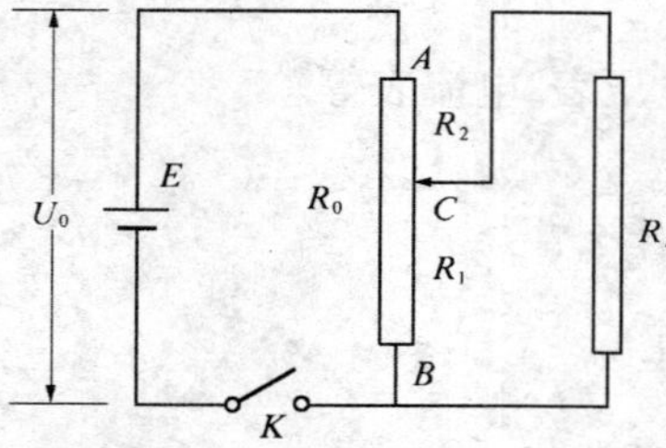

图 1　分压电路

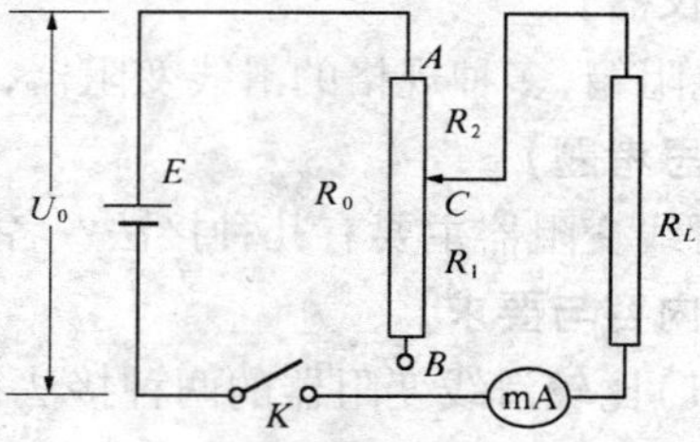

图 2　限流电路

从研究控制电路的角度来看,一个实验电路一般可分为电源、控制电路、测量电路三部分。通常测量电路可由实验要求事先确定好,例如要校准一个电流表,可以用一个高于待校仪表 2 个准确度等级的标准表和待校表串联,组成测量电路。测量电路既已确定,总是可以把它抽象地用一个电阻 R 来代表,称为负载,这样就可根据负载所要求的电压值或电流值(或调节范围)来选定电源(输出电压、额定电流)。负载和电源都确定后,就可以设计控制电路。

控制电路有限流和分压这两种最基本的接法,从控制电路本身消耗的功率来看,由于分压电路比限流电路多接通了一条支路,如果使用同一个滑线变阻器,分压消耗的电能总比限流大些,所以在功率较大的场合常采用限流。在考虑设计和连接控制电路时,对所用电源、电阻或者负载的各项参数(电动势、内阻、电阻值、最大允许输出功率或最大承受电流等)都应逐一分析、设计。

【思考题】

试比较限流和分压这两种控制电路的适用范围。

实验 38　电表的改装

【实验介绍】

电学实验中经常要用电表(电压表和电流表)进行测量,常用的直流电流表和直流电压表都有一个共同的部分,俗称表头。表头通常是一只磁电式微安表,它只允许通过微安级的电流,一般只能测量很小的电流和电压。若想测量较大的电压或电流,则需对电表进行改装,加以扩程,并用高精度的标准表校准后,即成为各种不同量程不同精确度等级的电表。若在表中配以整流电路将交流变为直流,则它还可以测量交流电的有关参量。我们日常接触到的各种电表几乎都是经过改装的。若将一只微安表头改装成不同量程的电压表、电流表及欧姆表等,并把它们有机地组装在一起,这就是我们常用的万用表。了解改装电表的原理和方法,对正确使用万用表是很有帮助的。因此,学习改装和校准电表在电学实验部分是非常重要的。

【实验目的】

(1)掌握改装多量程直流电压表、电流表及欧姆表的原理和校准方法。

(2)了解电表的量程和内阻以及电表内阻的测定方法。

【实验仪器】

待改装的表头(量程是 100μA、准确度为 2.5 级),1.5V 电池,电压表和电流表(作标准表用),电阻箱,滑线变阻器,直流稳压电源等。

【预习思考题】

(1)表头可以改装成任意量程的电压表,其依据是什么?

(2)了解改装直流电压表、电流表及欧姆表的原理。

(3)计算出改装电压表、电流表和欧姆表实验中各有关阻值及其他有关数据。

【实验内容与要求】

(1)测定表头内阻。

可参考图 1 的接线方法,图中 A 是待改装表头,A_0 是标准表,R_0、R_n 是标准可调电阻。说明测定表头内阻的过程和方法。

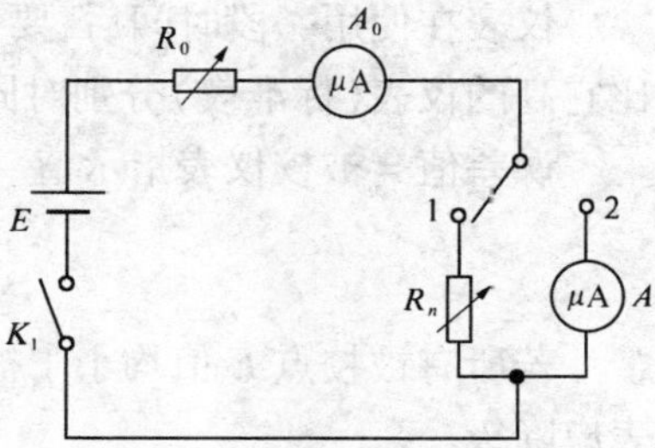

图 1　测量表头内阻的线路

(2)用实验室提供的仪器和组件将微安表头分别改装成量程为 1.00V 的电压表、量程为 10mA 的直流电流表及中值电阻为 100Ω(即 ×10 挡)的单量程欧姆表。

要求:画出各改装电路,算出各有关参数的值,说明改装过程。

(3)分别对改装的电压表、电流表进行校准,并画出校准线路及校准曲线。计算出改装表的级别。

【实验提示】

电表的改装是依据电表自身的参数量程 I_g 和内阻 R_g,并利用欧姆定律设计而成的。

所谓校准,就是将改装后的电表与标准表,同时对同一个对象(如电流或电压)测量,进行比较。校正电表时,应做到"三校"。

(1)校零点:在电路没接通之前,检查被校仪表表头和校准表是否指零,否则要机械调零。

(2)校量程:接通电路,用标准表校准改装表的量程。

(3)校其他刻度值:在校准其他刻度时,校正点应选在被校仪表(即改装表)的量程范围内各个标度值的位置上,并使被校仪表的电流(或电压)等间隔变化,依次记下被校仪表和标准表在各校点的读数,求出校准误差,画出校准曲线。

校正曲线的作用:在以后使用这个改装表测量时,根据校正曲线可修正电表的读数,得到较为准确的测量结果。

根据电表改装的量程和测量值的最大绝对误差,可以计算改装表的最大相对误差,即

$$\text{最大相对误差}=\frac{\text{最大绝对误差}}{\text{量程}}\times 100\% \leqslant a\%$$

其中 a 为 0.1、0.2、0.5、1.0、1.5、2.5、5.0,是电表的等级,所以根据最大相对误差的大小就可以定出电表的等级。

【注意事项】

校准电表时要注意保护各仪表,防止因电压过高或短路烧坏仪表。

【思考题】

(1)简述欧姆表的使用步骤,能否用欧姆表测量干电池的内阻或灵敏检流计内阻?

(2)如何确定表头内阻?你能找出几种方法?

实验39　用电位差计校准微安表

【实验简介】

仪表在使用一段时间后,要对它的质量进行检查。仪表的检验就是用被校仪表与精度比它高的仪表(标准表)分别对同一量进行测量,从而确定被校仪表的误差。

误差值 = 被校仪表指示值 − 标准表测量值,即 $\Delta X = X_{\text{示}} - X$,则

$$E=\frac{|\Delta X|}{\text{被校仪表量程}}\times 100\% \qquad (1)$$

若所有被校点 E 值均小于被校仪表的级别,则认为该表符合要求,如有一点超过,则该表应降级。

【实验仪器】

电位差计,直流稳压电源,标准电池,检流计,滑线变阻器,电阻箱,微安表(量程为 100μA),甲种电池等。

【实验内容与要求】

1. 直流电位差计的工作原理

补偿原理(详见实验9)只是一个基本原理,如何才能获得连续可调的标准电动势,又如何比较呢?电位差计就是为使测量能方便地实施而设计的。

1)线路组成

直流电位差计的工作原理线路如图1所示。可分为三个回路:

(1)工作电流调节回路Ⅰ(辅助回路):主要由工作电源 E、电流调节电阻 R_n、标准电阻

R_1 和 R、开关 K_0 等组成。

(2)校准工作电流回路Ⅱ(校准回路):主要由标准电池 E_s,标准电阻 R_s,检流计 G、开关 K_1、K_2 等组成。

(3)测量回路Ⅲ(补偿回路):主要由待测电源 E_x(或待测电压 U_x)、标准电阻 R_x、检流计 G、开关 K_1、K_2 等组成。

测量时,利用辅助回路Ⅰ中的电流 I 在 R_x 上的压降 U_{Rx} 与待测电动势 E_x(或 U_x)进行比较,改变 R_x 的大小时 U_{Rx} 也随之改变,检流计指示为零时,达到平衡补偿,此时 $U_{Rx}=E_x$。为便于测量,要求辅助回路Ⅰ中的电流 I 等于一恒定值 I_0,则对应于不同的 R_x 处可直接标出对应的 U_{Rx} 值。达到补偿时可直接读出待测电动势。所以,在使用电位差计时,必须先调节工作电流到仪器所要求的数值,此过程称为工作电流的校准(或定标)。

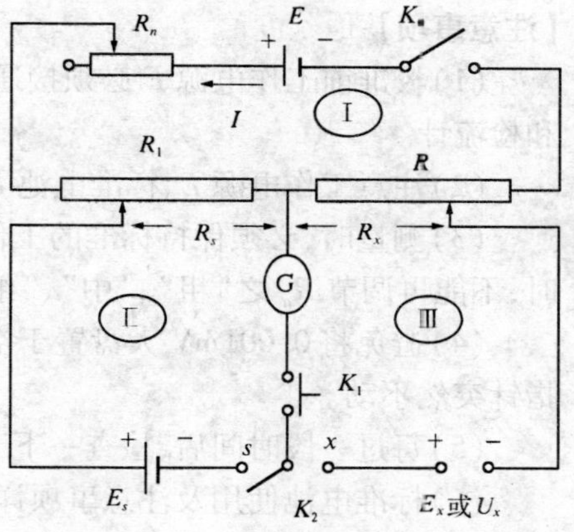

图1　直流电位差计的原理图

2)测量过程

(1)工作电流的校准。

利用标准电池校准工作电流:开关 K_2 掷于 s,合上 K_0 和 K_1,调节 R_n(即调节回路Ⅰ中的电流 I)使检流计指示为零(回路Ⅱ电流为零)。此时 $I=I_0$,校准回路达到补偿状态,即

$$E_s=I_0R_s,\text{即 } I_0=\frac{E_s}{R_s} \tag{2}$$

此时工作电流校准完毕。

(2)比较测量。

保持工作电流不变,把开关 K_2 掷于 x,调节 R_x 使检流计指示为零时(回路Ⅱ电流为零),达到补偿状态,即

$$E_x=I_0R_x=R_x\frac{E_s}{R_s} \tag{3}$$

2. 用电位差计校准微安表

(1)根据实验室提供的仪器设计出校准电路,要求通过微安表的电流从 0μA 到 100μA 连续调节。

(2)每隔 10μA 校准一个点,记录于自拟表格中;同时电路中的各参量也要注明,做出校准曲线 $\Delta I\sim I_{示}$,并求出被校仪表的等级。

【实验提示】

(1)UJ31 型电位差计的使用方法参见【仪器介绍】。

参数设定:$E=5.7\sim6.4$V

20℃时,$E_{20}=1.0186$V

$$E_t=E_{20}-4.06\times10^{-5}(t-20)-9.29\times10^{-7}(t-20)^2 \tag{4}$$

倍率选 $K_0\times10$ 挡。

(2)因电位差计测量的是电压,而微安表通过的是电流,为此,让通过微安表的电流同时通过一标准电阻，用电位差计测量标准电阻两端的电位差，即可间接测量出流过微安表中的电流，以此为标准值。

(3)利用滑线变阻器设计一个电路，使通过微安表的电流连续可调。

【注意事项】

(1)校准前工作电源 E 必须接通，R_s 的阻值要设置好，K_2 要断开，否则易损坏标准电池和检流计。

(2)注意工作电源 E、标准电池 E_s、待测电源 E_x(或电压 U_x)的电极方向不能接错。

(3)测量时，必须保持标准的工作电流不变，当 K_2 置"未知1"或"未知2"测量待测电压时，不能再调节 R_n 之"粗"、"中"、"细"三个旋钮。

(4)避免将 0.001mV 大盘置于空挡，否则电路会处于断开状态，造成测量过程中检流计指针突然不动。

(5)每过一段时间后，检查一下工作电流，若检流计指针不指零，应重新校准工作电流。

(6)标准电池使用及注意事项详见实验 9 的【仪器介绍】。

【仪器介绍】

UJ31 型低电势直流电位差计

1. 结构组成

本仪器为测量热工仪表及实验室用的低电势直流电位差计，可以直接测量直流电动势和电压，如果配用标准电阻，可以测量电流和电阻。图 2 为 UJ31 型低电势直流电位差计的面板图。电位差计面板各控制件作用详见表 1 说明。

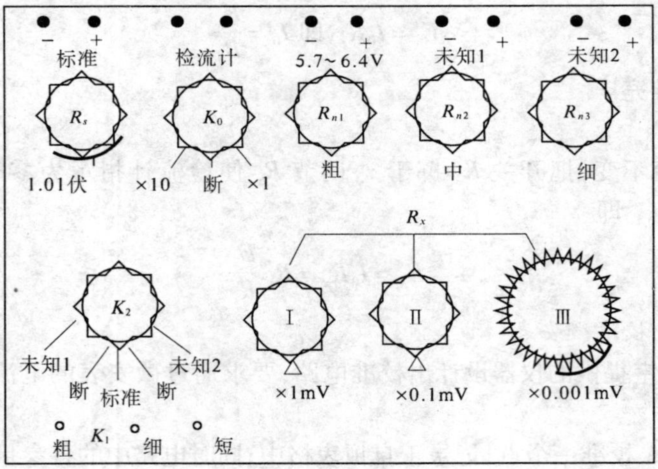

图 2　UJ31 型低电势直流电位差计面板图

2. 使用说明

1)准备

在电位差计未接线路前，先将测量转换开关 K_2 指示在"断"的位置，并将按钮全部松开；将倍率变换开关 K_0 按测量需要置于"×10"或"×1"的位置上；按面板上各接线端钮的极性，分别接入"5.7～6.4V 辅助电源"、"标准电池"、"检流计"及待测电动势 E_x(或电压 U_x)；根据室内温度，求出标准电池电动势 E_t，可按式(2)计算。然后把补偿盘 R_s 旋至与电动势 E_t 相同数值的位置。例如，20℃时，E_t = 1.018 6V，则 R_s = 101.86Ω。

表1　UJ31 型低电势直流电位差计面板控制件作用

面板标志	名称	作用
粗、中、细 $R_{n1} \sim R_{n3}$	工作电流调节盘	校准电位差计时，调节粗、中、细三个盘，使检流计指示为零
R_s	温度补偿盘	由补偿电阻 $R_s = 101.76\Omega$ 和22只 0.01Ω 的温度补偿电阻组成，其补偿范围为 $(1.0176 \sim 1.0198)$ V
Ⅰ、Ⅱ、Ⅲ R_x	Ⅰ、Ⅱ：步进式测量盘 Ⅲ：滑线式测量盘	测量时，调节Ⅰ、Ⅱ、Ⅲ盘使检流计指示为零，此时三个测量盘上读数之和与倍率(K_0)挡的乘积即为 E_x(或 U_x)
×1、×10 K_0	倍率选择开关	测量前根据未知电压的粗测选择。 测量范围： 在"×10"一挡，自0~171mV，最小分度值10μV，游标尺示度值1μV。 在"×1"一挡，自0~17.1mV，最小分度值1μV，游标尺示度值0.1μV
K_2	测量转换开关	"标准"位置：校准电位差计的工作电流。 "未知1"或"未知2"位置：测量一个或分别测量两个被测电动势 E_x(或电压 U_x)
粗、细、短路 K_1	检流计支路点动按钮	可供选择检流计灵敏度"粗"、"细"及检流计"短路"之用

2)校准

将测量转换开关 K_2 置于"标准"位置，将电键按钮"粗"按下(回路中串接一只10kΩ电阻，用以保护检流计)，用 $R_{n1} \sim R_{n3}$ 调节工作电流 I，使检流计指示为零，再将按钮"细"按下，再次调节工作电流，使检流计再次指示为零，此时 $I = 10$mA，校准完毕。

3)测量

保持工作电流 I 不变，将测量转换开关 K_2 转至"未知1"或"未知2"的位置，再分别按下粗、细电键按钮，调节Ⅰ、Ⅱ、Ⅲ盘使检流计指示为零，达到补偿平衡，此时由电位差计所有测量盘上读数的总和与倍率(K_0)挡的乘积即为 E_x(或 U_x)。在测量中应经常校准工作电流。

【思考题】

(1)在测量中，调节电位差计补偿，发现检流计总偏一边，其原因是什么？

(2)试设计一个简单的电路，用电位差计来测量未知电阻的阻值并说明测量原理。

(3)如被测电压大于电位差计的量程，在不影响测量精度的情况下应采取什么措施？

实验40　热敏电阻的温度测量及改装温度表

【实验简介】

温度传感器是最早开发、应用最广的一类传感器。温度传感器种类很多，典型的热电式传感器有热电偶、热电阻和热敏电阻。热敏电阻对于温度变化非常敏感，将其运用于非平衡电桥中，可将温度及与温度相关的非电量转化为电参量的变化，因此被广泛应用于自动化控制、温度测量技术、遥控等方面。热敏电阻由半导体材料制成，它的电阻温度系数比金属的大几百倍，有着极其灵敏的电阻温度效应，同时它还具有体积小、反应快等优点。

热敏电阻按照温度系数的不同分为：正温度系数热敏电阻(简称PTC热敏电阻)和负温度系数热敏电阻(简称NTC热敏电阻)。

NTC 热敏电阻是 Negative Temperature Coefficient 的缩写,意思是负温度系数热敏电阻。NTC 热敏电阻的阻值随着 NTC 热敏电阻本体温度的升高呈现出阶跃性的减小，温度越高,电阻值越小。它是以锰、钴、镍和铜等金属氧化物为主要材料,采用陶瓷工艺制造而成的,如图 1、图 2 所示。这些金属氧化物材料都具有半导体性质,因此在导电方式上完全类似锗、硅等半导体材料。温度低时,这些氧化物材料的载流子(电子和空穴)数目少,所以其电阻值较高;随着温度的升高,载流子数目增加,所以电阻值降低。NTC 热敏电阻器在室温下的变化范围在 100 ~ 1000000Ω。NTC 热敏电阻器可广泛应用于温度测量、温度补偿、抑制浪涌电流等场合。

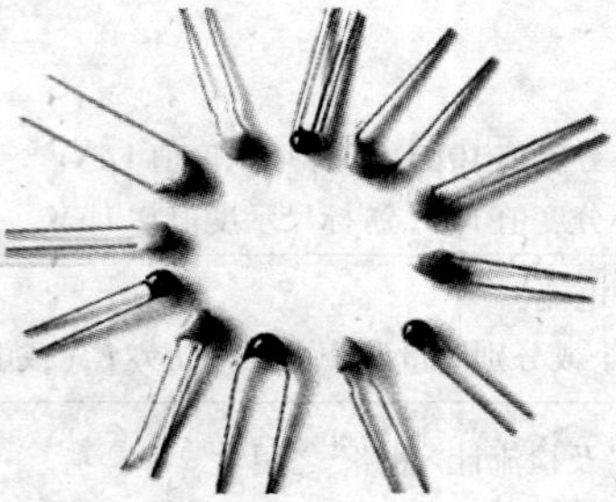

图 1　环氧封装系列 NTC 热敏电阻

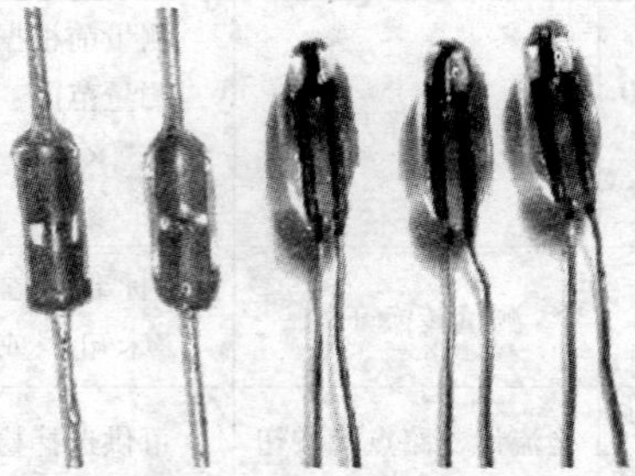

图 2　玻璃封装系列 NTC 热敏电阻

PTC 热敏电阻是 Positive Temperature Coefficient 的缩写,意思是正的温度系数。PTC 热敏电阻超过一定的温度(居里温度)时，它的电阻值随着温度的升高呈阶跃性地增高。PTC 热敏电阻除测温、控温、在电子线路中作温度补偿外,还制成各类加热器,有机高分子 PTC 热敏电阻适合作为电路保护元件(如过载保护)。

热敏电阻在一些设备的功率管理中起着非常关键的作用,如无线话机、笔记本电脑、个人数字助理(PDA)等。如电脑的主板对温度是非常敏感的,不断提高的 CPU 主频不仅提高了 CPU 的速度,也使得它的工作温度更高了。在这种场合,表面封装式热敏电阻既可以快速响应来进行过热的保护,也比较容易使用,但有时也无法将热敏电阻安装在需要的位置。将表面封装式热敏电阻结合一种特殊形状的带状线可以将温度敏感元件放在特定的敏感点,从而进一步提高了保护的能力。

【实验目的】

(1)了解热敏电阻的基本结构、温度特性。

(2)研究热敏电阻的温度特性。

(3)进一步掌握惠斯通电桥的原理和应用。

【实验仪器】

箱式惠斯通电桥,智能温控仪,电阻箱,微安表等。

【实验原理】

热敏电阻的基本特性是它的温度特性。NTC 热敏电阻温度越高,载流子的数目越多,导电能力越强,电阻率也就越小。因此,NTC 热敏电阻随着温度的升高,它的电阻将按指数规律迅速减小。

实验表明,在一定温度范围内,半导体材料的电阻 R_T 和绝对温度 T 的关系可表示为

$$R_T = a\mathrm{e}^{b/T} \tag{1}$$

其中，T 为热力学温度，常数 a 不仅与半导体材料的性质有关系，而且与它的尺寸有关系，而常数 b 仅与材料的性质有关，称做热敏电阻材料常数。热敏电阻阻值随温度变化的曲线称为热敏电阻的温度特性曲线。热敏电阻在不同温度时的电阻值，可用惠斯通电桥测得。

利用热敏电阻测温，可采用如图 3 所示的非平衡电桥电路（其原理详见实验 6），用微安表代替桥路中的检流计。忽略电源内阻，不平衡电流为

$$I_g = E\frac{R_2R_3 - R_1R_T}{R_1R_3(R_2+R_T)+R_2R_T(R_1+R_3)+R_g(R_1+R_3)(R_2+R_T)} \tag{2}$$

当温度变化使热敏电阻 R_T 的阻值发生变化时，I_g 也随之发生变化。一定的温度对应于一定的 R_T 值，而 R_T 又对应于一定的 I_g 和微安表的偏转量，这样就可以把微安表改装成温度表。由式(1)和式(2)可知，不平衡电流 I_g 随温度的变化是非线性的，所以改装后的温度表刻度是非均匀的。

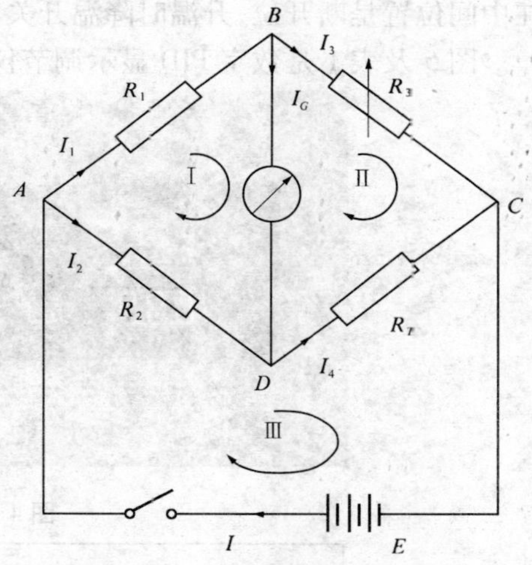

图 3　热敏电阻的测量电路

【实验内容与要求】

1. 用平衡电桥法测量半导体热敏电阻的温度特性

将温控仪的热敏电阻输出端接惠斯通电桥 R_x 端，利用平衡电桥原理测出不同温度下的热敏电阻 R_T。测试的温度从 50℃开始，每增加 5℃作一次测量，直到 100℃。记录测量数据，填入自拟的表格中。作出热敏电阻的温度特性曲线（$R_T \sim t$ 曲线）。

2. 利用非平衡电桥原理将微安表改装成温度表

利用实验室给出的仪器，合理选取电路参数，设计出改装电路。

要求：微安表零刻度（0μA）对应 50℃的温度，满刻度（100μA）对应 100℃的温度，间隔 5℃标定一个刻度，将数据填入自拟表格中。画出与微安表的刻度盘对应的温度表刻度盘，并画出将微安表改装成温度表的实际电路图。

提示：

（1）在设计改装电路时，应先确定温度在 100℃时，微安表在满刻度（100μA）的位置。

（2）为了便于实验，将微安表改装成温度表时，不同温度下热敏电阻 R_T 可以用电阻箱代替（取值为对应温度时的 R_T 值）。

【注意事项】

（1）智能温控仪初始状态参数不能调乱，否则无法设定目标温度。

（2）热敏电阻的工作温度不能超过 150℃，因此加热器的温度不能设置过高。

（3）测量结束，先将智能温控仪恢复到初始状态，然后打开降温开关，使加热器降至室温，再关闭智能温控仪。

【仪器介绍】

ZWS－1 型智能温度控制实验仪

1. 概述

ZWS－1 型智能温度控制实验仪是具有自整定功能的智能数字温度控制仪。该温度控

制仪采用开关电源、自整定 PID 控制、系统自检等先进技术，并提供一个上下限继电器报警输出。仪表的调节方式采用了先进的数码技术通过 Pvar、Ivar、Dvar（比例、积分、微分）三方面的结合、调整，形成一个 PID 自整定模糊控制，可任意设定加热温度，控制温度的精度可达 0.1℃。

2. ZWS－1 型智能温度控制实验仪的面板控件说明

温度控制实验仪的面板图如图 4 所示，主要控件有数字 PID 显示调节仪、热敏电阻及热电偶接线柱、电源开关及指示、升温开关及指示、降温开关及指示（降温开关是三段开关，打在中间位置是断开位，升温时降温开关应处于断开位）。

图 5 及表 1 是数字 PID 显示调节仪面板示意图和控件的作用说明。

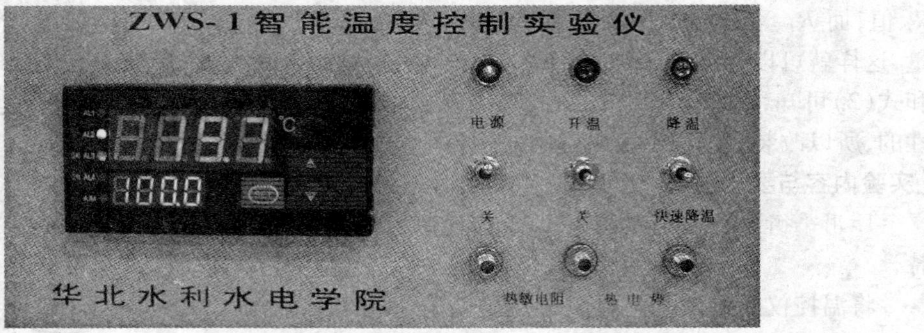

图 4　智能温控仪面板图

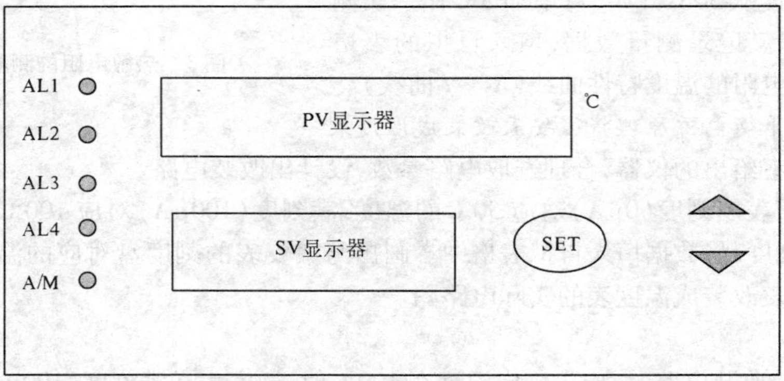

图 5　数字 PID 显示调节仪面板示意图

3. 操作方法

（1）接通电源后，PID 控制仪首先开始按程序进行自检。PV 窗口此时显示 UP-P（设备代号），SV 窗口显示 U2.00（版本号）。

（2）PID 控制仪自检完毕后，PV 窗口显示当前温度值，此时按下 SET 键（约 5s）直到 PV 窗口显示“SU”后松开，再按设定值调节按钮▲或▼，设定目标温度值（在 SV 窗口显示），最后再按 SET 直到 PV 窗口重新显示当前温度值后松开，SV 窗口显示目标温度值，设定过程完成。

（3）打开“升温”开关，当温度达到设定值的稳定状态后，将热敏电阻接入电桥，测量此目标温度时的电阻值。可以重复上面（2）～（3）的过程，测量出不同温度时的热敏电阻阻值。

如果在热电势“+”、“-”端钮接上电位差计，就可测量在不同温度时热电偶温差电动势值。

表 1　数字 PID 显示调节仪面板控件的作用说明

名称		内容
显示器	测量值 PV 显示器	显示实测温度值；在参数设定状态下，显示参数符号
	目标值 SV 显示器 （阀位反馈值显示器） （外给定值显示器）	显示控制目标温度值或输出量的百分比；阀位控制时，显示阀位反馈值；外给定控制时，显示外给定值。 在参数设定状态下，显示设定参数值
操作键	参数设定选择键 （SET）	可以确认已变更的设定值；可以按序变换参数设定模式。 配合▼键可以实现自动/手动控制输出的切换；配合▲键可进入仪表二级参数设定
	设定值减少键▼	变更设定时，用于减少数值。连续按压，将自动快速减 1，配合 SET 键可实现自动/手动控制输出的切换
	设定值增加键▲	变更设定时，用于增加数值。连续按压，将自动快速加 1，配合 SET 键可进入仪表二级参数设定
	复位键（RESET） 面板不标出	用于程序清零（自检）
指示灯	AL1 指示灯（红）	第一报警 ON 时亮灯
	AL2 指示灯（绿）	第二报警 ON 时亮灯
	AL3/OUT 反转/输出指示灯（红）	阀位反转时亮灯。控制输出为继电器（或 SSR、SCR）时亮灯；控制输出为模拟量（电流或电压）时无指示灯
	AL4 正转指示灯（绿）	阀位正转时亮灯
	A/M 功能指示灯（红）	手动与自动状态指示。 开始自动演算将连续闪烁，自动演算完毕时灯灭（手动状态修改参数，指示灯闪烁，该状态下输出值保持手动，参数修改操作同自动状态）

实验结束时，打开“降温”开关，使加热器温度快速下降至室温，关闭电源。

说明：如果在温度设定时不能设定目标温度值，应是温度的控制参数被改动，需检查初始设定参数：在 PV 窗口显示当前温度值状态下，按一下 SET 键，转入控制参数设定状态，PV 窗口此时显示设定参数符号，SV 窗口显示其设定参数，按设定值调节按钮▲或▼，按表 2 将对应参数调至规定值。每按一次 SET 键，即照表 2 顺序变换参数（一次巡回后即回至最初项目）。

上述参数修改完毕后，按压 SET 键，即将修改后的参数锁存，如修改后未按压 SET 键，仪表不保存修改后的参数值。

再次按压 SET 键大于 5s,即返回温度设定状态。

表 2　控制参数设定状态

符号	名称	设定值	符号	名称	设定值
CLK	设定参数禁锁	132	I	积分时间	200
AL1	第一报警值	50.0	D	微分时间	10
AL2	第二报警值	150.0	AT	积分分离区	20.0
AH1	第一报警值回差值	0.1	TO	运算周期	01
AH2	第二报警值回差值	0.2	T1	输出周期	02
CON	内部参数	00	AUT	自动演算(自整定)	00
P	比例带	5.0	AH	逻辑回差值	0.0

【思考题】

(1)能否利用平衡电桥制作温度计?

(2)举一些热敏电阻在日常生活中应用的实例。

实验 41　莫尔条纹的观测与应用

【实验简介】

将栅距相同的两块光栅平行安装重叠在一起,并且使二者栅线有很小的夹角 θ,这样就可以看到在近似垂直栅线方向上出现明暗相间的条纹,即为莫尔条纹,如图 1 所示。

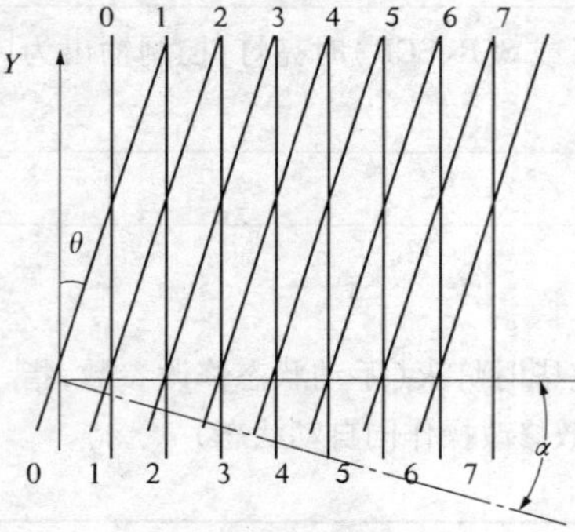

图 1　莫尔条纹

光栅莫尔条纹技术是一门既古老又现代的测量技术。对莫尔条纹的研究最早可以追溯到 19 世纪末期,20 世纪 50 年代以后开始应用于实际测量,并逐步对莫尔条纹的形成机理开展了广泛的研究,至今已形成了三种主要的理论。

(1)基于阴影成像原理:认为由条纹构成的新的轨迹可表示莫尔条纹的光强分布。

(2)基于衍射干涉原理:认为由条纹构成的新的光强分布可按衍射波之间的干涉结果来描述。

(3)基于傅立叶变换原理:认为形成的莫尔条纹是由低于光栅频率项所组成的。

这三种理论都可以较完满地解释莫尔条纹现象。一般来说,第三种理论是一种广义的解释。光栅条纹较疏的可直接用遮光阴影原理来解释,而光栅条纹较密的用衍射干涉原理来解释则更为恰当。

20 世纪六七十年代,由于光栅制造工艺的改进以及电子技术的发展,能够批量提供廉价的光栅产品,并出现了电子细分技术,使光栅的分辨率和精度能够适应现代计量的要求,莫尔条纹技术得到迅速推广应用,其中光栅传感器就是在此基础上发展起来的。

本实验通过观测,加深对莫尔条纹的形成以及长光栅精密测量微位移的原理的认识。

【实验仪器】

钠灯,光栅组。

【实验内容与要求】

(1)组合光栅。用光栅常数相同的两个光栅,使两光栅面相对并保持平行,两光栅间隙要尽量小。微调两光栅之夹角 θ,使莫尔条纹清晰可见。解释莫尔条纹产生的原因。

(2)平移其中一个光栅,观察分析莫尔条纹的移动方向与光栅位移方向之间的关系。

(3)微调 θ,观察莫尔条纹间距的变化,并加以分析说明。

【实验提示】

1. 光栅

在玻璃尺或玻璃盘上类似于刻线标尺或度盘那样,进行长刻线(一般为 10 ~ 12mm)的密集刻划,得到如图 2 所示的黑白相间、间隔相同的细小条纹,这就是光栅。按形状和用途光栅可分为长光栅和圆光栅两种。

图2　光栅

光栅的作用是精密测量,那么,它是如何测微小位移呢? 下面我们来介绍光栅的测量原理——莫尔条纹。

2. 莫尔条纹

莫尔条纹是基于光的干涉效应产生的。光栅刻痕重合部分形成条纹暗带,非重合部分光线透过则形成条纹亮带。光栅莫尔条纹的两个主要特征:①判向作用:当指示光栅相对于固定不动的主光栅左右移动时,莫尔条纹将沿着近于栅线的方向上下移动,由此可以确定光栅移动的方向;②位移放大作用:当两光栅沿着与光栅刻线垂直方向相对移动一个光栅距 d 时,莫尔条纹移动一个条纹间距 B,当两个等距光栅之间的夹角 θ 较小时

$$B=\frac{d}{2\sin\theta/2}\approx\frac{d}{\theta}$$

设　　$K=1/\theta$　(K 为位移放大倍率)

则　　$B=Kd$

这样就可以把肉眼看不见的栅距位移变成清晰可见的条纹位移,实现高精度的位移测量。

3. 光栅传感器

光栅传感器通常是由光源、透镜、主光栅、指示光栅和光电接收元件组成的(如图 3 所示)。

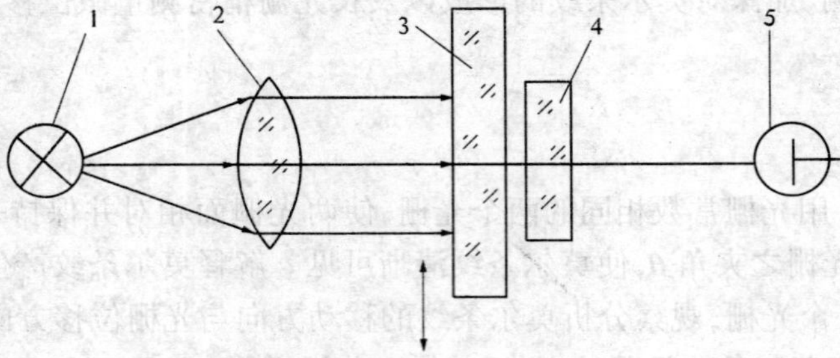

图3　光栅传感器结构图

(1)光源:供给光栅传感器工作时所需光能。

(2)透镜:将光源发出的光转换成平行光。

(3)主光栅:主光栅又叫标尺光栅,是测量的基准。

(4)指示光栅:与标尺光栅组成光栅副。光栅副是光栅传感器的主要部分,整个测量装置的精度主要由主光栅的精度来决定。两块光栅互相重叠错开一个小角度 θ,以便获得莫尔条纹。

一般来说标尺光栅比指示光栅长。在光栅测量系统中,指示光栅一般固定不动,标尺光栅随测量工作台(或主轴)一起移动(或转动)。但在使用长光栅尺的数控机床中,标尺光栅往往固定在床身上不动,而指示光栅随拖板一起移动。标尺光栅的尺寸常由测量范围确定,指示光栅则为一小块,只要能满足测量所需的莫尔条纹数量即可。

(5)光电接收元件:将光栅副形成的莫尔条纹的明暗强弱变化转换为电量输出。

4. 测量位移原理

根据莫尔条纹的性质,在理想情况下,对于一固定点的光强,随着主光栅相对于指示光栅的位移 x 变化而变化的关系如图4(a)所示,但由于光栅副中留有间隙、光栅的衍射效应、栅线质量等因素的影响,光电元件输出信号为近似于图4(b)所示的正弦波。主光栅移动一个栅距 d,输出信号 u 变化一个周期 2π。输出信号经整形变为脉冲信号,脉冲数、条纹数、光栅移动的栅距数是一一对应的,因此位移量为 $x=Nd$,其中 N 为莫尔条纹数。

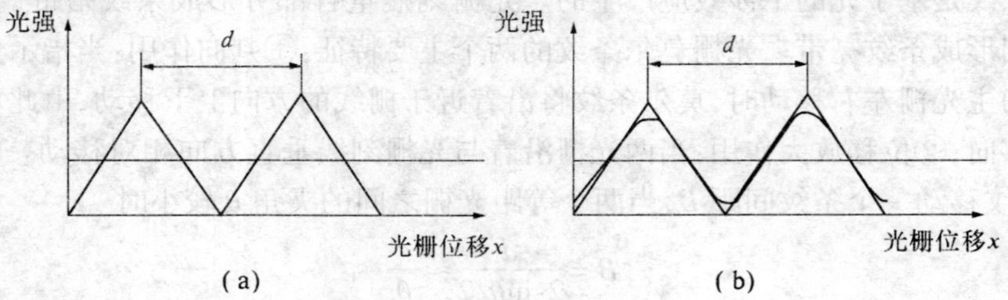

图4　光强与位移关系

实验42　波片与光的偏振状态的观测研究

【实验简介】

1. 双折射晶体

一束入射光在各向异性介质的界面折射时,产生两束折射光的现象称为双折射现象。

其中一束折射光始终在主平面（晶体光轴与光线的传播方向所决定的平面）内，且遵守折射定律，称为寻常光，简称 o 光。另一束折射光一般不在主平面内，也不遵守折射定律，沿不同方向有不同的折射率，称为非寻常光，简称 e 光。因为折射率决定于光在介质中的速度，所以 e 光在晶体中的光速随传播方向而改变。需要说明的是，所谓 o 光和 e 光，只在双折射晶体的内部才有意义，射出晶体后仅是两束振动方向不同的线偏振光而已。

双折射晶体（见图1）可以把入射的自然光转化为 o 光和 e 光这两种振动方向相互垂直的偏振光，这一特性被利用来制造各种起偏、检验或使偏振光性质发生改变的光学元件。

2. 光轴

在晶体中存在着一个特殊的方向，当光线在晶体内沿着这个方向传播时，不发生双折射，即 o 光和 e 光的折射率和传播速度相等。这个特殊的方向称为晶体的光轴。而在垂直于光轴的方向上，o 光和 e 光的传播速度 u_o 和 u_e 相差最大。只有一个光轴的晶体，称为单轴晶体（比如方解石、石英等）；具有两个光轴的称为双轴晶体（比如云母、硫磺等）。

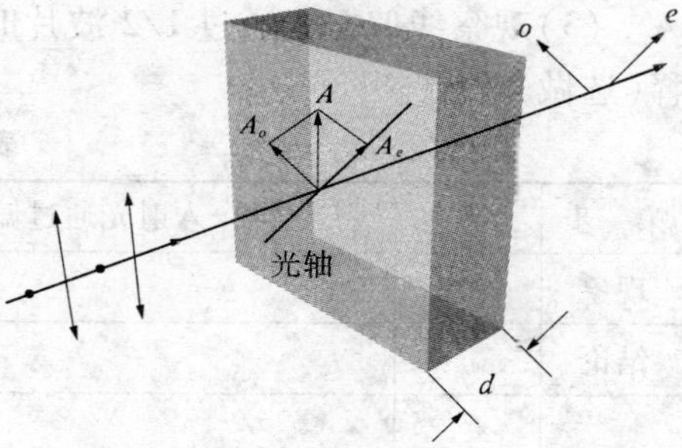

图1　双折射晶体

3. 波片

波片是由单轴晶体沿光轴方向切割而成的晶体薄片，用来改变或检验光的偏振状态。它的光轴和晶面平行。当线偏振光垂直入射于波片时，尽管 o 光和 e 光的传播方向没有改变，但传播速度 u_o 和 u_e 不同，或者说波片对于它们的折射率 $n_o = c/u_o$ 和 $n_e = c/u_e$ 不同，使它们之间产生了一定的附加相位差，其大小依赖于晶体的厚度和 $n_e - n_o$ 值。波片王是利用双折射晶体的这种性质做成的。设波片的厚度为 d，则 o 光和 e 光通过波片后的附加相位差和光程差分别为

相位差：
$$\Delta\varphi = \frac{2\pi}{\lambda}(n_o - n_e)d$$

光程差：
$$\Delta L = (n_o - n_e)d$$

（1）当选择合适的 d，使 $\Delta\varphi = 2\pi k$，即 $\Delta L = k\lambda$。该晶片称为全波片，其厚度 $d = \dfrac{k\lambda}{n_o - n_e}$。

（2）当选择合适的 d，使 $\Delta\varphi = 2\pi\left(\dfrac{1}{2} + k\right)$，即 $\Delta L = \dfrac{\lambda}{2} + k\lambda$。该晶片称为 1/2 波片，其厚度 $d = \dfrac{1}{n_o - n_e}\left(\dfrac{\lambda}{2} + k\lambda\right)$。

（3）当选择合适的 d，使 $\Delta\varphi = 2\pi\left(\dfrac{1}{4} + k\right)$，即 $\Delta L = \dfrac{\lambda}{4} + k\lambda$。该晶片称为 1/4 波片，其厚度 $d = \dfrac{1}{n_o - n_e}\left(\dfrac{\lambda}{4} + k\lambda\right)$。

【实验仪器】

光学平台，He－Ne 激光器及电源，毫伏表，硅光电池，偏振片，1/4 波片，1/2 波片，光屏等。

【实验内容与要求】

（1）设计产生圆偏振光和椭圆偏振光的光路，观察圆偏振光和椭圆偏振光的光强变化，

测量 $\theta=20°$ 时椭圆偏振光的长、短轴之比 $\frac{A_1}{A_2}=\sqrt{\frac{I_{max}}{I_{min}}}$。

(2)偏振光的检验。

假设入射光有五种可能性,即自然光、部分偏振光、线偏振光、圆偏振光和椭圆偏振光,用两个偏振片 P_1、P_2 和一个 1/4 波片(如图 2 所示),你能否把上述五种光完全区分开来?试按表 1 步骤进行分析和判断,写出结论。

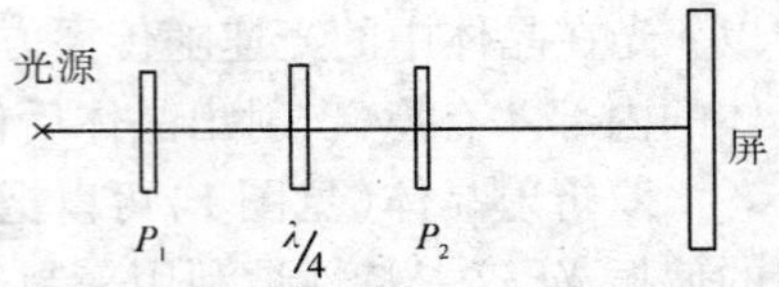

图 2 观察椭圆偏振光和圆偏振光

(3)观察线偏振光通过 1/2 波片时的现象,并予以解释(选做)。

表 1 偏振光的检验

第一步	令入射光通过偏振片 P_1。转动 P_1,观察透射光强度的变化				
现象					
结论					
第二步		取下 P_1,放入 1/4 波片和偏振片 P_2。转动 P_2,观察透射光的强度变化		取下 P_1,放入 1/4 波片,转动波片至光强极大处,即波片光轴与其长轴重合。转动 P_2,观察透射光的强度变化	
现象					
结论					

【实验提示】

1/4 波片与光偏振状态的关系参见表 2。

表 2 1/4 波片与光偏振状态的关系

入射光	1/4 波片光轴与偏振光振动方向之夹角 θ	出射光
线偏振光	$\theta=0$ 或 90°	线偏振光
	$\theta=45°$	圆偏振光
	θ 为其他值	椭圆偏振光
圆偏振光	θ 为任何值	线偏振光
椭圆偏振光	波片光轴与椭圆主轴一致	线偏振光
	其他位置	椭圆偏振光

【注意事项】

(1)课前先打开激光器电源预热。

(2)切勿用眼睛直视激光束,以免受伤。

【思考题】

(1)三块外形相同的偏振片、1/2 波片、1/4 波片被弄混了,能否把它们区分开来?需要借助什么工具?

(2)在透振方向互相垂直的起偏和检偏两片偏振片中插入 1/2 波片,使光轴和起偏器的透振方向平行，那么透过检偏的光是亮还是暗？为什么？将检偏器旋转 90°，透出的光亮暗是否有变化？

实验 43　自测眼镜屈光度

【实验介绍】

光线由一种介质射入另一种不同的介质时，其传播方向产生偏折，这种现象称做光的折射，对于眼睛则通常称为屈光。表示屈光程度的单位是屈光度，常用“D”来表示。屈光度是以透镜焦距的倒数来表示的，$D=1/f$（f 为焦距，单位 m）。而我们通常所说的眼镜镜片的度数则是 $1/f\times 100$。

一些人的眼睛由于疲劳、用眼不科学或遗传生理等因素引起屈光度异常，造成不能准确地在视网膜上成像，这就是视力缺陷。一般情况需要配戴眼镜，通过镜片补充和矫正眼睛本身的屈光度，达到视网膜正确成像的目的。我们通常所用的眼镜镜片就是透镜，它是由玻璃或其他透明材料做成的。

根据几何光学原理我们知道，凸透镜可用于矫正远视眼、老花眼和无晶状体眼，凹透镜主要用于矫正近视眼。

【实验仪器】

光学平台，激光器及电源，凸透镜，平面镜，物屏，像屏等。

【实验内容与要求】

(1)选择自己或同学配戴的眼镜镜片之一作为被测透镜。根据其对视力的矫正作用判定是何种透镜（凸透镜或凹透镜）。

(2)选用至少两种透镜焦距的测量方法；设计光路；选择实验器件；拟定实验步骤及数据表格。

(3)考虑如何固定被测眼镜。调整光路等高、共轴。

(4)每种方法须测量 5 次求平均值。计算镜片的屈光度，推导不确定度传递公式，完整表示测量结果。

【原理与方法提示】

1. 测量凸透镜焦距

1）物距像距法

如图 1，凸透镜是会聚透镜，当物距大于焦距时，物经过透镜能成实像，可用像屏直接接收并观察。所以通过测定物距 u 与像距 v，利用薄透镜的成像公式即可测出焦距 $\frac{1}{u}+\frac{1}{v}=\frac{1}{f}$。

2）自准直法

如图 2，当物屏位于凸透镜左侧的焦平面时，它发出的光线通过透镜后成为平行光。它们被凸透镜右侧的平面镜反射回来后，再次通过透镜仍会聚在它的焦平面上，即原物屏上，形成与原物大小相等的倒立的实像。此时物屏与透镜的间距就是透镜的焦距。分别读出物与透镜在光具座上的位置 x_1 和 x_2，则透镜焦距为 $f_1=|x_2-x_1|$。

由于这个方法是利用调节实验装置本身使之产生平行光以达到聚焦的目的，所以称之为自准直法，该法测量误差为 1% ~5%。

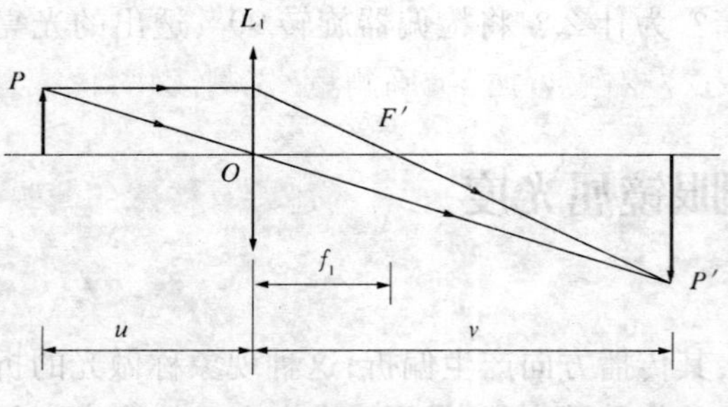

图 1　物距像距法测量凸透镜焦距

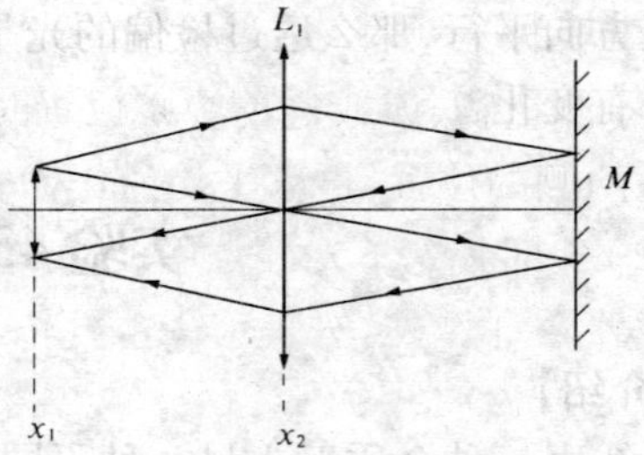

图 2　自准直法测量凸透镜焦距

3)共轭法(位移法)

如图 3,取物屏与像屏之间的距离为 $D>4f$,并保持不变。移动透镜,必能在像屏上两次成像。设物距为 u_1 时,得倒立、放大的像,对应的像距为 v_1;物距为 u_2 时,得倒立、缩小的像,对应的像距为 v_2。透镜在两次成像之间移动的距离(即位移)为 L,则可以推证凸透镜的焦距为

$$f_1=\frac{D^2-L^2}{4D}$$

可见,只要能确定物屏、像屏以及透镜二次成像时的位置,就可较准确地求出焦距 f_1。这种方法无须考虑透镜本身的厚度,测量误差可达到 1%。

2. 测量凹透镜焦距

1)物距像距法

如图 4 所示,物体 AB 发出的光,经 L_1 后成像为 $A'B'$。在 L_1 和 $A'B'$ 之间的适当位置插入待测凹透镜 L_2。此时,$A'B'$ 则为 L_2 的"虚物",经 L_2 再成像于 $A''B''$,则凹透镜的焦距为 $f_2=\frac{uv}{v-u}$。

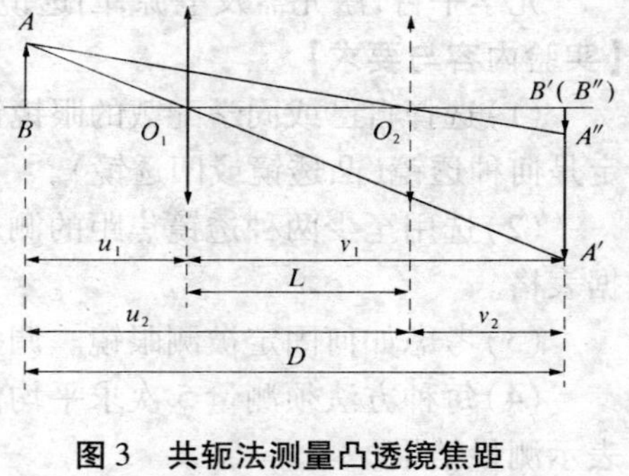

图 3　共轭法测量凸透镜焦距

2)自准直法

如图 5 所示,将物屏置于凸透镜 L_1 左侧 A 处,经 L_1 成像于 F(可用像屏接收),记下 F 的位置。固定 L_1 并在 L_1 与 F 之间插入待测凹透镜 L_2 和平面镜 M,此时 F 处的像就成了 L_2 的"虚物"。移动 L_2,当"虚物"正好位于 L_2 的焦平面上时,从 L_2 射到平面镜上的光将是平行光。由光线的可逆性知,由平面镜反射回来的平行光,经 L_2、L_1 后仍将成像于 A 处。因此,在物屏上可看到一与原物大小相等的倒立实像,则 L_2 的焦距为 $f_2=-|x_2-x_1|$。

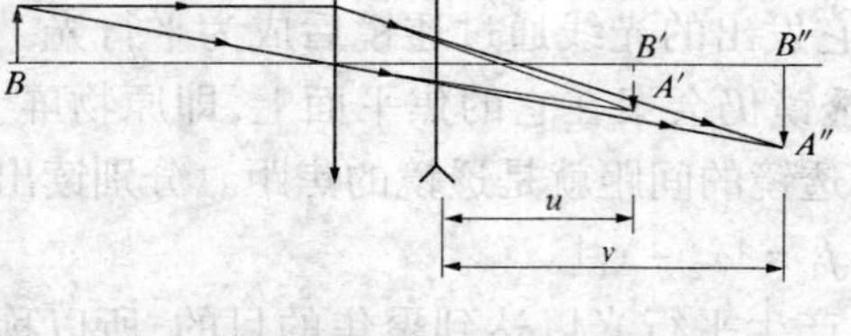

图 4　物距像距法测量凹透镜焦距

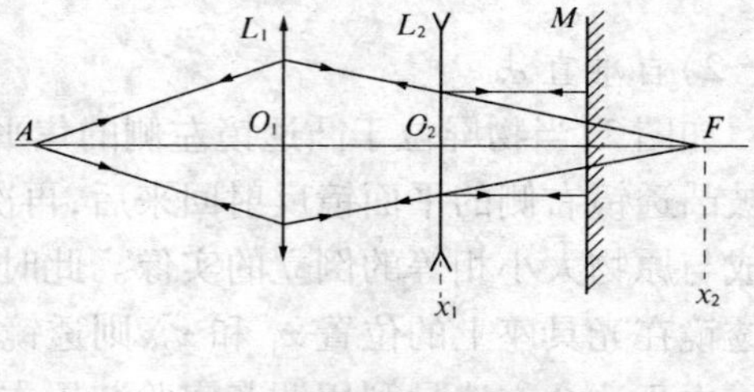

图 5　自准直法测量凹透镜焦距

【注意事项】

(1)测量物、像或透镜中心位置时,要注意用“左右逼近法”准确测量:先测读物、像或透镜底座两侧的位置,再求平均值作为它们的坐标。

(2)大部分光学元件是用玻璃材料制成的。经过了精细抛光,有的还镀有特殊的薄膜,使用时要轻拿轻放,勿使元件碰损。

(3)在任何情况下都不允许用手触及光学元件的工作面,放、取透镜时,应拿透镜的棱边,以免玷污工作面。若有玷污,要根据情况,轻度玷污用镜头纸擦拭,严重玷污用化学药品和脱脂棉轻拭。严禁对其呵气及用手、纸或布用力擦拭。

【数据处理】

物距像距法测量凹透镜 L_2 的焦距 f_2 并对其进行合成不确定度分析。

物 AB 的位置读数为 $x_{物}$;像 $A'B'$ 的位置读数为 x_{p1};像 $A''B''$ 的位置读数为 x_{p2};凸透镜 L_1 的中心位置为 x;凹透镜 L_2 的中心位置为 x'。将多次测量的结果填入表 1。

表 1　多次测量 x、x' 的左、右两侧的位置读数

项目	次数 i				
	1	2	3	4	5
$x_{左}$(cm)					
$x_{右}$(cm)					
$\bar{x}_i=(x_{左}+x_{右})/2$(cm)					
$x'_{左}$(cm)					
$x'_{右}$(cm)					
$\overline{x'_i}=(x'_{左}+x'_{右})/2$(cm)					

$$\bar{x}=\sum_{i=1}^{5}\frac{\overline{x_i}}{5},u_A(x)=\sqrt{\frac{\sum_{i=1}^{5}(x_i-\bar{x})^2}{5-1}},u_B(x)=\Delta_{仪}(x),u_C(x)=\sqrt{u_A^2(x)+u_B^2(x)}$$

$$\overline{x'}=\sum_{i=1}^{5}\frac{\overline{x'}_i}{5},u_A(x')=\sqrt{\frac{\sum_{i=1}^{5}(x'_i-\overline{x'})^2}{5-1}},u_B(x')=\Delta_{仪}(x),u_C(x')=\sqrt{u_A^2(x')+u_B^2(x')}$$

$$u=|\overline{x'}-x_{p1}|,v=|\overline{x'}-x_{p2}|,u_C(u)=u_C(v)=u_C(x')$$

$$\overline{f_2}=\frac{uv}{v-u},\frac{\partial f_2}{\partial u}=\frac{-v^2}{(u-v)^2},\frac{\partial f_2}{\partial v}=\frac{u^2}{(u-v)^2},u_C(f_2)=\sqrt{\left(\frac{\partial f_2}{\partial u}\right)^2u_C^2(u)+\left(\frac{\partial f_2}{\partial v}\right)^2u_C^2(v)}$$

结果表示:　$f_2=\overline{f_2}\pm u_C(f_2)$,　$E=\dfrac{u_C(f_2)}{\overline{f_2}}\times100\%$

【思考题】

(1)为什么在测凹透镜焦距时,要使辅助的凸透镜成小像?如果成大像对实验有何影响?

(2)在凸透镜的物距像距法中,测出一系列不同物距所对应的像距,能否在直角坐标纸上作图求出透镜的焦距,有几种方法?

实验 44　衍射法测量细丝直径

【实验仪器】

光学平台,激光器及电源,毫伏表,硅光电池,细丝及夹持装置,光屏等。

【实验内容与要求】

(1)可根据各自兴趣选用头发丝作为被测细丝。设计或选择固定细丝的装置。

(2)参照"单缝衍射测缝宽"的实验步骤调整光路。

(3)让激光光束平行照射到细丝上,观察屏上的衍射条纹,试分析、比较与单缝衍射条纹的异同。

(4)利用光电转换器件测量衍射条纹的光强分布,并自拟表格记录数据。

(5)推导公式并计算细丝直径 d,同时对 d 的合成不确定度做出分析估算。

【实验提示】

激光衍射法测量细丝直径是基于巴比涅定理:两个互补的障碍物,其夫琅和费衍射图形及光强分布相同,相位差为 $\pi/2$。因此,当细丝直径 d 与狭缝宽度 a 相等时,它们是两互补障碍物,可以用测量狭缝宽度的方法测量细丝直径。

依据巴比涅定理,直径为 d 的细丝产生的衍射图样与宽度为 d 的狭缝产生的衍射图样相同。如图 1 所示,产生暗条纹的条件是

$$d\sin\phi = k\lambda \quad (k = 1,2,3,\cdots) \tag{1}$$

$$\sin\phi \approx \phi = \frac{x_k}{L} \tag{2}$$

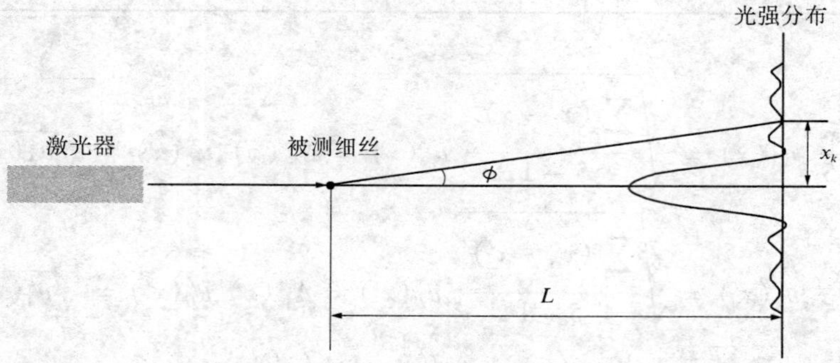

图 1　细丝衍射原理

由此可知,当一束激光照射到被测细丝上时,将发生衍射效应。在距细丝 L 处逐点测量其衍射光强,在坐标纸上绘制 $I/I_o \sim x$ 曲线;由衍射光强分布曲线测出第 k 级暗纹中心到中央零级条纹中心的距离 x_k,即可计算出细丝的直径 d。

值得注意的是:此法虽然测量精度较高,但一般只适用于测量 0.5mm 以下的细丝直径,同时要求 $L \gg d$。

实验45　用光电效应实验仪测薄膜的光吸收系数

【实验介绍】

光的吸收、散射、色散是光在介质中传播时所发生的普遍现象，对于光的吸收，除了真空，没有一种介质对任何波长的电磁波是完全透明的，所有的物质都是对某些范围的光透明，而对另一些范围的光不透明，这就说明吸收是物质的普遍性质。吸收分一般吸收和选择吸收，任一介质对光的吸收都是由这两种吸收组成的。一般吸收的特点是吸收很少并且在给定波段内几乎是不变的，选择吸收的特点是吸收很大且随波长有急剧的改变。

【实验目的】

(1)加深对光电效应和光的量子性的理解。

(2)在0.4 ~0.7mm 可见光波段以及3.5 ~5.0mm 红外光波段测量薄膜的光吸收系数。

(3)学会在现有条件的基础上设计出新的实验。

【实验仪器】

ZKY – GD – 4 智能光电效应(普朗克常数)实验仪，汞灯及电源，滤色片，光阑，光电管，智能实验仪，透明薄膜。

【实验内容与要求】

(1)了解实验原理及应用公式，并在此基础上拟定实验方案和实验步骤。

(2)测量与计算。

(3)分析误差产生的原因，并计算其不确定度。

【实验提示】

1. 朗伯 – 比尔定律

当一束平行单色光通过任何均匀、非散射的固体、液体或气体介质时，一部分被吸收，一部分透过介质，一部分被表面反射。设入射光强度为 I_0'，吸收光强度为 I_a，透过光强度为 I_t，反射光强度为 I_r，则：

$$I_0' = I_a + I_t + I_r \tag{1}$$

在吸光光度分析法中，通常将试液和空白溶液分别置于同样质料及厚度的吸收池中，然后让强度为 I'_0 的单色光分别通过这两个吸收池，再测量其透过光的强度。此时反射光强度基本上是不变的，且其影响可以相互抵消，故上式可简化为：

$$I_0 = I_a + I_r \tag{2}$$

透过光强度 I_t 与入射光强度 I_0 之比称为透射比或透光度，用 T 表示：

$$T = I_t / I_0 \tag{3}$$

溶液的透射比愈大，表示它对光的吸收愈小；相反，透射比愈小，表示它对光的吸收愈大。

实践证明，溶液对光的吸收程度与溶液浓度、液层厚度及入射光波长等因素有关。如果保持入射光波长不变，则溶液对光的吸收程度只与溶液浓度和液层厚度有关。朗伯(Lambert)和比尔(Beer)分别于1760 年和1852 年研究了光的吸收与溶液层的厚度及溶液浓度的定量关系，二者结合称为朗伯 – 比尔定律，也称为光的吸收定律。

当一束强度为 I_0 的平行单色光垂直照射到长度为 b 的液层、浓度为 c 的溶液时，由于溶

液中吸光质点(分子或离子)的吸收,通过溶液后光的强度减弱为 I,则:

$$A = \lg I_0 - \lg I = Kbc \tag{4}$$

式中,A 为吸光度,K 为比例常数。

吸光度 A 与溶液的透射比的关系为:

$$A = \lg I_0 - \lg I = -\lg T \tag{5}$$

式(4)是朗伯-比尔定律的数学表达式。它表明,当一束单色光通过含有吸光物质的溶液后,溶液的吸光度与吸光物质的浓度及吸收层厚度成正比。这是进行定量分析的理论基础。式中比例常数 K 与吸光物质的性质、入射光波长及温度等因素有关。

在含有多种吸光物质的溶液中,由于各吸光物质对某一波长的单色光均有吸收作用,如果各吸光物质的吸光质点之间相互不发生化学反应,当某一波长的单色光通过这样一种含有多种吸光物质的溶液时,溶液的总吸光度应等于各吸光物质的吸光度之和。这一规律称吸光度的加和性。根据这一规律,可以进行多组分的测定及某些化学反应平衡常数的测定。

2. 摩尔吸收系数和桑德尔灵敏度

式(4)中的 K 值随 c、b 所取单位不同而不同。当浓度 c 用 $mol \cdot L^{-1}$、液层厚度 b 用 cm 为单位表示时,则 K 用另一符号 ε 来表示。ε 称为摩尔吸收系数,其单位为 $L \cdot mol^{-1} \cdot cm^{-1}$,它表示物质的量浓度为 1 $mol \cdot L^{-1}$、液层厚度为 1cm 时溶液的吸光度。这时,式(4)变为:

$$A = \varepsilon bc \tag{6}$$

在分析实践中,不能直接取浓度为 1$mol \cdot L^{-1}$ 的有色溶液来测定 ε 值,而是在适当的低浓度时测定该有色溶液的吸光度,通过计算求得 ε 值。ε 反映吸光物质对光的吸收能力,也反映用吸光光度法测定该吸光物质的灵敏度。在一定条件下它是一常数。同一物质与不同显色剂反应生成不同有色化合物时,具有不同的 ε 值。因此,ε 值是选择显色反应的重要依据。

溶液中吸光物质的浓度常因解离等化学反应而改变,若不考虑这种情况,以被测物质的总浓度代替平衡浓度计算,所得的为条件摩尔吸收系数,以 ε' 表示。

吸光光度分析的灵敏度还常用桑德尔(Sandell)灵敏度(灵敏度指数)S 来表示。S 是指当仪器的检测极限为 $A = 0.001$ 时,单位截面面积光程内所能检测出来的吸光物质的最低含量,其单位为:$mg \cdot cm^{-2}$,S 与 ε 及吸光物质摩尔质量 M 的关系为:

$$S = M/\varepsilon \tag{7}$$

由朗伯-比尔定律可以推导出薄膜的吸收系数的计算式:

$$I = I_0 - kx \tag{8}$$

式中,I_0 为入射光强,I 是光通过厚度为 x 的均匀介质后的光强,k 为薄膜的吸收系数。

【注意事项】

测量过程中不同波长的光所加在光电管上的电压不同,并且同一波长的光在加薄膜前后所加在光电管上的电压要保持一致。

实验 46 利用多普勒效应测量车速

【实验介绍】

我们知道,为保证汽车行驶安全,在某些路段上,交通警察要对车速进行限制。那么,在汽车快速行进时,交通警察是怎样知道它们行驶的速度呢?最常用的测速仪器叫雷达测速计,它是根据多普勒效应的原理研制的。雷达测速计发出脉冲微波,如果微波射在静止不动的车辆上,被反射回来,它的反射波频率不会改变,反之,如果车辆在行驶,而且速度很快,那么,根据多普勒效应,反射波频率与发射波的频率就不相同了。微波是波长很短的无线电波,其方向性好,速度等于光速。微波遇到车辆立即被反射回来,再被雷达测速计所接收。通过对微波频率微细变化的精确测定,就可以换算出汽车的速度了。当然,这一切都是通过电脑自动进行运算和记录的。

【实验目的】

(1)加深对多普勒效应原理的理解。

(2)在实验室条件下模拟多普勒效应的实际应用——测量车速。

(3)学习改进实验仪器,拓展实验内容。

【实验仪器】

多普勒综合实验仪,超声发射/接收器,导轨,运动小车,支架,光电门等。

【实验内容与要求】

(1)在多普勒综合实验仪上进行改装,模拟车辆测速计在实际中的应用。

(2)设计实验方案,选用实验器件,拟定实验步骤。

(3)根据多普勒效应原理推导测速公式,并分析误差来源。

【实验提示】

根据声波的多普勒效应公式,当声源与接收器之间有相对运动时,接收器接收到的频率 f 为:

$$f=f_0(u+V_1\cos\alpha_1)/(u-V_2\cos\alpha_2) \tag{1}$$

式中,f_0 为声源发射频率,u 为已知声速,V_1 为接收器运动速度.α_1 为声源与接收器连线与接收器运动方向之间的夹角,V_2 为声源运动速度,α_2 为声源与接收器连线与声源运动方向之间的夹角。

若发射器和接收器不动,汽车以速度 V 作相向直线运动,见图 1,则由式(1)可得:

$$V=\frac{f-f_0}{f+f_0}u \tag{2}$$

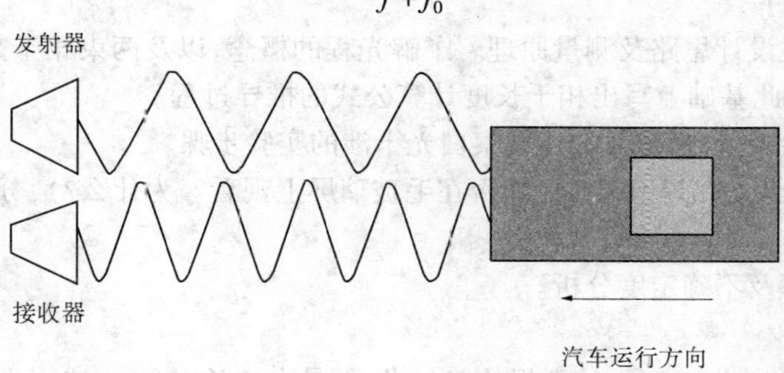

图 1　多普勒效应测速原理

请对式(2)进行推导。

本实验中多普勒实验仪自动记录小车通过光电门时的平均速度(时差法测量计算)及与之对应的平均接收频率 f;通过信号源对超声发生器的驱动频率进行调谐,记录 f_0;根据实时温度可知声速理论值 u；最后经过式(2)计算车速 V，并与多普勒实验仪用时差法自动显示的平均速度进行比较，分析误差。

公式(2)推导思路：

(1)相对于测速计的发射器，将汽车作为运动的"接收器"推算其"接收频率"f'与 f 的关系式。

(2)相对于测速计的接收器，将汽车作为运动的"发射器"推算其"发射频率"f'_0 与 f_0 的关系式。

(3)对汽车本身而言，$f'=f'_0$。

实验 47 用光杠杆法测量薄纸厚度

【实验提示】

光杠杆可以用来测量长度或厚度的微小变化，本实验用它来测量一张薄纸的厚度。参考实验 3"拉伸法测量杨氏模量"中光杠杆的工作原理，设计并完成本实验。

【实验仪器】

杨氏模量测定仪，光杠杆，望远镜，螺旋测微器，直尺，薄纸，细线。

【实验内容与要求】

(1)设计光路，把薄纸的厚度转换成望远镜中的读数变化量。

(2)测量薄纸厚度并与螺旋测微器的测量结果进行比较。

实验 48 用迈克尔逊干涉仪测量钠光和白光光源的相干长度

【实验简介】

相干长度是光波时间相干性或单色性的一种量度，它是波动光学中一个很重要的概念。

【实验仪器】

迈克尔逊干涉仪，钠光灯，白炽灯(或日光灯)。

【实验内容与要求】

(1)详细叙述设计思路及测量原理。了解光程的概念，以及两束相干光实现干涉相长、相消的条件，并在此基础上写出相干长度计算公式的推导过程。

(2)布置实验装置，拟定并详述观察白光干涉的实验步骤。

(3)观察钠光及白光干涉现象(能否在毛玻璃屏上观看？为什么?)，分析说明它们与单色光干涉的异同。

(4)数据处理及不确定度分析。

【实验提示】

实际光源发出的光波都不是理想的单色光，而是由波长在 $\lambda_0-\Delta\lambda/2$ 到 $\lambda_0+\Delta\lambda/2$ 之间的无限多个单色理想谐波组成的。其中 λ_0 为中心波长，$\Delta\lambda$ 为谱线宽度。发生干涉时，每一理想谐波都有自己的一套干涉条纹。当光程差较小时，各套条纹近于重叠在一起，这时条纹明暗对比明显，可以看到清晰的干涉条纹。但随着光程差的增大，波长为 $\lambda_0-\Delta\lambda/2$ 的干涉条纹的某级干涉极大和波长为 $\lambda_0+\Delta\lambda/2$ 的干涉条纹的同级干涉极大逐渐错开，整个视场

的可见度逐渐减小。当两套条纹错开一个条纹间距时，干涉条纹完全消失，可见度为零，此时的光程差就是光束的相干长度，可表示为

$$L=\frac{\lambda^2}{\Delta\lambda} \tag{1}$$

可见，光束的相干长度就是一束光能够发生相干叠加的最大光程差。式(1)表明，谱线宽度越小，光束的相干长度就越长，相干性就越好。

可以利用等厚干涉条纹来测量光源的相干长度。首先，调节迈克尔逊干涉仪两臂相等，此时干涉条纹的对比度最佳，然后移动反射镜 M_1，直至干涉条纹几乎消失，这时的光程差即为光波的相干长度。

实验 49　用迈克尔逊干涉仪测量薄膜厚度

【实验提示】

在用迈克尔逊干涉仪做等厚干涉实验时，若用白光光源代替激光器，就会在视场中看到彩色直条纹。若此时在一条光路中放置已知折射率为 n、厚度为 l 的透明薄片，则两光路光程差将改变 $\Delta'=2l(n-1)$，视场中的彩色直条纹将消失。若移动 M_1，可使彩色直条纹再次出现。由 M_1 移过的距离 Δd 和已知的折射率 n 可算出透明薄片的厚度 l。

【实验仪器】

迈克尔逊干涉仪，He－Ne 激光器，白光源，透明薄片（折射率已知），毛玻璃屏。

【实验内容及要求】

(1)进一步学习迈克尔逊干涉仪的结构原理及操作方法。

(2)掌握用迈克尔逊干涉仪观察白光干涉的调节方法，详述调节白光干涉彩色直条纹的具体步骤。

(3)以某一条纹出现在视场中某一位置（比如紧挨 G_1 边框）为准（为什么？），记录此时动镜 M_1 的位置 d_1。

(4)放置待测薄片。设计并画出测量光路。此时彩色条纹是否消失？如何使其再现？请解释之。

(5)继续同向转动微调手轮，直至彩色条纹再次出现，仍以同一条纹出现在视场中同一位置为准，记录此时动镜 M_1 的位置 d_2。

(6)推导 l 与 Δd、n 的关系式，自拟表格记录数据，选择多次测量方法，计算 $\bar{l}$ 和 $u_C(l)$。

【注意事项】

(1)因薄片的两面平行度不是很高，所以加入薄片后观察到的彩色条纹会有弯曲现象。

(2)整个测量过程中，转动手轮必须沿同一方向转动，否则由于空程差的影响，测量精度将会降低。

(3)微动手轮每转动一圈，动镜 M_1 移动 0.01mm，若薄片厚度为 0.3mm，则转动手轮大概须转过 30 圈，而彩色条纹的位置点很精确，所以在将要接近的位置时，手轮要缓慢转动，否则彩色条纹将一闪而过，此时不可将手轮回转，须重新测量。

实验 50　用迈克尔逊干涉仪测量空气折射率

【实验简介】

在迈克尔逊干涉仪中，干涉图样的特性取决于两束相干光的相位。有两种方法可以改变光束的相位：一种是改变其中一条或者两条光束的传播距离（例如通过移动 M_1）；另一种方法是改变光束传播空间的介质。本实验借助第二种方法来测量空气的折射率。

【实验仪器】

迈克尔逊干涉仪，He－Ne 激光器，气室，打气球，气压表，毛玻璃屏，游标卡尺等。

【实验内容及要求】

（1）设计用迈克尔逊干涉仪测量空气折射率的光路，调出等倾干涉圆条纹。

（2）在观察了解干涉条纹随气压变化规律的基础上，推导折射率与压强、干涉条纹级数三者的关系式；说明干涉条纹级数的变化由何引起；设计拟定实验方法和步骤。

（3）用坐标纸绘制干涉条纹变化数 N 与气室气压改变量 ΔP 的关系曲线。

（4）用最小二乘法拟合 $N \sim \Delta P$ 关系曲线，并计算空气折射率 n_0，分析估算测量结果的不确定度。

【实验提示】

（1）参考图 1 布置光路。在放入气室之前，先调节激光束与其他光学元件的几何中心等高，使两光束到达毛玻璃屏上的光点重合，并注意调节两束光光程基本相同。

（2）将一个长度为 l 的气室插入迈克尔逊干涉仪的一臂中，用打气球向气室内打气以增大气室内空气的密度。空气折射率与其密度成正比，即

$$\frac{\rho}{\rho_0} = \frac{n-1}{n_0-1} \tag{1}$$

式中，ρ_0 和 n_0 为空气在热力学标准状态（$T_0 = 273\text{K}, P_0 = 101\ 325\text{Pa}$）下的密度和折射率，$\rho$ 和 n 是对应于任意温度 T 和压强 P 下的密度和折射率。

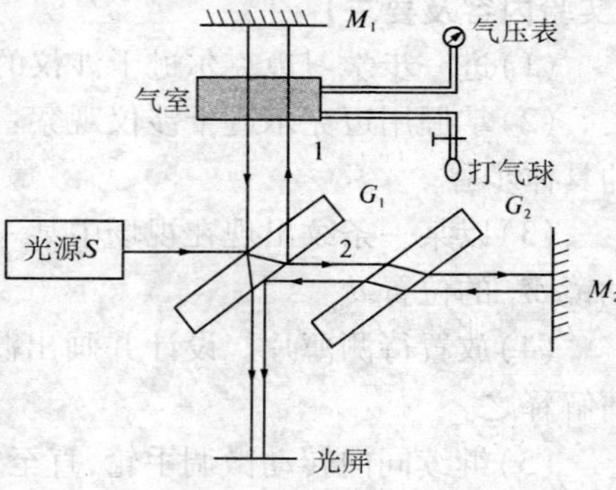

图 1　测量空气折射率的光路示意图

根据理想气体状态方程，则有

$$\frac{\rho}{\rho_0} = \frac{PT_0}{P_0 T} = \frac{n-1}{n_0-1} \tag{2}$$

如果温度不变，则有

$$\frac{\Delta n}{\Delta P} = \frac{n_0-1}{P_0} \cdot \frac{T_0}{T} \tag{3}$$

式中，$\Delta n/\Delta P$ 为压强变化引起的折射率的变化率，可见二者成线性关系。考虑到 $T = T_0(1+\alpha t)$（其中相对压力系数 $\alpha = \frac{1}{273.15} = 3.661 \times 10^{-3}\,℃^{-1}$，$t$ 为室温），代入式（3）则有

$$\Delta n = \frac{n_0-1}{P_0(1+\alpha t)} \cdot \Delta P \tag{4}$$

设气室的长度为 l，则由于折射率的变化而引起的干涉仪两光路光程差的变化为

$$\delta = 2\Delta n l = N\lambda$$

上式可变形为

$$\Delta n = \frac{N\lambda}{2l} \tag{5}$$

将式(5)代入式(4)得

$$n_0 = 1 + P_0(1 + \alpha t)\frac{\lambda}{2l} \cdot \frac{N}{\Delta P} \tag{6}$$

式中,N 为相应干涉条纹的变化数,λ 为已知光源的波长。若忽略温度的影响,式(6)可简化为

$$n_0 = 1 + P_0 \cdot \frac{\lambda}{2l} \cdot \frac{N}{\Delta P} \tag{7}$$

【思考题】

(1)对于精确的测量,真空室必须跟激光束完全垂直。旋转真空室同时观察图样,根据你的观察,怎样确定真空室已经放好?

(2)当温度改变时,空气的折射率也会改变,怎样测量此时空气的折射率?

实验51　超声波在固体和液体中传播速度的测量

【实验简介】

声学测量是人们认识声学问题本质的一种实验手段,通过对声波的传播速度、衰减等的准确测量可以使我们了解材料或结构的许多物理性质和状态。声波的测量在定位、无损探伤、桩基检测、工程地质勘察、测距等领域的应用都有很重要的意义。

【实验仪器】

示波器,声速测定实验仪,超声实验装置,屏蔽线,水槽,固定长度的固体棒,甘油等。

【实验内容与要求】

(1)自行设计实验方案,测量液体(水)中超声波的传播速度。

(2)测量固体中超声波的传播速度。

(3)选择适当方法对数据进行分析处理。

【实验提示】

声速测量的常用方法有两类:第一类测量声波传播距离 l 和时间间隔 t,即可以根据 $v = l/t$ 计算出声速 v;第二类是测出频率 f 和波长 λ,利用两者关系计算出声速 v。在设计本实验时应根据液体和固体的不同特点选取适当方法测量。

【注意事项】

(1)声速测定实验仪要预热 20min 左右。

(2)测量时要防止回程差。

【思考题】

由多普勒实验装置是否也能够测量声速?

第 5 章　近代物理实验

近代物理实验是理工科类院校高年级学生的一门重要基础课，它涵盖理论物理、粒子物理与原子核物理、原子与分子物理、等离子物理、凝聚态物理、声学、光学、无线电物理等整个物理学科。除此之外，还包括现代物理的十大测量技术和实验技术：真空测量技术、X 光测量技术、光谱测量技术、微波测量技术、磁共振测量技术、高能物理和核物理测量及防护技术、弱信号测量和计算机技术、显微测量和成像技术、极端物理条件实验技术、传感器技术等。所涉及的物理知识面广，理论深度和跨度大，实验技术含量高，且实验设备昂贵，对实验条件及配套设施要求较高。许多选题是诺贝尔物理奖项目，其中不少大作的物理思想影响深远，极具经典性。因此，近代物理实验是培养学生动手能力、适应新技术能力、创造性思维能力的一门重要的综合基础课程。

实验 52　微波测量技术

【实验简介】

微波是一种波长较短的电磁波。在电磁波波谱表中，微波的波长介于无线电波与光波之间，波长较长的分米波和无线电波性能相近，波长较短的毫米波则与光波的性质相似。其中 X 波段的微波测量系统是一般实验室中常见的。

由于微波辐射的能量可与物质发生相互作用，在近代物理领域中成为一种十分重要的研究手段。使用微波直线加速器和微波频谱仪可对原子和分子结构进行研究；微波衍射仪可用来研究晶体结构；微波波谱仪可测定物质的许多基本物理量；微波谐振腔又可用来测量低损耗物质的介质损耗及介质常数等。

微波技术是近代发展起来的一门尖端科学技术，其应用已经渗透到各个领域，在国防军事方面：雷达、导弹、导航、电子战和军用通信等；在国民经济方面：多路通信、微波遥感和微波能应用（如肿瘤微波热疗、微波手术刀以及微波炉等）；在科学研究方面：高能粒子加速器、受控热核反应、射电天文与气象观测、分子生物学研究、等离子体参量测量、遥感技术等。现在已建立起射电天文学、微波气象学、量子电子学和微波波谱学等新型学科。因此，微波技术是社会经济和尖端科学发展不可或缺的现代技术。

【实验原理】

要掌握微波测量的基本技术，首先要了解导行波的概念，以及电磁波在规则波导内传播的特点。由传输线所引导的，能沿一定方向传播的电磁波称为“导行波”。导行波的电场 E 或磁场 H 都是 x、y、z 三个方向的函数。能够在波导中传播的导行波有“磁波”（H 波）和“电波”（E 波），它们均是“色散波”，见图 1。

微波具有电磁波所共有的一些基本属性。但由于微波频率高、波长短，它又具有区别于其他频率电磁波的某些特点。

（1）在微波测量中，以驻波比、频率（波长）、功率作为三个基本参量。

（2）微波振荡周期（$10^{-9}\sim10^{-12}$ s）小于电子的渡越时间（约 10^{-9} s）。因此，微波振荡的产生和放大须采用原理上完全不同的微波电子管（速调管、磁控管和行波管等）、微波固体

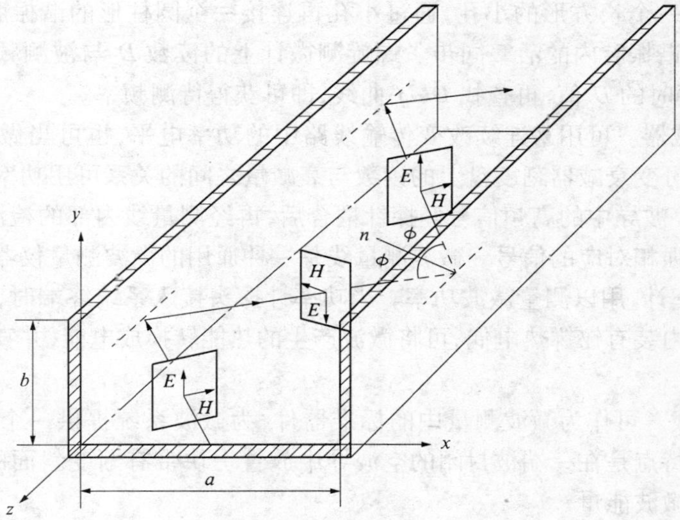

图 1　电磁波在波导中的传播

器件和量子器件。

(3)微波在空间传播具有“似光性”。

(4)电磁辐射的能量与其波长成反比,故微波的辐射能量要高于无线电波。它是由分子转动、电子自旋和核自旋的能级跃迁所产生的。微波量子的能量是 10^{-4} ~10^{-6}eV 的数量级,恰恰与原子和分子相近能级之差相当,为此人们利用这一特点来研究物质的结构。

【实验装置】

实验装置见图 2。

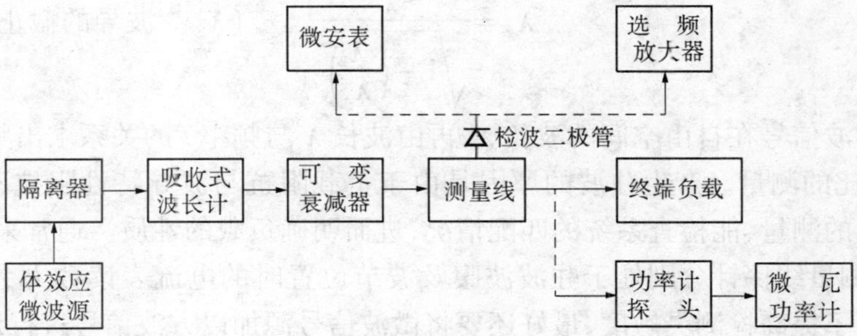

图 2　实验装置方框图

(1)体效应微波源,又称“耿氏二极管”。它是在一块 n 型 GaAs 单晶材料的上、下两个表面上附着两块低阻接触层。当在上、下接触层加上直流偏压后,即可在 n 型 GaAs 体内产生微波振荡。这种振荡是利用其伏安特性曲线中的微分负电阻特性,把电源的偏置电压转化成微波能量的。

(2)隔离器,是一种特殊的衰减器。隔离器对入射波的衰减很小,对反射波的衰减则很大,二者之比值称为“隔离比”。使用隔离器,目的在于减小因负载阻抗变化对振荡频率带来的影响。一般是在矩形波导的横向加上固定磁场,放置在波导横向的铁氧体片恰好能与反射波产生铁磁共振,继而抑制了反射波,而入射波则不会产生这种共振吸收。

(3)吸收式波长计。能测出微波的波长,进而可换算出微波的频率。它是在矩形波导宽边的中央开有一个长方形的小孔，通过小孔再连接一个圆柱形的谐振腔，并使读数装置（螺旋测微计）与谐振腔内的活塞同步。螺旋测微计上的读数 D 与被测频率 f 已事先校准好，只要根据谐振时的 D 值，再查找 $D\sim f$ 曲线，即可获得待测频率。

（4）可变衰减器。可用来连续改变传输线路中的功率电平，也可当做振荡器与负载之间的去耦器件。可变衰减器刻度盘上的读数与衰减量之间的关系可用功率计测定。

（5）测量线。波导中的高频信号经探针耦合后，再经测量线内部的检波二极管检波，就能输出一个与场强相对应的信号。微波测量线是一种通用的微波测量仪器。

（6）微瓦功率计，用以测量微波功率。当功率计探头接入系统终端时，就构成了微波系统的负载。探头内装有铋锑热电偶，可将微波产生的热能转换成电能，并直接由功率计表头读出被测功率值。

（7）终端负载。可作为微波测量中的标准器件，为微波系统提供一个较理想的阻抗匹配器。它的结构特点是在一端被封闭的空波导中放置一块带有渐变斜面的吸收片，能很好地吸收几乎所有微波能量。

【实验内容】

（1）频率的测量。频率的测量是微波测量技术中的一个重要方面，可采用“直接”和“间接”两种不同的方法。

①直接测量法。使用外差式频率计或数字微波频率计就能直接读出频率的数值，亦可以使用吸收式空腔波长计，利用空腔作为谐振系统，并通过机械装置进行调谐。当吸收式波长计的腔体被调节到谐振点时，输入到指示器的功率最小，此时即可通过波长计中的螺旋测微计的读数 D，作 $D\sim f$ 曲线进而求出被测的微波频率。

②间接测量法。一般是使用测量线，先测出波导波长 λ_g，由公式：

$$\lambda_g=\frac{\lambda}{\sqrt{1-\left(\frac{\lambda}{\lambda_c}\right)^2}}\qquad（\lambda_c \text{ 为波导的截止波长}）$$

计算出待测微波信号在自由空间的波长 λ，再由波长 λ 与频率 f 的关系求出频率。

（2）驻波比的测量。产生驻波的原因是由于负载阻抗与波导特性阻抗不匹配。因此，通过对驻波比的测量，能检查系统的匹配情况，进而明确负载的性质。通常采用测量线测试驻波比，即由测量线探针分别处于驻波波腹及波节位置时的电流表读数 $I_{\max}$ 及 $I_{\min}$，求出驻波比。但是为了提高检测灵敏度，最好还要将微波信号源加以方波信号进行调制，再经选频放大器放大，在其指示表上就能读出有关的电流值、分贝值或直接读出驻波比值。

（3）功率的测量。本实验使用微瓦功率计测量微波功率。当功率计探头接入系统终端时，就构成了微波系统的负载。探头内装有热电偶，可将微波产生的热能转换成电能，并直接由功率计表头上的读数得知被测功率值。

实验 53　电子衍射

【实验简介】

电子衍射实验是曾荣获诺贝尔奖的重大近代物理实验之一，奠定了现代量子物理学的实验基础。历史上在认识电子的波粒二象性之前，已经确立了光的波粒二象性。德布罗意在光的波粒二象性和一些实验现象的启示下，于1924年提出实物粒子如电子、质子等也具有波动性的假设。当时人们已经掌握了X射线的晶体衍射知识，这为从实验上证实德布罗意假设提供了有利因素。1927年戴维森小组发表了他们用低速电子轰击镍单晶产生电子衍射的实验结果。两个月后，英国的汤姆逊小组发表了用高速电子穿透物质薄片的办法直接获得电子花纹的结果。他们从实验中测得的电子波波长与德布罗意公式计算出的波长相吻合，证明了电子具有波动性，验证了德布罗意假设。所以这是近代物理学发展史上一个重要实验。戴维森和汤姆逊也因此获得1937年的诺贝尔物理学奖。

随着科学技术的发展，可将电子衍射的方法分为两大类，即高能电子衍射和低能电子衍射。高能电子衍射时，如果所用的样品是单晶薄片，则可获得点状分布的衍射图象，便于研究晶体的对称性、晶胞大小和形状以及晶体结构缺陷、相变等。低能电子衍射可用来测定金属、无机化合物、半导体等表面结构，研究表面相中外层原子与吸附分子的结构和成键等特征。目前，电子衍射技术已经成为研究固体薄膜和表面层晶体结构的重要手段。电子衍射仪在现代分析测试技术中具有重要的作用，主要用于观察单晶体和多晶体的电子衍射现象，验证微观粒子的波动性。

高能电子波的波长很短，晶体对电子波的吸收很大，所以只能对晶体薄膜进行研究。本实验用电子束照射金属多晶薄膜，观察研究发生的电子衍射现象。

【实验原理】

1. 德布罗意公式

1924年德布罗意提出：运动的实物粒子（如电子、质子等）都有一种波与之对应，并认为粒子的特征波长 λ 与动量 p 之间的关系应当与光子的相同，即

$$\lambda = \frac{h}{p} = \frac{h}{mv} \tag{1}$$

式中，λ 是物质波的波长，h 是普朗克常数，p 是粒子的动量，m 是运动粒子的质量，v 是它的速度。式(1)称为德布罗意关系式。

当一个质量为 m 的电子从阴极发射后被强电场加速（实验用的直流高压电源可达50kV），电子从电场得到的能量为 eU，全部变为电子的动能。若近似地认为电子的初速度为零，则

$$eU = \frac{1}{2}mv^2 \tag{2}$$

代入式(1)即可算出波长

$$\lambda = \frac{h}{\sqrt{2em}\sqrt{U}} \tag{3}$$

式中，e 是电子电量，U 是加速电压。

2. 电子衍射谱线的分析

本实验采用汤姆逊方法，在一个特制的阴极射线管里，让加速电子穿过某种晶体薄膜后在荧光屏上观察衍射现象，如图1所示。由于电子束穿过结晶物质时表现得和 X 射线相似，所以衍射最强点的位置由布拉格定律所确定：

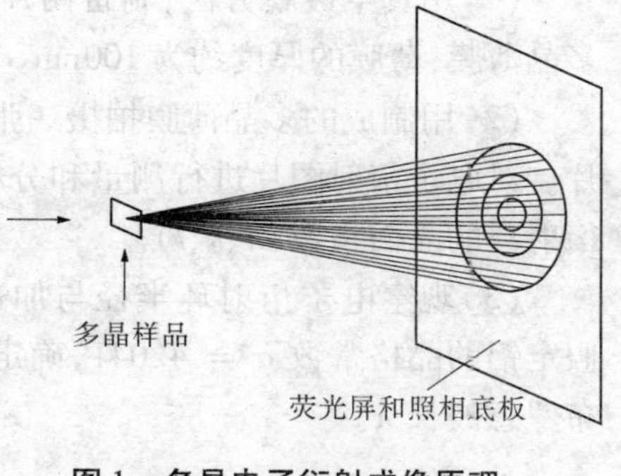

图1　多晶电子衍射成像原理

$$2d\ \sin\theta = n\lambda \tag{4}$$

式中，λ 是波长；d 是晶体的晶面间距；θ 是入射电子束和晶面间的夹角（见图 2）；n 是衍射级次。

对于立方晶系，晶格常数 $a = d\sqrt{h^2 + k^2 + l^2}$，故

$$2\sin\theta = \frac{\lambda}{d} = \frac{\lambda}{a}\sqrt{h^2 + k^2 + l^2} \tag{5}$$

$$\sin^2\theta_1 : \sin^2\theta_2 : \sin^2\theta_3 : \cdots = (h_1^2 + k_1^2 + l_1^2) : (h_2^2 + k_2^2 + l_2^2) : (h_3^2 + k_3^2 + l_3^2) : \cdots \tag{6}$$

式中，h、k、l 为晶面指数（又称密勒指数）。晶面指数表示晶面的取向，用来对晶面进行分类，标定衍射花样。从实验结果求得 $\sin\theta_1, \sin\theta_2, \sin\theta_3, \cdots$ 的值后，由连比关系式可进一步确定衍射环的晶面指数，这种分析称为谱线的指标化。

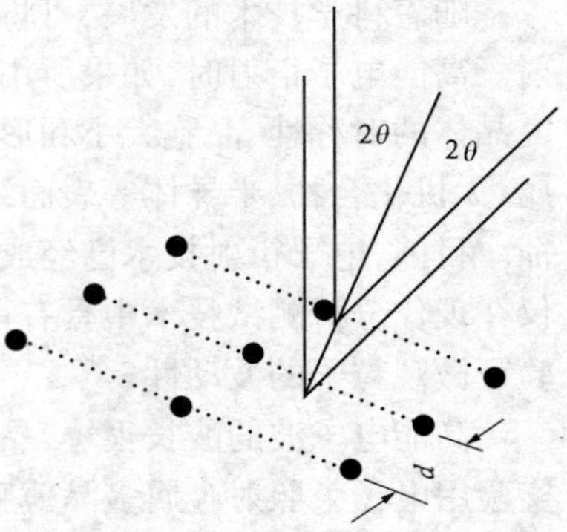

图 2　电子衍射原理

由衍射谱线和试样之间的几何关系可得

$$\tan 2\theta = \frac{r}{D} \tag{7}$$

式中，r 是德拜圈的半径；D 是照相胶片到衍射薄膜的距离。由 30～50kV 电势加速的电子的波长很短，角度 θ 也就很小。

所以 $$\tan 2\theta \approx 2\sin\theta \approx \frac{r}{D}$$

合并式(5)、式(7)，得

$$r = \lambda\frac{D}{a}\sqrt{h^2 + k^2 + l^2} \tag{8}$$

【实验装置】

电子从灯丝 K 飞出，经电势差为 U 的加速电场，通过狭缝后成为很细的电子束，投射到晶体上，散射后进入电子探测器 B，由电流计 G 测出电流（见图 3）。

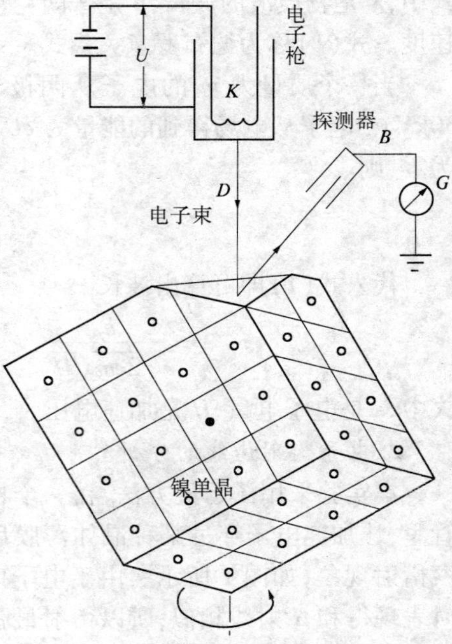

图 3　实验装置

【实验内容】

（1）用真空镀膜方法，制备两片铝质（或铜质）多晶薄膜，薄膜的厚度约为 100nm。

（2）用制成的多晶薄膜拍摄一张电子衍射的图片。对电子衍射图片进行测量和分析，确定每一个衍射环的晶面指数（h、k、l）。

（3）观察电子衍射环半径与加速电压的关系。假定铝的晶格常数 $a = 4.041$，确定相应电压的德布罗意波长 λ。

实验 54　扫描隧道显微镜

【实验简介】

1982 年，瑞士苏黎士实验室的葛·宾尼和海·罗雷尔研制出世界上第一台扫描隧道显微镜(Scanning Tunneling Microscope，简称 STM)。这一发明突破了原有显微技术的许多局限性，使显微科学达到一个新的水平。STM 使人类第一次能够实时地观察单个原子在物质表面的排列状态和与表面电子行为有关的物化性质，在表面科学、材料科学、生命科学等领域的研究中有着重大的意义和广泛的应用前景，被国际科学界公认为 20 世纪 80 年代世界十大科技成就之一。为此，宾尼和罗雷尔被授予 1986 年诺贝尔物理学奖。

与其他表面分析技术相比，STM 具有如下独特的优点。

(1)具有原子级高分辨率，STM 在平行和垂直于样品表面方向的分辨率分别可达0.1nm 和 0.01nm，即可以分辨出单个原子。

(2)可实时再现样品表面的三维图象，用于对表面结构及表面扩散等动态过程的研究。

(3)可以观察单个原子层的局部表面结构。

(4)可在真空、大气、常温等不同环境下工作甚至可将样品浸在溶液中，并且探测过程对样品无损伤。

(5)配合扫描隧道谱(STS)可以得到有关表面电子结构的信息。

(6)利用 STM 针尖，可实现对表面的纳米加工，为纳米科技的全面发展奠定了基础。

【实验原理】

扫描隧道显微镜的工作原理是基于量子力学的隧道效应和三维扫描。对于经典物理学来说，当一粒子的动能 E 低于前方势垒的高度 V_0 时，它不可能越过此势垒，即透射系数等于零，粒子将完全被弹回。而按照量子力学的计算，在一般情况下，其透射系数不等于零，也就是说，粒子可以穿过比它的能量更高的势垒，这个现象称为隧道效应。根据量子力学的波动理论，它是由于粒子的波动性而引起的，只有在一定的条件下，这种效应才会显著。

扫描隧道显微镜将原子线度的极细探针和被研究物质的表面作为两个电极，当样品与针尖的距离非常接近时(通常小于 1nm)，在外加电场的作用下，电子会穿过两个电极之间的势垒流向另一电极，形成隧道电流。隧道电流强度对针尖和样品之间的距离有着指数的依赖关系，当距离减小 0.1nm 时，隧道电流即增加约一个数量级。因此，通过控制针尖与样品表面间距的恒定，并使针尖沿表面进行精确的三维移动，就可将表面形貌和表面电子态等有关表面信息记录下来，从而建立起原子级分辨率的表面图像；或根据隧道电流的变化，得到样品表面微小的起伏变化的信息。目前扫描隧道显微镜又取得了一系列新进展，如原子力显微镜 AFM、弹道电子发射显微镜 BEEM、光子扫描隧道显微镜 PSTM，以及扫描近场光学显微镜 SNOM 等。在 STM 基础上发展起来的一系列扫描探针显微镜扩展了微观尺度的显微技术，为纳米乃至微观技术的发展提供了很好的技术支持。

【实验装置】

STM 仪器由具有减振系统的 STM 头部(含探针和样品台)、电子学控制系统和计算机组成。

(1)针尖：隧道针尖的结构是扫描隧道显微技术要解决的主要问题之一。针尖的大小、形状和化学同一性不仅影响着扫描隧道显微镜图像的分辨率和图像的形状，而且也影响着测定的电子态。

(2)压电陶瓷：由于仪器中要控制针尖在样品表面进行高精度的扫描，用普通机械进行控制是难以做到的。目前普遍使用压电陶瓷材料作为扫描控制器件。压电陶瓷材料能以简单的方式将 1mV～1 000V 的电压信号转换成十几分之一纳米到几微米的位移。

(3)三维扫描控制器：单管型扫描控制器，是将陶瓷管的外部电极分成面积相等的四份，内壁为一整体电极，在其中一块电极上施加电压，管子的这一部分就会伸展或收缩。

(4)减震系统：由于工作时针尖与样品的间距一般小于 1nm，同时隧道电流与隧道间隙成指数关系，因此任何微小的震动都会对仪器的稳定性产生影响。必须隔绝的两类扰动是震动和冲击，其中震动隔绝是最主要的。

(5)电子学控制系统：扫描隧道显微镜要用计算机控制步进电机的驱动，使探针逼近样品，进入隧道区，而后要不断采集隧道电流，在恒电流模式中还要将隧道电流与设定值相比较，再通过反馈系统控制探针的进与退，从而保持隧道电流的稳定。所有这些功能都是通过电子学控制系统来实现的。

【实验内容】

(1)选择 STM 的工作模式。

(2)设置参数："隧道电流"；"针尖偏压"；根据样品设置"扫描范围"；根据工作模式设置"扫描速度"。

(3)样品表面的原子团簇图像扫描：STM 图像反映的是表面局域态密度的形貌，这些形貌与表面势垒的形状，即表面原子的位置密切相关。因此，STM 图像直接反映了金属表面的几何结构。

(4)观测样品的表面形貌，并和三维处理图像进行对比、分析。

实验 55　核磁共振

【实验简介】

核磁共振(Nuclear Magnetic Resonance，即 NMR)，是指具有磁矩的原子核在恒定磁场中由电磁波引起的共振跃迁现象。物质内的磁矩可以来自电子自旋，也可以是核自旋，因此有不同的共振。当考虑的对象是原子核时称为核磁共振；对于电子则称为电子顺磁共振(或电子自旋共振)。由于磁共振发生在射频(核磁共振)和微波(电子顺磁共振)范围，磁共振已成为波谱学的重要组成部分。

泡利在 1924 年研究原子光谱的超精细结构时，首先提出了原子具有核磁矩的概念。1938 年拉比等在原子束实验中首次观察到核磁共振现象。但在宏观物体中观察到核磁共振却是 1946 年的事情——以珀塞尔和布洛赫所领导的两个小组，在几乎相同的时间里，用稍微不同的方法各自独立地发现在物质的一般状态中的核磁共振现象，为此他们获得了 1952 年诺贝尔物理学奖。

核磁共振适合于液体和固体，被广泛应用于物理、化学、生物、医学等学科领域。例如利用核磁共振成像可以得到人体内各处的核磁共振信号，这些信号经过计算机处理可以用多维图像显示出来，将病态的图像和正常的图像进行比较就可以判断人体病变，并且这种方法对人体无害。此外核磁共振也是精确测量磁场和稳定磁场的重要方法之一。如今的高分辨技术,还将核磁共振用于半固体及微量样品的研究。核磁谱图已经从过去的一维(1D)发展到如今的二维(2D)、三维(3D)甚至四维(4D)谱图。

核磁共振是利用原子核在磁场中的能量变化来获得关于核信息的技术。其实质是用一定频率的电磁波作用于外磁场中核能级分裂的自旋磁矩不为零的原子核,分裂后的核能级发生共振跃迁。在实验方法上,核磁共振可分成稳态和非稳态两大类,主要区别在于前者所加的交变磁场为连续波,实验设备简单,容易观察到共振信号;后者所加的交变磁场为射频脉冲,检测到的频谱十分丰富,有利于实验手段的自动化。

【实验原理】

核子从射频场中吸收能量 hν 从低能级跃迁到高能级,发生核磁共振吸收。原子核在外磁场中吸收特定频率电磁波的现象称为核磁共振。由于原子核携带电荷,当原子核自旋时,会由自旋产生一个磁矩,这一磁矩的方向与原子核的自旋方向相同,大小与原子核的自旋角动量成正比。将原子核置于外加磁场中,若原子核磁矩与外加磁场方向不同,则原子核磁矩会绕外磁场方向旋转,这一现象类似陀螺在旋转过程中转动轴的摆动,称为进动。原子核进动的频率由外加磁场的强度和原子核本身的性质决定,也就是说,对于某一特定原子,在一定强度的外加磁场中,其原子核自旋进动的频率是固定不变的。

原子核发生进动的能量与磁场、原子核磁矩以及磁矩与磁场的夹角相关,根据量子力学原理,原子核磁矩与外加磁场之间的夹角并不是连续分布的,而是由原子核的磁量子数决定的,原子核磁矩的方向只能在这些磁量子数之间跳跃,而不能平滑地变化,这样就形成了一系列的能级。当原子核在外加磁场中接受其他来源的能量输入后,就会发生能级跃迁,这种能级跃迁是获取核磁共振信号的基础。

为了让原子核自旋的进动发生能级跃迁,需要为原子核提供跃迁所需要的能量,这一能量通常是通过外加射频场来提供的。根据物理学原理,当外加射频场的频率与原子核自旋进动的频率相同的时候,射频场的能量才能够有效地被原子核吸收,为能级跃迁提供助力。因此,某种特定的原子核,在给定的外加磁场中,只吸收某一特定频率射频场提供的能量,这样就形成了一个核磁共振信号,而一旦恢复原状,原子核又会把多余的能量以电磁波的形式释放出来。

1. 实现核磁共振的方法

根据磁共振条件 $\omega_0 = \gamma \boldsymbol{B}_0$ 可知,实现核磁共振有两种方法。

(1)扫场法:固定电磁波角频率 ω_0 而改变磁场强度 $\boldsymbol{B}_0$。

(2)扫频法:固定磁场强度 $\boldsymbol{B}_0$ 而改变频率 ω_0。

2. 检测共振信号的方法

(1)吸收法:比较简单,样品不易饱和。但振荡频率的稳定性较差,噪音电平较高。一般只用于宽谱的波谱仪与测场仪。

(2)感应法:工作稳定度高,噪音低。但漏电流相位不易调整。常用于商业波谱仪。

(3)平衡法:频率稳定性好,噪音低。但频率调谐范围不够宽。常用于灵敏度和分辨率高的波谱仪。

【实验装置】

核磁共振实验装置(见图 1)由产生稳恒磁场 $\boldsymbol{B}_0$ 的磁铁、扫场线圈及其电源、探头(包括样品及边限振荡器)、频率计、示波器等组成。

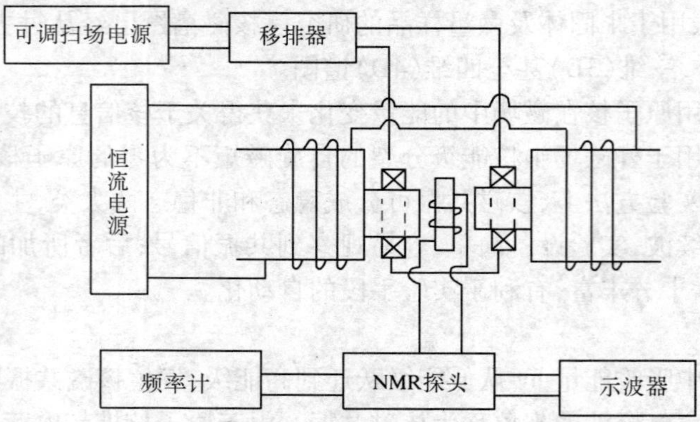

图1　核磁共振实验装置方框图

(1)磁铁:对磁场的强度及稳定性、均匀性要求较高。$\boldsymbol{B}_0$ 越强,热平衡时,上、下能级粒子数之差越大,核磁共振吸收信号也越强。

(2)扫场线圈:用以产生一个幅度在 $10^{-5} \sim 10^{-3}$T 的可调交变磁场,用于观察共振信号,扫场线圈的电流由可调变压器输出。扫场的幅度通过可调变压器调节。

(3)探头:它包括边限振荡器、检波和高频以及低频放大器等(见图2)。为样品提供线偏振磁场 $\boldsymbol{B}_1$,又用于检测磁共振吸收信息。边限振荡器的振荡线圈置于电磁铁极靴之间,其截面轴线与 $\boldsymbol{B}_0$ 垂直;样品管插于探头内,在线圈之中将受到相互垂直的 $\boldsymbol{B}_1$ 和 $\boldsymbol{B}_0$ 的同时作用。

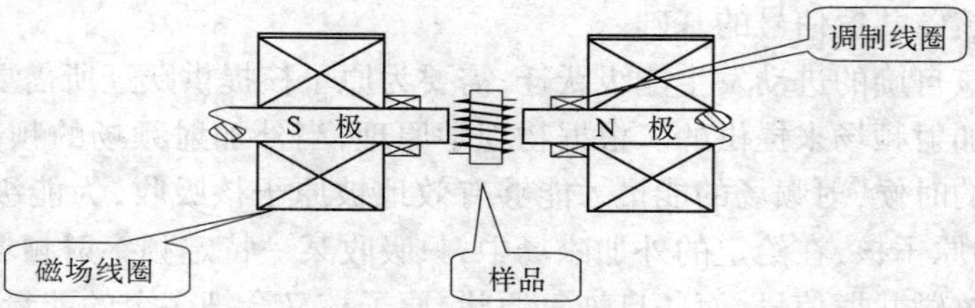

图2　探头结构示意图

所谓边限振荡器,是指该振荡器被调节至振荡与不振荡的临界状态。振荡回路的振荡线圈包围着样品一起被放到稳恒磁场 $\boldsymbol{B}_0$ 中去。它既作发射线圈,也兼作接收线圈。当样品吸收的能量不同时,亦即相当于线圈的 Q 值变化,因而振荡器的振幅将有显著的变化。发生磁共振时,样品核吸收射频场的能量,振荡线圈的能量损失增大,使振荡变弱,振幅下降,甚至会使振荡器停振。因此在原输出的等幅振荡信号上出现反映 NMR 吸收信息的包络线,变化频率等于调制磁场的频率,形成调幅振荡,经检波和低放后得到共振吸收信号,通过示波器显示出来。

本实验提供两个探头,其中一个样品为水,另一个为固态的聚四氟乙烯。

【实验内容】

(1)校准磁场 $\boldsymbol{B}_0$。放置样品到磁铁中心,改变振荡频率同时监视示波器,搜索共振信号。

(2)利用水样品的探头,测量磁场边缘的磁场大小。

(3)观测聚四氟乙烯中氟的共振信号,比较它与水样品中质子的共振信号波形的差别。

实验 56　高温超导材料特性测试

【实验简介】

1911 年,荷兰莱顿大学的卡茂林·昂尼斯意外地发现,将汞冷却到 −268.98°C 时,汞的电阻突然消失;后来他又发现许多金属和合金都具有类似特性,由于其的特殊导电性能,卡茂林·昂尼斯称之为超导态。由于这一发现他获得了 1913 年诺贝尔物理学奖。

这一发现引起了世界范围内的震动。在他之后,人们开始把处于超导状态的导体称之为"超导体"。超导体的直流电阻率在一定的低温下突然消失,被称做零电阻效应。导体没有了电阻,电流流经超导体时就不发生热损耗,电流可以毫无阻力地在导线中形成强大的电流,从而产生超强磁场。

1933 年,荷兰的迈斯纳和奥森菲尔德共同发现了超导体的另一个极为重要的性质:当金属处在超导状态时,这一超导体内的磁感应强度为零。对单晶锡球进行实验发现:锡球过渡到超导态时,锡球周围的磁场突然发生变化,磁力线似乎一下子被排斥到超导体之外去了,人们将这种现象称之为"迈斯纳效应"。

后来人们还做过这样一个实验:在一个浅平的锡盘中,放入一个体积很小但磁性很强的永久磁体,然后把温度降低,使锡盘出现超导性,这时可以看到,小磁铁竟然离开锡盘表面慢慢地飘起,悬浮不动。

人们利用超导现象中的"迈斯纳效应"制造了超导列车和超导船。由于这些交通工具在悬浮无摩擦状态下运行,这将大大提高它们的速度,并有效减少机械磨损。利用超导悬浮可制造无磨损轴承,将轴承转速提高到每分钟 10 万转以上。超导列车已于 20 世纪 70 年代成功地进行了载人可行性试验。虽然用超导材料制造交通工具在技术上还存在一定的障碍,但它势必将引发交通工具的一次革命浪潮。

超导材料的零电阻特性可以用来输电和制造大型磁体。超高压输电会有很大的损耗,而利用超导体则可最大限度地降低损耗,但由于转变温度较高的超导体还未进入实用阶段,从而限制了超导输电的应用。

超导材料已广泛应用于高能物理、电子技术、生物医学、航空航天等领域。测量超导体的基本性能是超导研究工作的重要环节。临界参数的高低是超导材料性能良好与否的重要判据,因此测试超导材料的临界参数是超导研究的必备技术。

【实验原理】

我们通常把超导体电阻突然变为零的温度,称为超导转变温度。如果维持外磁场、电流和应力等在足够低的值,则样品在一定外部条件下的超导转变温度,称为超导临界温度,用 T_c 表示。在一般的实际测量中,地磁场并没有被屏蔽,样品中通过的电流也并不太小,而且超导转变往往发生在并不很窄的温度范围内,因此引进起始转变温度 $T_{c.conset}$、零电阻温度和超导转变(中点)温度 T_{cm} 等来描述高温超导体的特性,通常所说的超导转变温度 T_c 是指 T_{cm}(见图 1)。

迈斯纳效应表明,超导体具有完全抗磁性。这是超导体所具有的独立于零电阻现象的另一个最基本的性质。迈斯纳效应可用磁悬浮实验来演示:当我们将永久磁铁慢慢落向超导体时,磁铁会被悬浮在一定的高度上而不触及超导体,其原因是磁感应线无法穿过具有完全抗磁性的超导体,因而磁场受到畸变而产生向上的浮力。

在超导现象发现以后,人们一直在为提高超导临界温度而努力,从1911年至1993年,超导温度由4.2K提高到134K。迄今为止,已发现28种金属元素(在地球常态下)及许多合金和化合物具有超导电性,还有一些元素只在高压下才具有超导电性。

温度的升高,磁场或电流的增大,都可以使超导体从超导态转变为正常态,因此常用临界温度 T_c、临界磁场 B_c 和临界电流密度 j_c 作为临界参量来表征超导材料的超导性能。

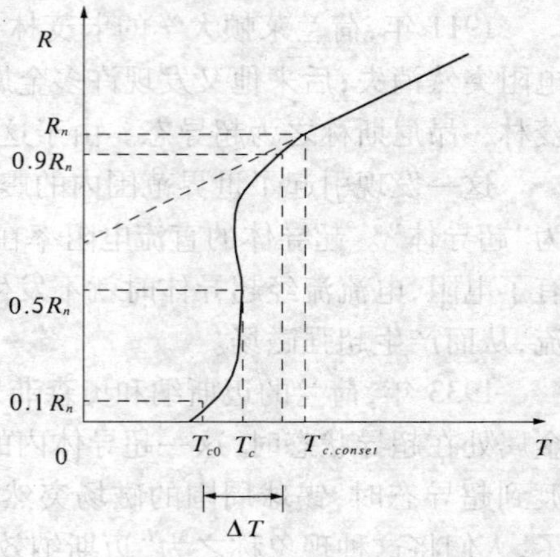

图1 超导体的电阻转变曲线

【实验装置】

实验装置包括高温超导材料特性测试装置,直流数字电压表,导线等。

高温超导材料特性测试装置主要由铂电阻、硅二极管和超导样品等三个电阻测量电路构成,每一电路均包含恒流源、标准电阻、待测电阻、数字电压表和转换开关等5个主要部件。由于数字电压表的灵敏度迅速提高,用伏安法直接判定零电阻现象已成为实验室中常用的方法。然而,为了确定超导态的电阻是否确实为零,或者说,为了用实验确定超导态电阻的上限,这种方法的精度还不够高。我们知道,当电感 L 一定时,如果 LR 串联回路中的电流衰减得越慢,即回路的时间常量 $\tau = L / R$ 越大,则表明该回路中的电阻 R 越小。实验发现,一旦在超导回路中建立起了电流,则无需外电源就能持续几年仍观测不到衰减,这就是所谓的持续电流。现代超导重力仪的观测表明,超导态即使有电阻,其电阻率也必定小于 $10^{-28}\Omega\cdot m$,这个值远远小于正常金属迄今所能达到的最低的电阻率 $10^{-15}\Omega\cdot m$,因此可以认为超导态的电阻率确实为零。

【实验内容】

测量高温超导材料的基本特性:$R\sim T$ 转变曲线。

当待测超导样品的温度降低到130K附近时,开始测量超导体的电阻,以及这时铂电阻温度计所给出的温度。测量点的选取可视电阻变化的快慢而定,例如在超导转变发生之前可以每5min测量一次,在超导转变过程中大约每半分钟测量一次。

由于电路中的乱真电动势并不随电流方向的反向而改变,因此当样品电阻接近于零时,可利用电流反向后的电压是否改变来判定该超导样品的零电阻温度。最后,画出超导体电阻随温度变化的曲线,并确定其起始转变温度 $T_{c.conset}$ 和超导转变温度 T_{cm}。

附　录

附表Ⅰ　中华人民共和国法定计量单位

附表Ⅰ-1　国际单位制的SI基本单位

量的名称	单位名称	单位符号
长度	米	m
质量	千克(公斤)	kg
时间	秒	s
电流	安[培]	A
热力学温度	开[尔文]	K
物质的量	摩[尔]	mol
发光强度	坎[德拉]	cd

附表Ⅰ-2　国际单位制的辅助单位

量的名称	单位名称	单位符号
平面角	弧度	rad
立体角	球面度	sr

附表Ⅰ-3　国家选定的非国际单位制单位

量的名称	单位名称	单位符号	换算关系和说明
时间	分	min	$1\text{min}=60\text{s}$
	[小]时	h	$1\text{h}=60\text{min}=3\ 600\text{s}$
	天(日)	d	$1\text{d}=24\text{h}=86\ 400\text{s}$
平面角	[角]秒	(″)	$1''=(\pi/648\ 000)\text{rad}$　(π 为圆周率)
	[角]分	(′)	$1'=60''=(\pi/10\ 800)\text{rad}$
	度	(°)	$1^\circ=60'=(\pi/180)\text{rad}$
旋转速度	转每分	r/min	$1\text{r/min}=(1/60)\text{s}^{-1}$
长度	海里	n mile	$1\text{n mile}=1\ 852\text{m}$(只用于航程)
速度	节	kn	$1\text{kn}=1\text{n mile/h}=(1\ 852/3\ 600)\text{m/s}$ (只用于航海)
质量	吨	t	$1\text{t}=10^3\text{kg}$
	原子质量单位	u	$1\text{u}\approx1.660\ 565\times10^{-27}\text{kg}$
体积	升	L	$1\text{L}=1\text{dm}^3=10^{-3}\text{m}^3$
能	电子伏	eV	$1\text{eV}\approx1.602\ 177\times10^{-19}\text{J}$
级差	分贝	dB	
线密度	特[克斯]	tex	$1\text{tex}=1\text{g/km}$

附表Ⅰ-4　国际单位制中具有专门名称的导出单位

量的名称	单位名称	单位符号	其他表示式例
频率	赫[兹]	Hz	s^{-1}
力;重力	牛[顿]	N	$kg \cdot m/s^2$
压力;压强;压力	帕[斯卡]	Pa	N/m^2
能量;功;热	焦[耳]	J	$N \cdot m$
功率;辐射通量	瓦[特]	W	J/s
电荷量	库[仑]	C	$A \cdot s$
电位;电压;电动势	伏[特]	V	W/A
电容	法[拉]	F	C/V
电阻	欧[姆]	Ω	V/A
电导	西[门子]	S	A/V
磁通量	韦[伯]	Wb	$V \cdot s$
磁通量密度;磁感应强度	特[斯拉]	T	Wb/m^2
电感	亨[利]	H	
摄氏温度	摄氏度	℃	Wb/A
光通量	流[明]	lm	$cd \cdot sr$
光照度	勒[克斯]	lx	lm/m^2

附表Ⅰ-5　用于构成十进倍数和分数单位的词头

所表示的因数	词头名称	词头符号	所表示的因数	词头名称	词头符号
10^1	十	da	10^{-1}	分	d
10^2	百	h	10^{-2}	厘	c
10^3	千	k	10^{-3}	毫	m
10^6	兆	M	10^{-6}	微	μ
10^9	吉[咖]	G	10^{-9}	纳[诺]	n
10^{12}	太[拉]	T	10^{-12}	皮[可]	p
10^{15}	拍[它]	P	10^{-15}	飞[母托]	f
10^{18}	艾[可萨]	E	10^{-18}	阿[托]	a
10^{21}	泽[它]	Z	10^{-21}	仄[普托]	z
10^{24}	尧[它]	Y	10^{-24}	幺[科托]	y

附表Ⅱ　一些常用的物理数据

附表Ⅱ-1　基本物理常数

物理量	符号	数值	单位
真空中的光速	c	2.997 924 58	$10^8 m/s$
标准重力加速度	g	9.806 65	m/s^2
标准大气压	P_a	1.013 25	$10^2 N/m^2$
冰点温度	T_0	2.731 500	$10^2 K$
理想气体标准状态下的摩尔体积	V_0	2.241 383	$10^{-2} m^3/mol$
气体普适恒量	R	8.314 41	J/mol · K
玻耳兹曼常量	K	1.380 662	$10^{-23} J/K$
阿伏加德罗常量	N	6.022 045	$10^{23}/mol$
普朗克常量	h	6.626 176	$10^{-34} J \cdot s$
法拉第常量	F	9.648 456	$10^4 C/mol$
真空的介电常量	ε_0	8.854 187 82	$10^{-12} F/m$
原子质量单位	μ	1.660 565 5	$10^{-27} kg$
基本电荷	e	1.602 189 2	$10^{-19} C$
真空磁导率	μ_0	1.256 637 06	$10^{-6} H/m$
热功当量	J	4.185 5	J/cal
万有引力常数	G	6.672 0	$10^{-11} Nm^2/kg^2$

附表Ⅱ-2　在海平面上不同纬度处的重力加速度①

纬度 ϕ(度)	$g(m/s^2)$	纬度 ϕ(度)	$g(m/s^2)$
0	9.780 49	50	9.810 79
5	9.780 88	55	9.815 15
10	9.782 04	60	9.819 24
15	9.783 94	65	9.822 94
20	9.786 52	70	9.826 14
25	9.789 69	75	9.828 73
30	9.793 38	80	9.830 65
35	9.797 46	85	9.831 82
40	9.301 80	90	9.832 21
45	9.306 29		

注:①表中所列数值是根据公式 $g=9.780\,49(1+0.005\,288\sin^2\phi-0.000\,006\sin^2\phi)$ 算出的,其中 ϕ 为纬度。

附表Ⅱ-3 在20℃时常用固体和液体的密度

物质	密度ρ(kg/m^3)	物质	密度ρ(kg/m^3)
铝	2 698.9	石英	2 500 ~ 2 800
铜	8 960	水晶玻璃	2 900 ~ 3 000
铁	7 874	冰(0℃)	880 ~ 920
银	10 500	乙醇	789.4
金	19 320	乙醚	714
钨	19 300	汽车用汽油	710 ~ 720
铂	21 450	弗利昂 - 12	1 329
铅	11 350	变压器油	840 ~ 890
锡	7 298	甘油	1 260
水银	13 546.2	蜂蜜	1 435
钢	7 600 ~ 7 900		

附表Ⅱ-4 在20℃时某些金属的弹性模量(杨氏模量)

金属	杨氏模量Y	
	GPa	kgf/mm^2
铝	69 ~ 70	7 000 ~ 7 100
钨	407	41 500
铁	186 ~ 206	19 000 ~ 21 000
铜	103 ~ 127	10 500 ~ 13 000
金	77	7 900
银	69 ~ 80	7 000 ~ 8 200
锌	78	8 000
镍	203	20 500
铬	235 ~ 245	24 000 ~ 25 000
合金钢	206 ~ 216	21 000 ~ 22 000
碳钢	196 ~ 206	20 000 ~ 21 000
康铜	160	16 300

附表Ⅱ-5 某些金属和合金的电阻率及其温度系数

金属或合金	电阻率(10^{-6} Ω·m)	温度系数(℃$^{-1}$)	金属或合金	电阻率(10^{-6} Ω·m)	温度系数(℃$^{-1}$)
铝	0.028	42×10^{-4}	锌	0.059	42×10^{-4}
铜	0.017 2	43×10^{-4}	锡	0.12	44×10^{-4}
银	0.016	40×10^{-4}	水银	0.958	10×10^{-4}
金	0.024	40×10^{-4}	武德合金	0.52	37×10^{-4}
铁	0.098	60×10^{-4}	钢(0.10% ~0.15%碳)	0.10 ~ 0.14	6×10^{-3}
铅	0.205	37×10^{-4}	康铜	0.47 ~ 0.51	$(-0.04\sim+0.01)\times10^{-3}$
铂	0.105	39×10^{-4}	铜锰镍合金	0.34 ~ 1.00	$(-0.03\sim+0.02)\times10^{-3}$
钨	0.055	48×10^{-4}	镍铬合金	0.98 ~ 1.10	$(0.03\sim0.4)\times10^{-3}$

附表Ⅰ-6　在常温下某些物质相对于空气的光的折射率

物质	波长		
	H_α 线(656.3nm)	D 线(589.3nm)	H_β 线(486.1nm)
水(18℃)	1.331 4	1.333 2	1.337 3
乙醇(18℃)	1.360 9	1.362 5	1.366 5
二硫化碳(18℃)	1.619 9	1.629 1	1.654 1
冕玻璃(轻)	1.512 7	1.515 3	1.521 4
冕玻璃(重)	1.612 6	1.615 2	1.621 3
燧石玻璃(轻)	1.603 8	1.608 5	1.620 0
燧石玻璃(重)	1.743 4	1.751 5	1.772 3
方解石(寻常光)	1.654 5	1.658 5	1.667 9
方解石(非常光)	1.484 6	1.486 4	1.490 8
水晶(寻常光)	1.541 8	1.544 2	1.549 6
水晶(非常光)	1.550 9	1.553 3	1.558 9

附表Ⅱ-7　常用光源的谱线波长 λ　(单位:nm)

一、H(氢)	447.15 蓝	589.592(D1)黄
656.28 红	402.62 蓝紫	588.995(D2)黄
486.13 绿蓝	388.87 蓝紫	五、Hg(汞)
434.05 蓝	三、Ne(氖)	623.44 橙
410.17 蓝紫	650.65 红	579.07 黄
397.01 蓝紫	640.23 橙	576.96 黄
二、He(氦)	638.30 橙	546.07 绿
706.52 红	626.25 橙	491.60 绿蓝
667.82 红	621.73 橙	435.83 蓝
587.56(D3)黄	614.31 橙	407.78 蓝紫
501.57 绿	588.19 黄	404.66 蓝紫
492.19 绿蓝	585.25 黄	六、He－Ne 激光
471.31 蓝	四、Na(钠)	632.8 橙

附表Ⅱ-8　固体的线膨胀系数

物质	温度或温度范围(℃)	$\alpha(\times10^{-6}℃^{-1})$
铝	0～100	23.8
铜	0～100	17.1
铁	0～100	12.2
金	0～100	14.3
银	0～100	19.6
钢(0.05%碳)	0～100	12.0
康铜	0～100	15.2
铅	0～100	29.2
锌	0～100	32
铂	0～100	9.1
钨	0～100	4.5
石英玻璃	20～200	0.56
窗玻璃	20～200	9.5
花岗石	20	6～9
瓷器	20～700	3.4～4.1

附表Ⅱ-9　不同温度时干燥空气中的声速　（单位:m/s）

温度(℃)	0	1	2	3	4	5	6	7	8	9
60	366.05	366.60	367.14	367.69	368.24	368.78	369.33	369.87	370.42	370.96
50	360.51	361.07	361.62	362.18	362.74	363.29	363.84	364.39	364.95	365.50
40	354.89	355.46	356.02	356.58	357.15	357.71	358.27	358.83	359.39	359.95
30	349.18	349.75	350.33	350.90	351.47	352.04	352.62	353.19	353.75	354.32
20	343.37	343.95	344.54	345.12	345.70	346.29	346.87	347.44	348.02	348.60
10	337.46	338.06	338.65	339.25	339.84	340.43	341.02	341.61	342.20	342.58
0	331.45	332.06	332.66	333.27	333.87	334.47	335.07	335.67	336.27	336.87
-10	325.33	324.71	324.09	323.47	322.84	322.22	321.60	320.97	320.34	319.52
-20	319.09	318.45	317.82	317.19	316.55	315.92	315.28	314.64	314.00	313.36
-30	312.72	312.08	311.43	310.78	310.14	309.49	308.84	308.19	307.53	306.88
-40	306.22	305.56	304.91	304.25	303.58	302.92	302.26	301.59	300.92	300.25
-50	299.58	298.91	298.24	397.56	296.89	296.21	295.53	294.85	294.16	293.48
-60	292.79	292.11	291.42	290.73	290.03	289.34	288.64	287.95	287.25	286.55
-70	285.84	285.14	284.43	283.73	283.02	282.30	281.59	280.88	280.16	279.44
-80	278.72	278.00	277.27	276.55	275.82	275.09	274.36	273.62	272.89	272.15
-90	271.41	270.67	269.92	269.18	268.43	267.68	266.93	266.17	265.42	264.66